BEITRÄGE
DES INSTITUTS FÜR
RECHNUNGSWESEN
UND CONTROLLING
DER UNIVERSITÄT
ZÜRICH

EHEMALS «MITTEILUNGEN AUS DEM
HANDELSWISSENSCHAFTLICHEN
SEMINAR DER UNIVERSITÄT ZÜRICH»

HERAUSGEBER

PROF. DR. CONRAD MEYER
PROF. DR. KURT HÄSSIG
PROF. DR. CARL HELBLING
PROF. DR. DIETER PFAFF

DOMINIK ERNY
DR. OEC. PUBL.

OBERLEITUNG UND OBERAUFSICHT

FÜHRUNG UND ÜBERWACHUNG MITTLERER AKTIENGESELLSCHAFTEN AUS DER SICHT DES VERWALTUNGSRATS

D1640517

11

SCHULTHESS JURISTISCHE MEDIEN AG

ZÜRCHER DISSERTATION

© Schulthess Juristische Medien AG, Zürich 2000
ISBN 3 7255 4048 9

Vorwort

Zur erfolgreichen Erarbeitung einer Dissertation bedarf es guter Arbeitsbedingungen und der Mithilfe zahlreicher Personen. Deshalb ist es mir ein grosses Anliegen, all denjenigen zu danken, die zum Entstehen dieser Arbeit beigetragen haben. Mein spezieller Dank gebührt meinem Doktorvater, akademischen Lehrer und Vorgesetzten, Prof. Dr. Conrad Meyer, Direktor des Instituts für Rechnungswesen und Controlling der Universität Zürich. Er gab den Anstoss zu der komplexen, aber überaus interessanten Thematik der verwaltungsrätlichen Tätigkeit. Seine grosszügige Unterstützung, das mir entgegengebrachte Vertrauen und die flexiblen Arbeitsbedingungen haben wesentlich zum guten Gelingen dieser Arbeit beigetragen.

Ich bedanke mich auch bei allen Kolleginnen und Kollegen am Institut. Sie waren stets gute Zuhörer, kompetente Gesprächspartner und faire Kritiker - vor allem aber haben sie durch ihre offene und freundschaftliche Art zu einem tollen und inspirierenden Umfeld beigetragen. Insbesondere richtet sich mein Dank an Frau Sandra Waldvogel und Herrn Ivan Köhle für die kritische Durchsicht der Arbeit sowie die konstruktiven Vorschläge, die nachhaltig zur Verbesserung der vorliegenden Dissertation beigetragen haben.

Ein herzliches Dankschön gilt auch Herrn Dr. Fritz Haselbeck, Leiter und Verwaltungsratspräsident des ZfU Zentrum für Unternehmungsführung AG. Er ermöglichte mir die Teilnahme am Verwaltungsratsseminar des ZfU. Dank dieser Veranstaltung konnte ich wertvolle Kontakte zu erfahrenen Verwaltungsratsmitgliedern knüpfen. Ebenso gebührt mein Dank Frau Susan Biland, Präsidentin des Verwaltungsrats der VR-Pool Board Services AG, Zürich. Ihre unkomplizierte Unterstützung bei der Adressbeschaffung hat wesentlich zum Gelingen der empirischen Studie beigetragen. Zudem danke ich Herrn Mark Ruppli für seine wertvolle Unterstützung bei der Erarbeitung des Fragebogens.

Schliesslich gilt mein ganz besonderer Dank meiner Familie, vor allem meiner Mutter, welche mir während all den Jahren den nötigen „Support" schenkte, sowie allen meinen Feunden, ganz besonders Herrn Jürg Wicki, welche mir die Studien- und Doktorandenzeit an der Universität Zürich zu einem unvergesslichen Erlebnis werden liessen.

Zürich, im August 1999   Dominik Erny

Inhaltsübersicht

Inhaltsverzeichnis

Abkürzungsverzeichnis

Abs.	Absatz
allg.	allgemein
AG	Aktiengesellschaft
AHV	Alters- und Hinterlassenenversicherung
AHVG	Bundesgesetz über die Alters- und Hinterlassenenversicherung
Art.	Artikel
AU	Verwaltungsratsausschuss
Azubi	Auszubildende/r
Betr.	Betrieb
BGE	Bundesgerichtsentscheid
BV	Bundesverfassung
bzw.	beziehungsweise
ca.	circa
DB	Deckungsbeitrag
d. h.	das heisst
DL	Delegierter des Verwaltungsrats
Dr.	Doktor
Erg.	Ergebnis
Erlösmind.	Erlösminderung
erw.	erwartetes
et al.	et alii
etc.	et cetera
EU	Europäische Union
evtl.	eventuell
EWR	Europäischer Wirtschaftsraum
f.	folgend

ff.	fortfolgend
FIS	Führungsinformationssystem
Fn	Fussnote
Fr.	Schweizer Franken
F&E	Forschung und Entwicklung
GL	Geschäftsleitung
GschG	Gewässerschutzgesetz
GV	Generalversammlung
Hrsg.	Herausgeber
i. d. R.	in der Regel
IKS	Internes Kontrollsystem
inkl.	inklusive
IV	Invalidenversicherung
Jahreserg.	Jahresergebnis
Jg.	Jahrgang
Kap.	Kapitel
KMU	kleine und mittlere Unternehmen
MA	Mitarbeiter
max.	maximal
Mio.	Millionen
Mrd.	Milliarde/n
No.	Number
Nr.	Nummer
NPV	Net Present Value
NZZ	Neue Zürcher Zeitung
OR	Obligationenerecht
Prof.	Professor
RHB	Revisionshandbuch der Schweiz

Roh.	Rohmaterial
Rz	Randziffer
S.	Seite
SJZ	Schweizerische Juristen-Zeitung (Zeitschrif)
Std.	Stunde/n
StGB	Schweizerisches Strafgesetzbuch
u. a.	unter anderem
UBS	Union (neu United) Bank of Switzerland
Überstd.	Überstunden
USA	United States of America
USG	Umweltschutzgesetz
usw.	und so weiter
vgl.	vergleiche
VR	Verwaltungsrat
VRP	Verwalungsratspräsident
VStrR	Verwaltungsstrafrecht
z. B.	zum Beispiel
zit.	zitiert
z. T.	zum Teil

Teil I: Grundlagen

1 Einleitung

In diesem Kapitel werden die generelle Problemstellung sowie die in dieser Arbeit zu beantwortenden Fragen erarbeitet. Ein kurzer Überblick über bestehende Forschungsarbeiten und Studien zum Thema Verwaltungsrat soll aufzeigen, dass der Führung und Überwachung von mittleren Unternehmen auf Stufe Verwaltungsrat bislang zu wenig Aufmerksamkeit geschenkt wurde. Anschliessend wird die Vorgehensweise sowie der formale Aufbau dieser Arbeit vorgestellt.

1.1 Problemstellung, Untersuchungsobjekt und Zielsetzung

In der Vergangenheit, insbesondere vor und direkt nach der Einführung des neuen Aktienrechts im Jahre 1992, war das Thema Verwaltungsrat mitunter Gegenstand einiger Arbeiten vorwiegend juristischen Ursprungs. Verschiedene Artikel und Publikationen würdigten die Neuordnung und warnten die Verwaltungsräte vor der neuen Verantwortung.[1] Ursache dieser „neuen" Verantwortung ist eine Verschiebung der Machtstruktur, hervorgerufen durch das neue Aktienrecht. Die Funktion der Oberleitung einer Aktiengesellschaft wurde der Generalversammlung entzogen und neu ausdrücklich dem Verwaltungsrat als unübertragbare Aufgabe zugeteilt.[2] Zwar sieht der Gesetzgeber im alten wie auch im neuen Aktienrecht grundsätzlich keine personelle Trennung zwischen Führungs- und Überwachungsorgan vor. Nach altem Aktienrecht konnte der Verwaltungsrat aber Aufgaben weitgehend an einzelne Mitglieder oder an Dritte (Direktoren[3]) delegieren.[4] Auch nach neuem Recht ist die Delegation der Geschäftsführung grundsätzlich möglich[5] und sinnvollerweise vorgesehen, es werden jedoch einschränkend unübertragbare und unentziehbare Aufgaben genannt.[6] Entsprechend dieser ausdrücklichen Verankerung von Gestaltungsfunktionen müsste deshalb die Zeit einer rein „aufsichtsrätlichen" Interpretation der Verwaltungsratsfunktion endgültig abgelaufen sein. Nach wie vor verstehen sich insbesondere Verwaltungsräte grosser und mittlerer Gesellschaften aber oft als blosses Aufsichtsorgan im Sinne des Verwaltungsratsmodells von 1936 und werden so ihrer neuen Funktion nicht oder nur ungenügend gerecht.[7]

Die Problematik der Kompetenzverteilung zwischen Führungs- und Aufsichtsorganen beschäftigt Wissenschaft und Praxis auf der ganzen Welt. Unter dem

---

[1] Vgl. z.B.: Nobel (1991) S. 531-534; Forstmoser (1991), S. 536-540; Böckli (1994); Stoffel u.a. (1994); Hartmann (1995), S. 30.

[2] Vgl. OR Art. 716a Abs. 1 Ziff. 1.

[3] Im Sinn eines „Terminus technicus" wird in dieser Arbeit nur die männliche Form verwendet, obwohl selbstverständlich die weibliche Form inhaltlich auch miteinbezogen wird.

[4] Vgl. OR Art. 717 Abs. 2 (altes Aktienrecht).

[5] Vgl. OR Art. 716 Abs. 2.

[6] Vgl. OR Art. 716a.

[7] Vgl. Hartmann (1995), S. 30; Böckli (1994), S. 4.

Begriff Corporate Governance wird international eine wissenschaftliche Debatte geführt, welche die Ausgestaltung der Spitzenorganisation eines Unternehmens sowie die Verteilung von Macht, Kompetenzen und Verantwortungen
behandelt.[8] Die Aktualität des Themas bringt es mit sich, dass auch in der
Schweiz bereits einige Forschungsarbeiten zu diesem Thema existieren.[9] Dies
insbesondere deshalb, weil die erwähnte Doppelfunktion des schweizerischen
Verwaltungsratsmodells, nämlich Führung und Aufsicht, und die damit einhergehende umfassende Verantwortung eine spezielle Konstellation darstellt
und einiges an Brisanz enthält.

Die meisten Arbeiten der Schweiz betrachten jedoch diese Thematik primär
aus der Sicht von Grossunternehmen. Kleine und mittlere Unternehmen, deren
gesamtwirtschaftlicher Stellenwert i. d. R. in europäischen Ländern grösser
ist, werden weniger in die Forschungsarbeiten bezüglich der Führungsstrukturen und Machtverteilung miteinbezogen. Dies ist insbesondere darum bedau-
ernswert, als viele mittlere Unternehmen wegen der stark gestiegenen Dynamik und Komplexität der ökonomischen, politischen, und gesellschaftlichen
Rahmenbedingungen mit zum Teil neu gelagerten wirtschaftlichen Problemen
konfrontiert werden und deshalb vor schwierigen und entscheidenden Führungsaufgaben stehen. Zudem ist anzunehmen, dass als Folge von ökonomisch-
technologischer und politisch-gesellschaftlichen Tendenzen die Wett-
bewerbsdynamik weiter zunimmt und damit die Anforderungen an die oberste
Unternehmensspitze weiter steigen. In diesem Sinn ist die Debatte der zweck-
mässigen Ausgestaltung und effizienten Wahrnehmung der Führungs- und
Überwachungsaufgabe der obersten Führungsinstanzen auch in mittleren Unternehmen aktueller denn je. Dabei steht bei Aktiengesellschaften die Rolle des
Verwaltungsrats im Vordergrund. Die Diskussion über die zweckmässige
Ausgestaltung und verantwortungsvolle Wahrnehmung seiner Aufgaben
scheint nicht nur angemessen, sondern notwendig. Auch Zingales stellt fest,
dass im Rahmen der Corporate-Governance-Thematik vor allem die Rolle des
Verwaltungsrats untersucht werden sollte. Er schreibt: "Many aspects,
however, remain to be investigated. First, and foremost, the role of the board
of directors."[10]

---

8   Vgl. z. B.: Zingales (1997); Shleifer/Vishny (1997).

9   Vgl. Kapitel 1.2.

10   Zingales (1997), S. 16.

Diese Arbeit soll einen Beitrag dazu leisten, der Rolle des Verwaltungsrats von mittleren Unternehmen in der Corporate-Governance-Diskussion vermehrt Rechnung zu tragen. Dabei steht nicht eine Zusammenstellung bzw. Diskussion der bereits bestehenden, juristisch orientierten Arbeiten im Vordergrund, sondern die praxisnahe Auseinandersetzung mit dem schweizerischen Aktienrecht und dessen Auswirkungen auf die Führungs- und Überwachungsaufgabe von Verwaltungsräten. Das grosse Angebot an betriebswirtschaftlichen Aus- und Weiterbildungsmöglichkeiten für Verwaltungsräte und zahlreiche kritische Stimmen gegenüber der Mandatsausübung von Verwaltungsräten zeigt, dass aus betriebswirtschaftlicher Sicht hinsichtlich der korrekten Aufgabenwahrnehmung trotz der vorhandenen juristischen Literatur nach wie vor einige Frage offen sind. Die Unsicherheit zwischen „formell-juristischer" Formulierung und „materiell-betriebswirtschaftlicher" Umsetzung der vom Gesetzgeber festgehaltenen Aufgaben wurde zudem in zahlreichen Gesprächen mit Verwaltungsräten mittelgrosser Unternehmen bestätigt.

Am Anfang dieser Arbeit stand deshalb die Idee, eine auf die Bedürfnisse von Verwaltungsräten mittelgrosser Unternehmen ausgerichtete, betriebswirtschaftliche Interpretation der für den Verwaltungsrat wichtigsten unübertragbaren und unentziehbaren Aufgaben zu erarbeiten. Als Resultat sollte eine „Übersetzung" der juristischen, knappen und interpretationsbedürftigen Formulierungen in eine möglichst konkrete, fassbare und für Verwaltungsräte mittelgrosser Unternehmen verständliche Sprache entstehen. Aus dieser Idee resultierten folgende Fragen:

- Wie werden die im Aktienrecht festgehaltenen Normen zur Oberleitung und Oberaufsicht in der bestehenden, vorwiegend juristischen Literatur ausgelegt?

- Was bedeutet diese Auslegung konkret aus betriebswirtschaftlicher Sicht für die Führung und Überwachung eines mittleren Unternehmens, und was muss ein Verwaltungsrat bei der Umsetzung beachten, um seiner umfassenden Verantwortung[11] gerecht zu werden?

---

[11] Unter Verantwortung soll in diesem Sinn mehr verstanden werden als die rein juristische Verantwortlichkeit. Es geht in erster Linie nicht darum, auf die notwendigen Vorkehrungen und „Tricks" aufmerksam zu machen, die notwendig sind, um eine Verantwortlichkeitsklage abzuwenden. Die Arbeit soll vielmehr dazu beitragen, dass ein Verwaltungsratsmitglied seine Führungs- und Überwachungsverantwortung gegenüber Aktionären und Umwelt richtig versteht und auch so wahrnimmt.

- Wie könnte eine zweckmässige Führungsorganisation aussehen und welche Führungsinstrumente sollten vorhanden sein, um der verwaltungsrätlichen Verantwortung gerecht zu werden?
- Welche Informationen und Berichte benötigt ein Verwaltungsrat?

Es ist offensichtlich, dass zur Beantwortung dieser Fragen zunächst eine Auseinandersetzung mit dem Aktienrecht, insbesondere mit OR Art. 716, sowie der einschlägigen juristischen und betriebswirtschaftlichen Literatur erfolgen muss. Erst darauf basierend kann der Versuch einer Interpretation der gesetzlichen Vorschriften und Pflichten unter Berücksichtigung der speziellen Bedürfnisse und besonderen Verhältnisse mittelgrosser Unternehmen erfolgen.

Ein weiterer Bestandteil dieser Arbeit bildet zudem eine schriftliche Umfrage bei Verwaltungsräten mittelgrosser Unternehmen. Die empirische Studie zeigt auf, wie Verwaltungsräte dieser Unternehmen ihre Kompetenzen und Pflichten heute in der Praxis wahrnehmen. Dabei liegt der Schwerpunkt der Studie bei der inhaltlichen Gewichtung der Aufgabenwahrnehmung, den eingesetzten Führungsinstrumenten sowie den internen Zuständigkeiten. Die Studie soll auch dazu beitragen, Aussagen über mögliche Schwachstellen der „praxisbezogenen Realität" hinsichtlich der Führungs- und Überwachungsfunktion zu machen, Anregungen zu geben und auf Gefahren hinzuweisen.

Es wäre hingegen zweifellos vermessen und war nie die Absicht des Verfassers, diese „Arbeit" als allgemeingültiges Rezept für die Führung mittelgrosser Unternehmen darzustellen. Dazu sind die Führungsaufgaben von Verwaltungsräten zu komplex und die Rahmenbedingungen jedes Unternehmens zu verschieden. Erfreulich wäre es aber dennoch, wenn diese Arbeit Verwaltungsratsmitgliedern als Orientierungshilfe dienen, ihre Sensibilität für eine aktive Wahrnehmung ihres Mandats erhöhen und ihnen eine mögliche Ausgestaltung der Organisation sowie ein anforderungsgerechtes und zweckdienliches Instrumentarium aufzeigen könnte.

1.2   Stand der Forschung

Die wissenschaftliche Diskussion um Corporate Governance wird durchaus
rege geführt, und das Thema Verwaltungsrat ist zweifelsohne sehr aktuell.
Leider beschränken sich die meisten wissenschaftlichen Untersuchungen auf
grosse Unternehmen. Im Folgenden sollen ausgewählte schweizbezogene Publikationen dargestellt werden.

Bereits 1974 untersuchte Buchmann[12] die Organisation der Verwaltungsräte in
den 20 grössten Aktiengesellschaften der Schweiz. Mittels einer kombinierten
Befragung (Interview und Fragebogen) versucht er, die Aufbau- und Ablauforganisation in verschiedenen Branchen darzustellen, zu vergleichen und
zu beurteilen.

1983 führte Spencer Stuart Management Consultants[13] eine Umfrage bei 500
Verwaltungsratsmitgliedern von grösseren Schweizer Publikums- und Familiengesellschaften durch. Die Erhebung kann als repräsentativer Querschnitt
der Schweizer Wirtschaft betrachtet werden, da die Befragten in 1275 Verwaltungsräten tätig waren. Die Auswahl neuer Führungskräfte auf oberster Führungsebene und das Durchsetzen der strategischen Planung gehören nach Spencer Stuart zu den wichtigsten Aufgaben. Die operative Geschäftsführung wird
hingegen nicht als Verwaltungsratsaufgabe bezeichnet. Weiter wird die Persönlichkeit und Führungsstärke des einzelnen Verwaltungsratsmitglieds als
weit wichtiger eingeschätzt als seine Beziehungen und seine Stellung in Wirtschaft, Politik und Gesellschaft. In der Praxis ist bei der Wahl neuer Mitglieder aber eher das Gegenteil der Fall. Bezüglich der zeitlichen Belastung erfordert ein Verwaltungsratsmandat pro Jahr einen Aufwand von durchschnittlich
9.1 Tage. Als Mitglied eines Ausschusses müssen zusätzlich 15.6 Tage aufge-
wendet werden.

Boardpower[14] führte 1985 eine weitere Untersuchung bei 250 Verwaltungsratsmitgliedern von Schweizer Industriegesellschaften durch. Das Ziel der
Befragung war die Ermittlung organisatorischer Aspekte der jeweiligen Verwaltungsräte. Die Konzentration auf die Finanzen wird als eine der wichtigsten
Aufgaben bezeichnet. Des Weiteren stellt Boardpower fest, dass sich die Ver-

---

[12]   Vgl. Buchmann (1976).

[13]   Vgl. Spencer Stuart Management Consultants (1983).

[14]   Vgl. Boardpower (1985).

waltungsräte eher mit kurzfristigen, operativen Entscheidungen befassen als mit dem strategischen Management. Zudem sind sich die meisten Verwaltungsräte nicht bewusst, dass die damals anstehende Revision des Aktienrechts mehr Verantwortung für sie bringen würde.

In einem Forschungsprojekt befassen sich Bleicher und Paul[15] 1982 bis 1986 mit dem Vergleich verschiedener Modelle zur Organisation und Gestaltung von Spitzenorganen in Unternehmen. Dabei werden das deutsche, amerikanische und schweizerische System miteinander verglichen. Bleicher und Paul stellen konvergente Entwicklungen der einzelnen Modelle fest. Vor allem die Stärkung der Stellung des Spitzenorgans, aber auch die Verwässerung des Unterschiedes zwischen monistischem und pluralistischem Modell sind wesentliche Erkenntnisse, aus denen gefolgert wird, dass zwischen den Kernaufgaben Führung und Überwachung unbedingt eine Verbindung hergestellt werden müsse.

1988 untersucht Biland[16] die Rolle des Verwaltungsrats im Prozess der strategischen Unternehmensführung. Im ersten Teil seiner Arbeit stellt er vier Modellrollen für Verwaltungsräte vor und vergleicht diese im praktischen Teil seiner Arbeit mit den real existierenden Rollen. Es werden insgesamt 47 Aktiengesellschaften auf ihre Tätigkeiten im Bereiche Planung, Implementierung und Kontrolle von Strategien untersucht.

Glaus[17] befasst sich 1990 mit der Praxis der Unternehmungsüberwachung in Schweizer Verwaltungsräten im Rahmen ihrer rechtlichen Gestaltungsfreiheit. Mit Hilfe einer empirischen Studie untersucht er die funktionale, instrumentale und politische Ausgestaltung der Überwachung. Im letzten Teil seiner Forschungsarbeit macht der Autor Gestaltungsempfehlungen für die Unternehmensüberwachung in der Praxis. Er stellt eine Verlagerung der Prioritäten von der vergangenheitsorientierten zur vorausschauenden Überwachung fest und folgert daraus ein gestiegenes Informationsbedürfnis der Verwaltungsräte. Dieses Bedürfnis kann nur durch Anpassungen des Informationssystems befriedigt werden. Abschliessend fordert er eine intensivierte und professionalisierte Wahrnehmung der Überwachungsfunktion.

---

15 Vgl. Bleicher/Paul (1986); (1986a).

16 Vgl. Biland (1989).

17 Vgl. Glaus (1990).

Sprüngli[18] untersucht ebenfalls 1990 die Rolle des Verwaltungsrats in mittelgrossen Industrieunternehmen. Dabei konzentriert er sich vorwiegend auf international tätige Unternehmen mit Umsätzen bis zu vier Mrd. Fr. und Perso-
nalbeständen bis zu 10000 Mitarbeitern. Insofern betrachtet er ein ganz anderes Spektrum an Unternehmen als in der vorliegenden Arbeit. Mit seinem
Werk, das sich vorwiegend auf die Verarbeitung von Literatur stützt, leistet er
jedoch einen wesentlichen Beitrag zu einer gesamtheitlichen betriebswirtschaftlichen Betrachtung der verwaltungsrätlichen Tätigkeit aus schweizerischer Sicht.

Wunderer[19] behandelt in seiner Arbeit die Aufgaben und Rollen des Verwal-
tungsrats-Präsidenten in der Corporate Governance mittlerer[20] und grosser
schweizerischer Publikumsgesellschaften. Die Gestaltungsperspektiven unterteilt er in eine institutionelle, eine instrumentelle, eine funktionelle und eine
personelle Dimension. Für diese Perspektiven gibt er Gestaltungsempfehlungen
ab und macht Vorschläge zu weiteren Forschungsbemühungen.

Jud[21] untersucht 1996 die Rolle der Organe Generalversammlung, Verwaltungsrat und Revisionsstelle bei der Überwachung schweizerischer Unternehmen. Er berücksichtigt dabei auch die Verhältnisse in den USA und in
Deutschland und versucht zu beantworten, welchen Überwachungsauftrag diesen Organen vom Gesetzgeber, von Sachverständigen und von der breiten
Öffentlichkeit zugewiesen wird und wie die Organe ihn erfüllen. Auch geht er
der Frage nach, wie sich die Überwachungsleitungen der Organe verbessern
liessen.

Die Arbeit von Kammerer[22] hat zum Ziel, die „undelegierbaren und unentziehbaren" Kompetenzen des Verwaltungsrats zu analysieren und abzuklären,
inwieweit die dort geregelte Materie undelegierbar ist und ob hinsichtlich der
delegierbaren Aufgaben eines Verwaltungsrats allenfalls weitere Bestimmungen zu beachten sind. Die Analyse erfolgt in erster Linie auf juristischer Ebene
und kann der praktischen Umsetzung kaum konkrete Hilfe bieten.

---

[18]   Vgl. Sprüngli (1990).
[19]   Vgl. Wunderer (1995).
[20]   „Mittlere" bedeutet bei Wunderer, ähnlich wie Sprüngli, aber im Gegensatz zur vorliegen-
       den Arbeit, mittlere Publikumsgesellschaften, also schon relativ grosse Unternehmen.
[21]   Vgl. Jud (1996).
[22]   Vgl. Kammerer (1997).

Die bestehenden Untersuchungen konzentrieren sich auf grosse nationale oder internationale Unternehmen. Zudem ist die konkrete Umsetzung der Führungsaufgabe aus der Sicht mittelgrosser Aktiengesellschaften sowie der instrumentelle Aspekt der Führung und Überwachung auf oberster Leitungsebene kaum Gegenstand der bisherigen Studien. Viele der bisherigen Befragungen fanden zudem vor der Revision des Schweizer Aktienrechtes 1992 statt. Gerade in der Schweiz, wo die Rechtsform der Aktiengesellschaft aus Mangel an geeigneteren alternativen Gesellschaftsformen oft auch von kleinen und mittleren Gesellschaften gewählt wird, fehlt es nach wie vor an aktuellen Untersuchungen über die Verwaltungsratstätigkeit in mittleren Gesellschaften. Dieser Umstand bildet die Motivation zu dieser Arbeit und einer empirischen Untersuchung im Bereich der obersten Unternehmensführung von mittleren Aktiengesellschaften.

1.3 Aufbau der Arbeit

Die vorliegende Arbeit befasst sich mit der obersten Führung mittelgrosser Aktiengesellschaften. Es wird versucht, die Kernaufgaben des Verwaltungsrats darzulegen und die wichtigsten zur Erfüllung der Aufgabe notwendigen Führungsinstrumente aufzuzeigen. Zudem soll gezeigt werden, wie die gestiegene Verantwortung des Verwaltungsrats seit der Aktienrechtsrevision in der Praxis wahrgenommen wird.

Dazu ist die vorliegende Arbeit in drei Teile gegliedert. Der erste Teil umfasst, wie in Abbildung 1-1 dargestellt, die Kapitel 1 bis 4. Behandelt werden die Grundlagen, die zum besseren Verständnis des zweiten Teils notwendig sind. Neben der Einleitung in die Thematik steht im 2. Kapitel vor allem die Auseinandersetzung mit den spezifischen Eigenheiten mittelgrosser Gesellschaften, deren ökonomische und volkswirtschaftliche Bedeutung sowie die Umfeld- und Umweltbedingungen im Vordergrund. Insbesondere interessieren hier die vielfältigen Herausforderungen, mit welchen die Unternehmen heute und in Zukunft konfrontiert werden. Das 3. Kapitel behandelt die Gesellschaftsform der Aktiengesellschaft, und die gesetzlichen Grundlagen der Organe werden eingehend diskutiert. Kapitel 4 führt in die Corporate-Governance-Thematik ein und stellt ausführlich das schweizerische Modell dar.

Im zweiten Teil, welcher die Kapitel 5 bis 7 beinhaltet, werden die Aufgaben der Oberleitung und Oberaufsicht des Verwaltungsrats nach OR Art. 716a analysiert und betriebswirtschaftlich interpretiert. Kapitel 5 beschäftigt sich mit den Aufgaben, welche der Verwaltungsrat aus betriebswirtschaftlicher Sicht im Rahmen der Oberleitung wahrnehmen muss. Die finanzielle Führungsverantwortung, welche im Rahmen der Oberleitung eine zentrale Teilaufgabe darstellt, wird in Kapitel 6 separat behandelt. Das nächste Kapitel ist der Überwachungsaufgabe gewidmet. Es wird gezeigt, dass die Überwachung eine Führungsaufgabe darstellt und welche Aufgaben durch den Verwaltungsrat wahrzunehmen sind. Ein Überwachungskonzept soll dazu beitragen, den Zusammenhang und die Funktionsweise der einzelnen Komponenten eines integrierten Überwachungssystems zu erkennen.

Abbildung 1-1:   Übersicht über den Aufbau der Arbeit

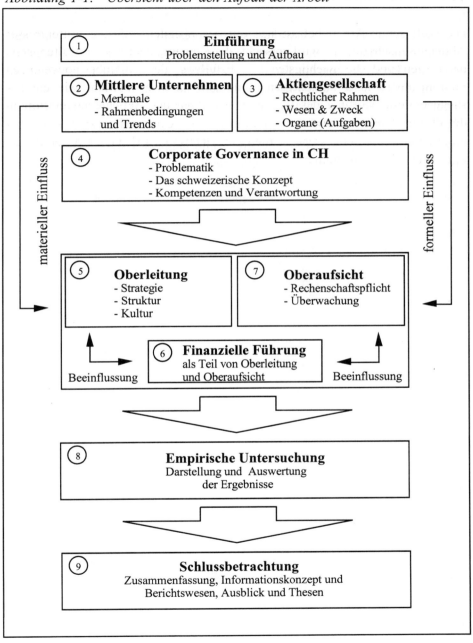

Im letzten Teil, bestehend aus den Kapiteln 8 und 9, wird die Umfrage zur praktischen Tätigkeit des Verwaltungsrats vorgestellt. Anschliessend folgt eine Schlussbetrachtung über die gesamte Arbeit. Insbesondere wird ein Informations- und Reportingkonzept für den Verwaltungsrat erstellt. Das Reportingkonzept stellt materiell eine Zusammenfassung der ganzen Arbeit dar, denn das Reporting soll dem Verwaltungsrat gerade diejenigen Informationen liefern, die er zur Wahrnehmung seiner Führungs- und Überwachungsaufgabe unbedingt benötigt. Abschliessend werden die wichtigsten Erkenntnisse der Arbeit in einigen Thesen formuliert.

2 Ausgangslage mittlerer Unternehmen

In diesem Kapitel wird das wirtschaftliche Umfeld mittlerer schweizerischer Unternehmen skizziert. Zunächst wird das mittlere Unternehmen gegenüber ähnlichen Begriffen abgegrenzt, um danach eine Definition festzulegen. Anschliessend sollen die gesamtwirtschaftliche Bedeutung dieser Unternehmen hervorgehoben sowie wesentliche Eigenschaften von mittleren Unternehmen bzw. deren Unternehmer herauskristallisiert werden.

Im zweiten Teil des Kapitels wird das gesamtwirtschaftliche Umfeld eines mittleren Unternehmens in der Schweiz aufgezeigt. Dabei kann es nicht um eine Auseinandersetzung mit individuellen Einzelproblemen gehen, sondern um eine einfache, übersichtsartige Darstellung der wesentlichsten Einflussfaktoren für die Gestaltung wirtschaftlicher Rahmenbedingungen. Darauf basierend wird die relative Attraktivität des Wirtschaftsstandorts Schweiz begründet und beurteilt. Danach gilt die Aufmerksamkeit einigen selektiv ausgewählten, in Zukunft wohl sehr wichtigen wirtschaftsrelevanten „Umwelt-Trends". Die Diskussion über das Umfeld sowie der Zukunftstrends ist für diese Arbeit deshalb sehr zentral, weil es eine der Hauptaufgaben des Verwaltungsrats ist, frühzeitig Veränderungen sowie daraus resultierende Probleme und Chancen zu erkennen. Aufgrund dieser Analyse muss der Verwaltungsrat fähig sein, allenfalls neue Strategien zu entwerfen oder mindestens Massnahmen zu treffen, um das Unternehmen aktiv in eine erfolgreiche Zukunft zu führen.

Der dritte Teil des Kapitels umfasst eine beurteilende Zusammenfassung und ein zukunftsorientierter Ausblick. Zunächst folgt eine Beurteilung der Ausgangslage für mittlere Unternehmen hinsichtlich der Wahrnehmung neuer wirtschaftlicher Chancen. Zu guter Letzt wird mit einem Vorschlag für ein Massnahmenpaket, das die Attraktivität des Standortes Schweiz für mittlere Unternehmen verbessern könnte, ein Blick in die Zukunft gewagt.

2.1 Bedeutung und Eigenschaften mittlerer Unternehmen in der Schweiz

2.1.1 Abgrenzung und Definition mittlerer Unternehmen

Obwohl in der einschlägigen Literatur keine exakte, eindeutige Abgrenzung zwischen kleinen, mittleren und grossen Unternehmen existiert, ist der Ausdruck KMU als Kürzel für kleine und mittlere Unternehmen weit verbreitet. Gerade weil keine allgemeingültige Abgrenzung existiert, wird der Ausdruck in der Umgangssprache je nach Absicht bzw. Zweck recht unterschiedlich verwendet und verstanden. Das Verwendungsspektrum des Begriffs ist sehr gross. Für diese Arbeit wird es deshalb als notwendig erachtet, den Ausdruck mittlere Unternehmen gegenüber Klein- bzw. Grossunternehmen wie auch gegenüber den Begriffen Familienbetrieb und mittelständisches Unternehmen abzugrenzen.

In der wissenschaftlichen Literatur werden kleine und mittlere Unternehmen (KMU) i. d. R. gemeinsam betrachtet und gegenüber Grossbetrieben separat behandelt. Oft besteht die Definition der KMU in einer von quantitativen Merkmalen geprägten Abgrenzung gegenüber den Grossbetrieben.[1] Als solche Merkmale werden vor allem Beschäftigtenzahl, Umsatz oder Bilanzsumme verwendet. Weitere quantitative Abgrenzungsmerkmale sind Maschinen- und Arbeitsstunden, Produktionsmengen, Kapitalintensität des Eigen- oder Gesamtkapitals oder Gewinn.[2] Wichtig für die Wahl des oder der Abgrenzungskriterien ist der Zweck der Abgrenzung. Je nach zu untersuchender Problemstellung ist eine andere Kombination besser geeignet, um die richtigen Antworten zu finden. Viele der quantitativen Merkmale sind aber stark branchenabhängig; so ist z. B. die Verwendung des Abgrenzungskriteriums Umsatz deshalb kritisch, weil ein Umsatz von 50 Mio. für einen Produktionsbetrieb eine völlig andere Dimension darstellt als für ein Import- und Handelsunternehmen. Auch die Anzahl Beschäftigte oder das investierte Kapital ist von der Arbeits- bzw. Kapitalintensität der Branche abhängig.[3] Nachteil einer branchenabhängigen Betrachtung ist die Unübersichtlichkeit. Vermutlich werden deshalb im all-

---

[1]   Die Bezeichnung KMU entspringt der Unterscheidung nach der Grösse. Vgl. Gaulhofer (1988), S. 7.

[2]   Vgl. Jäggi (1991), S. 12.

[3]   Gushurst (1990), S. 57.

gemeinen quantitative Kriterien branchenunabhängig verwendet. Unter anderen nimmt auch Lachnit, wie in Abbildung 2-1 dargestellt, eine branchenunabhängige Klassierung aufgrund der Beschäftigtenzahl und des Umsatzes vor.

Abbildung 2-1: Grösseneinteilung von Unternehmen[4]

Grössenklasse	Beschäftigtenzahl	Umsatz in Mio.
klein	bis 49	bis 5
mittel	50-499	5-50
gross	500 und mehr	50 und mehr

Auch die Europäische Union (EU) hat sich mit der Definition von KMU beschäftigt. Entsprechend der Empfehlung der Kommission über die Definition der kleinen und mittleren Unternehmungen (KMU) werden KMU als Unternehmen definiert, die weniger als 250 Personen beschäftigen und einen Jahresumsatz von höchstens 40 Mio. EURO (ca. 64 Mio. CHF) oder eine Jahresbilanzsumme von höchstens 27 Mio. EURO (ca. 43 Mio. CHF) aufweisen.[5] Erst mit der Empfehlung vom 3. April 1996 wurde die Limite von 500 Personen auf 250 Personen hinuntergesetzt. Die Empfehlung begründet diese Anpassung damit, dass ein Grenzwert von 500 Personen nicht wirklich selektiv ist, da sich fast alle Unternehmen in diese Grössenklasse einordnen lassen (immerhin 99,9% der 14 Mio. Unternehmen der EU) und drei Viertel der Erwerbstätigen sowie drei Viertel des Gesamtumsatzes darauf entfallen. Insbesondere aber verfügt ein Unternehmen mit 500 Beschäftigten über andere personelle und finanzielle Ressourcen, die im engeren Sinn weit über diejenigen Möglichkeiten eines mittleren Unternehmens hinausgehen, wo oft Eigentum und Leitung in einer Hand sind bzw. eine enge Bindung zwischen Besitzerfamilie und Unternehmen besteht. Auch verfügen Unternehmen von 250 bis 500 Personen über ausgeprägte Managementstrukturen in den Bereichen Produktion, Verkauf, Marketing, Forschung und Personal, wodurch sie sich erheblich von kleinen und mittleren Unternehmen unterscheiden. Die Kommission ist deshalb der Meinung, dass ein Schwellenwert von 250 Personen die KMU-Realität bes-

---

4 Vgl. Lachnit (1989) S. 17.

5 Vgl. Empfehlung der Kommission vom 3. April 1996 betreffend der Definition der kleinen und mittleren Unternehmen, ABl. Nr. L 107 vom 30.4.1996.

ser widerspiegelt.[6] Die Verteilungsverhältnisse der EU treffen auch für die
Schweiz zu. Abbildung 2-2 bestätigt eindrücklich, dass über 99,8% der privaten Schweizer Unternehmen in die Grössenklasse bis 500 Beschäftigte fallen.

Abbildung 2-2: Anzahl Unternehmen nach Beschäftigtenklasse[7]

Anzahl Unternehmen pro Beschäftigtenklasse					
Beschäftigte	1985	in %	1991	in %	1995	in %
1-9	207007	85.67	243501	86.68	253219	87.87
10-49	28521	11.80	30852	10.98	29058	10.08
50-99	3358	1.39	3600	1.28	3284	1.14
100-249	1898	0.79	2042	0.73	1784	0.62
250-499	510	0.21	552	0.20	499	0.17
500+	329	0.14	377	0.13	326	0.11
Total	241623	100.00	280924	100.00	288170	100.00

Abbildung 2-3 zeigt, dass im Beobachtungszeitraum ca. 80% der Beschäftigten
in kleinen oder mittleren Unternehmen tätig waren, sofern die Beschäftigtenzahl 500 als Selektionskriterium gilt.[8]

Abbildung 2-3: Beschäftigungsverteilung nach Unternehmensgrösse[9]

Beschäftigungsverteilung nach Unternehmensgrösse					
Beschäftigte	1955	1965	1975	1985	1991	1995
0-49 in %	52.50	45.40	46.10	49.00	49.10	51.80
50-499 in %	29.50	33.50	31.30	30.30	30.20	29.20
500+ in %	18.00	21.10	22.60	20.70	20.70	19.00
Total	100.00	100.00	100.00	100.00	100.00	100.00

Im Gegensatz zur EU existiert in der Schweiz keine offizielle Definition für
KMU. Bis dahin galt entsprechend der Usanz des Bundesamtes für Statistik die

---

6   Vgl. Empfehlung der Kommission vom 3. April 1996 betreffend der Definition der kleinen
     und mittleren Unternehmen, ABl. Nr. L 107 vom 30.4.1996, S. 4.
7   Vgl. Bundesamt für Statistik (1998).
8   Vgl. Bundesamt für Statistik (1998), eigene Berechnungen.
9   Vgl. Bundesamt für Statistik (1998).

Limite von 50 bis 500 Beschäftigten für mittlere Unternehmen als Abgrenzungskriterium. Um die Vergleichbarkeit mit der EU sicherzustellen, weist das Bundesamt für Statistik die Resultate der letzten Betriebszählung neuerdings ebenfalls mit einer Grössenklasse bis 250 Personen aus.

Da in dieser Arbeit eine explizit betriebswirtschaftliche Problemstellung, nämlich die Oberleitung und Oberaufsicht eines Unternehmens, untersucht wird, ist die Anzahl Mitarbeiter als quantitatives Abgrenzungsmerkmal durchaus eine adäquate Messgrösse.[10] Für die Wahl der Beschäftigtenzahl als einziges Abgrenzungskriterium spricht, trotz der bekannten Nachteile, die einfache Handhabung und die bessere Möglichkeit der objektiven Zuordnung. In Anlehnung an das Bundesamt für Statistik betreffend Definition der kleinen und mittleren Unternehmen gilt als Grenze zwischen grossen Unternehmen und KMU die Anzahl von 500 Beschäftigten. Die Begründung der EU-Kommission hinsichtlich der grossen Anzahl Unternehmen, die in dieses Segment fällt, gilt zwar auch für die schweizerischen Verhältnisse. Dies bildet aber keinen zwingenden Grund, das Segment mittels Definitionsänderung zu verkleinern. Dadurch wird einfach eine stattliche Zahl der urspünglich mittleren Unternehmen zu den grossen Unternehmen gezählt, was durchaus fragwürdig erscheint. Das Segment mittlere Unternehmen verliert dadurch auf dem Papier an Bedeutung. Die Diskussion konzentriert sich vermehrt auf kleine und grosse Unternehmen. In der Realität sind sich aber führungsmässig zwei Unternehmen mit z. B. 189 bzw. 347 Mitarbeitern ähnlicher als zwei Unternehmen mit 347 bzw. 11311 Mitarbeitern. Konsequenterweise darf das Segment mittlere Unternehmen nicht „verwischt" werden, sondern muss wegen der wichtigen Bedeutung für die gesamte Volkswirtschaft und für die Beschäftigungssituation als Untersuchungsgegenstand von besonderem Interesse sein. Dies auch dann, wenn bei grösseren der mittleren Unternehmen schon deutliche Managementstrukturen vorhanden sind. Insbesondere weil in dieser Arbeit gerade Managementfragen Teil der wissenschaftlichen Auseinandersetzung sind, ist es angebracht, die Grösse von 500 Mitarbeitern als Abgrenzungskriterium zu verwenden.

Für die Abgrenzung gegenüber kleinen Unternehmen sprechen keine Gründe gegen die in der Literatur und Praxis üblicherweise verwendete Grösse von 49 Beschäftigten. In dieser Arbeit gilt deshalb folgende quantitative Abgrenzung:

---

[10]   Vgl. Gaulhofer (1988), S. 9.

Als mittlere Unternehmen werden diejenigen Unternehmen betrachtet, welche mindestens 50 und maximal 500 Mitarbeiter beschäftigen.

Die rein quantitative Definition und Abgrenzung der KMU ist einseitig. Qualitative Merkmale ermöglichen eine differenziertere Abgrenzung, insbesondere auch gegenüber den Begriffen Familienunternehmen und mittelständisches Unternehmen. Das Problem der qualitativen Kriterien besteht aber in der geeigneten Auswahl sowie in der Subjektivität der Beurteilung der einzelnen Merkmale, welche meist nicht genau messbar sind. Eine mögliche Auswahl von Kriterien ist:

* Einfluss des Unternehmers auf die Unternehmensführung

* Führungsstrukturen / Organisation

* Kreis der Kapitalgeber (nicht nur Familie, aber im Normalfall nicht börsenkotiert bzw. keine Publikumsgesellschaft)

* Regionale Verankerung.

Aufgrund der qualitativen Kriterien lässt sich der Familienbetrieb vom allgemeinen KMU unterscheiden, auch wenn die Abweichungen nur geringfügig sind. So ist beim Familienbetrieb die Familie zwingend die massgebliche Kapitalgeberin, was bei KMU nicht unbedingt der Fall sein muss. I. d. R. entspringt eine KMU einem Familienbetrieb, diese lassen sich aber nicht immer den KMU zuordnen. Ein Familienbetrieb kann aber auch in quantitativer Hinsicht die Wesensmerkmale der KMU durchaus sprengen, so gibt es Familienbetriebe, die über 500 Mitarbeiter beschäftigen.

Ihring nennt drei qualitative Merkmale, die in der Literatur „annähernd einhellig als für mittelständische Unternehmen charakteristisch bezeichnet werden":[11]

* Der Inhaber oder die Inhabergruppe bildet gleichzeitig auch die Geschäftsleitung.

* Die wirtschaftliche Existenz des Unternehmens ist auch die wirtschaftliche Existenz der Unternehmer, welche das gesamte Risiko tragen.

* Dem Unternehmen fehlt der unmittelbare Zugang zum Kapitalmarkt.

---

[11] Ihring (1986), S. 7.

Diese Merkmale treffen zwar auch für eine grosse Anzahl von KMU zu, doch sie sind keinesfalls zwingend. So muss eine KMU nicht durch den Inhaber geführt werden, trotzdem kann aber der Inhaber einen wesentlichen Einfluss auf die Führung ausüben. Grössere der mittleren Unternehmen haben heute beschränkten Zugang zum Kapitalmarkt, und die wirtschaftliche Existenz der Inhaber muss keinesfalls allein vom florierenden Geschäftsgang des Unternehmens abhängen.

Auch Gantzel hat „Wesen und Begriff der mittelständischen Unternehmung" untersucht. Er bearbeitete ungefähr zweihundert verschiedene politische, philosophische, soziologische, historische und auch ökonomische Definitionen des Mittelstandsbegriffes, welchen er dann auf zwei Grundmerkmale reduziert:[12]

- die zentrale Stellung des Unternehmers
- das personale Wirtschaftsprinzip.

In quantitativer Hinsicht stellt Gantzel fest, dass mittelständische Unternehmen nicht einfach mittelgrosse Unternehmen sind, sondern dass es sowohl kleine wie auch grössere mittelständische Unternehmen gibt.[13]

Dem Begriff[14] „mittelständisch" ist neben einer ökonomischen Dimension auch eine soziologische Dimension zuzuordnen. Der Ausdruck beinhaltet insofern nicht nur Unternehmen (ökonomische Dimension), sondern auch natürliche Personen (soziologische Dimension). So sind z. B. Personen freier Berufe (Ärzte, Anwälte, ...), Arbeitnehmer in gehobenen Positionen (höhere Beamte, höheres Kader, ...) oder generell gutsituierte Bevölkerungsschichten miteinbezogen.[15] Diese soziologische Dimension, die im Begriff „mittelständisch" mitenthalten ist, scheint für den Begriff KMU unwesentlich. Generell kann festgehalten werden, dass zwar Familienbetriebe und mittelständische Unternehmer oft, aber nicht zwingend zur Gruppe der KMU gehören. Sowohl quantitative wie auch qualitative Abgrenzungsversuche der Begriffe lassen keine unmiss-

---

[12] Vgl. Gantzel (1962), S. 279.

[13] Vgl. Gantzel (1962), S. 287.

[14] Der Begriff „Mittelstand" stammt ursprünglich aus den früheren Feudalstrukturen und bezeichnet die ständische Mitte des freien städtischen Bürgertums, welches sich neben Adel und unfreier Landbevölkerung in den mittelalterlichen Städten entwickelte. In diesen neuen städtischen Strukturen gewannen Handel, Gewerbe und Bildung erstmals eine wachsende Bedeutung. Vgl. Hammer (1990), S. 14-15.

[15] Vgl. Bögenhold (1985), S. 217.

verständliche Abgrenzung zu. Es wird immer Grenzfälle geben, und die Übergänge sind fliessend, z. T. für Aussenstehende schlecht erkennbar oder nur
subjektiv beurteilbar. Insbesondere täuschen aber die quantitativen Merkmale
eine falsche Genauigkeit vor.[16] Dafür sind sie jedoch sehr einfach handhabbar,
weshalb sie auch in der diese Arbeit begleitenden Studie das Hauptkriterium
zur Abgrenzung bilden.

2.1.2   Wirtschaftliche Bedeutung von mittleren Unternehmen in der Schweiz

KMU nehmen in den meisten industrialisierten Ländern eine bedeutende volkswirtschaftliche Stellung ein.[17] Auch in der Schweiz gehört eine überwiegende
Mehrheit der Arbeitsstätten[18]. zur Gruppe der KMU. Eine Auswertung der
Betriebszählung von 1995 zeigt, dass über 99% der Unternehmen den KMU
zugerechnet werden können, davon zählen ca. 2% zu den mittleren Unternehmen. Durch sie haben ca. 27% aller Beschäftigten Arbeit. Der Anteil an grossen Unternehmen ist verschwindend klein, sie beschäftigen aber immerhin ca.
20% der arbeitenden Bevölkerung.

Abbildung 2-4:   Die Bedeutung mittlerer Unternehmen[19]

Betriebsgrösse	Unternehmen	%	Beschäftigte	%
1-49	282'277	97.96	1'565'669	54.16
50-499	5'567	1.93	790'724	27.36
500+	326	0.11	534'254	18.48
Total	**288'170**	**100**	**2'890'647**	**100**

---

[16]   So gehört ein Betrieb mit 499 Mitarbeitern zu den mittleren Unternehmen und einer mit 500
        Mitarbeitern zu den grossen, obwohl qualitativ faktisch kein Unterschied besteht.

[17]   Vgl. Van der Wijst (1989), S. 13.

[18]   Das Bundesamt für Statistik weist in den Betriebszählungen Arbeitsstätten und nicht Un-
        ternehmen aus. Arbeitsstätten sind räumlich abgegrenzte Produktions- oder Dienstlei-
        stungseinheiten, in denen pro Woche eine oder mehrere Personen während mindestens 20
        Stunden arbeiten. Unternehmen sind juristisch selbständige Einheiten und können aus
        mehreren Arbeitsstätten bestehen. Dieser Umstand führt dazu, dass für Unternehmen kein
        genaues Datenmaterial zur Verfügung steht.

[19]   Jeanneret (1997), S. 42.

Abbildung 2-5: Anzahl Arbeitsstätten[20]

	Anzahl Arbeitsstätten mit ..... Beschäftigten		
Beschäftigte:	1-49	50-499	> 500
Sektor 2	76'747	3'397	128
Sektor 3	263'399	4'003	125
Total	**340'146**	**7'400**	**253**

Abbildung 2-5 und Abbildung 2-6 tendieren zu einer Überbewertung der volkswirtschaftlichen Bedeutung der KMU, da das Total der Beschäftigten der jeweiligen Kategorie vernachlässigt wird. Sie müssen daher zusammen mit Abbildung 2-4 betrachtet werden.

Abbildung 2-6: Anzahl Unternehmen[21]

	Anzahl Unternehmen mit ..... Beschäftigten		
Beschäftigte	1-49	50-499	> 500
Sektor 2	69'072	3'057	115
Sektor 3	184'379	2'802	88
Total	**253'451**	**5'859**	**203**

Auch im übrigen Europa wird der überwiegende Anteil der Wirtschaft nicht von der Grossindustrie, sondern von kleinen und mittleren Unternehmen getragen.[22]

Aus Abbildung 2-4 wird ersichtlich, dass die Berücksichtigung der Anzahl Beschäftigten eine Verschiebung der Bedeutung zu Gunsten der grossen Gesellschaften verursacht. Dennoch haben ca. 80% der Erwerbstätigen ihren Arbeitsplatz bei einem Unternehmen mit weniger als 500 Beschäftigten. Die kleinen und mittleren Unternehmen sind für den Arbeitsmarkt dementsprechend wichtig, bieten sie doch vielfältige Tätigkeiten und Ausbildungsmöglichkeiten in einem "familiären" Umfeld an, das den speziellen Bedürfnissen einzelner

---

[20] Vgl. Bundesamt für Statistik (1997), S. 162-163.

[21] Vgl. Bundesamt für Statistik (1997), S. 162-163. Die Daten basieren auf eigenen Berechnungen aufgrund der Angaben zur Relation von Unternehmen und Arbeitsstätten.

[22] Vgl. NZZ (1998c), S. 27.

Arbeitnehmer oft besser gerecht werden kann als in Grossunternehmen.[23] Besonders wertvoll kann auch die sozial enge Bindung von Management und Arbeitnehmer sein, die insbesondere in einer wachstumsschwachen oder rezessiven Zeit notwendige Umstrukturierungen nicht nur aus einem wirtschaftlichen Blickwinkel betrachten lässt. KMU bilden die Träger der schweizerischen Volkswirtschaft; "die Klein- und Mittelbetriebe spielen eine wichtige Rolle im Wettbewerbsgeschehen und tragen dank ihrer Beweglichkeit gerade in einer Zeit, in der sich die technologischen, wirtschaftlichen und gesellschaftlichen Rahmenbedingungen rasch ändern, viel zur Anpassungsfähigkeit der Volkswirtschaft bei."[24] Akzentuiert wird die Bedeutung der Beweglichkeit in einem rohstoffarmen Land, wo qualitativ hochstehende Produkte und massgeschneiderte Kundenlösungen gegenüber der Massen- oder Billigproduktion vorgezogen werden.[25] Dank der grossen Flexibilität und der klaren Führungsstrukturen bewältigen KMU Strukturanpassungen i. d. R. fliessend, d. h. es erfolgt eine permanente Anpassung an die Bedürfnisse des Marktes. Um die ständig ändernden Bedürfnisse der Kunden zu erfüllen, sind oft innovative Lösungen gefragt. Untersuchungen zeigen, dass häufig KMU Erfindungen zu konkreten Produkten umsetzen.[26]

2.1.3   Führungsaspekte von mittleren Unternehmen

Bei der Führung eines mittleren Unternehmens spielt der Unternehmer eine zentrale Rolle. Er wird durch folgende Merkmale charakterisiert:[27]

- Er ist (meist einziger) Eigentümer.

- Er übernimmt das Vermögensrisiko.

- Er führt sein Unternehmen.

- Er offeriert durch sein Unternehmen individualisierte und differenzierte Leistungen.

---

23   Vgl. Nordmann (1996) S. 867-868.
24   Furgler (1984), S. 7.
25   Vgl. Nordmann (1996), S. 867.
26   Vgl. Nordmann (1996), S. 868.
27   Vgl. Pichler/Pleitner/Schmidt (1996), S. 29.

Der Unternehmer verfügt über weitreichende Entscheidungsfreiheiten. I. d. R. ist mindestens für operative, faktisch oft auch für strategische Entscheidungen, keine übergeordnete Kontrollinstanz vorhanden. Diese Konstellation zeigt, wie entscheidend die Mentalität bzw. die Charaktereigenschaften des Unternehmers hinsichtlich des Unternehmenserfolgs sind. Abbildung 2-7 zeigt, zwischen welchen Extrempositionen sich ein erfolgreicher Unternehmer idealerweise positionieren sollte.

Abbildung 2-7: Idealprofil eines Unternehmers[28]

Extrem 1	Ideale Merkmale	Extrem 2
Traumtänzerei	Intuition	Mangel an Gespür
Ruhelosigkeit	Dynamik	Trägheit
Sprunghaftigkeit	Initiative	Passivität
Spekulationssucht	Risikofreude	Ängstlichkeit
Unüberlegtheit	Entscheidungsfreude	Zaudern
Blindes Heldentum	Mut	Zaghaftigkeit
Besessenheit	Motivation	Unlust
Verschwendung	Finanzielle Umsicht	Knauserigkeit
Phantasterei	Kreativität	Ideenlosigkeit
Dickfelligkeit	Psychische Belastbarkeit	Stressanfälligkeit

Die Besetzung der geschäftsführenden bzw. entscheidenden Instanzen durch den Unternehmer selbst ist wohl der wesentlichste Unterschied zum Grossunternehmen. Dieser Unterschied ist, wie nachfolgend erläutert, nicht zwingend nachteilig, kann aber Gefahren in sich bergen.

Bei Grossunternehmen wird die Geschäftsführung i. d. R. vertraglich an Manager übertragen. Die Investoren (Aktionäre) sind deshalb nicht direkt mit der Geschäftsführung konfrontiert. Daraus kann eine Principal-Agency-Problematik[29] resultieren, da gewisse Akteure über einen Informationsvorsprung verfügen. Die asymmetrische Informationsverteilung führt dazu, dass

---

28 Vgl. Bussiek (1994), S. 18.

29 Gegenstand der Agency-Theorie bildet die Analyse der Vertragsbeziehung zwischen Auftraggeber (Prinzipal) und Auftragnehmer (Agent), welche durch drei Merkmale geprägt ist: Zielkonflikt, Unsicherheit über die zu erwartenden Zukunftsbedingungnen und asymmetrische Informationsverteilung zugunsten des Agent. Zum Agency-Ansatz existieren zahlreiche Arbeiten, unter anderen von: Arrow (1963); Zenkhauser (1970); Ross (1973); Jensen/Meckling (1976); Spremann (1990).

dem Prinzipal das Verhalten des Agenten a priori nicht bekannt ist.[30] Diese Unsicherheit führt zu Agency-Kosten, welche analog zu den Transaktions-kosten[31] Wohlfahrtsverluste darstellen, verursacht durch suboptimale Koope-ration. Zu den Agency-Kosten gehören Kontroll- und Informationskosten, Ko-sten aus nicht optimaler Risikoverteilung oder Residual-Kosten aufgrund fal-scher Anreize.

Die unterschiedlichen Positionen von Unternehmern und Managern werden einander in Abbildung 2-8 gegenübergestellt.

Abbildung 2-8:   Unternehmer versus Manager[32]

Unternehmer	Manager
Starke finanzielle Verflechtung, da das Unter-nehmen oft ein wichtiger Bestandteil des Pri-vatvermögens bildet.	Lohnempfänger, oft nur geringe finanzielle Verflechtung
Langfristige Perspektive, oft über Gene-rationen	Kurzfristige Perspektive, zeitlich begrenztes Engagement
Hohes persönliches Risiko	Begrenztes, kalkulierbares persönliches Risiko
Keine übergeordnete Kontrollinstanz, grösst-mögliche Entscheidungsfreiheit	Übergeordnete Kontrollinstanz vorhanden; beschränkte Entscheidungskompetenzen
Tendenz zu subjektiv geprägten Ent-scheidungen	Tendenz zu rational-ökonomischen Ent-scheidungen

Bei mittleren Unternehmen hingegen übt oft der Unternehmer selbst oder mindestens die Unternehmerfamilie entscheidenden Einfluss auf die Führung des Unternehmens aus. Dadurch wird die Principal-Agency-Problematik ent-schärft. Umgekehrt zeigen empirische Analysen, dass in mittleren Unterneh-men das Ausmass der Delegation gering ist.[33] Nach Ansicht Hruschkas ist die Hauptschwäche der mittleren Unternehmen, dass der Unternehmer es ver-säumt, Aufgaben mit der nötigen Verantwortung zu delegieren.[34] Eine andere Studie bestätigt die mangelnde Delegation in der Praxis und zeigt, dass Unter-nehmer viele Aufgaben ausführen, von denen sie überzeugt sind, dass sie

---

[30]   Vgl. Spremann (1990), S. 564.

[31]   Vgl. zum Thema Transaktionskosten z. B. Coase (1937); Williamson (1985); Milgrom/ Roberts (1988).

[32]   Vgl. Hickl, (1995), S. 18.

[33]   Vgl. Gaulhofer (1988), S. 56.

[34]   Vgl. Hruschka (1975), S. 240.

durchaus delegierbar wären.[35] Dies lässt vermuten, dass geeignete Nachwuchskräfte fehlen oder seitens der Unternehmer mangelndes Vertrauen vorhanden ist. Die unzureichende Delegation führt dazu, dass sich der Unternehmer allzu oft mit Routineentscheidungen befasst und operative Aufgaben selbst
übernimmt. Darin wird der Hauptgrund für die häufig erwähnte Ar-
beitsüberlastung der Unternehmer gesehen, was zur Vernachlässigung wesentlicher Führungsaufgaben führt.[36] Durch die starke Einbindung ins Tagesgeschäft wird insbesondere die strategische Planung vernachlässigt.[37]

Ein anderes Charakteristikum bei der Führung mittlerer Unternehmen ist der
tendenziell tiefe Formalisierungsgrad. Der Umfang der schriftlichen Fixierung
von Organisationsstrukturen, Stellenbeschreibungen und Verteilung von
Kompetenzen und Verantwortungen steigt mit zunehmender Betriebsgrösse.[38]
Der geringe Formalisierungsgrad bei KMU birgt die Gefahr, dass Doppelspu-
rigkeiten auftreten; umgekehrt erleichtert dieser aber auch die selbständige
Entfaltung der Mitarbeiter. Wie später zu zeigen sein wird, sind sowohl Delegation wie auch die Fixierung von Organisationsstrukturen zwei wesentliche
Massnahmen, um den Verwaltungsratspflichten besser nachkommen und sich
mit voller Schaffenskraft auf die wichtigsten Aufgaben konzentrieren zu können.

Oft fehlt es in mittleren Unternehmen auch an aktuellem, betriebswirtschaftli-
chem Know-how. Der Unternehmer hat den einfachen Betrieb mit Intuition
und eisernem Willen während vieler Jahre zu einem veritablen Unternehmen
aufgebaut. Junge Nachwuchskräfte mit guter Ausbildung und „modernen"
Ideen haben gegen den Erfahrungsschatz und den siebten Sinn des Unternehmers oft schlechte Karten, obwohl die Unternehmer wegen der Komplexität
und der Dynamik der Umwelt, verbunden mit einem zunehmenden Konkur-
renzdruck, eigentlich gezwungen wären, vermehrt betriebswirtschaftliche
Methoden und moderne Führungsinstrumente zu nutzen.[39] Hammer sieht fol-

---

35   Vgl. Grochla (1984), S. 403.

36   Vgl. Wengerter (1992), S. 13-14.

37   Vgl. Pfohl/Kellerwessel (1990), S. 18; Dörler (1988), S. 12-13; Hammer (1990), S. 59.

38   Vgl. Steiner/Reske (1978), S. 20.

39   Vgl. Hummel (1995), S. 3.

gende Gründe für den gegenüber Grossunternehmen aufgestauten Fortbildungsbedarf:[40]

- zu starke Einbindung ins Tagesgeschäft und deshalb fehlende Zeit für Investitionen in die Zukunft
- Fortbildungsdruck für Manager ist grösser als derjenige für selbständige Unternehmer, da für schlecht aus- bzw. fortgebildete Manager die Gefahr besteht, allenfalls ausgewechselt zu werden.

Mittlere Unternehmen setzen, vermutlich aus Kostengründen[41], relativ wenig Stäbe zur Führungsunterstützung ein.[42] Auch Akademiker sind aus demselben Grund in KMU selten angestellt.[43] Hinzu kommt, dass Akademiker in Grossunternehmen bessere Aufstiegschancen haben und ihnen dank ihrer Ausbildung eine gewisse Anerkennung zukommt. In mittleren Gesellschaften steht dem Akademiker allzu oft der Unternehmer im Weg, und das theoretisch fundierte Wissen des Akademikers kann ihn bald zum „Theoretiker" stempeln und ihm im Weg stehen.

Ein Vorteil mittlerer Unternehmen sind die kurzen Kommunikationswege, die es Mitarbeitern ermöglichen, den direkten Kontakt mit der Geschäftsleitung zu pflegen. Die Nähe zum Vorgesetzten erlaubt i. d. R. schnelle Entscheidungen und ein zielgerichtetes Umsetzen. Dank dem engen Kontakt besteht oft auch ein Interesse an der persönlichen und familiären Situation der Mitarbeiter.[44] Kurze Kommunikationswege ermöglichen aber auch rasches Reagieren auf Kundenwünsche oder auf externe Veränderungen.

In Abbildung 2-9 werden weitere, oft feststellbare Unterschiede zwischen Grossunternehmen und KMU in diversen Funktionsbereichen übersichtsartig dargestellt.

---

[40]   Vgl. Hammer (1990), S. 59.

[41]   Vgl. Wengerter (1992), S. 13.

[42]   Vgl. Steiner (1980), S. 168-169.

[43]   Vgl. Pfohl/Kellerwessel (1990), S. 18.

[44]   Vgl. Dörler (1988), S. 11.

Abbildung 2-9:   Vergleich zwischen KMU und Grossunternehmen[45]

Grossunternehmen	KMU
Unternehmensführung	
Manager	Eigentümer-Unternehmer
fundierte Führungskenntnisse	mangelnde Führungskenntnisse
Spezialisten	Generalisten
ausgebautes formalisiertes Informationswesen	oftmals unzureichendes Informationswesen
häufig Gruppenentscheidungen	selten Gruppenentscheidungen
geringe Bedeutung von Improvisation und Intuition	grössere Bedeutung von Improvisation und Intuition
umfangreiche Planung	weniger umfangreiche Planung
hochgradige, sachbezogene Arbeitsteilung	Funktionsanhäufung, personenbezogene Arbeitsteilung
Ferne zum Betriebsgeschehen	unmittelbare Teilnahme am Betriebsgeschehen
gute Ausgleichsmöglichkeiten bei Fehlentscheidungen	geringe Ausgleichsmöglichkeiten bei Fehlentscheidungen
Führungspotential austauschbar	Führungspotential nicht austauschbar
Personal	
hohe Zahl von Beschäftigten	geringe Zahl von Beschäftigten
grosser Anteil von ungelernten und angelernten Arbeitskräften	geringer Anteil von ungelernten und angelernten Arbeitskräften
viele Akademiker	wenige Akademiker
Tendenz zum Spezialistentum	breites Fachwissen
geringe Arbeitszufriedenheit	relativ hohe Arbeitszufriedenheit
Organisation	
personenunabhängige, sachliche Organisationsstruktur	auf den Unternehmer ausgerichtetes Einliniensystem
Arbeitsteilung	Funktionshäufung
umfangreiche Abteilungsbildung	kaum Abteilungsbildung
vorgeschriebene Informationswege	kurze direkte Informationswege
Delegation in vielen Bereichen	Delegation in beschränktem Umfang
grosse Koordinationsprobleme	kaum Koordinationsprobleme
hoher Formalisierungsgrad	geringer Formalisierungsgrad
geringe Flexibilität	hohe Flexibilität

---

45   Vgl. Pfohl/Kellerwessel (1990), S. 18

Grossunternehmen	**KMU**
Absatz	
Deckung grossdimensionierter Nachfrage	Deckung kleindimensionierter individualisierter Nachfrage
räumlich breites Marktsegment	räumlich schmales Marktsegment
gute Wettbewerbsstellung	Wettbewerbsstellung uneinheitlich
Beschaffung und Materialwirtschaft	
starke Position am Beschaffungsmarkt	schwache Position am Beschaffungsmarkt
meist auftragsunabhängige Materialbeschaffung	häufig auftragsbezogene Materialbeschaffung
Forschung und Entwicklung	
dauernd institutionalisierte Forschungs- und Entwicklungsabteilung	keine dauernd institutionalisierte Forschungs- und Entwicklungsabteilung
Produkt- und Verfahrensentwicklung in engem Zusammenhang mit Grundlagenforschung	bedarfsorientierte Produkt- und Verfahrensentwicklung, kaum Grundlagenforschung
relativ langer Zeitraum zwischen Erfindung und wirtschaftlicher Nutzung	relativ kurzer Zeitraum zwischen Erfindung und wirtschaftlicher Nutzung
Produktion	
tendenziell kapitalintensiv	tendenziell arbeitsintensiv
hohe Arbeitsteilung	geringe Arbeitsteilung
vorwiegend Spezialmaschinen	vorwiegend Universalmaschinen
starke Kostendegression mit steigender Ausbringungsmenge	geringe Kostendegression mit steigender Ausbringungsmenge
Finanzierung	
i. d. R. breit gestreuter Besitz	i. d. R. im Familienbesitz
ungehinderter Zugang zum anonymen Kapitalmarkt	beschränkter Zugang zum anonymen Kapitalmarkt
vielfältige Finanzierungsmöglichkeiten	beschränkte Finanzierungsmöglichkeiten

Eine Beurteilung, ob ein Unterschied eher positive oder negative Auswirkungen hat, ist pauschal kaum vorzunehmen und i. d. R. nur in Kenntnis der spezifischen Situation zu beurteilen. Die dargelegten Unterschiede zwischen Grossunternehmen und KMU zeigen aber, dass die Führung eines mittleren Unternehmens von den Managementaufgaben in einem Grossunternehmen stark abweichen kann.

2.2 Rahmenbedingungen für mittlere Unternehmen

Im diesem Kapitel gilt es, externe Einflüsse aufzuzeigen, mit denen mittlere Unternehmen in Zukunft stärker konfrontiert sein werden und sich die obersten Führungsgremien besonders beschäftigen müssen.

Die wirtschaftlichen Rahmenbedingungen für schweizerische Unternehmen haben sich in den letzten Jahren stark verändert. Insbesondere für mittlere, tendenziell oft binnenmarktorientierte Unternehmen wurde der globale Wettbewerb schneller Realität, als dies vielen lieb war. Globalisierung bedeutet nicht nur mehr Wettbewerb, hervorgerufen durch ausländische Anbieter und Verlagerung von arbeitsintensiver Produktion in Billiglohnländer, sondern auch (schrankenloser) Zugang zu den Weltmärkten. Globalisierung darf deshalb nicht nur als Gefahr, sondern muss auch als Chance aufgefasst werden. Insbesondere für flexible, innovative mittlere Unternehmen bieten sich dank revolutionären technischen Entwicklungen im Informatik- und Fernmeldebereich in einer globalen Wirtschaft neue Perspektiven mit bisher ungeahnten Möglichkeiten an. Die „schlummernde" Dorfgemeinschaft wird plötzlich zur „gigantischen" wirtschaftlichen Weltgemeinschaft.

Die einseitige Betrachtung der rein wirtschaftlichen Veränderungen im Umfeld eines Unternehmens würde der Komplexität der Rahmenbedingungen, innerhalb welcher sich ein Unternehmen bewegt, jedoch nicht gerecht.

Zunächst ist aus gesamtwirtschaftlicher Sicht jedes Unternehmen Teil des Wirtschaftskreislaufs. Innerhalb dieses Kreislaufsystems bestehen vielfältige, wechselseitige Beziehungen, welche nach komplexen Prozessen ablaufen. Solche theoretisch entwickelten Beziehungen lassen sich anhand von politisch-ökonomischen Modellen überprüfen und quantifizieren.[46]

In Abbildung 2-10 wird versucht, die Hauptzusammenhänge eines solchen Systems stark vereinfacht abzubilden und systematisch zu erklären. Investoren und Unternehmer schaffen Arbeitsplätze, ermöglichen den Arbeitnehmern und deren Familien, die in ihrer Gesamtheit einen Grossteil der Gesellschaft bilden, ein Einkommen und versorgen diese mit Produkten bzw. Dienstleistungen. In demokratischen Staaten wählt die Bevölkerung direkt oder indirekt die staatlichen Instanzen. Diese gestalten und überwachen die wirtschaftlichen und po-

---

[46] Vgl. Frey (1981), S. 13-17.

litischen Rahmenbedingungen, unter denen die Tauschvorgänge der Wirt-
schaftssubjekte stattfinden sollen. Je direkter die Demokratie ist, desto mehr
Einfluss können Bevölkerung wie auch die Wirtschaft auf die Gestaltung der
Rahmenbedingungen nehmen. Darunter sind z. B. Gesetze, Eigentumsgarantie,
Wirtschafts- und Sozialpolitik, Förderungs- oder Investitionsprogramme, Er-
ziehungswesen und Staatsverträge zu verstehen. Falls diese Rahmenbedingungen wirtschaftsfreundlich sind, können Unternehmen unter besseren Voraussetzungen produzieren und die Produkte erfolgreicher auf bestehenden und
neuen Märkten absetzen.

Abbildung 2-10: Modell eines einfachen Wirtschaftskreislaufs

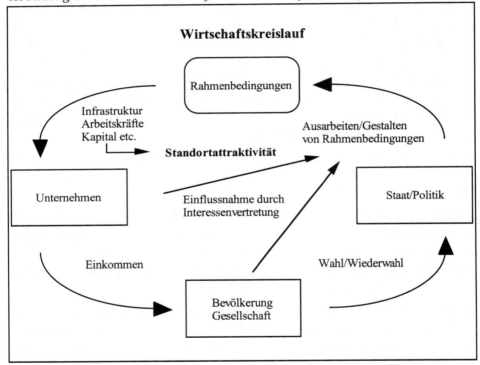

Langfristig können nur erfolgreiche Unternehmen Arbeitsplätze aufrecht erhalten und der Bevölkerung ein Einkommen ermöglichen. Die Zufriedenheit
der Gesellschaft hängt wesentlich davon ab, ob genügend Arbeitsplätze vorhanden sind, ob genügend Einkommen erwirtschaftet werden kann und ob damit Produkte zur persönlichen Bedürfnisbefriedigung gekauft werden können.

Wenn dies der Fall ist, ist die Gesellschaft mit sich und der Politik zufrieden, andernfalls - oder bei grosser Unsicherheit über die zukünftige Entwicklung - herrscht eine allgemeine Unzufriedenheit. Diese Unzufriedenheit führt zur „Nicht-Wiederwahl" der demokratisch gewählten politischen Instanzen. Sie haben daher ein grundsätzliches Interesse, die Rahmenbedingungen im Hinblick auf eine florierende Wirtschaft optimal zu gestalten. Der Wettbewerb, insbesondere der internationale Wettbewerb, macht transparent, wieviel Wohlstandsverlust durch verfehlte politische Massnahmen verursacht wird. Deshalb werden die Politiker die politischen Ziele eher „pro" anstatt „contra" den Markt vertreten, vorausgesetzt die Interessenvetreter können sich organisieren. Dank dem (Standort)-Wettbewerb wird langfristig für Regierungen der Druck steigen, Kosten zu internalisieren, anstatt öffentliche Güter (die de facto oft versteckte Subventionen von Partikularinteressen darstellen) weiterhin dem Steuerzahler zu belasten. Die in der Praxis spielenden Prozesse sind aber äusserst komplex und vielschichtig. Das Modell kann nur die grundlegenden Zusammenhänge aufzeigen, dabei werden zur Vereinfachung bewusst weitere Einflussfaktoren[47] vernachlässigt.

Betrachtet man die Umwelt aus der Sicht eines einzelnen mittleren Unternehmens, kann man festhalten, dass zwar jedes Unternehmen durch die Umwelt- und Rahmenbedingungen stark beeinflusst wird, selber jedoch diese nur sehr beschränkt durch das eigene Verhalten verändern kann. Es bestehen aber zahlreiche komplexe Wechselbeziehungen zwischen dem Unternehmen und der Umwelt. In der Wissenschaft bestehen verschiedene Ansätze, diese Wechselbeziehungen zu erfassen und zu analysieren: Der Stakeholder-Ansatz, ein institutionaler Betrachtungsansatz, geht davon aus, dass die Umwelt aus verschiedenen Anspruchsgruppen besteht, welche Anspüche und Erwartungen gegenüber dem Unternehmen haben und das Verhalten des Unternehmens beeinflussen können. Abbildung 2-11 zeigt ein Aufstellung verschiedener Anspruchsgruppen mit ihren Hauptinteressen. Aus der Sicht des Unternehmens sind sicherlich nicht alle Ansprüche gleich zu berücksichtigen. Betrachtet man zudem die Par-

---

[47] Z. B. ist für das Verhalten der Politiker die zeitliche Wirkungs-Verzögerung getroffener Massnahmen entscheidend. Wirtschaftspolitisch sinnvolle Massnahmen können in einer ersten Phase zu sozialen Härten führen und unpopulär sein. Wenn die positive Wirkung solcher Massnahmen erst nach den nächsten Wahlen eintreffen, ernten mit grosser Wahrscheinlichkeit andere die Früchte der sinnvollen Massnahmen. Damit sind Anreize für das wirtschaftspolitisch richtige Verhalten nicht unbedingt gegeben. Auch die wirtschaftspolitischen Einflüsse durch Beziehungen mit dem Ausland sind in diesem Modell vernachlässigt.

tikularinteressen der einzelnen Anspruchsgruppen, ist festzustellen, dass diese zum Teil konträrer Natur sind und nicht alle gleichzeitig berücksichtigt werden können. Vernachlässigt jedoch ein Unternehmen berechtigte Ansprüche gänzlich, wird dies negative Auswirkungen haben. Die Aufgabe der Unternehmensleitung liegt darin, die Interessen der einzelnen Anspruchsgruppen gegeneinander abzuwägen und im Sinn einer Nutzenoptimierung für das Unternehmen denjenigen „Interessenmix" zu berücksichtigen, welcher sich am positivsten auf den langfristigen Unternehmenswert auswirkt.

Abbildung 2-11: Anspruchsgruppen und ihre Ansprüche[48]

Stakeholder	Ansprüche
interne Stakeholder	
Aktionäre (Grossaktionäre, Institutionelle Anleger, Kleinaktionäre, Aktionäre mit langfristigem Anlageziel, Spekulanten)	Sicherheit der Kapitalanlage, Kapitalertrag und Kapitalzuwachs, Risiko-Rendite-Abstimmung, Macht, Einflussnahme, Mitentscheidung
Management	Erfolg der Unternehmung (Gewinn/Rentabilität/Liquidität, Wirtschaftlichkeit, Expansion/Marktanteil/Innovation/ Wachstum), Image, Macht, Unabhängigkeit des Managements, Einkommen (hohe sichere Einkünfte), Ertragsbeteiligung, Kapitalbeteiligung, Selbstverwirklichung, Einfluss, Sicherheit des Arbeitsplatzes
Mitarbeiter, Gewerkschaften	Sicherung des Arbeitsplatzes, gerechte Entlohnung, Erfolgs- und Kapitalbeteiligung, Betriebsklima, Anerkennung/Prestige, Verantwortung, Aus- und Fortbildung, Selbstverwirklichung, Einfluss, Arbeitsplatzsicherheit, Arbeitsqualität
externe Stakeholder	
Fremdkapitalgeber	Bonität, Sicherheiten, seriöse Finanzpolitik, Finanzplanung und -kontrolle, Risikopolitik, transparente Informationen, die Rückschlüsse auf die Bonität zulassen, Informationen über Mittelbedarf und -verwendung, Risiken, usw.
Finanzanalysten, Rating-Agenturen	Transparenz gegenüber Aktionären und Finanzanalysten, um Markteffizienz zu fördern, Qualität und Quantität der Aktionärsinformationen, Markttransparenz für Investoren, v. a. Beurteilung der Risiko-Rendite-Verhältnisse
Kunden	Bedürfnisbefriedigung, Dienstleistungsangebot, Konditionen
Staat	Steuern, Schaffung von Arbeitsplätzen, Einhaltung der Gesetze, usw.
Öffentlichkeit	vielfältige Ansprüche

---

[48]   Meyer (1996), S. 7.

In anderen systematischen Analysen wird die Umwelt in Bereiche unterteilt: Man spricht dann von dimensionalen Ansätzen. Steinmann und Schreyögg[49] unterscheiden dabei den technologischen, den soziokulturellen, den makroökonomischen, den mikroökonomischen und den politisch-rechtlichen Bereich. Im St. Galler Management-Modell[50] wird die Umwelt in eine gesellschaftliche, ökologische, technologische und ökonomische Sphäre unterteilt. Eine genaue Abgrenzung der einzelnen Sphären ist schwierig vorzunehmen, denn die Übergänge sind fliessend, und eine eindeutige Zuordnung von Themen, Problemen, Entwicklungen oder Trends zu einzelnen Sphären ist oft nicht möglich, weil die Probleme interdisziplinär vernetzt sind oder durch subjektive Wertvorstellungen geprägt werden. Dies ist auch nicht zwingend notwendig, denn wesentlich ist nur, dass sich die Unternehmensleitungen dieser Sphären bewusst sind und deren Einfluss auf das zukünftige Verhalten und die strategische Ausrichtung des Unternehmens erkennen.[51] So ist z. B. der Einfluss von gesellschaftlichen und ökologischen Aspekten stark gestiegen, und es ist kaum anzunehmen, dass dieser in Zukunft abnehmen wird. Die beiden dargestellten Denkmodelle lassen sich gut miteinander verbinden. Abbildung 2-12 zeigt eine Kombination der institutionalen und dimensionalen Umweltbetrachtung.[52]

---

49 Vgl. Steinmann/Schreyögg (1991), S. 138-140.

50 Vgl. Ulrich/Krieg (1974).

51 Vgl. Wagner (1990), S. 1.

52 Vgl. Ulrich (1990), S. 67.

Abbildung 2-12: Unternehmen und Umwelt

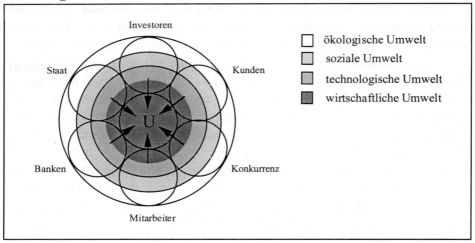

In den folgenden Kapiteln wird in Anlehnung an das einfache Modell des Wirtschaftskreislaufs gezeigt, welchen Einfluss die gelebte direkte Demokratie auf
die Rahmenbedingungen für mittlere Unternehmen in der Schweiz hat. Dazu
werden das Element „Staat und Politik" sowie die Prozesse zur Schaffung oder
Änderung von Rahmenbedingungen etwas genauer betrachtet. Auf eine eigene
detaillierte Analyse der Rahmenbedingungen wird bewusst verzichtet. Sie
würde den Rahmen dieser Arbeit sprengen und müsste ohnehin, weil ein konkretes Unternehmen fehlt, eher allgemein gehalten sein. Als Alternative zur
eigenen Analyse werden einige internationale Studien zur Wettbewerbsfähigkeit diverser Länder herangezogen.

2.2.1   Rahmenbedingungen und Wettbewerbsfähigkeit

Im Wirtschaftskreislaufmodell wird gezeigt, dass in der demokratischen
Schweiz sowohl die Bevölkerung wie auch die Unternehmen über die Politik
und den Staat Einfluss auf die Rahmenbedingungen nehmen können. Zunächst
soll deshalb kurz der Aufbau des schweizerischen Bundesstaates und die Funktionsweise der Willensbildung dargestellt werden. Der schweizerische Bundes-
staat ist föderalistisch aufgebaut. Die 26 Kantone besitzen eine hohe Souverä-
nität. Sie sind entsprechend dem Subsidiaritätsprinzip für alles zuständig, was
gemäss Bundesverfassung nicht direkt dem Bund obliegt. Auch an den politi-

schen Entscheidungsprozessen sind die Kantone beteiligt. Das Subsidiaritätsprinzip spielt analog auch auf der Stufe Kanton und Gemeinde, welche deshalb ebenfalls über eine ausgeprägte Autonomie verfügen. Auf allen Stufen
herrscht Gewaltentrennung[53] zwischen Exekutive, Legislative und Judikative.

Die Gesetzgebungskompetenz fällt dem Parlament (Legislative) und letztendlich dem Volk zu.[54] Vorentwürfe für neue Gesetze durchlaufen breit abge-
stützte Vernehmlassungsverfahren, bei denen möglichst alle interessierten
Kreise zu einer Stellungnahme eingeladen werden, damit schlussendlich eine
von allen akzeptierte Lösung vorliegt. Als Konsequenz sind politische Entscheidungen letztendlich Resultate von Verhandlungen zwischen Parteien,
Verbänden und anderen Interessenvertretern. Obwohl eine verfassungsmässige
Regelung der Konkordanz fehlt, findet das Prinzip der Konkordanzdemokratie
in der Schweiz nicht nur in der Politik, sondern auch in vielen anderen
Bereichen des öffentlichen Lebens seinen Niederschlag. Ein wesentliches
Merkmal der schweizerischen Demokratie ist die Möglichkeit der Bürger, di-
rekt auf die Politik Einfluss zu nehmen. Auf allen drei Ebenen können mittels
Volksinitiativen Vorschläge gemacht und mit Hilfe des Referendums[55] Geset-
zes- oder Verfassungsänderungen ablehnt werden.

Die Wesensmerkmale der direkten Demokratie und des Föderalismus haben
neben vielen Vorzügen auch den Nachteil, dass der Entscheidungsprozess sehr
langwierig sein kann und der Normgebungsprozess tendenziell schwerfällig
wird. Dabei besteht auch die Gefahr, dass ursprünglich sinn- und wirkungs-
volle Lösungsvorschläge bzw. Gesetzesentwürfe während des Entscheidungs-
bildungsprozesses so lange verändert werden, dass sie letztendlich nur noch
Stückwerke bilden und nicht mehr den geplanten Zweck erreichen bzw. kaum
mehr den erhofften Nutzen stiften. Auf der anderen Seite bewirkt dieser echt
demokratische Meinungsbildungsprozess und die über Jahrzehnte hinweg gelebte Demokratie, dass die politischen Verhältnisse in der Schweiz äusserst sta-
bil sind. Auch müsste die direkte Demokratie, in Anlehnung an das Kreislaufmodell, langfristig zu eher wirtschaftsfreundlichen Rahmenbedingungen füh-

---

[53] Die strikte Gewaltentrennung ist ein wesentlicher Faktor hinsichtlich wirtschaftsfreundli-
cher Rahmenbedingungen. Das unabhängige Rechtssystem und damit verbundene Rechtssicherheit stellen wichtige Werte der Gesellschaftsordnung dar.

[54] Vgl. Schönbächler (1993) S. 42.

[55] Das Instrument des Referendums ist auf kantonaler und kommunaler Ebene unterschiedlich
geregelt. Dies betrifft qualitative wie auch quantitative Unterschiede. Vgl. Linder (1992),
S. 123.

ren, weil es Bürgern und Politkern dann „gut" geht, wenn die Wirtschaft floriert.

In der Schweiz erfolgt die Einflussnahme auf die wirtschaftspolitischen Rahmenbedingungen in erster Linie durch die Gestaltung der Sozial-, Struktur-, Konjunktur- und Infrastrukturpolitik.

Die Sozialpolitik basiert im Wesentlichen auf drei Pfeilern:

- Schutz der Arbeit[56]

- soziale Gerechtigkeit durch massvolle Umverteilung der Einkommen[57]

- soziale Sicherheit und Schutz in Fällen wie Krankheit, Unfall, Invalidität[58], Arbeitslosigkeit und Alter[59].

Verfassungsmässige Grundlage der Strukturpolitik sind die sogenannten Wirtschaftsartikel in Art. 31bis BV. Dabei wird der Bund ermächtigt, in gewissen Fällen von der Handels- und Gewerbefreiheit abzuweichen. Der Bund greift deshalb in einigen Bereichen erhaltend, anpassend und lenkend in das Wirtschaftsleben ein.[60]

---

[56]   Unter dem Motto „Kooperation statt Konfrontation" versuchen die Sozialpartner, anstehende Problembereiche am grünen Tisch zu regeln. Von grosser wirtschaftlicher Bedeutung sind die Gesamtarbeitsverträge, eine Art kollektivrechtliche Vereinbarung des Arbeitsverhältnisses in ganzen Wirtschafts- bzw. Berufszweigen, welche vermutlich entscheidend zur Sicherung des Arbeitsfriedens beitragen.

[57]   Horizontale, vertikale und regionale Einkommensumverteilung spielen eine wichtige Rolle. Aber auch eine Schul- und Bildungspolitik, deren Zielsetzung es ist, allen Bürgern die gleichen Ausbildungsmöglichkeiten zu bieten, trägt massgeblich zur sozialen Gerechtigkeit bei.

[58]   Die IV besteht seit 1960. Sie will primär Behinderte in das Erwerbsleben eingliedern. Erst wenn eine Eingliederung aussichtlos oder unzureichend ist, werden Renten ausgeschüttet.

[59]   Die Alters- und Hinterlassenenversicherung (AHV) ist unbestritten das wichtigste Sozialwerk des Bundes. Die erste Verfassungsgrundlage stammte aus dem Jahre 1925, verwirklicht werden konnte die AHV erst per 1. Januar 1948.

[60]   Die regionale Strukturpolitik dient dem Schutz wirtschaftlich bedrohter Landesteile. Zur Erhaltung gefährdeter Wirtschaftszweige betreibt der Bund sektorale Strukturpolitik, deren Berechtigung jedoch angezweifelt wird. Im Zuge der radikalen weltwirtschaftlichen Veränderungen ist jedoch auch in der Schweiz tendenziell eine Abkehr von protektionistischen Massnahmen und eine Hinwendung zu mehr Markt zu beobachten

Ziel der Konjunkturpolitik sind Vollbeschäftigung, stabile Preise und eine ausgeglichene Zahlungsbilanz. Ein wichtiges Instrument der Konjunkturpolitik ist die Geldmengenpolitik.[61]

Hauptthemen der Infrastrukturpolitik sind die Verkehrspolitik, die Boden- und Raumplanungspolitik, Wohnbau- und Mieterschutzpolitik, Umweltschutzpolitik und die Energiepolitik.[62]

Die aufgrund des Wirtschaftsmodells geäusserte Vermutung, dass die schweizerischen Rahmenbedingungen grundsätzlich wirtschaftsfreundlich sind und deshalb die Schweiz ein aus unternehmerischer Sicht attraktiver Standort darstellt, wird in den nachfolgend erwähnten Studien bestätigt. Für die Attraktivität sind nebst der guten Lebensqualität, dem hohen Bildungsniveau, der Rechtssicherheit und der stabilen politischen Verhältnisse auch zahlreiche direkt wirtschaftliche Faktoren ausschlaggebend, wie die Qualität der Infrastruktur, das niedere reale Zinsniveau oder die hohe Arbeitsproduktivität. So stellt Jan Kubes vom International Institute for Management Development (IMD) in Lausanne der Schweiz bezüglich der Wettbewerbsfähigkeit gute Noten aus. Er stellt eine steigende Tendenz zur Konkurrenzfähigkeit fest, ortet jedoch auch Handlungsbedarf, damit die Schweiz weiterhin an der Spitze mithalten kann. Er stellt auch fest, dass Ausländer die Schweiz deutlich besser beurteilen als die Schweizer selbst.[63] Gemäss einer Studie des Ifo-Institutes in München ist die Schweiz aus der Sicht deutscher Unternehmer nach der Tschechischen Republik der zweitattraktivste Standort in Europa. Für die Schweiz sprechen vor allem die relativ lange Arbeitszeit, die tiefe Absenzenquote und die hohe Arbeitsproduktivität. Auch halten die Deutschen die Schweiz für besonders innovativ. In einer Studie zur freien Wirtschaft, durchgeführt von der Heritage Foundation in Zusammenarbeit mit der Wirtschaftszeitung Wall Street Journal, wird die Schweiz als das wirtschaftlich freieste Land in Europa bezeichnet. Gemäss dieser Studie haben nur acht von insgesamt 150 untersuch-

---

61 Von praktischer Bedeutung zur Steuerung der Notenbankgeldmenge sind: An- und Verkauf von Devisen, Abschluss von Devisenswaps, Offenmarktpolitik, Zinspolitik und Lombardpolitik.

62 Eine relativ schwache Infrastruktur besteht im Bereich der Telekommunikation. Nach jahrzehntelangem Versäumnis wurden kürzlich durch die Öffnung des monopolisitisch gestalteten Marktes die Weichen neu gestellt. Die Auswirkungen des freien Marktes hinsichtlich Produkt- und Servicequalität sowie auf den Preis konnten in der Schweiz kaum je eindrücklicher beobachtet werden.

63 Berner Zeitung (1996), S.19.

ten Ländern eine freie Wirtschaft.[64] Auch eine Studie des World Economic Forums in Genf attestiert, dass die Schweiz zu den sechs wettbewerbsfähigsten Ländern der Welt gehört. Einziger gewichtiger Nachteil stellt das derzeitige Wohlfahrtssystem dar, welches der Wirtschaft zu viele Lasten aufbürdet. Und gemäss Urteil von amerikanischen und europäischen Geschäftsleuten verfügen Irland und die Schweiz über die grössten Standortvorteile.[65] Interessant ist die Feststellung, dass oft kleine Länder bezüglich der Wettbewerbsfähigkeit gut positioniert sind.[66]

Alle die äusserst positiven Einschätzungen zum Wirtschaftsstandort Schweiz dürfen aber nicht darüber hinwegtäuschen, dass auch berechtigte, kritische Meinungen vorhanden sind. Diese bestreiten in der Mehrzahl jedoch nicht die aktuelle Attraktivität des Standorts Schweiz, sondern mahnen vor der schleichenden, relativen Verschlechterung des Wirtschaftsstandorts Schweiz. Sie sind der Meinung, dass in zahlreichen Staaten ähnlich gute Voraussetzungen vorhanden sind oder solche Voraussetzungen relativ leicht geschaffen werden können. So kann das für die Anwendung von und die Entwicklung neuer Technologien benötigte Wissen in kurzer Zeit erworben werden.[67] Hochspezialisierte Technologiezentren in Entwicklungsländern zeigen, dass auch in Schwellenländern entsprechendes Wissen vorhanden ist. Die Anzahl an auf internationalem Niveau gut ausgebildeten Personen sowie das allgemeine Bildungsniveau steigen in vielen dieser Länder. Gleichzeitig ist in diesen Ländern eine hinreichende, wenn auch oft regional beschränkte Verbesserung der Infrastruktur festzustellen.

Die Ursache für die relative Verschlechterung des Wirtschaftsstandortes sehen zahlreiche Vertreter zum einen darin, dass „wir" uns nur langsam an die Veränderungen der globalen Rahmenbedingungen und Trends anpassen, während dies ausländische Konkurrenten besser, im Sinn von flexibler und dynamischer, tun. Zum anderen müsste ein tiefgreifender gesellschaftlicher Mentali-

---

[64] NZZ (1996), S. 22.

[65] Vorteile der Schweiz sind: Bankenplatz, Steuersystem, Sozialkosten, Währungsstabilität, Infrastruktur und die Qualifikation der Arbeitnehmer. Vgl. NZZ (1996a), S. 19.

[66] Z. B. Singapur, Hongkong, Neuseeland, Irland, Luxemburg, Norwegen oder die Schweiz.

[67] Vgl. de Pury (1995), S. 27.

tätswandel[68] vor allem die Selbstverantwortung sowie die persönliche Leistungsbereitschaft nachhaltig erhöhen.[69]

2.2.2 Megatrends

Nachdem die Rahmenbedingungen und Wettbewerbsfähigkeit der Schweiz beleuchtet wurden, sollen in diesem Kapitel sogenannte Megatrends behandelt werden. Ziel ist es, einige ausgewählte Entwicklungen vorzustellen, die den Bezugsrahmen Schweiz sprengen, mit denen sich aber die Spitzen mittelgrosser Unternehmen bereits heute oder in Zukunft konfrontiert sehen werden.

2.2.2.1 Globalisierung

Die Konfrontation mit der rasanten Globalisierung der Wirtschaft zählt zu den wohl stärksten und beeindruckendsten länderübergreifenden Trends unseres Jahrhunderts. Zunächst ist festzuhalten, dass Globalisierung keineswegs eine neue Erscheinung darstellt, bereits Marx und Engels haben im „Kommunistischen Manifest"[70] von 1848 den Trend zur Globalisierung dargelegt. Im Jahre 1912 zeigte Joseph Schumpeter in seiner Theorie zur wirtschaftlichen Entwicklung die Zusammenhänge und Ursachen für Innovation und Globalisierung.[71] Neu an der „modernen" Globalisierung ist vor allem das Tempo und die Intensität dieser Entwicklung.[72] Die Auswirkungen dieser Globalisierung sind enorm und betreffen Wirtschaftsräume, einzelne Länder, Regionen, öffentliche Verwaltungen, Unternehmen jeglicher Grössenordnung und auch Privatpersonen. Die rasanten Umwälzungen im Bereich der Kommunikations- und Informationstechnologie eröffnen Handel und Industrie wie auch anderen Dienstleistungsunternehmen neue, bis anhin ungeahnte Möglichkeiten. Rund

---

68 Vgl. de Pury (1995), S. 28.

69 Vgl. Lippuner (1997), S. 22.

70 Im „Kommunistischen Manifest" steht z. B.: „Das Bedürfnis nach einem stets ausgedehnteren Absatz für ihre Produkte jagt die Bourgeoisie über die ganze Erdkugel..." oder: „Die uralten nationalen Industrien sind vernichtet worden und werden noch täglich vernichtet. Sie werden verdrängt durch neue Industrien, deren Einführung eine Lebensfrage für alle zivilisierten Nationen wird, durch Industrien, die nicht mehr einheimische Rohstoffe, sondern den entlegensten Zonen angehörige Rohstoffe verarbeiten und deren Fabrikate nicht nur im Lande selbst, sondern in allen Weltteilen zugleich verbraucht werden..."

71 Vgl. Bernholz (1997), S. 29.

72 Vgl. Walz (1998), S. 21.

20% der weltweit produzierten Güter werden grenzüberschreitend ge-
handelt.[73] Die seit Jahren konstante, hohe Wachstumsrate des Welthandels von
5% zeigt die nach wie vor starke Dynamik dieser Entwicklung eindrücklich.
Eine vertiefte Auseinandersetzung mit der Thematik zeigt, dass eigentlich drei
starke Globalisierungseffekte unterschieden werden können:[74]

- Globalisierung der Märkte

    Die Bedürfnisse der Nachfrager werden länderübergreifend immer ho-
    mogener.[75] Egal ob in New York, Santiago de Chile, Bombay, Tokio
    oder Moskau, die Kunden verlangen weltweit Burger von McDonalds,
    die gleichen Levis 501 oder hören ähnliche Musik und vergöttern diesel-
    ben Idole. Die Zahl weltweit auftretender Nachfrager steigt und führt
    zur Globalisierung der Märkte.

- Globalisierung der Branchen

    Viele Branchen sind durch enorme Investitionen und hohe Forschungs-
    und Entwicklungskosten gekennzeichnet. Gleichzeitig nimmt der Pro-
    duktlebenszyklus stetig ab. Auf den ursprünglich anvisierten Zielmärk-
    ten lassen sich nur noch ungenügende Erfahrungs-, Lern- und Degres-
    sionseffekte erzielen. Dies führt zu einer Konzentration auf wenige
    Produkte bzw. auf das Management der Kernkompetenzen, denn die ho-
    hen Kosten können nur noch durch den weltweiten Absatz identischer
    Produkte bzw. Dienstleistungen amortisiert werden.

- Globalisierung des Wettbewerbs

    Letztendlich kann von globalem Wettbewerb gesprochen werden, wenn
    Unternehmen ihre strategische Ausrichtung auf den Weltmarkt abstim-
    men und sich anderen globalen Wettbewerbern im Konkurrenzkampf
    stellen.

Globalisierung als ein ökonomisches Phänomen, mit Auswirkungen, die weit
über den wirtschaftlichen Bereich hinausgehen, stellt nicht nur für das einzelne
Unternehmen eine Herausforderung dar, auch ganze Wirtschaftsräume, Länder

---

[73]   Vgl. Henzler (1992), S. 84.

[74]   Vgl. Meffert (1991), 400-415.

[75]   Trotzdem besteht ein Trend zu einer starken Individualisierung.

bzw. Politiker sind gefordert.[76] Herausforderung bedeutet aber nicht zwangsläufig „Gefahr", sondern kann auch „Chance" bedeuten: Märkte die bisher un-
erreichbar waren, werden geöffnet, der Zugang zu neuer Technologie wird
einfacher und eigene Kompetenzen können global genutzt werden. Die Globalisierung stellt deshalb für viele Menschen der Dritten Welt eine Hoffnung
dar.[77] Da der globale Wettbewerb keine Grenzen kennt, nimmt der Standort-
wettbewerb unweigerlich zu. Unternehmen müssen ihren Standort so wählen,
dass sie den Anforderungen des Weltmarkts optimal gerecht werden. Dabei
spielen nicht nur monetär-ökonomische Faktoren wie Lohnniveau und fiskali-
sche Belastungen, sondern auch andere Rahmenbedingungen wie politische
Stabilität, soziale Sicherheit, Arbeitsfrieden, Bildungsniveau, Internationalität
etc. eine entscheidende Rolle. Dies zwingt Regierungen zu dringend notwendigen Strukturanpassungen, welche auch mittleren Unternehmen zu gute kommen.

Innerhalb der globalen Weltwirtschaft verändern sich die Wirtschaftsräume.
Noch vor wenigen Jahren bildeten Asien, Amerika und Westeuropa das welt-
wirtschaftliche Schwergewicht. Die asiatischen Tiger[78] nutzten dabei ihren
Preisvorteil als Niedriglohnländer, Europa und Amerika ihr technologisches
Know-how, die Kapitalkraft sowie die stabilen sozioökonomischen Rahmenbedingungen. Mit dem Zusammenbruch der kommunistischen Regimes in Osteuropa veränderte sich nebst der politisch-militärischen Dimension auch die
Weltwirtschaftssituation dramatisch. Zusammen mit den Oststaaten hat nun
Europa das Potential einer wirtschaftlichen Supermacht, welche die Grössenordnungen von Japan und Amerika bei weitem übertrifft.[79] Staaten wie Tsche-
chien, Polen und Ungarn ist es erstaunlich rasch gelungen, verlässliche politische Strukturen zu schaffen. Ihr Bildungsniveau ist hoch, das Lohnniveau
beträgt jedoch nur ungefähr einen Zehntel der Schweiz[80]. Nach einem verlore-
nen, durch galoppierende Inflation geprägten Jahrzehnt meldete sich auch der
süd- und mittelamerikanische Kontinent zurück. Länder wie Chile, Argentinien

---

[76] Vgl. Walz (1998), S. 20.

[77] Vgl. Krugman (1999). S. 2-3.

[78] Dazu zählen ursprünglich Thailand, Malaysia, Taiwan, Singapur, Hongkong und Korea.

[79] Villiger (1997), S. 2.

[80] UBS (1997), S. 28.

und Mexiko überraschen durch wirtschaftliche Prosperität, gesellschaftlichen Optimismus und erstaunlich stabile politische Verhältnisse.

Mit der erfolgreichen Lancierung der Europäischen Währungsunion hat die EU eine Vision umgesetzt. Der EURO stärkt den bundesstaatlichen Charakter der EU und bringt den Souveränitätsverzicht der einzelnen Mitgliedstaaten zugunsten der supranationalen Ebene zum Ausdruck. Die EU als wichtigster Markt für die Schweiz ist Realität – mit oder ohne aktive Teilnahme der Schweiz. Er verbindet rund 300 Mio. Einwohner.[81] Ausschlaggebend für die Stabilität der europäischen Einheitswährung ist das Verhalten der Europäischen Zentralbank (EZB). Ursprüngliche Anzeichen liessen schliessen, dass die konsequente Verfolgung der Preisstabilität die wichtigste Zielsetzung der EZB darstellt. Mit dem politischen Linksrutsch in den meisten EU-Ländern und der expliziten Äusserung Lafontaines kurz nach seinem Amtsantritt, dass die EZB die Verpflichtung habe, ihre Geldpolitik nebst der Preisstabilität in den Dienst der Beschäftigung zu stellen, scheint die ursprüngliche Absicht nur noch zweitrangig zu sein.[82] Deshalb ist aus schweizerischer Sicht die Angst eines schwachen EURO, der zur Flucht in den Schweizer Franken führt, durchaus verständlich und berechtigt. Mit der resultierenden Aufwertung des Schweizer Frankens ginge eine relative Verteuerung der Exporte einher, was die zaghafte Konjunkturerholung beeinträchtigen würde.[83]

Die Veränderung liegt aber nicht allein in der globalen Öffnung der Märkte. Zusätzlich sind heute, anders als in den fünfziger und sechziger Jahren, viele Märkte gesättigt. Unternehmen, welche technologisch, sortiments- und führungsmässig nicht konkurrenzfähig sind, werden vom herrschenden Verdrängungswettbewerb rasch und kompromisslos vom Markt gedrängt.[84] Ehemals schützende Konkurrenzabsprachen, Kartelle jeglicher Art und ähnliche protektionistische, wettbewerbsfeindliche Einrichtungen gehören ins Geschichtsbuch.[85]

---

[81]   Vgl. NZZ (1998b), S. 21.

[82]   Vgl. Gemperle (1998), S. 19.

[83]   Vgl. NZZ (1998a), S, 22.

[84]   Vgl. Villiger (1997), S. 4.

[85]   Vgl. diesbezüglich die strengen Vorschriften der EU (Wettbewerbskommission).

2.2.2.2 Technologie

Ein Schlüsselfaktor des weltweiten Integrationsprozesses ist die Technologie. Dabei stehen drei Entwicklungen im Vordergrund, die zwar bereits über längere Zeit laufen, deren Auswirkungen aber erst jetzt richtig zum Tragen kommen: So sind nach Angaben des internationalen Währungsfonds die Flugkosten in den letzten 40 Jahren um zwei Drittel gefallen, die Telekommunikationskosten um 95% und die Leistungseinheit eines Computers kostet sage und schreibe nur noch 0.5% von damals. Durch diese Kostenreduktionen werden diejenigen Tätigkeiten gefördert, die ohne materielle Präsenz und pausenlos durchgeführt werden. Das „Verschwinden" von ökonomisch relevanten Entfernungen für Güter, aber vor allem für Personen und Informationen ermöglicht die weltweite Koordination der Absatzmärkte und Produktionsstätten hinsichtlich Arbeits-, Kapital-, Energie-, Steuer- und Umweltkosten.[86] Durch neue Technologien, insbesondere im Informatik- und Telekommunikationsbereich, werden Unternehmen z. B. befähigt, Zulieferer in den Produktionsprozess zu integrieren und neue Wege in der Zusammenarbeit mit den Kunden wählen.[87] Neue Errungenschaften wie das Internet, eröffnen auch mittleren Unternehmen neue Märkte, ermöglichen einen günstigen und raschen, globalen Marktauftritt und bieten neue Kommunikationsmöglichkeiten für potentielle und bestehende Kunden, aber auch für mögliche Investoren und andere Stakeholder. Einfache Wartungs- und Kontrollarbeiten an Produktionsmaschinen können grösstenteils per Internet über Landesgrenzen hinweg erfolgen.[88] Neue Verfahren und Technologien im Produktionsbereich ermöglichen Produktivitätssteigerungen und Qualitätsverbesserungen, die rasch zum „Branchenstandard" werden. Der Einsatz moderner Verfahren und führender Technologien erfordert erhebliche finanzielle Mittel. Diese Investitionen müssen entsprechend der dynamischen, technologischen Entwicklungen und der sich weiterhin verkürzenden Produktlebenszyklen[89] rasch abgeschrieben werden. Heute mit einem Produkt Wettbewerbsvorteile zu haben, ist kein Garant für didie

---

[86] Vgl. Walz (1998), S. 21.

[87] Vgl. Kaplan/Norton (1997), S. 4.

[88] Erst für die Reparatur ist es erforderlich, dass Techniker/Mechaniker und Maschine zusammengeführt werden. Eine ausländische Zweigstelle vor Ort ist nicht unbedingt notwendig; Reparaturen können auch durch ortsansässige Unternehmen durchgeführt werden.

[89] Vgl. Kaplan/Norton (1997), S. 5.

Wettbewerbsvorteile Wettbewerbsvorteile von morgen.[90] Dadurch sind die Unternehmen gezwungen, schneller neue Produkte zu lancieren oder bestehende Produkte durch innovative Änderungen zu verbessern. Aber auch Innovationen werden sehr rasch kopiert oder nachgeahmt, nicht selten gelingt es Nachahmern sogar, das Produkt entscheidend zu verbessern. Die abnehmende „time to market" verlangt nach einer raschen Marktdurchdringung. Langfristig werden sich nur jene Unternehmen erfolgreich im Markt behaupten, die für ihre Kunden kreative Lösungen entwickeln, diese effizient umsetzen sowie schnell und durchschlagend auf den Markt bringen.[91] Insbesondere für mittlere Unternehmen, welche internationale Märkte bearbeiten aber nur beschränkte finanzielle Ressourcen zur Verfügung haben, stellt dies eine anpruchsvolle Herausforderung dar.

2.2.2.3 Soziodemographische Veränderungen und Wertewandel

Zunächst wird die soziodemographische Entwicklung angesprochen, deren Auswirkung für die Unternehmen in diversen Bereichen, wie z. B. in der sozialen Sicherheit oder im sozialen Frieden, zu spüren sind. Danach wird der tiefgreifende Wertewandel in unserer modernen Gesellschaft aufgezeigt. Dieser Wandel äussert sich, wie später detailliert dargelegt wird, in zahlreichen Facetten und dürfte einen entscheidenden Einfluss auf die wirtschaftliche Entwicklung sowohl für global wie auch lokal orientierte Unternehmen haben.

Die demographische Transformation der modernen Industriegesellschaft westlicher Prägung in den letzten Jahrhunderten wurde in der Wissenschaft ausführlich behandelt. Deshalb ist an dieser Stelle nur eine knappe Zusammenfassung notwendig. Bis zur industriellen Revolution war sowohl die Geburtenwie auch die Sterberate hoch. Die Wachstumsrate der Bevölkerung betrug ca. 3‰ pro Jahr. Mit der Verbesserung von Hygiene und Nahrung sank die Sterberate, was zu einer Erhöhung der Wachstumsrate auf ca. 10‰ führte. Später begann auch die Geburtenrate zu fallen, so dass das Bevölkerungswachstum wieder auf weniger als 5‰ zurückging. In einer ganzen Reihe von Ländern ist

---

[90]   Vgl. Bower/Christensen (1995), S. 43-45.

[91]   Bei generellen Sparübungen ist deshalb z. B. zweimal zu überlegen, inwiefern die Abteilung „Forschung und Entwicklung" davon betroffen werden soll. In Produktionsbetrieben haben Investitionen in Forschung und Entwicklung gerade unter Berücksichtigung verkürzter Lebenszyklen immer erste Priorität, selbst in Zeiten, wo dies zunächst schmerzhaft erscheint. Vgl. Villiger (1997), S. 5.

die Nettoreproduktionsrate sogar unter den Erhaltungswert gefallen.[92] Das Sinken der Sterblichkeit und etwas später der Geburtenrate äusserten sich in einer ansteigenden Lebenserwartung[93] und führen zur Überalterung der Gesellschaft.[94] Die wirtschaftlichen und sozialen Konsequenzen der Veränderung der Altersstruktur bzw. der schrumpfenden Bevölkerungsanzahl lassen sich indessen nicht abschliessend beurteilen, da kaum historische Erfahrungen vorliegen. Vermutlich sind sie aber enorm und können kurzfristig kaum beeinflusst werden. Insbesondere sind Auswirkungen z. B. auf den Arbeitsmarkt, auf die Konsumnachfrage, auf die Altersvorsorge bzw. die soziale Sicherheit zu erwarten. Dem Arbeitsmarkt fehlt es an genügend jungen, gut ausgebildeten und motivierten Fachleuten, demgegenüber sind tendenziell zu viele ältere, wenig flexible, relativ teuere[95], aber dafür erfahrene Arbeitskräfte vorhanden. Die jungen, motivierten Arbeitskräfte werden vor allem von Grossunternehmen umworben. Mittlere Unternehmen müssen sich deshalb auf dem Arbeitsmarkt in erster Linie gegenüber Grossunternehmen durchsetzen und jungen Arbeitskräften lukrative Gesamtpakete anbieten. Untersuchungen der Konjunkturforschungsstelle zeigen, dass die private Konsumnachfrage signifikant von der Altersstruktur abhängig ist.[96] Gemäss einer Studie des Marktforschungsinstituts IHA boomt der „graue Markt" wie nie zuvor. In einigen Produktgruppen (Rasierwasser, Kaffee löslich, Gesichtspflegemittel, Konfitüre/Gelee, Bohnenkaffee) beträgt der Marktanteil der Senioren über 50%. Das durchschnittlich steuerbare Einkommen[97] der über 50jährigen im Kanton Zürich ist fast gleich hoch wie dasjenige der unter 50jährigen.[98] Die in der Schweiz wohl am meisten diskutierte Auswirkung dürfte die gefährdete Sicherung der Altersvorsorge sein. Die Alterslastquote, d. h. das Verhältnis der über 64-jährigen zu den Erwerbstätigen (20- bis 64-jährigen) nimmt in den

---

92   In der Schweiz liegt die durchschnittliche Kinderzahl ca. 30% unter dem zur Erhaltung notwendigen Wert. Vgl. Ackermann/Schächtele (1998), S. 8.

93   Zur Zeit steigt die Lebenserwartung pro Jahr um durchschnittlich einen Monat. Vgl. Ackermann/Schächtele (1998), S. 8.

94   Vgl. Lüthi (1988), S. 6-8.

95   Nach wie vor wird das Gehalt in den meisten Fällen stark durch die Alters- und Erfahrungskomponente beeinflusst.

96   Vgl. Niepelt (1996), S. 21.

97   1990 waren es 40'700.– (über 50) und 43'200.– (unter 50).

98   Vgl. Escher (1999), S. 15.

nächsten 40 Jahren von heute 24% auf ca. 40% zu.[99] Damit steigen die Kosten zur Sicherstellung der sozialen Sicherheit enorm an. Für die Unternehmen bedeutet dies i. d. R. steigende Lohnnebenkosten.[100] Die Altersvorsorge spielt dabei eine zentrale Rolle; wäre sie wegen der demographischen Entwicklung nicht mehr sichergestellt, dann wäre die soziale Sicherheit und damit auch der soziale Frieden gefährdet.

Der soziokulturelle Wandel äussert sich vor allem in veränderten Werthaltungen innerhalb der gesamten Bevölkerung. Daraus resultieren für Unternehmensleitungen Herausforderungen, die eine prinzipielle Neuorientierung im unternehmerischen Denken und Handeln als notwendig erscheinen lassen. Die im Folgenden ausgewählten sozio-ökonomischen Trends und die skizzierten betriebswirtschaftlichen Konsequenzen dienen primär dazu, die Wichtigkeit dieses Wertewandels zu unterstreichen. Unübersehbar ist der Trend zu hohen Erwartungen im Kontext gesellschaftsbezogener Werte wie Ökologie, Gesundheit, Schaffung und Erhaltung von Arbeitsplätzen oder Verwirklichung von sozialen und humanitären Zielen. Diese präskriptiven Erwartungen der Gesellschaft bedeuten für die Unternehmen die Hinwendung zu verstärkter Übernahme sozialer Verantwortung. Vor dem Hintergrund von Marktsättigungserscheinungen und Angebotshomogenisierung dürften diejenigen Unternehmen Wettbewerbsvorteile haben, welchen das Image eines umfassend verantwortlichen Handelns zugestanden wird. Demgegenüber gewinnen aber auch Forderungen nach materiellem Wohlstand sowie nach Wahrung von Besitz und Eigentum wieder an Bedeutung.[101]

Auf der persönlichen Ebene ist eine Relativierung klassischer Pflicht- und Akzeptanzwerte zugunsten einer stärkeren Gewichtung der Selbstentfaltung zu beobachten.[102] Der Individualisierungstrend zeigt sich in Selbstbestimmung, Partizipation und Erlebnisorientierung. Arbeit darf keine Pflichterfüllung sein, sondern muss Spass machen und der persönlichen Selbstentfaltung dienen. Unternehmen müssen damit rechen, dass ihren Mitarbeitern und Kadern das Unterordnen zugunsten einer kollektiven Sache immer schwerer fällt. Wertvor-

99 Vgl. Ackermann/Schächtele (1998), S. 8.

100 Für 100 Lohnfranken müssen Arbeitgeber und -nehmer ca. 33 Fr. zur Bezahlung der Sozialwerke aufwenden.

101 Vgl. Raffée/Wiedmann (1989), S. 2-8.

102 Vgl. Brock/Brock (1992), S. 357, S. 369.

stellungen wie „der Kunde ist König" oder „Dienst am Kunden" sind nur schwer mit Selbstentfaltungs- und Selbstverwirklichungsansprüchen zu vereinbaren. Die Zunahme gesellschaftlicher und individueller Wertsysteme führt zu zahlreichen unterschiedlichen Lebensstilen. Der Trend nach Erleben von „individuellem" Konsum nimmt zu. Die richtige Kundensegmentierung und Marktpositionierung wird für das Unternehmen deshalb zunehmend wichtiger.[103] Dabei übersieht das einzelne Individuum i. d. R. grosszügig den Zusammenhang Ökologie-Konsum, obwohl von den Unternehmen gerade im Spannungsfeld Ökonomie-Ökologie verantwortungsbewusstes Verhalten erwartet wird. Im Gegensatz zu der von dritten aktiv erwarteten Verantwortungshaltung hinsichtlich ökologischer und sozialer Werte, nimmt die persönliche Opferbereitschaft faktisch ab.[104]

---

[103] Vgl. Kaplan/Norton (1997), S. 4.

[104] Vgl. Raffée/Wiedmann (1989), S. 2-8.

2.3   Konklusion

In diesem Kapitel soll die in Abbildung 2-13 gezeigte Situation aus der Sicht
mittelgrosser Unternehmen beurteilt werden. Es ist gut zu erkennen, dass die
Position der Unternehmen durch statische Rahmenbedingungen und dynamische Veränderungen geprägt wird. Auch die verschiedenen Märkte (z. B. Arbeitsmarkt, Beschaffungsmarkt, Absatzmarkt) sind diesem Spannungsfeld von
Statik und Dynamik ausgesetzt. Nach einer Beurteilung der aktuellen Position
mittlerer Unternehmen wird versucht, Massnahmen zusammenzutragen, welche von Unternehmern und Interessenvertretern des öfteren gefordert werden,
um die Standortattraktivität für mittlere Unternehmen zu gewährleisten und
die globalen Wettbewerbschancen der Schweizer Unternehmen zu stärken.

Abbildung 2-13: Das Unternehmen zwischen Statik und Dynamik

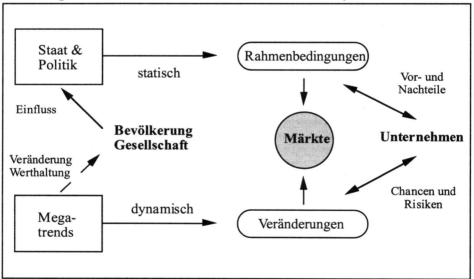

2.3.1   Situationsbeurteilung aus der Sicht mittlerer Unternehmen

Wie Abbildung 2-13 zeigt, ergeben sich aus den Rahmenbedingungen der
Schweiz für die Unternehmen sowohl Vorteile wie auch Nachteile. Je nach Situation und Gewichtung der einzelnen Aspekte wird die Beurteilung von Unternehmer zu Unternehmer unterschiedlich ausfallen. Diese Beurteilung kann

deshalb nur Vor- und Nachteile aufzeigen und sie im Zusammenhang mit den dynamischen Veränderungen ins richtige Licht rücken.

Grundsätzlich schätzen Unternehmer Stabilität und Zuverlässigkeit. Staat und Politik tragen in der Schweiz wesentlich zu dieser Stabilität und Zuverlässigkeit bei. Durch die strikte Gewaltentrennung sind Exekutive, Legislative und Judikative unabhängig. Die Rechtssicherheit ist gewährleistet und für die Unternehmen ein wichtiger Vorteil. Aufgrund der gelebten Demokratie sind weder im Staatsgefüge rasche oder radikale Veränderungen zu befürchten, noch muss in der politischen Landschaft mit grossen Machtveränderungen gerechnet werden. Auch können die Interessenvertreter mittlerer Unternehmen aktiv am politischen Willensbildungsprozess teilnehmen. Diese grundsätzlich geschätzte und überaus wertvolle Stabilität kann negativ aber auch als Trägheit empfunden werden. Das langatmige Vernehmlassungsverfahren führt dazu, dass notwendige strukturelle Anpassungen nur langsam und partiell verwirklicht werden können. Leadership ist kaum mehr möglich – Bund, Kantone und Parteien verhalten sich hauptsächlich reaktiv anstatt proaktiv.

Einige Beispiele sollen diese Pro-und-Contra Situation unterstreichen. Die Bildungspolitik als Teil der sozialen Gerechtigkeit bietet Gewähr für gutausgebildete Arbeitskräfte. Negativ ist, dass die staatliche Ausbildung lange dauert, nicht immer effizient ist und in erster Linie auf die Förderung der Schwachen ausgerichtet ist. Bestenförderung hat in der schweizerischen Bildungspolitik nichts verloren, obwohl Ausnahmetalente im Rahmen von Forschung und Entwicklung die „Innovationsgeneratoren" der Zukunft wären.

Die Sozialpolitik als Paket von Massnahmen zum Schutz der Arbeit, zur sozialen Gerechtigkeit und zur sozialen Sicherheit trägt wesentlich zur gesellschaftspolitischen Stabilität bei. Zuviel Schutzmassnahmen können aber die Selbstverantwortung jedes Individuums negativ beeinflussen, und die Kostenbelastung für private und juristische Steuerzahler steigt unter Berücksichtigung der demographischen Entwicklung enorm.

Es ist davon auszugehen, dass die aktive Strukturpolitik eher in den Hintergrund treten wird. Vor allem Unternehmen, die bis anhin von strukturellen Massnahmen des Bundes profitiert haben, müssen damit rechnen, dass solche protektionistischen Eingriffe in Zukunft eher unterlassen werden und der freie Wettbewerb zugelassen wird. Nach der Öffnung des Telekommunikationsmarktes folgt nun, zwar nur sehr langsam, die Öffnung des Energiemarktes. Davon kann eine Mehrheit der mittleren Unternehmen profitieren.

Betrachtet man nun die Veränderungen, welche durch diverse Megatrends hervorgerufen werden, kann auch dort festgestellt werden, dass sich den Unternehmern nebst den vorhandenen Risiken viele Chancen eröffnen. Die mit der
Globalisierung verbundenen Auswirkungen werden zwar nicht für alle Unternehmen ohne Reibungsverluste verlaufen. Trotzdem stellt die Globalisierung
für mittlere Unternehmen nicht nur eine Herausforderung, sondern vor allem
ein grosses Chancenpotential dar. Die Entwicklung zur Informations- und
Dienstleistungsgesellschaft kommt den mittleren Unternehmen tendenziell entgegen. Weil sie sehr stark kundenorientiert sind, können sie differenziertes
Konsumverhalten weltweit schneller wahrnehmen. Zudem sind sie wegen der
kurzen Entscheidungswege in der Lage, flexibler reagieren zu können als
Grossunternehmen. Dank flacher Hierarchien und effizienter Strukturen haben
mittlere Unternehmen weniger Overheadkosten als Grossunternehmen. Die
Öffnung der Märkte und eine gleichzeitig konsequente Ausrichtung auf
Kernkompetenzen führt dazu, dass mittlere Unternehmen ausreichende Volu-
mina erreichen können, um global in Preis und Qualität wettbewerbsfähig zu
sein. Zudem werden sie im Rahmen des „global sourcing" als Zulieferer von
Grossunternehmen eine zentrale Rolle spielen, eben weil sie flexibel, kosten-
günstig und kundenorientiert sind. Die grössten Probleme für mittlere Unternehmen dürften der geforderte hohe Innovationsrhythmus bzw. die schnelle
internationale Vermarktung dieser Innovationen wegen beschränkter finanzieller und evtl. personeller Mittel darstellen.

Auch die Veränderung von gesellschaftlichen Werten wird für mittlere Unternehmen Konsequenzen haben. Die hohen Erwartungen, die in der Übernahme
von verstärkter sozialer Verantwortung durch Unternehmen bestehen, sind für
mittlere, in der Region stark verankerte Unternehmen ein relativer Vorteil.
Ihnen wird generell mehr soziale Verantwortung zugebilligt als Grossunternehmen.[105] Ihr Engagement in der Lehrlingsausbildung[106], in der Unterstützung von Vereinen und regionalen Anlässen wird anders wahrgenommen
als das Kultursponsoring von Grossunternehmen. Auch der Trend zu mehr
Individualismus, Selbstentfaltung und Erlebnisorientierung dürfte für mittlere

---

[105] Wenn ein KMU eine Betriebsstätte schliesst, wird das in der öffentlichen Berichterstattung
       zwar bedauert; dem Unternehmer wird aber selten persönliche Bereicherung auf Kosten
       der Arbeitnehmer vorgeworfen. Schliesst ein Grossbetrieb eine Produktionsstätte, wird
       dies ebenfalls bedauert und i. d. R. ziemlich kritisch wegen verwerflicher „Shareholder-
       optimierung" kommentiert.

[106] Über 90% der Lehrlinge werden in KMU ausgebildet. Vgl. de Pury (1995), S. 47.

Unternehmen gegenüber Grossunternehmen eher einen relativen Vorteil dar-stellen. Als flexible Organisationseinheit ist das mittlere Unternehmen in der Lage, auf die Wünsche einzelner Mitarbeiter einzugehen. Hingegen dürfte im Individualismus für alle Unternehmen, welche sich speziell durch eine starke Kundenorientierung auszeichnen, eine Gefahr darin bestehen, dass Mitarbeiter weniger bereit sind, für Kunden Überstunden zu leisten bzw. dem „Kunden als König" zu dienen.

Zusammenfassend kann festgehalten werden, dass die Ausgangslage und die Zukunftschancen für Schweizer Unternehmen durchaus intakt sind. Insbesondere für mittlere Unternehmen ergeben sich sowohl durch den gesellschaftlichen Wertewandel wie auch durch den globalen Wettbewerb neue Chancen und Möglichkeiten. Gemessen an der relativen Attraktivität gehört der Wirtschaftsstandort Schweiz nach wie vor zu den besten der Welt. Zusätzlich stimmt es positiv, dass auch von Seiten der Politik erste Versuche zu strukturellen Verbesserungen unternommen werden.

2.3.2 Verbesserung der Standortattraktivität für mittlere Unternehmen

Dass wirtschaftspolitische Anpassungen, vor allem struktureller Art, notwendig sind, ist im Hinblick auf die grossen wirtschaftlichen Veränderungen, hervorgerufen durch die beschriebenen Megatrends, wohl unbestritten. Diese Verbesserungen sollen sicherstellen, dass die Attraktivität des Wirtschaftsstandortes Schweiz erhalten bleibt und die sich bietenden Chancen von Schweizer Unternehmen erfolgreich genutzt werden können

Entsprechend der gesamtwirtschaftlichen Bedeutung, welche den mittleren Unternehmen zukommt, müssten Anpassungen vor allem auch diesen zu gute kommen. Insbesondere auch deshalb, weil sie wegen der regionalen Verankerung weniger Möglichkeiten haben, ins grenznahe Ausland auszuweichen. Neue Studien des Wirtschaftswissenschaftlichen Zentrums der Universität Basel sowie des Handels- und Industrievereins des Kantons Bern zeigen, dass insbesondere mittlere Unternehmen keine grossangelegten, staatlichen Förderprogramme wünschen.[107] Sie wollen eher einfache, bescheidene Schritte in Richtung weniger Bürokratie – also eine administrative Entlastung bzw. Entschlak-

---

[107] Vgl. Walser (1996), S. 19.

kung. Von besonderer Wichtigkeit für mittlere Unternehmen wären deshalb neue Lösungsansätze bzw. Unterstützung in den folgenden Problemkreisen:

- Mittlere Unternehmen leiden aufgrund des geringeren Geschäftsumfanges übermässig am administrativen Aufwand. Bürokratische Vorschriften, unverhältnismässige Bewilligungsverfahren[108] und zahlreiche Auflagen belasten die Unternehmen stark.[109] Die Hürden der öffentlichen Verwaltung müssen hinuntergeschraubt werden. Innovative Ideen dürfen nicht bereits im Keim durch langwierige Bewilligungsverfahren und komplizierte, kostspielige Auflagen erstickt werden.[110] Die meisten jungen Unternehmen können sich keine teuren Berater und Juristen leisten, die nur dazu dienen, die bürokratischen Hürden zu nehmen.[111] Zur Lösung oder Entschärfung der Problematik wären Massnahmen wie die Einsetzung staatlicher Beratungsstellen für komplizierte Verfahren, Erleichterungen bei Publizitätsvorschriften, bei der Rechnungslegung und bei der Besteuerung, Neugründungscenters[112] und das Einrichten von Infocenters mit wichtigen Informationen zu Stellen, welche Unternehmen fördern (F&E, Zusammenarbeit mit Hochschulen, EU-Programme, Kontaktbörsen, etc.) denkbar. Auch die vorgeschriebene Prüfung von Kostenfolgen neuer Gesetze und Auflagen für mittlere Unternehmen wäre eine vorbeugende Massnahme hinsichtlich einer weiteren Zunahme unnötiger Administrationskosten.[113]

- Innovation ist in Zukunft wettbewerbsentscheidend. Grundlage dazu bilden Forschungs- und Entwicklungseinrichtungen. Mittlere Unternehmen können sich i. d. R. wegen beschränkter finanzieller und personeller Ressourcen eigene Forschung nur in bescheidenem Mass leisten. In immer mehr Industrieländern werden – im Gegensatz zur Schweiz – Forschung und Ent-

---

[108] Wie z. B. die Bau- oder Personalbewilligungsverfahren.

[109] Müller (1991), S. 93.

[110] Zahlreiche Bewilligungsvefahren sollen nun gemäss einer Absichtserklärung des Bundesrats endlich vereinfacht oder ganz gestrichen werden (unterstreicht die Unsinnigkeit gewisser Verfahren). Vgl. Städler (1999), S. 31. Ähnlich das Konzept der Kommission für Konjunkturfragen. Vgl. Schwarz (1999), S. 21.

[111] Vgl. de Pury (1995), S. 47.

[112] Das wären Stellen, welche Jungunternehmern die Gründung einer Firma von A-Z erleichtern.

[113] In den letzten 12 Jahren haben die administrativen Kosten aufgrund neuer, aufwendiger Gesetze und Auflagen um ca. 25% zugenommen! Vgl. Walser (1996), S. 19.

wicklung staatlich massiv gefördert, was zu einer Abwanderung führt.[114] Die Abwanderung von Forschung und Entwicklung ist zu stoppen.[115] Der unbürokratische Zugang zu Forschungs- und Entwicklungseinrichtungen ist für mittlere Unternehmen besonders wichtig. Mögliche Lösungsansätze liegen in der verstärkten und zielgerichteten Zusammenarbeit mit Bildungsstätten oder der besseren Kooperation untereinander. Des weiteren könnten Info-Pools und Beteiligungen an europäischen oder internationalen Forschungsprojekten zur Verbesserung der Situation beitragen.

- Für spezialisierte Fachkräfte ist der schweizerische Arbeitsmarkt eng und nicht ausreichend. Eine wirksame Abschottung des Arbeitsmarktes gegenüber ausländischen Fachkräften mittels restriktiver Handhabung von Arbeitsbewilligungen führt zu schwindelerregenden Gehältern für Spezialisten. Dadurch erschwert sich vor allem für die mittleren Unternehmen die Personalrekrutierung, deren finanzieller Spielraum zur Bezahlung von „extravaganten" Gehältern bedeutend geringer, ist als derjenige von Grossunternehmen.[116] Abhilfe verschafft hier nur eine rigorose Liberalisierung und Deregulierung des Arbeitsmarktes. Die Gewähr der vollen Freizügigkeit bei einem Stellenwechsel müsste eine Selbstverständlichkeit darstellen. Nur so können erfahrene und grossunternehmensmüde Spezialisten in ein mittleres Unternehmen wechseln.

- Aus steuerlicher Sicht sollte in erster Linie die Zweifachbesteuerung[117] von Inhabern mittlerer Gesellschaften entfallen. Des weiteren steht im finanziellen Bereich die Förderung von Risikokapital im Vordergrund. Auch hier spielt die Besteuerung eine wesentliche Rolle.[118]

Nachdem während vielen Jahren in erster Linie mündliche Bekenntnisse zu Gunsten der kleinen und mittleren Unternehmen gemacht wurden, dann aber politische Taten weitgehend fehlten, steht es heute durch die Initiative einzelner

---

[114] Anteil des staatlichen Finanzierungsanteils der F&E-Ausgaben der Privatwirtschaft betrug 1986: Deutschland 15%, Frankreich und Grossbritannien 25%, USA 33%, Schweiz 2%.

[115] Vgl. Marti (1990), S. 3.

[116] Vgl. Müller (1991), S. 103.

[117] Oft Doppelbesteuerung genannt.

[118] Die Steuerbelastung von Venture-Capital ist in der Schweiz extrem hoch, insbesondere im Verlustfall ist die Schweiz nicht konkurrenzfähig. Vgl. de Pury (1995), S. 38.

wirtschaftverbundener Politiker etwas besser.[119] Aber alle Massnahmen, insbesondere die unterstützenden Dienstleistungen, werden von den Unternehmen nur genutzt, wenn sie bekannt gemacht werden und keinen grossen finanziellen und personellen Zusatzaufwand verursachen.[120] Die gewünschten Massnahmen zur Verbesserung zeigen auch, dass sich die mittleren Unternehmen gute Chancen in einer neuen, globalen Welt ausrechnen und einer Öffnung der Märkte, aber mit gleichen Bedingungen, grundsätzlich positiv gegenüberstehen.

---

[119] Vgl. Städler (1999), S. 31.

[120] Programme, für die eine KMU zur Einreichung eines Teilnahmeantrags zwei Mannjahre benötigt, dürften kaum durchschlagenden Erfolg haben. Gemäss Aussagen von Herrn Kamper, Technologieberater am Informationscenter Storkobehhavn, Dänemark, kann der Aufwand in der EU für die Einreichung eines Antrags bei einem High-Tech-Unternehmen bis zu zwei Mannjahren betragen. Vgl. Müller (1991), S. 101.

3   Die Aktiengesellschaft

Die Aktiengesellschaft ist eine oft gewählte Gesellschaftsform kleiner, mittlerer und grosser Unternehmen.[1] Es ist aber nicht die Idee dieses Kapitels, die Beliebtheit dieser Gesellschaftsform zu erklären, sondern lediglich den rechtlichen Rahmen prägnant darzulegen. Es geht in erster Linie darum, das Wesen und die Funktionsweise der Aktiengesellschaft zu erkennen und damit das Bewegungsfeld des Verwaltungsrats zu zeigen. Zunächst werden in Kapitel 3.1 die typischen charakteristischen Eigenschaften dieser Gesellschaftsform erläutert. Weil der Aktionär als Kapitalgeber und Mitinhaber der Aktiengesellschaft eine besondere Beachtung verdient, wird in Kapitel 3.2 seine Rechtsstellung ausführlich behandelt. Auf das besondere Interesse am guten Geschäftsgang der Gesellschaft ist ursprünglich auch die Idee der Einsetzung des Verwaltungsrats zurückzuführen.[2] Auch wenn diese grundsätzliche Idee der Interessenvertretung[3] der Aktionäre im neuen Aktienrecht weniger deutlich zum Vorschein kommt, so wird ihr aus betriebswirtschaftlicher Sicht im Rahmen der Shareholder-Diskussion starke Beachtung geschenkt.[4] Unabhängig der persönlichen Einstellung zur Shareholder-Orientierung weist die Diskussion die Verwaltungsräte unmissverständlich darauf hin, dass mindestens ein Teil ihrer Schaffenskraft zur Interessenvertretung und zum Schutz der Aktionäre gegenüber dem Management einzusetzen ist. Dem Aktionär, und nicht dem Management, schuldet der Verwaltungsrat letztendlich Rechenschaft. Im dritten Teil wird die grundsätzliche Organisation der Aktiengesellschaft beschrieben. Dem Organ Verwaltungsrat wird an diese Stelle bewusst keine besondere Beachtung geschenkt, da wesentliche juristische Aspekte im Zusammenhang mit diesem Organ in Kapitel 4 detailliert behandelt werden. Hingegen wird die Revisionsstelle relativ ausführlich behandelt, weil sie im Rahmen der Überwachung eine wichtige Rolle spielt.

---

[1]   Die Zahl der Aktiengesellschaften beträgt ca. 170000. Vgl. Helbling (1999), S. 36.

[2]   Vgl. Böckli (1994), S. 15.

[3]   Die Bindegliedfunktion des Verwaltungsrats gegenüber der Generalversammlung entspricht ursprünglich dieser Interessenwahrnehmung für die Aktionäre. Vgl. Böckli (1994), S. 15.

[4]   Z. B.: Forstmoser (1996), S. 9; Maak/Thielmann (1996), S. 27; Schiltknecht (1996), S. 21; Kleinewefers (1996), S. S. 23; Vontobel (1996), S. 28; Volkart (1996), S. 23; Volkart/Suter (1998), S. 33.

3.1   Begriff und Wesen der Aktiengesellschaft

3.1.1   Definition der Aktiengesellschaft

Nach OR Art. 620 Abs. 1 lautet die Legaldefinition wie folgt: „Die Aktiengesellschaft ist eine Gesellschaft mit eigener Firma, deren zum voraus bestimmtes Kapital (Aktienkapital) in Teilsummen (Aktien) zerlegt ist und für deren
Verbindlichkeiten nur das Gesellschaftsvermögen haftet."

Meier-Hayoz/Forstmoser umschreiben diese Gesellschaftsform folgendermassen: „Die Aktiengesellschaft (AG) ist eine kapitalbezogene Körperschaft, die in
der Regel wirtschaftliche Zwecke verfolgt und ein kaufmännisches Unternehmen betreibt, für deren Verbindlichkeiten ausschliesslich das Gesellschaftsvermögen haftet und die ein in bestimmter Höhe festgesetztes, in Teilsummen
(= Aktien und allenfalls Partizipationsscheine) zerlegtes Grundkapital (Aktienkapital und allenfalls Partizipationskapital) aufweist."[5]

Im Unterschied zum Gesetzgeber betonen Meier-Hayoz/Forstmoser den körperschaftlichen Aspekt der Aktiengesellschaft, dies weil der Begriff Körperschaft juristisch, sofern er juristische Personen des Handelsrechts bezeichnet,
automatisch die Führung einer eigenen Firma impliziert.[6] Ebenfalls ausdrücklich wird das Partizipationskapital erwähnt, welches nach revidiertem
Aktienrecht in den erweiterten Begriff des Grundkapitals integriert ist. Beide
Umschreibungen erwähnen die ausschliessliche Haftung des Gesellschaftsvermögens; der vorgeschriebene Eintrag ins Handelsregister wird jedoch nicht
erwähnt.

Eine umfassende, präzisierte Definition wäre demzufolge: „Die Aktiengesellschaft ist eine im Handelsregister eingetragene Körperschaft, deren zum voraus bestimmtes Kapital (= Grundkapital) in Teilsummen (= Aktien und allenfalls Partizipationsscheine) zerlegt ist und für deren Verbindlichkeiten ausschliesslich das Gesellschaftsvermögen haftet."[7]

---

5   Meier-Hayoz/Forstmoser (1993), Rz 1, S. 263.
6   Vgl. Forstmoser/Meier-Hayoz/Nobel (1996), Rz 4, S. 1.
7   Forstmoser/Meier-Hayoz/Nobel (1996), Rz 5, S. 1.

3.1.2   Aktiengesellschaft als Körperschaft

Im Gegensatz zur Rechtsgemeinschaft, im Volksmund besser als Personenge-
sellschaft bekannt, ist die Körperschaft eine Gesellschaft mit eigener Rechtspersönlichkeit, d. h. sie ist eine juristische Person[8],[9] und damit ein selbständi-
ges Rechtssubjekt. Abbildung 3-1 zeigt die Gesellschaftsformen nach schweizerischem Gesellschaftsrecht.

*Abbildung 3-1:   Übersicht der Gesellschaftsformen nach schweizerischem
Recht*

Gesellschaften	
Rechtsgemeinschaften	**Körperschaften**
Einfache Gesellschaft OR Art. 530 ff.	Aktiengesellschaft OR Art. 620 ff.
Kollektivgesellschaft OR Art. 552 ff.	Kommanditaktiengesellschaft OR Art. 764 ff.
Kommanditgesellschaft OR Art. 594 ff.	Gesellschaft mit beschränkter Haftung OR Art. 772 ff.
	Genossenschaft OR Art. 828 ff.
	Verein ZGB Art. 60 ff.

---

[8] Die Erfassung der Rechtsnatur juristischer Personen wurde in der Literatur ausgiebig diskutiert. Im Mittelpunkt stehen seit dem 19. Jahrhundert zwei Denkansätze, die Fiktionstheorie und als Reaktion darauf, die Realitätstheorie. In der Fiktionstheorie wird der juristischen Person zwar die Rechtsfähigkeit zugestanden, jedoch nicht die Handlungsfähigkeit. Anders dagegen die Realitätstheorie: Dort wird der juristischen Person die Handlungsfähigkeit vollumfänglich zugesprochen. Diese Unterscheidung wirkt sich z. B. bei
deliktischen Handlungen von Organen einer Körperschaft aus. Vgl. Meier-Hayoz/
Forstmoser (1993), Rz 10-16, S. 25-27.

[9] Zu den juristischen Personen zählen neben Körperschaften auch Anstalten (z. B. Stiftun-
gen). Diese sind jedoch keine Gesellschaften, weil ihnen das persönliche Substrat fehlt.
Sie sind allein auf die Sache ausgerichtet. Die Anstalt ist eine universitas bonorum, die
Körperschaft ist eine universitas personarum. Bei der Einmann-Aktiengesellschaft wird
das persönliche Element zwar stark reduziert, es bleibt jedoch zwingend bestehen. Vgl.
Meier-Hayoz/Forstmoser (1993), Rz 30-36, S. 33-34.

Der Aktiengesellschaft als Körperschaft sind diverse Wesensmerkmale eigen. So ist, anders als bei Gesellschaften ohne Rechtspersönlichkeit, die Existenz der Aktiengesellschaft unabhängig vom jeweiligen Mitgliederbestand: Ihr Fortbestand ist vom Wechsel und der Zusammensetzung der Mitglieder nicht betroffen. Als Rechtspersönlichkeit hat die Aktiengesellschaft Rechte und Pflichten[10], sie kann in eigenem Namen handeln (unter ihrer Firma[11]) und Rechtsgeschäfte eingehen.[12] Die AG kann klagen und beklagt werden sowie, als Konsequenz ihrer eigenen Rechtspersönlichkeit, für unerlaubte Handlungen ihrer Organe haftbar gemacht werden. Erwähnenswert sind auch die Rechtsverhältnisse am Gesellschaftsvermögen. Die Aktiengesellschaft als juristische Person ist alleine am Gesellschaftsvermögen berechtigt; sie ist Gläubigerin und Schuldnerin. Deshalb dürfen nur ihre Organe und nicht die Mitglieder (Aktionäre) über das Vermögen verfügen.[13] Offensichtlich wird diese klare Trennung der Vermögen bei Haftungsfragen, indem nur Zugriffsmöglichkeiten auf das Gesellschaftsvermögen bestehen.[14,15,16]

3.1.3   Aktiengesellschaft als Grundkapitalgesellschaft

Der Gesetzgeber erwähnt in OR Art. 620 Abs. 1 für die Umschreibung der Aktiengesellschaft „zum voraus bestimmtes Kapital (Aktienkapital)". Das Aktienkapital gehört zum Grundkapital[17], zu dem als fakultativer Bestandteil auch

---

[10] Vgl. dazu: Die Bedeutung und die Grenzen der rechtlichen Selbständigkeit der abhängigen Gesellschaft im Recht der AG. Caffisch (1961).

[11] Auch Kollektiv- oder Kommanditgesellschaften können als Personengesellschaften, also als Gesellschaften ohne eigene Rechtspersönlichkeit, nach aussen unter einer Firma auftreten. Im Gegensatz zur AG, die auch im Innenverhältnis selbständig ist, handelt es sich bei Personengesellschaften aber ausschliesslich um das Aussenverhältnis. Vgl. Meier-Hayoz/Forstmoser (1993), Rz 15, S. 266.

[12] Vgl. ZGB Art. 53.

[13] Selbst beim untypischen, jedoch in der Praxis häufig anzutreffenden Fall der Einmann-Aktiengesellschaft, darf der Alleinaktionär als Aktionär nicht über das Vermögen der Gesellschaft verfügen. Vgl. Forstmoser/Meier-Hayoz/Nobel (1996), Rz 21, S. 3.

[14] Vgl. Forstmoser/Meier-Hayoz/Nobel (1996), Rz 7, S. 3.

[15] Vgl. auch Kap. 4.2.2.3.

[16] Falls durch einen alleinigen oder beherrschenden Aktionär die Aktiengesellschaft als Instrument zur Umgehung von Rechtsvorschriften benutzt wird (Rechtsmissbrauch), so wird ausnahmsweise die Eigenschaft der Aktiengesellschaft als eigenes Rechtssubjekt durchbrochen. Dieser wird als Durchgriff bezeichnet. Vgl. Druey (1995), S. 620-621.

[17] Man beachte, dass im alten Aktienrecht die Begriffe Aktienkapital und Grundkapital syn-

das Partizipationskapital[18] zählt. Das Grundkapital ist ein festgesetzter Kapital-Sollbetrag, den die Gesellschafter bei der Gründung aufzubringen haben und der während der Dauer des Bestehens erhalten bleiben soll. Es wäre jedoch falsch anzunehmen, dass das Grundkapital einen effektiven, realen Vermögenswert darstellt, vielmehr ist darunter eine rechnerische, nicht reale Grösse zu verstehen.[19] Es stellt das Risikokapital dar, welches Gläubiger vor allfälligen Verlusten wirksam schützen soll. Weil für die Verpflichtungen der AG ausschliesslich das Gesellschaftsvermögen haftet, erliess der Gesetzgeber die nachfolgend kurz beschriebenen Schutzvorkehrungen, um sicherzustellen, dass das Vermögen mindestens im Umfang des gezeichneten Grundkapitals vorhanden ist.

Mit den Vorschriften zur Gründung[20] wird sichergestellt, dass das Aktienkapital in vollem Umfang gezeichnet ist.[21] Für die Errichtung der Gesellschaft muss mindestens ein Teilbetrag[22] des gezeichneten Kapitals eingebracht werden. Von der Zeichnung zu unterscheiden ist die Liberierung, nämlich die Erfüllung der Einlageverpflichtung. Sie erfolgt bei der ordentlichen Gründung in bar.[23] Bei der qualifizierten Gründung erfolgt die Liberierung ganz oder teilweise durch Sacheinlage, Sachübernahme oder Verrechnung. Da wegen der subjektiven Bewertung der einzulegenden bzw. zu übernehmenden Sachwerte die Gefahr besteht, dass im Falle einer Überbewertung das Grundkapital bei der Gründung nicht gedeckt ist, fordert der Gesetzgeber für die qualifizierte

---

onym verwendet wurden. Die Unterscheidung erfolgt erst mit dem revidierten Aktienrecht, trotzdem verwendet der Gesetzgeber auch im neuen Recht den Begriff Aktienkapital, meint jedoch Grundkapital.

18 Vgl. OR Art. 656b.

19 Im Normfall stehen der rein rechnerischen Grösse des Grundkapitals Vermögenswerte in mindestens gleicher Höhe gegenüber. Ist dies nicht der Fall, so ist das Grundkapital nicht mehr gedeckt.

20 Zur Gründung der Aktiengesellschaft: Böckli (1992), S. 15-44.

21 OR Art. 621 legt fest, dass das Aktienkapital mindestens Fr. 100000.– betragen muss. Für vor dem 1.1.1985 gegründete Gesellschaften kann das Mindestkapital Fr. 50000.– betragen. Für später, aber vor Inkrafttreten des neuen Aktienrechts gegründete Gesellschaften galt eine Übergangsregelung, bis das Mindestkapital ebenfalls auf Fr. 100000.– erhöht werden musste.

22 Vgl. OR Art. 632. Er legt fest, dass mindestens 20 Prozent des Nennwerts jeder Aktie, jedoch mindestens Fr. 50000.– einbezahlt sein müssen.

23 Vgl. Forstmoser/Meier-Hayoz/Nobel (1996), Rz 18, S. 133.

Gründung besondere Anforderungen zum Schutz[24] von Gesellschaft, Aktionären, Gläubigern und anderen mit der Gesellschaft in Beziehung stehender Personen.[25]

Ebenfalls grossen Wert legt der Gesetzgeber auf die Erhaltung des Aktienkapitals. Deshalb erliess er diverse Bestimmungen, welche einer Schmälerung des Aktienkapitals vorbeugen sollen. So hält OR Art. 680 fest: „Ein Recht, den eingezahlten Betrag zurückzufordern, steht dem Aktionär nicht zu." Des Weiteren verbietet OR Art. 675 sowohl Zinszahlungen[26] auf dem Aktienkapital als auch Dividendenzahlungen zu Lasten des Aktienkapitals. Ebenso dürfen Tantiemen, entsprechend OR Art. 677, nur aus dem Bilanzgewinn entrichtet werden, nachdem eine Zuweisung an die Gesetzlichen Reserven erfolgt und eine Mindestdividende von 5% ausgeschüttet worden ist. Eine zusätzliche Massnahme zum Schutz des Aktienkapitals ist die Pflicht zur Bildung der Allgemeinen Reserven.[27]

Alle oben erwähnten Schutzmassnahmen können nicht verhindern, dass das durch entsprechendes Vermögen gedeckte Aktienkapital ungewollt (z. B. durch Verluste) verringert wird. Auch für diesen Fall hat der Gesetzgeber besondere Vorschriften zum Schutz der Gläubiger erlassen. Falls die Hälfte des Aktienkapitals nicht mehr gedeckt ist, hat der Verwaltungsrat entsprechend OR Art. 725 Abs. 1 unverzüglich eine Generalversammlung einzuberufen und dieser Sanierungsmassnahmen zu beantragen. Falls begründete Besorgnis einer Überschuldung besteht, muss eine von der Revisionsstelle geprüfte Zwischenbilanz erstellt werden. Falls weder zu Fortführungs- noch zu Liquidationswerten die Forderungen der Gläubiger gedeckt sind, ist der Richter zu benachrichtigen[28], welcher den Konkurs eröffnet, es sei denn, es bestehe Aussicht auf eine erfolgreiche Sanierung.[29]

---

24 Die Schutzvorkehrung betreffen besondere Formvorschriften, Rechenschaftsablegung der Gründer, Prüfung des Gründungsberichts durch einen Revisor und Offenlegung.

25 BGE 109 Ib 98.

26 Eine Ausnahme stellen Bauzinsen dar. Vgl. OR Art. 676.

27 Vgl. OR Art. 671.

28 Vgl. OR Art. 716a Abs. 1.

29 Vgl. Meier-Hayoz/Forstmoser (1993), Rz 51, S. 274.

Konsequenterweise sind auch Veränderungen des Grundkapitals besonderen Bestimmungen unterworfen.[30] Die Möglichkeiten zu einer Kapitalerhöhung werden in OR Art. 650-653[31] geregelt. Neu wird die Kapitalerhöhung ausführlich und unabhängig vom Gründungsverfahren behandelt. Dabei stehen drei Arten offen, die ordentliche, die genehmigte und die bedingte Kapitalerhöhung. Die Einlagen auf das neugeschaffene Kapital sind nach den Bestimmungen über die Gründung zu leisten.[32] Die Herabsetzung des Aktienkapitals wird in OR Art. 732-735 geregelt.[33] Zwei Gründe können eine Aktiengesellschaft zur Kapitalherabsetzung veranlassen. Zum einen kann die Gesellschaft überkapitalisiert sein, d. h. sie verfügt zur Ausführung der Geschäftstätigkeit über zuviel Kapital, was aktivseitig zu einem Überschuss an Mitteln führt, die in nichtbetriebsnotwendige Aktiven investiert werden müssen. In diesem Fall (auch konstitutive Herabsetzung genannt) werden den Aktionären ihre Einlagen teilweise zurückerstattet oder es werden ihnen offene Liberierungspflichten erlassen. Erfolgt die Herabsetzung der Aktienkapitals zur Eliminierung eines Verlustvortrags, verursacht durch finanziellen Misserfolg (schlechter Geschäftsgang, Managementfehler, usw.), spricht man von nomineller bzw. deklarativer Kapitalherabsetzung.[34] Es ist offensichtlich, dass die konstitutive Kapitalherabsetzung „gefährlicher" ist und deshalb vom Gesetzgeber ausführlicher geregelt wird. Im Gegensatz zur deklarativen Kapitalherabsetzung, wo nur faktisch bereits nicht mehr vorhandenes Haftungssubstrat formell ausgebucht wird, vermindert die konstitutive Kapitalherabsetzung das ein vorhandenes Haftungssubstrat.

---

[30] Gilt für Aktienkapital und Partizipationskapital. Für die Praxis hat aber eine Kapitalveränderung des Partizipationskapitals so gut wie keine Relevanz.

[31] Bei der Erhöhung des Aktienkapitals stehen neben den Interessen der Gläubiger (Bewertung von Sacheinlagen) vor allem Rechte der Kleinaktionäre im Vordergrund (Verwässerungsschutz).

[32] Vgl. Meier-Hayoz/Forstmoser (1993), Rz 285-292, S. 328-329.

[33] Im Vordergrund steht eindeutig der Gläubigerschutz. Vgl. dazu: Meier-Hayoz/Forstmoser (1993), Rz 281b-302, S. 327-331; Forstmoser/Meier-Hayoz/Nobel (1996), Rz 136-177, S. 793-799.

[34] Vgl. OR Art. 735. Ein Sonderfall ist die Herabsetzung des Aktienkapitals im Rahmen einer Sanierung, wo Aktienkapital reduziert und gleichzeitig im mindestens gleichen Ausmass wieder einbezahlt wird. Rechtlich liegt dann keine Herabsetzung vor, demzufolge sind in diesem Fall OR Art. 732-735 nicht anwendbar. Vgl. Meier-Hayoz/Forstmoser (1993), Rz 297-298, S. 330.

3.2   Rechtsstellung des Aktionärs

3.2.1   Mitgliedschaft

Entsprechend der allgemeinen Ausgestaltung der Aktiengesellschaft sind die weitgehende Anonymität des Gesellschafters, die Kapitalbezogenheit und das Gleichbehandlungsprinzip die wichtigsten charakterisierenden Eigenschaften der Mitgliedschaft.[35]

Besonders konsequent kommt die Anonymität der aktienrechtlichen Mitgliedschaft bei Inhaberaktien zur Geltung. Nach herrschender Lehre muss der Inhaberaktionär selbst bei der Ausübung seiner Rechte an der Generalversammlung seine Identität nicht preisgeben.[36] Hingegen hat der Namenaktionär gegenüber der Gesellschaft zwangsläufig seine Identität bekannt zu geben. Beim treuhänderischen Erwerb von Aktien über Dritte kann die Gesellschaft den Eintrag ins Aktienbuch verweigern, sofern nicht ausdrücklich erklärt wird, dass die Aktien in eigenem Namen und auf eigene Rechnung erworben werden. Die Anonymität ist so aber wenigstens gegenüber Mitaktionären und der Öffentlichkeit gewährleistet, da ein Recht zur Einsichtnahme ins Aktienbuch nur ausnahmsweise besteht.[37] Einzig OR Art. 663c Abs. 1 durchbricht diesen Grundsatz der Anonymität, indem er verlangt, dass börsenkotierte Gesellschaften über bedeutende[38] Aktionäre im Anhang informieren müssen, sofern diese der Gesellschaft bekannt sind oder bekannt sein müssten.

Die Kapitalbezogenheit der Aktiengesellschaft kommt u.a. darin zur Geltung, dass die Mitgliedschaft nicht von der Person des Gesellschafters, sondern von dessen Kapitalbeteiligung abhängig ist. Eng damit verknüpft sind auch die Rechte und Pflichten des Aktionärs.[39] So ist die Bezahlung der gezeichneten Anteile die einzige Pflicht des Aktionärs. Auch die Rechte bemessen sich oft nach der Höhe der finanziellen Beteiligung.[40]

---

35   Vgl. Forstmoser/Meier-Hayoz/Nobel (1996), Rz 5-8, S. 456.

36   Vgl. Haefliger (1978), Rz 1, S. 69.

37   Vgl. Zobl (1992), S. 49-57.

38   Als bedeutend gelten in diesem Zusammenhang nach OR Art. 663c Abs. 2: „... Aktionäre und stimmrechtsverbundene Aktionärsgruppen, deren Beteiligung 5 Prozent aller Stimmrechte übersteigt".

39   Vgl. auch Kap. 3.2.2.

40   Einschränkungen durch statutarische Regelungen sind möglich.

Der Grundsatz der Gleichbehandlung wird im revidierten Aktienrecht explizit erwähnt. So erläutert OR Art. 706 Abs. 2 Ziff. 3, dass Beschlüsse der Generalversammlung anfechtbar sind, falls sie „eine durch den Gesellschaftszweck nicht gerechtfertigte Ungleichbehandlung oder Benachteiligung der Aktionäre" bewirken. OR Art. 717 Abs. 2 verlangt in Ergänzung zur allgemeinen Sorgfaltspflicht des Verwaltungsrats und der Geschäftsleitung folgendes: „Sie [die Mitglieder des Verwaltungsrats oder Dritte mit der Geschäftsführung betraute Personen; Anmerkung des Verfassers] haben die Aktionäre unter gleichen Voraussetzungen gleich zu behandeln". Auch ohne explizite Verankerung, also zu Zeiten des alten Aktienrechts, hat das Bundesgericht das Prinzip der Gleichbehandlung in vielen Entscheiden konkretisiert. Besonders zu beachten ist bei den Ausführungen des Bundesgerichts der ständige Hinweis, dass der Grundsatz der Gleichbehandlung keine absolute Geltung beansprucht, sondern dass eine Entscheidung aufgrund einer Interessenabwägung zu erfolgen hat.[41] So umschreibt das Bundesgericht in neueren Entscheiden den Gleichbehandlungsgrundsatz folgendermassen: „[Dieser; Anmerkung des Verfassers] will allerdings nicht eine absolute Gleichbehandlung aller Aktionäre gewährleisten. Er bedeutet vielmehr, dass von der Gleichbehandlung nur insoweit abgewichen werden dürfe, als dies für die Verfolgung des Gesellschaftszweckes im Interesse der Gesamtheit aller Aktionäre unumgänglich notwendig ist. Eine unterschiedliche Behandlung der Aktionäre ist also dort zulässig, wo sie nicht unsachlich, sondern ein angemessenes Mittel zur Erreichung eines gerechtfertigten Zwecks ist...".[42]

Der Erwerb der Mitgliedschaft erfolgt bei einer in Gründung befindlichen Aktiengesellschaft durch Zeichnung einer oder mehrerer Aktien. Nach der Gründung kann die Mitgliedschaft – ausser im Falle einer Kapitalerhöhung[43] – nur durch Übertragung auf eine andere Person erfolgen. Die Übertragbarkeit der Mitgliedschaft ist wegen der Verurkundung als Wertpapier besonders einfach. Unterschieden werden dabei Inhaberaktien und Namenaktien. Bei In-

---

41   Vgl. Forstmoser/Meier-Hayoz/Nobel (1996), Rz 11-12, S. 457.

42   Vgl. BGE 91 II S. 300-301; BGE 93 II S. 406, BGE 95 II S. 162-163 (identische Formulierung).

43   Vgl. OR Art. 650-653.

haberaktien erfolgt die Übertragung nach sachenrechtlichen Grundsätzen. Diese setzen voraus:[44]

- den Abschluss eines rechtsgültigen Grundgeschäfts
- die Übergabe des Besitzes an der Aktienurkunde
- die Verfügungsbefugnis des Veräusserers.

Gegenüber der Gesellschaft muss der rechtsgültige Erwerb der Urkunde nicht erbracht werden. Sie muss den Besitzer als den Berechtigten behandeln.

Bei Namenaktien ist zwischen gewöhnlichen und vinkulierten Aktien zu unterscheiden. Bei gewöhnlichen Namenaktien erfolgt die Übertragung zusätzlich durch ein Indossament auf der Aktie.[45] Obwohl damit eigentlich die wertpapierrechtlichen Erfordernisse erfüllt sind, kann der neue Erwerber der Urkunde seine Rechte gegenüber der Gesellschaft nur geltend machen, wenn die Gesellschaft ihn als Aktionär anerkennt und ins Aktienbuch einträgt. Diese Eintragung hat lediglich deklaratorische Bedeutung, weil der Erwerber, im Gegensatz zu vinkulierten Namenaktien, bei gewöhnlichen Namenaktien einen Rechtsanspruch auf den Eintrag hat. Bei vinkulierten Namenaktien kann die Gesellschaft eine Eintragung von statutarischen Voraussetzungen abhängig machen. Es besteht also nur unter bestimmten Voraussetzungen ein Rechtsanspruch des Erwerbers auf eine Eintragung ins Aktienbuch.[46] Zu Zeiten des alten Aktienrechts kam in der Praxis der Fall einer Ablehnung recht häufig vor.[47] Die Neuordnung der Vinkulierungsbestimmung war in der Aktienrechtsreform ein wichtiger Punkt. Dabei wurden die Einschränkungsmöglichkeiten über eine Vinkulierung ohne Grundangabe zu Gunsten einer Erleichterung der Handelbarkeit stark vermindert.[48] Die gesetzliche Einschränkung

---

44 Vgl. Meier-Hayoz/Forstmoser (1993), Rz 174, S. 303.

45 Vgl. OR Art. 684.

46 Vgl. Meier-Hayoz/Forstmoser (1993), Rz 175-176, S. 304.

47 Für entsprechende Fälle entwickelte das Bundesgericht im alten Recht die Spaltungstheorie, welche besagt, dass der im Aktienbuch eingetragene Aktionär (Buchaktionär) gegenüber der Gesellschaft Aktionär bleibt und das Stimmrecht ausüben kann. Hingegen fallen dem neuen Erwerber (Titelaktionär) die Forderungsrechte zu. Diese Spaltungstheorie geriet in jüngster Zeit unter Druck und war massiver Kritik ausgesetzt. Vgl. Meier-Hayoz/Forstmoser (1993), Rz 177-178, S. 304-305 oder ausführlich: Lutz (1988).

48 Besonderes erwähnenswert scheint hier die Abweichung von der Einheit des Aktienrechts. Unterschiedlich behandelt werden private Aktiengesellschaften gegenüber Publikumsgesellschaften, welche gemäss OR Art. 685d einen Erwerber nur ablehnen können, wenn die Statuten eine prozentmässige Begrenzung der Namenaktien vorsehen oder wenn der Er-

geht bei nicht kotierten Gesellschaften weniger weit als bei kotierten. So kann eine nicht kotierte Gesellschaft die Aktienübertragung auch unter neuem Recht ablehnen, wenn sie einen wichtigen, in den Statuten genannten Grund aufführt oder, wenn sie dem Erwerber anbietet, die Aktien zum wirklichen Wert im Zeitpunkt des Gesuchs zu übernehmen.[49] Auch die Wirkung der Rechte tritt verschieden in Kraft. Gemäss Art. 685c Abs. 1 verbleiben sowohl Eigentum wie auch alle damit verbundenen Rechte beim Veräusserer. Diese Abweichung von der Einheit des Aktienrechts erlaubt „privaten" Aktiengesellschaften ihren Aktionärskreis weiterhin aktiv zu beeinflussen, für Publikumsgesellschaften hingegen bestehen nur noch sehr bescheidene Möglichkeiten.[50] Mit der Übertragung der Aktie geht der Veräusserer automatisch auch der Mitgliedschaft verlustig.

3.2.2   Die Rechte und Pflichten des Aktionärs

Die einzige gesetzlich verankerte Pflicht des Aktionärs ist die Abgeltung des bei der Aktienausgabe festgesetzten Zeichnungsbetrages. Diese kann durch Zahlung oder Überlassung von Vermögenswerten erfolgen. Weitere Pflichten, so ausdrücklich OR Art. 680 Abs. 1, dürfen dem Aktionär auch statutarisch nicht auferlegt werden.

---

werber nicht bereit ist, ausdrücklich zu erklären, dass er die Aktien im eigenen Namen und auf eigene Rechnung erworben hat. Ein weiterer Vinkulierungsgrund, der jedoch recht fragwürdig ist und im Zuge der Annäherung an die EU fallen dürfte, ergibt sich aus Art. 4 der Schlussbestimmungen, der lautet: ..."kann die Gesellschaft, aufgrund statutarischer Bestimmung, Personen als Erwerber börsenkotierter Namenaktien ablehnen, soweit und solange deren Anerkennung die Gesellschaft daran hindern könnte, durch Bundesgesetze geforderte Nachweise über die Zusammensetzung des Kreises der Aktionäre zu erbringen". Damit ist namentlich die Lex Friederich gemeint. Ausführlich nimmt zu dieser Bestimmung unter anderem Forstmoser in der SZW 1992, S. 64-65 Stellung.

49   Vgl. OR Art. 685b Abs. 1.

50   Die Möglichkeit der Vinkulierung kann von mittleren Aktiengesellschaften nach wie vor genutzt werden. Zusätzlich kann bei privaten Aktiengesellschaften die sogenannte Escape-Clause auftreten. Damit kann die Eintragung eines neuen Aktionärs ohne Grundangabe verweigert werden, wenn die anderen Aktionäre bereit sind, die Aktien zum echten Wert zu übernehmen. Damit wird faktisch ein Austrittsrecht für bestehende Aktionäre geschaffen, und gleichzeitig wird kleinen und mittleren Unternehmen ermöglicht, ihren Aktionärskreis einzugrenzen.

Abbildung 3-2 zeigt eine Übersicht der Aktionärsrechte. Diese lassen sich in vermögensmässige und nicht vermögensmässige Rechte unterteilen.

Abbildung 3-2: Die Rechte des Aktionärs[51]

Vermögensmässige Rechte	Nicht vermögensmässige Rechte	
	Mitwirkungsrechte an der GV	**Schutzrechte**
• Dividendenrecht • Bezugsrecht/Vorwegzeichnungsrecht • Recht auf Bauzinsen • Recht auf Liquidationsquote • Recht auf Benutzung der Gesellschaftsanlagen	• Recht zur Teilnahme • Recht sich vertreten zu lassen • Stimmrecht • Recht auf Einladung und Bekanntgabe der Traktanden an der GV sowie der Anträge zu Handen der GV • Recht auf Beteiligung • Recht auf Meinungsäusserung • Recht auf Einsicht in das GV-Protokoll • Recht auf Einsprache gegen unbefugte Teilnahme	• Einsichts- und Auskunftsrechte • Recht auf Sonderprüfung • Recht zur Verantwortlichkeitsklage • Recht auf Vertretung im Verwaltungsrat • Recht, GV einberufen zu lassen, Traktandierungsrecht • Anfechtungsrecht/Recht auf Feststellung der Nichtigkeit • Recht auf Präsenz eines Revisors • Recht auf unabhängige, qualifizierte Revisoren • Recht auf Abberufung der Liquidatoren • Recht, die Auflösung aus wichtigen Gründen zu verlangen

Bei den vermögensmässigen Rechten bildet grundsätzlich die kapitalmässige Beteiligung die Berechnungsgrundlage. Das wichtigste vermögensmässige Recht ist dasjenige auf Dividende. Die Dividende als Anteil am Gewinn der Gesellschaft darf nur ausgeschüttet werden, wenn das Aktienkapital nicht infolge von Verlusten vermindert ist. Und auch dann wird nicht der ganze Gewinn ausgeschüttet. Zunächst müssen die gesetzlichen Reserven geäufnet wer-

---

[51] Vgl. Forstmoser/Meier-Hayoz/Nobel (1996), Rz 13, S. 486; Meier-Hayoz/Forstmoser (1993), Rz 85, S. 283.

den.[52] Zudem können Generalversammlung und Verwaltungsrat unter bestimmten Voraussetzungen durch Bildung von stillen Reserven Teile der effektiv erzielten Gewinne im Unternehmen zurückbehalten. Dies führt dazu, dass oft nur ein geringer Teil der erzielten Gewinne durch Dividendenzahlungen an die Aktionäre zurückfliessen.[53] Auch das Bezugsrecht, welches bestehenden Aktionären bei Kapitalerhöhungen im Verhältnis zu ihrer bisherigen Beteiligung zusteht, hat vermögensrechtlichen Charakter.[54] Es ist wegen seiner Bedeutung für die gesamte Rechtsstellung des Aktionärs besonders geschützt und kann nur ausnahmsweise und unter besonderen Voraussetzungen entzogen werden. Die übrigen vermögensmässigen Rechte haben in der Praxis nur eine geringe Bedeutung.[55]

Bei den nicht vermögensmässigen Rechten werden Mitwirkungs- und Schutzrechte unterschieden. Die Mitwirkungsrechte stehen allesamt im Zusammenhang mit der Generalversammlung und sollen den Aktionären ein Recht auf Mitbestimmung bezüglich der Gesellschaftsangelegenheiten geben.[56] Insbesondere sind hierbei das Recht auf Teilnahme an der GV sowie das Stimmrecht von grosser Bedeutung. Die Schutzrechte dienen dem Schutz der Aktionäre vor Missbräuchen der Verwaltung oder vor „Unterdrückung" durch Mehrheitsaktionäre. Damit ein Aktionär seine Mitwirkungsrechte effektiv wahrnehmen kann, muss er sich ein korrektes Bild über das Unternehmen und dessen Geschäftsgang machen können. Dazu benötigt er möglichst aktuelle, umfassende Informationen. Kontrollrechte wie z. B. das Recht auf Bekanntgabe des Geschäftsberichts und des Revisionsberichts ermöglichen dem einzelnen Aktionär den Zugang zu beschränkter Information. Mit der Einführung des neuen Aktienrechts wurde insbesondere die Aussagekraft des Geschäftsberichts

---

[52] Vgl. OR Art. 671.

[53] Durch den versteckten Wertzuwachs erhöht sich für den Aktionär der innere Wert seines Gesellschaftsanteils. Trotzdem kann das versteckte Zurückbehalten von Gewinnen insofern nachteilig sein, dass „wegen der Stille der Reserven" die Gesellschaftsanteile nicht zum effektiven Wert veräussert werden können. Bei nichtbörsenkotierten Gesellschaften findet sich evtl. gar kein Käufer oder ein Interessent wird wegen Vinkulierungsbestimmungen abgelehnt. In diesem Fall kann der Aktionär seinen Gewinnanteil nicht realisieren.

[54] Es vermittelt aber auch Mitwirkungs- und Schutzrechte. Vgl. Meier-Hayoz/Forstmoser (1993), Rz 99, S. 287.

[55] Bauzinsen: vgl. OR Art. 676; Anteil am Liquidationsüberschuss: vgl. OR Art. 660; Benutzung von Anlagen zu Vorzugsbedingungen wird im OR nicht erwähnt, ist aber zulässig. Vgl. Meier-Hayoz/Forstmoser (1993), Rz 112, S. 290.

[56] Vgl. Forstmoser/Meier-Hayoz/Nobel (1996), Rz 130, S. 501.

durch qualitative und quantitative Veränderungen verbessert. Dennoch sind die
darin enhaltenen Informationen i. d. R. nicht genügend, um ein umfassendes,
qualitativ gutes Bild über die Gesellschaft zu gewinnen. Vereinzelte Aktionäre
haben begründeterweise ein weitergehendes Informationsbedürfnis. Dem legi-
timen Informationsinteresse des Aktionärs steht aber ein mögliches Geheimhaltungsinteresse des Unternehmens gegenüber, denn der Aktionär untersteht
keiner Treuepflicht gegenüber der Gesellschaft, wodurch dieser Schaden entstehen kann.[57] Um diesen schwelenden Konflikt von vornherein zu entschär-
fen, sieht der Gesetzgeber ein dreistufiges Konzept vor, das den Interessen
beider Parteien gerecht werden soll. Zunächst verpflichtet OR Art. 696 die
Aktiengesellschaft, von sich aus aktiv Informationen bekanntzugeben. Darüber
hinaus gibt OR Art 697 den Aktionären das Recht auf Auskunft und Einsicht
anlässlich der Generalversammlung für Angelegenheiten, welche die Gesellschaft betreffen. Obwohl das Auskunftsrecht grundsätzlich an der Generalversammlung geltend zu machen ist, empfiehlt es sich, vor allem dann ein
vorgängiges schriftliches Begehren einzureichen, wenn die Verwaltung zur
seriösen Beantwortung gewisse Abklärungen treffen muss. Der Vorteil dieser
Lösung liegt darin, dass die Aktiengesellschaft auf diese Weise erst reagieren
muss, wenn ein Aktionär dies ausdrücklich will. Falls die erhaltenen Informationen für den Aktionär nach wie vor nicht zufriedenstellend sind, steht es jedem Aktionär zu, an der Generalversammlung eine Sonderprüfung[58] zu beantragen. Das Instrument der Sonderprüfung, geregelt in OR Art. 697a-697g,
bietet Klein- und Minderheitsaktionären unter bestimmten Voraussetzungen
zusätzliche Informations- und Kontrollmöglichkeiten. Voraussetzung dazu ist
die Zustimmung der Generalversammlung oder ein Antrag beim Richter, wo-

---

[57]   Vgl. Meier-Hayoz/Forstmoser (1993), Rz 126, S. 293.

[58]   Die Handhabung des Kontroll-Instruments „Sonderprüfung" in der Praxis der Rechtsprechung ist bin anhin noch wenig erprobt. Ein besonders medienwirksamer Fall eines Antrags auf Sonderprüfung lag im Streitfall zwischen der BK Vision (Martin Ebner) als Antragsteller und der Schweizerischen Bankgesellschaft vor. Dieser Fall zeigt deutlich, dass
dieses Kontrollmittel für den einzelnen Aktionär letzthin mit doch recht grossem Ver-
waltungsaufwand verbunden ist und dadurch keinesfalls eine Flut von Sonderprüfungen
zu erwarten ist. In erwähntem Fall wurde der Antrag auf Sonderprüfung von der Generalversammlung abgelehnt, worauf die BK Vision die Bestimmung bezüglich Gross-
aktionär (mind. 10% des AK im Nennwert von 2 Mio.) geltend machte, um so trotzdem
den Richter einschalten zu können. Der Einzelrichter lehnte mit Verfügung vom 27. De-
zember 1996 das Begehren der BK Vision ab. Am 15. Januar 1996 legte diese Rekurs
gegen diese Verfügung ein. Das Zürcher Obergericht lehnte den Antrag auf Anordnung einer Sonderprüfung am 16. Juli 1996 ebenfalls ab. Darauf verzichtete die BK Vision auf
eine Berufung. Vgl. Brenner (1996), S. 17.

bei in diesem Fall die Antragsteller mindestens zehn Prozent des Aktienkapitals oder Aktien im Nennwert von 2 Mio. Franken vertreten müssen.[59] Die Kosten eines solchen Verfahrens werden in der Regel von der Gesellschaft getragen. Für die Aktionäre ist damit sichergestellt, dass gewisse Sachverhalte, sofern es für die Wahrnehmung der Aktionärsrechte erforderlich ist, durch einen unabhängigen Sachverständigen geprüft werden.[60]

3.2.3   Beschränkung der Kapitalherrschaft und Minderheitenschutz

Die Idee der kapitalbezogenen und körperschaftlichen Struktur der Aktiengesellschaft verfolgt im Grundsatz die Bemessung der Mitgliedschaftsrechte nach der Höhe des Kapitaleinsatzes. Deshalb haben sich Einzelaktionäre bzw. Aktionärsminderheiten dem Entscheid der Aktionärsmehrheit zu fügen, sofern die allgemein aktienrechtlichen Grundsätze bei der Entscheidung Beachtung finden.[61] Entsprechend dem eingesetzten Kapital steigt also die Möglichkeit, auf die Geschicke der Aktiengesellschaft Einfluss zu nehmen. Diese Grundorientierung gilt im Aktienrecht jedoch nicht ausnahmslos. Es besteht z. B. die Möglichkeit, einzelnen Aktionären bzw. Aktionärsgruppen Rechte einzuräumen, die über ihre Kapitalbeteiligung hinaus gehen. Der Kapitalherrschaft werden aber Schranken gesetzt, indem einzelnen Aktionären oder Aktionärsminderheiten bestimmte Rechte zuerkannt werden, die durch die Mehrheit nicht tangiert oder nur durch eine qualifizierte Mehrheit beschränkt werden können.[62]

Mit dem sogenannten Minderheitenschutz will der Gesetzgeber dafür Sorge tragen, dass einzelne Aktionäre oder Aktionärsminderheiten nicht schrankenlos der (Kapital)-Mehrheit ausgeliefert sind. Diese Aufgabe sollten zum Teil zwar bereits die allgemeinen aktienrechtlichen Prinzipien wie der Gleichbehandlungsgrundsatz, das Sachlichkeitsgebot oder die Pflicht zur schonenden Rechtsausübung erfüllen, sie reichen aber nicht aus. Gemäss bundesrätlicher Botschaft war denn auch die Verbesserung des Minderheitenschutzes eines der

---

[59]   Vgl. Casutt (1991), S. 575.

[60]   Vgl. Meier-Hayoz/Forstmoser (1993), Rz 127, S. 293.

[61]   BGE 117 II 290.

[62]   Vgl. Meier-Hayoz/Forstmoser (1993), Rz 141-142, S. 296-297.

vordringlichsten Anliegen der Aktienrechtsreform.[63] Die im Entwurf zur
Teilrevision des Aktienrechts gemachten Vorschläge fanden in der parlamentarischen Beratung Unterstützung und wurden da und dort noch verstärkt. Folgende Verbesserungen zum Minderheitenschutz wurden neu eingeführt:[64]

- gesteigerte Transparenz der Rechnungslegung

- Einführung der Sonderprüfung[65]

- Verstärkung des Bezugsrechts und Einführung des Vorwegzeichnungs-
  rechts

- Einschränkung der Vinkulierungsmöglichkeiten

- Erleichterung der Klagerechte (insbesondere durch Sondervorschriften
  hinsichtlich der Kostenfolgen bei Anfechtungs- und Verantwortlichkeitsklagen)

- Einführung qualifizierter Quoren für wichtige Beschlüsse.

Einzelne Minderheitsrechte wie das Recht auf Einberufung einer Generalversammlung oder dasjenige der Auflösung der Gesellschaft aus wichtigen Gründen, wurden bereits in Kapitel 3.2.2 in Abbildung 3–2 erwähnt. Einen besonderer Schutz für Minderheiten bietet die Einführung qualifizierter Quoren.
Für wichtige Beschlüsse wird vom Grundsatz der Beschlussfassung nach der
absoluten Mehrheit der abgegebenen Stimmen abgewichen und eine qualifizierte Mehrheit verlangt. Die qualifizierte Mehrheit ist eine Doppelerforder-
nis, bemessen an der Zahl der vertretenen Aktien. Verlangt wird die Erreichung von zwei Drittel der vertretenen Stimmen und die Mehrheit der vertretenen Aktiennennwerte. Dadurch wird vor allem auch die überproportionale
Stimmkraft von Stimmrechtsaktien[66] eingeschränkt.[67] Zu den wichtigen Beschlüssen zählen:[68]

---

63   Vgl. Bundesrat (1983), S. 24.

64   Vgl. Vgl. Forstmoser/Meier-Hayoz/Nobel (1996), Rz 8-16, S. 530.

65   Vgl. OR Art. 697a - 697g.

66   Im Schweizer Recht sind nur sogenannt verdeckte Stimmrechtsaktien zulässig, welche im
     Gegensatz zur „normalen" Aktie einen tieferen Nennwert ausweisen. Damit wird faktisch
     mehr Stimmkraft pro Kapitalanteil erzielt. Offene Stimmrechtsaktien, also Aktien, die bei
     gleichem Nennwert verschieden Stimmkraft haben, sind unzulässig. Vgl. OR Art. 693.

67   Vgl. Meier-Hayoz/Forstmoser (1993), Rz 143-144, S. 296-297.

68   Vgl. OR Art. 704.

- die Änderung des Gesellschaftszwecks

- die Einführung von Stimmrechtsaktien

- die Beschränkung der Übertragbarkeit von Namenaktien

- eine genehmigte oder bedingte Kapitalerhöhung

- die Kapitalerhöhung aus Eigenkapital, gegen Sacheinlage oder zwecks Sachübernahme und die Gewährung von besonderen Vorteilen

- die Einschränkung oder Aufhebung des Bezugsrechts

- die Verlegung des Sitzes der Gesellschaft

- die Auflösung der Gesellschaft ohne Liquidation.

OR Art. 704 ist insofern zwingend, als dass statutarisch nur eine Erschwerung der Beschlussfassung, nicht aber eine Erleichterung zulässig ist. Für die Einführung solcher Beschlussfassungserschwerungen bedarf es selbstverständlich ebenfalls dem qualifizierten Mehr.[69]

Geschützt wird der einzelne Aktionär auch durch die unentziehbaren, sogenannt wohlerworbenen Rechte. Dies sind Rechte, auf die der einzelne Aktionär zwar freiwillig verzichten kann, die ihm aber gegen seinen Willen nicht entzogen werden können. Zur Bestimmung, für welche Rechte die Wohlerworbenheit zutrifft, ist eine Interessenabwägung im Rahmen von ZGB Art. 2 vorzunehmen. Im Gegensatz zu den unentziehbaren Rechten können die unverzichtbaren Rechte auch mit einstimmiger Zustimmung aller Aktionäre im Voraus nicht grundsätzlich entzogen werden. Der einzelne Aktionär kann aber im Einzelfall auf die Ausübung seines Rechts verzichten.[70]

Von der Kapitalherrschaft abgewichen wird auch dann, wenn gewissen Aktionären durch Statutenbestimmungen Rechte zugesprochen werden, die über diejenigen der Kapitalbeteiligung hinausgehen. Insbesondere in Familien- oder mittleren Aktiengesellschaften ermöglichen diese Bestimmungen durch massgeschneiderte Gestaltung der Stimm- und Vermögensrechte zahlreiche Varianten zur Verteilung von „Macht" und „Einkommen" durch das investierte Kapital. Mit der Einführung von Vorzugsaktien können ausgewählte Kreise in

---

69 Wäre dies nicht der Fall, dann könnte mit einer absoluten Mehrheit der vertretenen Stimmen durch die Einführung von diversen, faktisch nicht erreichbaren Quoren hinsichtlich der zukünftigen Beschlussfassung, die ganze Generalversammlung praktisch beschlussunfähig gemacht werden.

70 Vgl. Meier-Hayoz/Forstmoser (1993), Rz 154-155, S. 299.

vermögensrechtlicher Hinsicht privilegiert werden.[71] In OR Art. 693 wird die Generalversammlung ermächtigt, durch statutarische Bestimmung das Stimmrecht unabhängig vom Nennwert nach der Anzahl der Aktien festzulegen. Durch die Schaffung von Stimmrechtsaktien kann mit bis zu zehn Mal geringerem Kapitaleinsatz die gleiche Stimmkraft erlangt werden. Umgekehrt kann mit dem gleichen Kapitaleinsatz die Stimmkraft um maximal das Zehnfache erhöht werden. Dieses Stimmprivileg wird jedoch leicht eingeschränkt, ist doch eine Bemessung des Stimmrechts für folgende Fälle unzulässig:[72]

- die Wahl der Revisionsstelle

- die Ernennung von Sachverständigen zur Prüfung der Geschäftsführung oder einzelner Teile

- die Beschlussfassung über die Einleitung einer Sonderprüfung

- die Beschlussfassung über die Anhebung einer Verantwortlichkeitsklage.

Eine weitere Möglichkeit zur Beschränkung der Kapitalherrschaft ergibt sich aus OR Art. 692 Abs. 2. Dieser Artikel besagt, dass in den Statuten festgelegt werden kann, die Stimmenzahl, bemessen aufgrund des Nennwerts der Aktien, pro Aktionär zu beschränken. Durch diese Bestimmung können sich Aktionäre in einem gewissen Umfang vor einzelnen kapitalkräftigen Grossaktionären schützen.

---

[71]   Vgl. OR Art. 654-656.

[72]   Vgl. OR Art. 693.

3.3   Organisation der Aktiengesellschaft

Organe sind gegen aussen auftretende Funktionsträger, sie übernehmen Führungs- und/oder Überwachungsaufgaben und unterliegen der aktienrechtlichen Verantwortlichkeit. Von Gesetzes wegen sind drei Organe zwingend vorgeschrieben:

- die Generalversammlung

- der Verwaltungsrat

- die Revisionsstelle.

Entsprechend dem Paritätsprinzip sind jedem Organ unentziehbare Aufgaben und Kompetenzen zugeordnet.[73] Das geltende Aktienrecht unterstreicht das Paritätsprinzip, indem in OR Art. 716a dem Verwaltungsrat nicht nur unentziehbare, sondern ausdrücklich unübertragbare Aufgaben und Kompetenzen zugewiesen werden. Eine Delegation dieser Aufgaben wird sowohl nach unten wie auch an die Generalversammlung unterbunden. Der Aktiengesellschaft steht es frei, in den Statuten weitere Organe vorzusehen. Solchen Organen dürfen jedoch keine Kompetenzen zugeordnet werden, die zwingend den gesetzlich vorgeschriebenen Organen obliegen.[74]

Nachfolgend werden die einzelnen Organe vorgestellt und deren Aufgaben und Verantwortlichkeiten aufgezeigt.

3.3.1   Generalversammlung

3.3.1.1   Einberufung

Die Einberufung der Generalversammlung wird in OR Art. 699 und OR Art. 700 geregelt. Im Normalfall erfolgt dies durch den Verwaltungsrat. Nötigenfalls können auch die Revisionsstelle, Liquidatoren, Vertreter der Anleihensgläubiger und Aktionäre, die zusammen über mindestens 10% des Aktienkapitals verfügen, eine Generalversammlung einberufen. Die ordentliche

---

[73] Dies im Gegensatz zur Omnipotenztheorie, wo der Generalversammlung sämtliche Kompetenzen zugeordnet sind oder dem Führerprinzip, wo die Verwaltung sämtliche Entscheide treffen kann.

[74] Vgl. Meier-Hayoz (1993), Rz 215-216, S. 312; dazu ausführlich Reiff (1988).

Generalversammlung findet jährlich innert sechs Monaten nach Abschluss des Geschäftsjahres statt. Nach Bedarf können auch ausserordentliche Generalversammlungen abgehalten werden. Die Einberufung erfolgt mindestens 20 Tage im voraus in der durch die Statuten vorgeschriebenen Form und unter Angabe der Verhandlungsgegenstände sowie der Anträge des Verwaltungsrats und der Aktionäre.[75] Eine Ausnahme bildet die sogenannte Universalversammlung nach OR Art. 701, an der die Vertreter des gesamten Aktienkapitals anwesend sind.

3.3.1.2   Befugnisse

Die Generalversammlung ist das oberste Organ der Aktiengesellschaft.[76] In dieser Eigenschaft stehen ihr verschiedene, unübertragbare Kompetenzen zu:[77]

1.   *Festsetzung und Änderung der Statuten*

Die Statuten basieren auf Beschlüssen der Generalversammlung. OR Art. 626 beschreibt den absolut notwendigen Inhalt der Statuten und OR Art. 627 den bedingt notwendigen Inhalt. Die Organe der Gesellschaft haben sich nach Billigung der Statuten durch die Generalversammlung an diese zu halten.

2.   *Wahl der Mitglieder des Verwaltungsrates und der Revisionsstelle*

In den Verwaltungsrat und die Revisionsstelle dürfen nur befähigte Personen gewählt werden. Unter gewissen Voraussetzungen besteht die Pflicht, dass Revisoren besonders befähigt sein müssen.[78] OR Art. 705 berechtigt die Generalversammlung auch, Mitglieder des Verwaltungsrats oder der Revisionsstelle abzuwählen, wobei Entschädigungsansprüche der Abberufenen vorbehalten bleiben.

---

75   Vgl. OR Art. 700 Abs. 1: Der Gesetzgeber will, dass der Aktionär 20 Tage Zeit zum Studium der Unterlagen hat, deshalb muss der Versand früher erfolgen. Die Verletzung der Formvorschriften hat nach herrschender Lehre nicht Nichtigkeit, sondern nur Anfechtbarkeit der gefassten Beschlüsse zur Folge. Vgl. Meyer-Hayoz/Forstmoser (1993), Rz 223, S. 314.

76   Vgl. OR Art. 698 Abs. 1.

77   Vgl. OR Art. 698 Abs. 2.

78   Vgl. OR Art. 727b und die bundesrätliche „Verordnung über die fachlichen Anforderungen an besonders befähigte Revisoren" vom 11. Juni 1992.

3. *Genehmigung des Jahresberichtes und der Konzernrechnung*

4. *Genehmigung der Jahresrechnung sowie Beschlussfassung über die Verwendung des Bilanzgewinnes, insbesondere die Festsetzung der Dividende und der Tantieme*

OR Art. 729 Abs. 1 hält fest, dass ein Revisor anwesend sein muss, ansonsten kann weder die Jahresrechnung abgenommen, noch über die Verwendung des Bilanzgewinns beschlossen werden. Eine Nichtteilnahme der Revisoren hat die Anfechtbarkeit der Beschlüsse zur Folge.[79]

5. *Entlastung der Mitglieder des Verwaltungsrats*

Entlastung bedeutet, dass die Generalversammlung die Arbeit der Verwaltung als mindestens zufriedenstellend beurteilt. Der Entlastungsbeschluss gilt nur für Tatsachen, welche der Generalversammlung bekanntgegeben wurden bzw. von denen die Generalversammlung zu diesem Zeitpunkt Kenntnis hatte.[80]

6. *Beschlussfassung über die Gegenstände, welche der Generalversammlung durch das Gesetz oder die Statuten vorbehalten sind.*

Von zentraler Wichtigkeit ist auch die Änderung der Abstimmungsquoren anlässlich der Aktienrechtsreform. Dementsprechend können an der Generalversammlung wichtige Beschlüsse, welche teils zwingend oder dispositiv Quoren voraussetzen, mit zwei Dritteln der vertretenen Stimmen und der absoluten Mehrheit der vertretenen Aktiennennwerte beschlossen werden.[81] Diese Neuregelung bewirkt insbesondere bei kleineren und mittleren Gesellschaften eine Veränderung in den Machtverhältnissen: Für einen Minderheitsaktionär, der über einen Drittel der Aktien verfügt, war es früher möglich, durch Nichterscheinen Beschlussfassungen zu verhindern; heute muss er an der Generalversammlung teilnehmen bzw. sich vertreten lassen.

---

79   Relativiert wird das Erfordernis der Anwesenheit von Revisoren in OR Art. 729c Abs. 3, welcher es der Generalversammlung erlaubt, durch einstimmigen Beschluss auf die Anwesenheit der Revisionsstelle zu verzichten.

80   Vgl. Müller/Lipp (1994), S. 278.

81   Vgl. OR Art. 704 Abs. 1; 3.2.3

3.3.1.3 *Überwachung durch die Generalversammlung*

Überwachung durch die Generalversammlung bedeutet letztendlich eine Überwachung durch die Aktionäre bzw. durch die Eigentümer. Doch verschiedene Gründe erschweren es allerdings dem Aktionär, die Überwachung effektiv vorzunehmen:[82]

• Zeitnot

Wie bereits früher festgehalten, haben Aktionäre mindestens 20 Tage Zeit, um sich auf die Generalversammlung vorzubereiten und sich entsprechende Fragen zu überlegen. An der Generalversammlung selbst müssen innert weniger Stunden viele Traktanden abgehandelt werden. Dies führt dazu, dass für den einzelnen Aktionär wenig Zeit[83] zur Verfügung steht und sich eine Diskussion, auch über noch so wichtige Themen[84], meistens auf einsame Voten beschränkt.

• Sachkundenot

Besondere Fähigkeiten oder Kenntnisse werden nicht vorausgesetzt, um Aktionär einer Gesellschaft zu werden. Deshalb fehlt Aktionären oft das notwendige Sachverständnis, um die teils komplexe Materie zu verstehen. Zudem erfolgt die Informationsversorgung der Aktionäre spärlich und unvollständig. Einerseits, weil viele Informationen aus betriebswirtschaftlichen Gründen vertraulich gehandhabt werden, andererseits auch deshalb, weil die Kosten für eine aktive Informationsbeschaffung des einzelnen Aktionärs zu hoch sind. So stehen sich an der Generalversammlung fachlich oft unqualifizierte, schlecht oder mindestens ungenügend informierte Aktionäre und eine professionelle, bestens auf Fragen vorbereitete und rhetorisch geschulte Unternehmensleitung gegenüber.

---

[82] Vgl. Rühli (1993), S. 209.

[83] So z. B. ist bei Publikumsgesellschaften eine Redezeitbeschränkung durchaus üblich.

[84] Voten zu Ökologie und Umweltmanagement wurden bereits vor vielen Jahren regelmässig an Generalversammlungen von Randgruppen aufgegriffen. Damals oft belächelt, muss man heute zugeben, dass diese als Vordenker eine wichtigere Rolle inne hatten, als ihnen damals zugestanden wurde. Wissenschaftlicher Untersuchungen zeigen, dass Firmen, die rechtzeitig ökologische Themen und ein gesteigertes Umweltbewusstsein in ihre Leitbilder und Strategien integriert und umgesetzt haben, je nach Branchen- und Wettbewerbssituation über strategische Wettbewerbsvorteile verfügen. Vgl. Meffert (1990), S. 82.

• Beurteilungsnot

Aufgrund ungenügender oder falscher Informationen, mangelndem Sach-
verstand und begrenzter Zeit kann der Durchschnittsaktionär ein Traktandum bezüglich seiner Auswirkungen auf die Unternehmenspolitik kaum
kompetent beurteilen. Des Weiteren bestehen zwischen Eigentümern und
Management divergierende Interessen, was zu unterschiedlichen Gewich-
tungen und Beurteilungen führt.[85]

Die Überwachung durch die Generalversammlung ist folglich nur ungenügend.
Es ist deshalb für den Aktionär wichtig, dass die Überwachungsfunktion unterstützend und ergänzend auch durch andere Stellen wahrgenommen wird. Ebenfalls wichtig sind wirtschaftspolitische Rahmenbedingungen, welche es dem
Aktionär ermöglichen, notfalls zustehende Rechte gerichtlich durchzusetzen. In
dieser Hinsicht wurde das Klagerecht der Aktionäre ausgebaut und das
Prozesskostenrisiko zu Gunsten des Aktionärs vermindert.

3.3.2 Verwaltungsrat

3.3.2.1 Wahl

Der Verwaltungsrat wird vor der Generalversammlung gewählt. Er besteht
aus einem oder mehreren Mitgliedern, welche alle Aktionäre sein müssen.
Werden Nichtaktionäre in den Verwaltungsrat gewählt, so dürfen diese ihr
Amt erst antreten, nachdem sie Aktionär der Gesellschaft geworden sind. Juristische Personen oder Handelsgesellschaften können nicht selbst als Verwaltungsrat gewählt werden, es besteht aber die Möglichkeit, dass für ihre Stelle
ein Vertreter gewählt wird.[86] Mehrheitlich müssen im Verwaltungsrat Personen sitzen, welche in der Schweiz wohnen und das Schweizer Bürgerrecht besitzen.[87] Um diese Bedingung zu erfüllen, können allenfalls auch Treuhänder
eingesetzt werden.[88] Zweck dieser Vorschrift liegt in der Vereinfachung der

---

[85] Vgl. Kap. 2.1.3, FN 30.

[86] Vgl. OR Art. 707.

[87] Der Bundesrat kann für Gesellschaften, deren Hauptzweck die Beteiligung darstellt, Aus-
nahmen erlassen. Vgl. OR Art. 708.

[88] Vgl. Meyer-Hayoz/Forstmoser (1993), Rz 246, S. 318.

Verfolgung bei Unregelmässigkeiten und bei der Informationsbeschaffung.[89]
So wird gewährleistet, dass eine Mehrzahl der Verwaltungsräte in der Schweiz
zur Rechenschaft gezogen werden kann.[90]

3.3.2.2 Befugnisse

Dem Verwaltungsrat ist nach dispositivem Recht die Geschäftsführung und die
Vertretung der Gesellschaft nach aussen zugewiesen. Nach OR Art. 716 Abs. 1
kann er „in allen Angelegenheiten Beschluss fassen, die nicht nach Gesetz oder
Statuten der Generalversammlung zugeteilt sind." Damit besteht eine Kompe-
tenzvermutung zugunsten des Verwaltungsrats. Abs. 2 desselben Gesetzesarti-
kels schränkt diese Geschäftsführungsaufgabe insofern ein, als dass die Geschäftsführung nicht (an Dritte oder Ausschüsse) übertragen werden kann.[91]
Das revidierte Aktienrecht formuliert erstmals die sogenannten unübertragbaren und unentziehbaren Hauptaufgaben bzw. Kernkompetenzen[92] des Verwaltungsrats. „Unübertragbar" bedeutet das Verbot, zu treffende Entscheidungen
an die unterstellte Geschäftsleitung zu delegieren.[93] „Unentziehbar" heisst, dass
die erwähnten Kompetenzen nicht von anderen Organen wahrgenommen
werden dürfen. Damit ist de facto die Übertragung der gesamten Geschäftsführung (wie früher) nicht mehr möglich. Gemäss OR Art. 716a Abs. 1 obliegen dem Verwaltungsrat folgende unübertragbaren und unentziehbaren
Aufgaben:

„1. die Oberleitung der Gesellschaft und die Erteilung der nötigen Weisun-
      gen;

2.   die Festlegung der Organisation;

---

89   Vgl. Müller/Lipp (1994), S. 31.

90   Diese Vorschrift dürfte im Zuge einer Annäherung an die EU fallen. Vgl. Meyer-
      Hayoz/Forstmoser (1993), Rz 246, S. 318.

91   OR Art. 716b erläutert die Bedingungen zur Übertragung der Geschäftsführung im Detail.

92   Vgl. Böckli (1994), S. 12.

93   Um einem falschen Verständnis von „unübertragbar" vorzubeugen, sei hier schon festge-
      halten, dass damit nicht gemeint ist, der Verwaltungsrat müsse alles selbst machen. Pla-
      nungs- und Vorbereitungsmassnahmen zur Entscheidungsfindung sowie, nach erfolgter
      Entscheidung, Details zur Implementierung sind durchaus delegierbar. Unübertragbar ist
      die Entscheidung selbst.

3. die Ausgestaltung des Rechnungswesens, der Finanzkontrolle sowie der Finanzplanung, sofern diese für die Führung der Gesellschaft notwendig ist;

4. die Ernennung und Abberufung der mit der Geschäftsführung und der Vertretung betrauten Personen;

5. die Oberaufsicht über die mit der Geschäftsführung betrauten Personen, auch im Hinblick auf die Befolgung der Gesetze, Statuten, Reglemente und Weisungen;

6. die Erstellung des Jahresberichtes sowie die Vorbereitung der Generalversammlung und die Ausführung ihrer Beschlüsse;

7. die Benachrichtigung des Richters im Falle einer Überschuldung".

Grundsätzlich obliegt die Geschäftsführung nach dispositivem Recht dem gesamten Verwaltungsrat. OR Art. 716a Abs. 2 erlaubt jedoch, die Vorbereitung und Ausführung der Beschlüsse oder die Überwachung von Geschäften, Ausschüssen oder einzelnen Mitgliedern des Verwaltungsrats zuzuweisen (decision shaping[94]). Die Entscheidung über Geschäfte im Bereich der gesetzlichen Aufgaben nach Art. 716a Abs. 1 bleibt jedoch undelegierbar beim Verwaltungsrat (decision taking). Damit liegt letztlich auch die ganze Verantwortung beim Gesamtorgan.[95] Die Kernaufgaben des Verwaltungsrats, nämlich die Oberleitung, welche die Festlegung der Organisation und die finanzielle Führung ebenso beinhaltet wie die Bestimmung der Geschäftsführung sowie die Oberaufsicht, bilden den Schwerpunkt dieser Arbeit. Sie werden in den Kapiteln 5, 6 und 7 ausführlich behandelt.

Für die Delegation[96] der nicht als unübertragbar erwähnten Aufgaben muss von der Generalversammlung eine statutarische Ermächtigung vorliegen, und die Delegation muss nach Massgabe des Organisationsreglements stattfinden, in welchem entsprechende Stellen bestimmt, deren Aufgaben umschrieben und die Berichterstattung geregelt werden. Werden Organfunktionen formell rich-

---

94 Das Begriffspaar „decision shaping" und „decision taking" hat Franz A. Blankart anlässlich der EWR-Verhandlungen von 1991 in den Schweizer Sprachgebrauch eingeführt. Vgl. Böckli (1994), S. 18.

95 Vgl. Böckli (1994), S. 25.

96 Die Delegation wird in Kap. 4.2.2 ausführlich behandelt.

tig delegiert, dann reduziert sich die Verantwortung[97] des Verwaltungsrats entsprechend. Er haftet nur noch für die gebotene Sorgfalt bei der Auswahl, der Instruktion sowie der Überwachung dieser Personen, an welche Organfunktionen delegiert wurden. Auch die Vertretung nach aussen kann einem oder mehreren Mitgliedern (Delegierte) oder Dritten (Direktoren) übertragen werden, wobei mindestens ein Mitglied des Verwaltungsrats vertretungsberechtigt bleiben muss.[98]

Damit der Verwaltungsrat als geschäftsführendes Organ der Gesellschaft seinen Aufgaben entsprechend den gesetzlichen Erfordernissen nachkommen kann, werden ihm diverse Rechte zugestanden. Dazu gehören z. B. Rechte wie das Einsichts- und Auskunftsrecht, das Recht auf Sitzungseinberufung, das Weisungsrecht, das Recht auf Entschädigung, das Stimmrecht, das Recht auf Anrufung des Richters oder das Recht auf Mandatsniederlegung. Diese Aufzählung ist nicht vollständig und zeigt nur einige wesentliche Rechte des Verwaltungsrats.[99]

Es ist offensichtlich, dass das einzelne Verwaltungsratsmitglied seine Hauptpflichten nur erfüllen kann, wenn es über Ereignisse und Entscheidungsgrundlagen hinreichend informiert ist.[100] Insofern ist das Einsichts- und Auskunftsrecht, geregelt in OR Art. 715a, für den Verwaltungsrat das wichtigste Recht hinsichtlich der gesetzeskonformen Ausführung. Nachdem im neuen Recht die unübertragbaren Kernaufgaben deutlich klarer profiliert sind, wollte der Gesetzgeber auch das Informationsrecht des einzelnen Verwaltungsratsmitglieds verbessern. Der springende Punkt des neuen Konzepts ist die Trennung des Rechtsanspruchs in ein Informationsrecht „in den Sitzungen" und eines „ausserhalb den Sitzungen". Diese Unterscheidung ist für jeden Verwaltungsrat von wesentlicher Bedeutung. Innerhalb der Verwaltungsratssitzung gilt ein umfassendes Auskunftsrecht, es bezieht sich nicht nur auf den Geschäftsgang oder einzelne Geschäfte, sondern auf alle Gesellschaftsangelegen-

---

[97]   Die Verantwortung des Verwaltungsrats wird in Kap. 4.2.2.3 ausführlich behandelt.

[98]   Vgl. OR Art. 718.

[99]   Vgl. Müller/Lipp (1994), S. 77.

[100] In der Praxis steht es zum Teil jedoch schlecht mit der Information des Verwaltungsrats. Zwei Gründe stehen im Vordergrund. Einerseits scheuen manche Verwaltungsräte die notwendige Zeit und Energie, um an die Informationen der Geschäftsleitung heranzukommen. Anderseits versuchen Manager, durch eine zurückhaltende Informationpraxis ihren Wissensvorsprung und damit ihre Macht zu sichern. Vgl. Böckli (1994), S. 63.

heiten schlechthin. Es gilt für jedes einzelne Mitglied und kann grundsätzlich auch durch Mehrheitsbeschluss weder entzogen noch beschränkt werden. Dabei stellen die gesetzlichen Bestimmungen nur ein Minimum dar, weitergehende Informationsrechte des Verwaltungsrats sind zulässig.[101] Auskunftspflichtig sind alle übrigen Verwaltungsratsmitglieder, im speziellen der Präsident und der Delegierte sowie Ausschüsse und Mitglieder der Geschäftsleitung.[102]

Ausserhalb der Sitzungen ist das Informationsrecht des Verwaltungsratsmitglieds dagegen ausdrücklich beschränkt. Folgende Differenzierung liegt vor:[103]

- Unbeschränkter Informationszugang gilt nur für Informationen betreffend den Geschäftsgang, d. h. voraussetzungslose Auskunftpflicht seitens des Management, auch ohne Ermächtigung des Verwaltungsratspräsidenten.

- Bedingter Informationszugang wird für einzelne Geschäfte und weitere Einzelheiten aus dem internen Bereich des Unternehmens gewährt. Dafür muss die Zustimmung der Verwaltungsratspräsidenten vorliegen.

- Für den Einblick in die Bücher und Akten gilt das Prinzip des bedingten Informationszugangs unter Spezialvorbehalt. Für Einsicht in Unterlagen wie der Finanzplanung, Berichte der Finanzkontrolle oder Korrespondenz muss die vorgängige Zustimmung des Verwaltungsratspräsidenten vorliegen, und die Einsicht muss zur Erfüllung der Aufgabe des Verwaltungsratsmitglieds erforderlich sein.[104]

Nach wie vor bedeutet aber ein umfassender Rechtsanspruch nicht, dass das Informationsrecht grenzenlos ist. Auch im neuen Aktienrecht sind sachlich begründete Grenzen vorgesehen, die den Informationsanspruch beschränken.

---

[101] Vgl. Druey (1993), S. 49-51.

[102] In Praxis ist vor allem sicherzustellen, dass die Mitglieder der Geschäftsleitung verfügbar sind.

[103] Vgl. OR Art. 715a.

[104] Vgl. Müller/Lipp (1994), S. 86. Insgesamt ist die Regelung nach wie vor restriktiv. Für eine erfolgreiche Praxis dürfte es immens wichtig sein, dass der Verwaltungsrat den Informationsfluss vor allem auch ausserhalb der Sitzungen regelt. Vgl. Böckli (1994), S. 70.

Nach heutiger Ansicht bilden insbesondere folgende Punkte äusserste Schranken:[105]

- Funktionalität hinsichtlich der Erfüllung der Aufgaben
- Verhältnismässigkeitsprinzip bezüglich Umfang und zeitlicher Dimension[106]
- Ausstandspflicht wegen Interessenkollision
- Missbrauchverbot hinsichtlich Verfolgung eigener Interessen
- Geheimhaltungsinteresse des Unternehmens.

Das zweiteilige Informationskonzept des Gesetzgebers stellt eine klare Verbesserung gegenüber dem alten Aktienrecht dar. Dennoch entsteht durch eine im Gesetz vernachlässigte und bisher auch in der juristischen Literatur wenig beachtete Problematik hinsichtlich der Informationsbeschaffung für unmittelbar bevorstehende Verwaltungsratssitzungen: Gehört die Vorbereitung einer Sitzung zur Sitzung und bewirkt deshalb ein umfassendes Informationsrecht oder ist der Informationsanspruch restriktiv, weil die Vorbereitung ausserhalb der Sitzung stattfindet? Zieht man in Betracht, dass die Verwaltungsräte in einigen wenigen, jährlichen Sitzungen Entscheidungen in komplexen und wichtigen Geschäften zu treffen haben, dann ist aus praktischer Sicht eine umfassende Information betreffend der an der Sitzung traktandierten Diskussions- und Beschlussgegenstände unerlässlich. Deshalb müsste für die Sitzungsvorbereitung ein unentziehbarer Informationsanspruch bestehen.[107]

Das Weisungsrecht des Verwaltungsrats spielt horizontal innerhalb des Verwaltungsrats wie auch vertikal gegenüber Mitarbeitern. In horizontaler Richtung werden durch eine Weisung, praktisch ein protokollierter Verwaltungsratsbeschluss, ein Mitglied oder mehrere Mitglieder aus der Mitte des Gremiums verpflichtet. Vertikal spielt die Weisung, insbesondere bei der Delegation der Geschäftsleitung, eine sehr wichtige Rolle. Gestützt auf OR Art. 321d ist der Verwaltungsrat aber auch befugt, nicht nur der Geschäftsleitung, sondern auch anderen Arbeitnehmern der Gesellschaft Konkretisierungs- oder Verhaltensanweisungen zu erteilen. Grundsätzlich sind die Weisungen des Verwal-

---

[105] Vgl. Böckli (1994), S. 68.

[106] Vgl. Affolter (1994), S. 44-45.

[107] Vgl. Böckli (1994), S. 74.

tungsrats zu befolgen, doch unterliegt das Weisungsrecht selbst hinsichtlich Treu und Glauben einer Beschränkung.[108] Der Verwaltungsrat hat bei der Erteilung von Weisungen zu beachten:[109]

- zwingende, gesetzliche Bestimmungen
- Statuten und Organisationsreglement
- Gesamtarbeitsvertrag und Betriebsordnung
- Abmachungen im Einzelarbeitsvertrag.

Zu guter Letzt soll auch das Recht auf Mandatsniederlegung kurz erwähnt werden. Das Mandatsverhältnis beruht auf dem Auftragsrecht, dementsprechend kommen die dort verankerten Bestimmungen zur Beurteilung der Beendigung des Verhältnisses zum Tragen. Nach OR Art. 404 Abs. 1 kann der Auftrag jederzeit von jedem Teil widerrufen oder gekündigt werden. Bei Kündigung zu Unzeit ist der dadurch entstandene Schaden jedoch zu ersetzen.[110] Das Bundesgericht vertritt die Ansicht, dass die Demission für ein Verwaltungsratsmitglied jederzeit vorbehaltlos möglich sein muss und durch einseitige Willenserklärung erfolgt.[111] Mit der Demission verliert er grundsätzlich die mit dem Mandat zusammenhängenden Rechte[112].

3.3.2.3   Organisation und Beschlussfassung

Der Verwaltungsrat konstituiert sich selbst. In den Statuten kann festgehalten werden, dass der Präsident durch die Generalversammlung gewählt wird. Der Verwaltungsrat bezeichnet einen Sekretär, der dem Rat nicht angehören muss.[113] Die Beschlussfassung erfolgt durch die Mehrheit der abgegebenen Stimmen. Der Stichentscheid liegt, sofern die Statuten nichts anderes vorsehen, beim Präsidenten. Da bei der Beschlussfassung der Generalversammlung explizit erwähnt wird, dass eine absolute Mehrheit der vertretenen Aktienstimmen erforderlich ist, muss es sich beim Verwaltungsrat um eine relative

---

[108] Vgl. Müller/Lipp (1994), S. 92-94.

[109] Vgl. Müller/Lipp (1994), S. 95.

[110] Vgl. OR Art. 404.

[111] BGE 111 II 483.

[112] Das Recht auf Entschädigung bleibt bis zum Rücktritt bestehen. Vgl. Kammerer (1997), S. 13; Lipp/Müller (1994), S. 106-107.

[113] Vgl. OR Art. 712.

Stimmenmehrheit handeln.[114] Es ist jedoch nicht klar, ob dieser Artikel zwingender oder dispositiver Natur ist.[115] Sofern kein Mitglied eine mündliche Beratung verlangt, können Beschlüsse auch auf dem Weg der schriftlichen Zustimmung gefasst werden (Zirkulationsbeschlüsse). Über Verhandlung und gefasste Beschlüsse, auch Zirkulationsbeschlüsse[116], ist ein Protokoll zu führen, welches vom Präsidenten und vom Sekretär zu unterzeichnen ist.[117] Über Zeitpunkt und Form der Einberufung von Verwaltungsratssitzungen äussert sich der Gesetzgeber nicht, er erwähnt nur, dass jedem Mitglied das Recht zusteht, unter Angabe von Gründen vom Präsidenten eine unverzügliche Einberufung zu verlangen.[118] Auch hinsichtlich der Häufigkeit der Sitzungen werden im Gesetz keine Angaben gemacht.

3.3.3   Revisionsstelle

3.3.3.1   Wahl

Der oder die Revisoren werden durch die Generalversammlung gewählt. Diese kann auch Ersatzleute bestimmen. Als Revisionsstelle können sowohl natürliche als auch juristische Personen gewählt werden. Mindestens ein Revisor muss seinen Wohnsitz, seinen Geschäftssitz oder eine eingetragene Zweigniederlassung in der Schweiz haben.[119] OR Art. 727a verlangt neu eine Befähigung. Für volkswirtschaftlich bedeutende Unternehmen wird gar eine besondere Befähigung vorgeschrieben. Die fachlichen Anforderungen für die besondere Befähigung werden vom Bundesrat umschrieben.[120] Der Gesetzgeber verlangt

---

[114] Vgl. Meyer-Hayoz/Forstmoser (1993), Rz 243, S. 318.

[115] Vgl. Nobel (1991), S. 531.

[116] Vgl. Bundesrat (1983), S. 176.

[117] Das Protokoll muss gewissen Mindestanforderungen Stand halten. Vgl. Müller/Lipp (1994), S. 149.

[118] Eine wiederholt sehr kurzfristige Einberufung der Sitzung ohne stichhaltigen Grund (z. B. Dringlichkeit wegen grossem Betriebsunfall, Streikdrohungen, Krisen in strategisch wichtigen Märkten, etc.) mit der Konsequenz, dass dadurch aus terminlichen Gründen einem oder mehreren Verwaltungsräten das Recht auf Sitzungsteilnahme indirekt abgesprochen wird, müsste wohl als Rechtsmissbrauch im Sinne von ZGB Art. 2 Abs. 2 qualifiziert werden. Vgl. Müller/Lipp (1994), S. 88.

[119] Vgl. OR Art. 727.

[120] Vgl. OR Art. 727b Abs. 2.

weiter, dass Revisoren von Verwaltungsrat und von über die Stimmenmehrheit verfügenden Aktionären der zu prüfenden Gesellschaft unabhängig sind. Auch dürfen sie nicht Arbeitnehmer der zu prüfenden Gesellschaft sein noch Arbeiten für diese ausführen, welche mit dem Prüfungsauftrag unvereinbar sind. Die Amtsdauer beträgt maximal drei Jahre und endet mit der Generalversammlung, zu Handen welcher der letzte Bericht zu erstatten ist. Danach muss die Generalversammlung erneut eine Revisionsstelle bestimmen, die Wiederwahl ist aber ausdrücklich erlaubt. Durch den Eintrag der Revisionsstelle im Handelsregister stellt der Gesetzgeber sicher, dass eine Revisionsstelle bestellt wird. Fehlt diese Revisionsstelle, hat der Handelsregisterführer der Gesellschaft ein Frist zu setzen, während der sie die Möglichkeit hat, den gesetzlichen Zustand wiederherzustellen.[121]

3.3.3.2   Befugnisse

Die Revisionsstelle ist nicht, wie vermutet werden könnte, in erster Linie ein Aufsichtsorgan im Sinne einer Überwachung der Unternehmensleitung auf Angemessenheit oder Wirtschaftlichkeit, sondern ein Kontrollorgan. Der Aktionär einer Publikumsgesellschaft kann nämlich seine Kontrollrechte nur sehr begrenzt aktiv wahrnehmen. Die Revisionsstelle soll helfen, diese Lücke zu schliessen. Daneben werden durch die Kontrolle auch die Gläubigerinteressen geschützt.[122] Die Hauptzielsetzung der Revision ist die Feststellung, dass die gesetzlichen und statutarischen Bestimmungen bezüglich der Buchführung und der Darstellung der Vermögens- und Ertragslage eingehalten wurden. Die zu prüfenden Tatbestände beschränken sich vor allem auf die formelle, nur sehr begrenzt auf die materielle Richtigkeit der Geschäftsführung.[123] Als untergeordnete Ziele können Verhütung (Präventivfunktion) oder Aufdecken (Detektivfunktion) von Unregelmässigkeiten erwähnt werden. Der Gesetzgeber verlangt in OR Art. 728 Abs. 1, dass die „Revisionsstelle prüft, ob die Buch-

---

[121] Vgl. OR Art. 727f Abs. 1.

[122] Die Revisoren müssen befähigt sein und unter Umständen sogar besondere fachliche Voraussetzungen zu erfüllen. Vgl. OR Art. 727a und b sowie die bundesrätliche „Verordnung über die fachlichen Anforderungen an besonders befähigte Revisoren" vom 11. Juni 1992.

[123] Anders als z. B. in Amerika oder England ist die Revisionsstelle in der Schweiz nicht der Fair presentation oder der True and fair view verpflichtet, sondern der Gesetzmässigkeit. Dazu gehören insbesondere die Einhaltung der Grundsätze ordnungsmässiger Buchführung, der aktienrechtlichen Bewertungsvorschriften, der Gliederungsvorschriften, der Offenlegungspflichten oder des Gleichbehandlungsprinzips.

führung und die Jahresrechnung sowie der Antrag über die Verwendung des
Bilanzgewinnes Gesetz und Statuten entsprechen."

Abbildung 3-3 zeigt einen Überblick über den Inhalt der ordentlichen Jahresabschlussprüfung.

Abbildung 3-3: Prüfungsinhalt der Jahresabschlussprüfung

Ordentliche Jahresabschlussprüfung		
OR-Artikel	**Prüfungsinhalt**	**Befähigung**[124]
662a Abs. 2	Einhaltung der Grundsätze ordnungsmässiger Rechnungslegung	allgemeine
663; 663a	Einhaltung einer strengen Gliederung der Buchhaltung	allgemeine
663b	Einhaltung der Offenlegungspflichten	allgemeine
	Einhaltung der gesetzlichen Bewertungsvorschriften	allgemeine
717 Abs. 2	Einhaltung des Gleichbehandlungsprinzips	allgemeine
731a	Konzernprüfung	besondere

Das Aktienrecht kennt weitere spezielle Prüfungstatbestände, bei denen die Revisionsstelle eine Prüfung vorzunehmen hat. Abbildung 3-4 zeigt diese über-
blicksartig.

---

[124] Eine Unterscheidung in allgemeine und besondere Befähigung ist aufgrund von OR
Art. 727a (allgemeine Befähigung) bzw. OR Art. 727b (besondere Befähigung) erfolgt.
Die allgemeine Befähigung reicht nur dann, wenn nicht die Voraussetzungen gemäss OR
Art. 727b vorliegen.

Abbildung 3-4: Spezielle Prüfungstatbestände der Revision

Spezielle Prüfungstatbestände		
OR-Artikel	**Prüfungsinhalt**	**Befähigung**
635a	Gründungsprüfung	allgemeine
652f	Kapitalerhöhungsprüfung (Sacheinlage)	allgemeine
653f Abs. 1	Bedingte Kapitalerhöhung	besondere
653i Abs. 1	Bestätigung des Erlöschens von Wandel- und Optionsrechten	besondere
670 Abs. 2	Aufwertungsprüfung	allgemeine
725 Abs. 2	Zwischenbilanzprüfung bei Überschuldungsgefahr	allgemeine
732 Abs. 2	Kapitalherabsetzungsprüfung	besondere
745 Abs. 3	Liquidationsprüfung innerhalb von 3 Monaten	besondere
752	Prospektprüfung je nach Grundgeschäft	unterschiedlich[125]

Neben der Prüfungshandlung im engeren Sinn hat die Revisionsstelle zusätzliche Aufgaben zu erfüllen.[126]

- Berichterstattung nach OR Art. 729

  Zuhanden der Generalversammlung berichtet die Revisionsstelle schriftlich über das Ergebnis der Prüfung. Sie erteilt eine Empfehlung zur Abnahme, mit oder ohne Einschränkung, oder zur Rückweisung der Jahresrechnung. Sie bestätigt, ob Buchführung, Jahresrechnung und Anhang Gesetz und Statuten entsprechen. Wesentliche Abweichungen sind im Bericht schriftlich festzuhalten.

- Erläuterungsbericht nach OR Art. 729a

  Der Erläuterungsbericht muss nur für Gesellschaften erstellt werden, für deren Revision besonders befähigte Revisoren zeichnen müssen. Dieser richtet sich an den Verwaltungsrat und erläutert die Durchführung und die Ergebnisse der Prüfung eingehend. Der Erläuterungsbericht stellt ein für den Verwaltungsrat nicht zu unterschätzendes Instrument zur finanziellen Führung dar.

---

[125] Je nach Grund der Prospektprüfung wird eine allgemeine oder besondere Befähigung verlangt.

[126] Vgl. Meyer (1996), S. 16-17.

• Anzeigepflichten nach OR Art. 729b

Stellt die Revisionsstelle Verstösse gegen Gesetz oder Statuten fest, so meldet sie diese schriftlich dem Verwaltungsrat, in schwerwiegenden Fällen auch der Generalversammlung. Bei einer offensichtlichen Überschuldung der Gesellschaft muss die Revisionsstelle den Richter benachrichtigen, sofern der Verwaltungsrat dies unterlässt.

• Wahrung der Geschäftsgeheimnisse und Verschwiegenheit nach OR Art. 730

Der Revisor muss auch bei der Berichterstattung und Auskunftserteilung zu Handen der Generalversammlung die Geschäftsgeheimnisse wahren. Auch ist es der Revisionsstelle untersagt, Wahrnehmungen, die sie bei der Ausführung eines Revisionsmandats gemacht hat, an Dritte oder einzelne Aktionäre weiterzuleiten. Vorbehalten bleibt einzig die Auskunftspflicht gegenüber einem Sonderprüfer.

Es bleibt festzuhalten, dass die Revisionsstelle keinerlei Kompetenzen bezüglich Geschäftsführungs- oder Vertretungshandlungen nach aussen hat. Sie besitzt deshalb auch keine Entscheidungskompetenz. Zur Beurteilung bzw. zur Prüfung ist sie weitgehendst auf die durch die Geschäftsleitung bereitgestellten Informationen angewiesen. Davon ist auch die Verantwortlichkeit der Revisionsstelle tangiert.

3.3.3.3 Verantwortlichkeit

Im Gegensatz zu den Exekutivorganen, welche die Geschicke des Unternehmens regelmässig aktiv bestimmen können und über aktuelle oder mindestens zeitnahe Information verfügen, ist die Revisionsstelle von Gesetzes wegen als nicht geschäftsführendes, rein sekundäres Organ konzipiert. Sie ist im wesentlichen Abschlussprüferin, deren Eingriffsmöglichkeiten zur Verhinderung unheilvoller Geschäftsentwicklung stark eingeschränkt sind. Es ist deshalb nur logisch, wenn der Gesetzgeber in OR Art. 755 die Haftung der Revision separat von derjenigen anderer Organe regelt.[127] Der Revisionshaftung unterstellt sind alle mit der Prüfung des Jahres- und Konzernrechnung, der Gründung, der Kapitalerhöhung oder Kapitalherabsetzung befassten Personen. Für den Fall, dass eine juristische Person als Revisionsstelle bestellt wird, ist diese an-

---

[127] Vgl. Böckli (1994a), S. 13.

stelle der die Revision ausführenden Personen verantwortlich.[128] Dabei untersteht die Revisionsstelle der spezifisch aktienrechtlichen Verantwortlichkeit als
Organ[129] hinsichtlich der ordentlichen und ausserordentlichen Revisionstätig-
keit.[130]

Die aktienrechtliche Verantwortlichkeit der Organe[131] setzt als materielle
Grundlage vier Voraussetzungen zur Geltendmachung von Verantwortlichkeitsansprüchen voraus. Dies sind:[132]

- Vorliegen eines Schadens
- pflichtwidriges Verhalten der verantwortlichen Person
- adäquater Kausalzusammenhang
- Verschulden der verantwortlichen Person.

Zunächst ist die aktienrechtliche Verantwortlichkeit rein persönlich, sie trifft
die handelnden, natürlichen oder, wie oft im Fall der Revisionsstelle, auch juristischen Personen und nicht etwa das Organ.[133] Das eigentliche Risiko der
Revisionshaftung liegt jedoch nicht in OR Art. 755 begründet, sondern in der
Solidarhaftung nach OR Art. 759. Bei Vorliegen der obengenannten Voraussetzungen haften im Aussenverhältnis nämlich trotzdem alle Verantwortlichen
der Organe solidarisch.[134] Dadurch läuft die Revisionsstelle als Abschlussprü-
fer mit relativ geringen Eingriffsmöglichkeiten die Gefahr, in Konsequenzen
von Ereignissen und Unterlassungen hineingezogen zu werden, die während
ihrer Abwesenheit im Geschäftsjahr erfolgten und von denen sie bewusst oder
unbewusst unzulänglich oder irreführend in Kenntnis gesetzt wurde. Entgegen
der alten Bundesgerichtspraxis haftet aber die Revisionsstelle nicht mehr unbe-

---

128 Vgl. Forstmoser/Meier-Hayoz/Nobel (1996), Rz 41-44, S. 445-446.

129 Vgl. OR Art. 752-761.

130 Die aktienrechtliche Verantwortlichkeit spielt hingegen nicht bei der Erfüllung von Sonder-
     aufträgen. Vgl. BGE 112 II 262 E b.

131 Auf die strafrechtlichen Aspekte wird hier nicht näher eingegangen. Vgl. dazu: Schmid
     (1996a), S. 193-199.

132 Vgl. Müller/Lipp (1994), S. 181-182; Meier-Hayoz/Forstmoser (1993), Rz 249, S. 319;
     Forstmoser/Meier-Hayoz/Nobel (1996), Rz 3, S. 420.

133 Vgl. Forstmoser/Meier-Hayoz/Nobel (1996), Rz 3, S. 420.

134 Im Innenverhältnis (interner Regress) ist der Ersatz in Würdigung aller Umstände und vor
     allem aufgrund ihres eigenen Verschuldens aufzuteilen. Vgl. Meier-Hayoz/Forstmoser
     (1992), Rz 249, S. 319.

dingt für den Gesamtschaden, sondern nur noch insoweit, wie ihr der Schaden
aufgrund ihres eigenen Verschuldens und der Umstände persönlich zurechenbar ist.[135] Die Abkehr von der absoluten Solidarität der früheren Gerichtspra-
xis[136] ist gerade wegen der beschränkten Einflussmöglichkeit der Revisionsstelle besonders bedeutsam. Die differenzierte Betrachtung der Solidarität verbessert nämlich zunächst einmal die Stellung des Beklagten, indem seine Solidarität (im Aussenverhältnis) auf denjenigen Teilbetrag des Schadens plafo-
niert wird, den er mitverursacht oder verursacht und der ihm vom Richter
aufgrund seines eignen Verschuldens (Absicht, grobe Fahrlässigkeit, leichte
Fahrlässigkeit) und der übrigen Umstände persönlich zugerechnet werden
kann.[137] Im Klartext heisst dies, dass der Richter die solidarische Haftung, z.
B. der Revisionsstelle, wegen ausgesprochen geringen Verschuldens herabset-
zen kann. Die Stellung des Klägers wurde insofern verbessert, als dieser neu
im Einheitprozess gegen alle von ihm ausgewählten Personen klagen kann. E r
kann alle gemeinsam für den Gesamtschaden einklagen.[138]

Klageberechtigt sind die Aktionäre[139], die Aktiengesellschaft selbst oder die
Gläubiger der Gesellschaft, diese aber nur, wenn die Gesellschaft zahlungsun-
fähig geworden ist.[140]

---

[135] Meier-Hayoz/Forstmoser (1993), Rz 249, S. 319.

[136] Vgl. BGE 55 II 314; 59 II 458; 93 II 322 und 97 II 415/416.

[137] Vgl. Eppenberger (1991), S. 542-543.

[138] Vgl. Böckli (1994a), S. 25.

[139] Bei mittelbarer Schädigung (seine Aktien haben weniger Wert) kann der Aktionär nur auf
       Leistung des Ersatzes an die Gesellschaft klagen.

[140] Vgl. Meier-Hayoz/Forstmoser (1993), Rz 250, S. 319.

4 Corporate Governance aus theoretischer Sicht

Die zahlreiche Literatur zum Thema Corporate Governance[1] unterstreicht die Aktualität dieser Thematik. Damit die schweizerische Lösung besser verstanden und beurteilt werden kann, wird in diesem Kapitel zunächst erläutert, was unter Corporate Governance zu verstehen ist. Erst in Kapitel 4.2 wird dann das aktienrechtliche Konzept detailliert behandelt. Dazu werden die durch den Verwaltungsrat wahrzunehmenden Funktionen sowie die im Aktienrecht erwähnten Aufgaben aufgezeigt. Ein wichtiger Aspekt der schweizerischen Lösung stellt die materiell beschränkte Delegationsmöglichkeit dar und darauf basierend die Auswirkungen auf die Haftung.

---

[1] Für einen umfassenden Überblick über Entwicklung und Stand siehe z. B.: Prentice (1993); Charkham (1994); Allvey (1995); Scheffler (1995); Zingales (1997); Shleifer/Vishny (1997).

4.1   Corporate Governance

Trotz der Aktualität der Corporate Governance-Thematik sucht man in der
Literatur vergebens nach einer eindeutigen Definition von Corporate
Governance. Zu verschieden ist der Verwendungszweck des Begriffs. In einer
engen Interpretation umfasst Corporate Governance die Ausgestaltung der
Leitungsorganisation von Unternehmen. Wird der Begriff hingegen umfassender interpretiert, dann liegt das Schwergewicht weniger auf der reinen Ausgestaltung der Spitzenorganisation, sondern in der übergeordneten, gesamthaften
Betrachtung der Regelung der Zuständigkeits-, Macht-, Anspruchs- und Kon-
trollverhältnisse in einem Unternehmen. Letztendlich dreht sich die Diskussion
jedoch immer um die Gestaltung der Aufsichts- und Rechenschaftspflicht sowie
der Wahrnehmung und Umsetzung der Führungsaufgabe.

Im Cadbury Report wird Corporate Governance wie folgt umschrieben:

„Corporate Governance is the system by which companies are directed and
controlled. Boards of directors are responsible for the governance of their
companies (...).“[2]

Diese Definition erläutert sehr grundsätzlich den Themenbereich, nämlich die
Ausgestaltung der Führungsverantwortung und der Unternehmensaufsicht auf
oberster Unternehmensebene.

Je nach Land und Interessengruppe wird die Diskussion mit unterschiedlichen
Akzenten geführt. Dabei stehen Fragen der Überwachung von Gesellschaften,
der Gestaltung der Spitzenorgane, deren Aufgaben, Kompetenzen und Verantwortlichkeiten sowie auch die Beziehungen zu Stakeholdern und Share-
holdern im Mittelpunkt der Diskussion.[3] Aber auch die Principal-Agency-
Problematik[4] ist Teil der Corporate Governance.[5]

---

[2]   Cadbury Report (1992), zit. in: Allvey (1995), S. 58.

[3]   Vgl. Erny/Wicki (1996), S. 92.

[4]   Das Principal-Agency-Problem besteht in der asymmetrischen Informationsverteilung zwi-
      schen Eigentümer (Aktionär) und Manager. Entscheidend zu dieser Theorie beigetragen
      haben unter anderen Coase (1937), Jensen and Meckling (1976) und Fama and Jensen
      (1983, 1983a). Ein guter Überblick z. B. in: Kaufman/Zacharias/Karson (1995).

[5]   Vgl. Shleifer/Vishny (1997), S. 740-748.

Für Tricker beinhaltet Corporate Governance die folgenden Hauptfunktionen:[6]

- Direction (strategische Ausrichtung des Unternehmens)
- Executive Management (Umsetzung der strategischen Grundsätze auf Geschäftsleitungsstufe)
- Accountability (Rechenschaftspflicht)[7]
- Supervision (Aufsicht und Überwachung).

Abbildung 4-1:   Corporate Governance nach Tricker[8]

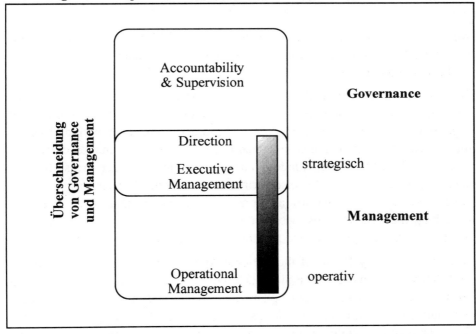

---

6   Vgl. Tricker (1984), S. 7.

7   Wie im folgenden erwähnt wird, besteht sowohl eine aktionärsorientierte wie auch eine gesellschaftsorientierte Sichtweise.

8   Vgl. Tricker (1984), S. 175.

Hinsichtlich der Frage, wem gegenüber die Unternehmensführung Rechen-schaft abzulegen hat, herrschen unterschiedliche Ansichten. Der eigentumsori-entierte Ansatz räumt dem Aktionär eine Vorzugstellung im Rahmen der Corporate Governance ein. Die Träger der Corporate Governance verpflichten sich demnach zur Schaffung von Mehrwerten für den Aktionär, damit rückt der Shareholder-value[9] ins Zentrum. In diesem Sinn wären dann auch die Auf-gaben sowie die Funktion der obersten Unternehmensleitung zu interpretie-ren.[10] „(...) the responsibilities of the board include setting the company's strategic aims, providing the leadership to put them into effect, supervising the management of the business, and reporting to shareholders on their stewardship."[11]

Auf ähnliche Weise interpretieren auch Monks und Minow die Rolle des Ver-waltungsrats. „The board's primary role is to monitor management on behalf of the shareholders."[12]

Die zweite Sichtweise, auch als Koalitionskonzept bezeichnet, betrachtet das Unternehmen als Teil in einem Umweltsystem, in dem nebst den Interessen der Eigentümer auch diejenigen anderer Stakeholder[13] einzubinden sind. Deshalb müssen von den Unternehmensleitungen neben den Aktionärsinteressen weitere Interessen der Mitarbeiter, Kunden, Staat, Lieferanten oder der Presse berück-sichtigt werden. Diese Sichtweise vertritt auch Tricker. „Corporate governance covers the concepts, theories and practices of boards and their directors, including the relationships between boards and the shareholders, the top management, the regulators and auditors, and other stakeholders."[14]

Auch das Advisory Board of the National Association of Corporate Directors (NACD) vertritt eine ähnliche Sicht: „Corporate Governance ensures that long-term strategic objectives and plans are established and that the proper management structure (organization, systems and people) is in place to achieve those objectives, while at the same time making sure that the structure

---

9   Für weiterführende Literatur vgl. z. B.: Bischoff (1995).

10 Vgl. Erny/Wicki (1996), S. 93.

11 Cadbury Report (1992), zit. in: Allvey (1995), S. 59.

12 Monks/Minow (1995), S. 178.

13 Für weiterführende Literatur vgl. z. B.: Näsi (1995); Alkhafaji (1989) oder Böhi (1995).

14 Tricker (1994), S. 404.

functions to maintain the corporation's integrity, reputation, and responsibility to its various constituencies."[15]

Die in vielen Kontexten auftretende und diskutierte Kontroverse zwischen der stakeholderorientierten und der shareholderorientierten Sichtweise wird nie eindeutig beantwortet werden können. In den letzten Jahren aber ist tendenziell eher wieder der Shareholder value im Vormarsch.[16] Schliesst man jedoch die enge Verflechtung von Politik und Wirtschaft[17] sowie die grosse Abhängigkeit der Unternehmen von ihrer Umwelt mit in die Betrachtung ein, dann vermag man mit einer einseitigen aktionärsorientierten Ausrichtung den komplexen Anforderungen einer verantwortungsvollen Unternehmensführung kaum gerecht zu werden. Dabei darf aber nicht vergessen werden, dass der Shareholder eine besondere Stellung innerhalb der Stakeholder einnimmt. Diese zentrale Stellung führt konsequenterweise zu einer starken Gewichtung der Shareholderinteressen. Andere Anspruchsgruppen dürfen trotzdem nicht völlig vernachlässigt werden.[18] Insbesondere die Fähigkeit, diese vielfältigen und teilweise divergierenden Ansprüche verschiedenster Stakeholder zu erkennen, angemessen zu berücksichtigen und in die Unternehmenspolitik einfliessen zu lassen, unterscheidet den Alltags-Manager von der echten Unternehmerpersönlichkeit.

Eine Definition von Corporate Governance, welche die erwähnten Aspekte integriert, lautet: Unter Corporate Governance sind alle Massnahmen zu verstehen, welche dazu dienen, in Unternehmen die berechtigten Interessen von Anspruchsgruppen angemessen zu berücksichtigen.

Bei der konkreten Ausgestaltung der obersten Leitungsorganisation von Unternehmen stellt sich die Frage, welches Organ welche Funktionen übernimmt. Da bei der typischen Publikumsgesellschaft Eigentum und Verfügungsgewalt über das Vermögen des Unternehmens auseinanderfallen, ist es offensichtlich, dass ein „Aufsichts"-Organ die Funktionen Accountability und Supervision auf höchster Ebene gegenüber den Eigentümern und/oder weiteren Kreisen wahrnehmen muss. Dies weil die Träger der Verfügungsgewalt über das Vermögen

---

15 NACD (1981), zit. nach Bleicher/Paul (1986), S. 4.

16 Vgl. Volkart/Suter (1998), S. 33.

17 Vgl. Kap. 2.2.

18 Vgl. dazu auch: Maak/Thielemann (1996), Schiltknecht (1996), Kleinewefers (1996), Volkart (1996), Vontobel (1996).

des Unternehmens auf Kosten der Eigentümer, entsprechend der Agency-Problematik, zu sehr ihre eigenen Interessen verfolgen würden.

Zweifellos zu mehr Diskussionen Anlass bietet die Frage, inwieweit ein Aufsichtsorgan auch die Funktionen Direction und Executive Management ausüben kann, soll bzw. darf. Erhält das Aufsichtsorgan zuviel Macht im Bereich der Direction und allenfalls gar im Bereich Executive Management, entstehen automatisch Interessenkonflikte. Insofern spricht diese Konstellation hinsichtlich der Uneingenommenheit für eine weitgehendste Trennung der Funktionen auf verschiedene Organe.

Grundsätzlich werden zwei Strukturmodelle unterschieden. Das monistische, einstufige Vereinigungsmodell konzentriert alle Corporate-Governance-Funktionen in einem Organ. Beim dualistischen, zweistufigen Trennungsmodell werden die Funktionen klar getrennt.[19] Ein klassisches Beispiel für ein einstufiges, monistisches Modell ist das anglo-amerikanische Boardsystem.[20] Einzelne interne Verwaltungsratsmitglieder sind hier vollamtlich für die Geschäftsführung zuständig; die anderen, externen Mitglieder übernehmen die Überwachungsfunktion. Demgegenüber ist das Aufsichtsratsystem Deutschlands, bei dem die Geschäftsleitung dem Vorstand übertragen ist und der von der Geschäftsführung unabhängige Aufsichtsrat die Überwachungsfunktion übernimmt, ein typisches Beispiel für das zweistufige, dualistische Modell.

---

[19] Falls man die Generalversammlung ebenfalls in die Organbetrachtung einbezieht, dann wird z. T. auch von einer zweigliedrigen (oben einstufig) bzw. dreigliedrigen (oben zweistufig) Verfassungsstruktur gesprochen.

[20] Vgl. Wunderer (1995), S. 30.

4.2 Corporate Governance nach schweizerischer Prägung

Das schweizerische Verwaltungsratsmodell ist ein einstufiges, monistisches Modell. Das Gesetz verlangt dispositiv ein Organ, den Verwaltungsrat, dem die Gesamtgeschäftsführung[21] obliegt. Darunter fallen sowohl die Überwachungsfunktion wie auch Geschäftsleitungsaufgaben. Ein unabhängiges Aufsichtsorgan, welches ohne direkte Interessenkonflikte die Überwachungfunktion ausüben könnte, ist nicht vorgesehen. Der Gesetzgeber verlangt zwingend die Bezeichnung eines Präsidenten und des Sekretärs, welcher nicht dem Verwaltungsrat angehören muss.[22] Der Verwaltungsrat konstituiert sich selbst, wobei in den Statuten die Wahl des Präsidenten durch die Generalversammlung vorgesehen werden kann.[23] Diese nach dispositivem Recht vorgesehene Organisationsform überrascht insofern, als dass sie allenfalls nur für kleinste oder kleine Aktiengesellschaften genügend ist, bei denen der Unternehmer auch „Haupt"-Aktionär ist. In diesen Fällen erscheint die Überwachungsfunktion, die Aufsicht und Rechenschaftsablage gegenüber dem Unternehmer eher unwesentlich. Allerdings hätten auch bei diesen speziellen Aktiengesellschaften, nämlich die in der Rechtsform einer Aktiengesellschaft auftretenden Personengesellschaften[24], Minderheitsaktionäre oder Gläubiger ein eminentes Interesse an einer von der Geschäftsführung unabhängigen Aufsicht.

Das schweizerische Aktienrecht trägt diesen Bedürfnissen der Aktionäre und Gläubiger insofern Rechnung, als es eine weitgehende organisatorische Flexibilität gewährt. Gemäss OR Art. 716b Abs. 1 können die Statuten „den Verwaltungsrat ermächtigen, die Geschäftsführung nach Massgabe eines Organisationsreglements ganz oder zum Teil an einzelne Mitglieder oder an Dritte zu übertragen". Auch in OR Art. 718 Abs. 2 wird erwähnt, dass der Verwaltungsrat „die Vertretung einem oder mehreren Mitgliedern (Delegierte) oder Dritten (Direktoren)[25] übertragen" kann. Diese Delegationskompetenz erlaubt

---

21 Gesamtgeschäftsführung bedeutet nicht gemeinsame Vetretung, sondern die Möglichkeit, dass jedes einzelne Mitglied (dispositiv) die Vertretungsbefugnis hat.

22 Vgl. OR Art. 712 I

23 Vgl. Forstmoser/Meier-Hayoz/Nobel (1996), Rz 2-3, S. 323.

24 Dieser Typ Aktiengesellschaft ist in der Praxis häufig anzutreffen, obwohl er juristisch atypisch ist.

25 Delegierte sind Mitglieder des Verwaltungsrats, Direktoren sind nicht Mitglieder des Verwaltungsrats und brauchen auch nicht Aktionäre zu sein.

es, die Organisationsstruktur den betriebswirtschaftlichen Erfordernissen anzupassen. Dabei ist jedoch hervorzuheben, dass die Delegation materiell durch
OR Art. 716 a I, nämlich die Aufzählung der unübertragbaren Aufgaben, eingeschränkt wird und auch formell an strenge Voraussetzungen gebunden ist.
Ein zweistufiges, dualistisches Modell in Reinkultur ist deshalb nach schweizerischem Recht nicht möglich.[26] Die in der Praxis anzutreffenden Organisationsstrukturen lassen sich entsprechend der Trennung der Aufsichts- und Führungsfunktion drei Grundmodellen zuordnen[27]:

- Geschäftsführender Verwaltungsrat

- Delegiertenmodell

- Trennung von Verwaltungsrat und Geschäftsleitung.

Jedes dieser Grundmodelle kann im Detail nochmals unterschiedlich ausgestaltet werden. Diese Flexibilität, welche sowohl den speziellen Bedürfnissen von
kleinen Familiengesellschaften als auch multinationalen Publikumsgesellschaften gerecht wird, darf sicherlich als entscheidender Vorteil der schweizerischen Lösung betrachtet werden.[28]

4.2.1   Funktionen und Aufgaben des Verwaltungsrats gemäss Aktienrecht

Man kann die im Vordergrund stehenden „Verantwortungen" des Verwaltungsrats auf unterschiedlichen Ebenen betrachten. Die eine Betrachtungsebene
befindet sich auf der Stufe der einzelnen, relativ konkret formulierten Aufgaben. Was hat der Verwaltungsrat gemäss Gesetz zu tun, welche Aufgaben sind
durch ihn auszuführen. Viele dieser Aufgaben sind, wie in Abschnitt 4.2.1.2
gezeigt wird, sehr klar formuliert und lassen wenig Auslegungs- bzw. Interpretationsspielraum. Andere, zwar ebenfalls explizit formulierte Einzelaufgaben sind in ihrem materiellen Gehalt weniger eindeutig. Zu diesen Aufgaben
gehören z. B. die Formulierung „Oberleitung oder Oberaufsicht" – man weiss
zwar, was gemeint ist, offen bleibt aber, was wirklich dazu gehört. Sie sind in
besonderem Mass auslegungs- und interpretationsbedürftig. Grundlage der
durch den Gesetzgeber formulierten Einzelaufgaben bilden Ideen über die

---

[26]   Vgl. Meyer/Erny (1998), S. 93-94.

[27]   Vgl. Wunderer (1995), S. 38-39; ausführlich in Kap. 5.3.3.1.

[28]   Vgl. Vischer (1991), S. 527; Staehlin (1991), S. 602.

Funktion des Verwaltungsrats. Zur Interpretation bzw. Auslegung solcher Formulierung gehört deshalb das Verständnis des grundsätzlichen Gedankenguts, das sich in der Funktion Verwaltungsrat verbirgt. Verschiedene Autoren haben sich deshalb nicht direkt mit den Aufgaben, sondern auf einer anderen Ebene mit den Funktionen des Verwaltungsrats auseinandergesetzt.

4.2.1.1 Funktionen

Setzt man die durch den Verwaltungsrat auszuübenden Funktionen ins Zentrum der Betrachtung, dann werden nicht mehr die Einzelaufgaben, sondern die zentralen Ideen des Gesetzgebers als grundsätzliches Gedankengut dargestellt. Böckli hebt die Gestaltungsfunktion hervor und führt nebst der Gestaltungs- und Überwachungsfunktion[29] zusätzlich eine Normsetzungs-, Bindeglied- und Wahlfunktion auf.[30] Dabei ist die Gestaltungsfunktion die wirklich neue Funktion des Aktienrechts von 1991, die im Sinn von gestalterischen Entscheiden in den Bereichen Oberleitung, Organisation und Finanzverantwortung wahrzunehmen ist. Die restlichen Funktionen bestanden bereits im Aktienrecht von 1936, sie werden jedoch im neuen Aktienrecht klarer zum Ausdruck gebracht.[31] Die Normsetzungsfunktion beinhaltet das Erteilen der Weisungen an die mit der Geschäftsführung betrauten Personen. Die Bindegliedfunktion zwischen dem Management des operativ tätigen Unternehmens und der Generalversammlung nimmt der Verwaltungsrat im Sinne einer Gruppe besonders interessierter Aktionäre wahr. Sie äussert sich in Einzelaufgaben wie der Organisation der Generalversammlung, an welcher der Verwaltungsrat den Vorsitz hat oder der Verantwortung für die Erstellung des Geschäftsberichts. Die Aktualität dieser Bindegliedfunktion wird durch die Shareholder-value-Diskussion eindrücklich belegt. Die Wahlfunktion, neu ebenfalls in OR Art. 716a verankert, stellt nichts Neues dar. Der Verwaltungsrat war bereits im OR von 1936 für die Ernennung und Abberufung der mit der Geschäftsleitung betrauten Personen verantwortlich. Dies ist eine sehr zentrale und wichtige Funktion, sobald der Verwaltungsrat die Geschäftsführung teilweise delegiert. Sie beinhaltet nicht nur Wahl und Abberufung, sondern zuerst eine seriöse Auswahl und danach ein begleitendes „Überwachen", keinesfalls zu verwechseln mit einer reinen Polizistenfunktion. Die „Abwahl"-funktion überschneidet sich des-

---

29 Die Überwachungsfunktion wird als Überwachungs- und Begleitfunktion dargestellt.

30 Vgl. Böckli (1994), S. 14-20.

31 Vgl. Böckli (1994), S. 14.

halb zum Teil mit der Überwachungsfunktion. Auch die Überwachungsfunktion – die Obersaufsicht über die mit der Geschäftsführung betrauten Personen[32] – ist eine klassische Aufgabe des Verwaltungsrats.[33] Im alten Recht kam besser zum Ausdruck, dass darunter nicht nur eine Kontrolle hinsichtlich der Einhaltung formeller Richtlinien gemeint ist, sondern ebenso sehr auch die regelmässige, aktive Orientierung über den Geschäftsgang der Gesellschaft.[34] Zusätzlich wird ein Teil der Überwachungsfunktion dadurch gegeben, dass funktional betrachtet in der Führung, und diese obliegt dem Verwaltungsrat, immer auch die Funktion Kontrolle vorhanden ist.[35] Dass dieser Bereich der Überwachungsfunktion mehr beinhaltet, als das rein vergangenheitsorientierte Feststellen des Geschäftsganges, wird im Hauptteil in Kapitel 7 behandelt.

Sprüngli erwähnt nebst der bekannten Geschäftsführungsfunktion eine im Aussenverhältnis bestehende Schutzfunktion und eine weitergehende Interessenwahrungsfunktion. Im Sinn der Schutzfunktion ist der Verwaltungsrat verpflichtet, die Rechte von Anspruchsgruppen zu schützen. Weitergehende Interessen, auf die zwar kein Rechtsanspruch besteht, die aber trotzdem vorhanden sind, werden im Rahmen der Interessenwahrungsfunktion wahrgenommen.[36] Die Interessenwahrungsfunktion ist zum Teil verwandt mit der oben erwähnten Bindegliedfunktion.

4.2.1.2   Aufgaben

Nachdem die grundsätzlichen Funktionen bekannt sind, sollen nun die Einzelaufgaben betrachtet werden. Diese sind im neuen Aktienrecht bedeutend klarer formuliert als im Aktienrecht von 1936. Zwei Kernartikel, OR Art. 716 bzw. OR Art. 716a und Art. 717, enthalten die wichtigsten Bestimmungen. Dabei gibt OR Art. 716 dem Verwaltungsrat die Kompetenz, in allen Angelegenheiten Beschluss zu fassen, die von Gesetz oder Statuten wegen nicht der Generalversammlung zugeteilt sind. Er führt die Geschäfte der Gesellschaft, soweit er die Geschäftsführung nicht übertragen hat. OR Art. 716a zählt direkt anschliessend diejenigen Aufgaben auf, die unübertragbar und unentziehbar sind.

---

32   Vgl. OR Art. 716a.

33   Vgl. Böckli (1994) S. 17.

34   Vgl. OR Art. 722 Abs. 2 (altes Aktienrecht): „sich regelmässig über den Geschäftgang zu unterrichten".

35   In Kap. 7 wird auch dieser Aspekt der Führung bzw. Überwachung betrachtet.

36   Vgl. Sprüngli (1990), S. 16.

Diese Aufgaben werden in Abschnitt 4.2.1.3 ausführlich dargestellt. In Absatz 2 des gleichen Artikels wird der Verwaltungsrat ermächtigt, die Vorbereitung oder Ausführung seiner Beschlüsse und die Überwachung von Geschäften einzelnen Mitgliedern oder Ausschüssen zuzuweisen. Die Aufzählung der in OR Art. 716a aufgeführten Aufgaben ist aber nicht abschliessend, da vereinzelt an anderer Stelle Aufgaben erwähnt sind, die der Verwaltungsrat selbst erfüllen muss.[37].

Wie die folgende Zusammenstellung zeigt, finden sich im Aktienrecht eine ganze Reihe weiterer Artikel, in denen Aufgaben im Zusammenhang mit dem Verwaltungsrat angesprochen werden. Dabei sind diese i. d. R. nicht durch den Verwaltungsrat selbst auszuführen, doch er trägt die Verantwortung dafür, dass sie wahrgenommen werden

---

[37]   Vgl. Forstmoser/Meier-Hayoz/Nobel (1996), Rz 30, S. 339.

Abbildung 4-2: Zusätzliche Aufgaben des Verwaltungsrats[38]

OR Artikel	Beschreibung/Inhalt
634, Abs. 1	Beschluss über die Einberufung der nachträglichen Leistung von Einlagen bei nicht voll liberiertem Aktienkapital.
640, Abs. 2	Anmeldung beim Handelsregisteramt (oder schriftlich mit beglaubigten Unterschriften).
Art. 647	Beschluss einer Statutenänderung muss vom Verwaltungsrat beim Handelsregister angemeldet werden.
Art. 650	Generalversammlungsbeschluss über ordentliche Kapitalerhöhung muss vom Verwaltungsrat innerhalb dreier Monate durchgeführt werden.
Art. 651	Bei der genehmigten Kapitalerhöhung kann der Verwaltungsrat im Rahmen der Ermächtigung Erhöhungen des Aktienkapitals durchführen. Er erlässt die notwendigen Bestimmungen, sofern diese nicht bereits im Beschluss der Generalversammlung enthalten sind.
Art. 651a	Anpassung des Nennbetrags des genehmigten Kapitals in den Statuten nach jeder Kapitalerhöhung. Auf Beschluss des Verwaltungsrats wird die Bestimmung über die genehmigte Kapitalerhöhung nach Ablauf der festgelegten Frist aus den Statuten gestrichen.
Art. 652 - 652h	Diverse Aufgaben im Rahmen der Durchführung der ordentlichen und genehmigten Kapitalerhöhung.
Art. 653f - 653h	Im Rahmen der bedingten Kapitalerhöhung kann der Verwaltungsrat frühzeitig eine Prüfungsbestätigung verlangen; der Verwaltungsrat stellt nachher durch öffentliche Urkunde Anzahl, Nennwert und Art der neu ausgegebenen Aktien fest, nimmt die nötigen Statutenanpassungen vor und meldet diese mit der öffentlichen Urkunde sowie der Prüfungsbestätigung beim Handelsregisteramt.
Art. 662	Der Verwaltungsrat erstellt für jedes Geschäftsjahr einen Geschäftsbericht.
Art. 697	Im Rahmen der Sonderprüfung kann jeder Aktionär vom Verwaltungsrat Auskunft über Gesellschaftsangelegenheiten verlangen. Für Einsicht in die Geschäftsbücher bzw. Korrespondenz ist ein Beschluss des Verwaltungsrats oder die Ermächtigung der Generalversammlung notwendig.
Art. 699 - 700	Die Generalversammlung wird durch den Verwaltungsrat einberufen. Eine Einberufung kann unter bestimmten Voraussetzungen durch Aktionäre verlangt werden. Kommt der Verwaltungsrat diesem Begehren nicht binnen angemessener Frist nach, so hat der Richter die Einberufung anzuordnen. In der Einberufung sind die Anträge des Verwaltungsrats und der Aktionäre bekanntzugeben.
Art. 702	An der Generalversammlung sorgt der Verwaltungsrat für die Feststellung der Stimmrechte sowie für die Führung des Protokolls.

---

[38]   Zu OR Art. 725 ist zusätzlich festzuhalten, dass i. d. R. Massnahmen für eine rein finanzielle Sanierung nicht genügen, sondern oft eine strategische Neuorientierung stattfinden muss, damit das Unternehmen langfristig überleben kann.

OR Artikel	Beschreibung/Inhalt
Art. 718	Der Verwaltungsrat vertritt die Gesellschaft nach aussen.
Art. 721	Der Verwaltungsrat kann Prokuristen und Bevollmächtigte ernennen.
Art. 725	Unverzügliche Einberufung einer Generalversamlung bei Unterbilanz und Präsentation eines Sanierungskonzepts (Anträge von Sanierungsmassnahmen). Bei Überschuldung ist der Richter zu benachrichtigen. Bei Unterlassung dieser Pflicht benachrichtigt die Revisionsstelle den Richter. Vgl. OR Art. 729b.
Art. 728	Umfassende Auskunftserteilung, gegebenfalls auch schriftlich, an die Revisionsstelle durch den Verwaltungsrat.
Art. 737	Wird die Gesellschaft nicht durch Konkurs oder richterliches Urteil aufgelöst, so ist die Auflösung zur Eintragung beim Handelsregister durch den Verwaltungsrat anzumelden.
Art. 740	Die Liquidation wird vom Verwaltungsrat besorgt. Falls durch Statuten oder Generalversammlung andere Liquidatoren bestimmt sind, so hat der Verwaltungsrat diese zur Eintragumg in das Handelsregister anzumelden.
Art. 748	Im Rahmen der Fusion ist der Verwaltungsrat der übernehmenden Gesellschaft persönlich und solidarisch für die getrennte Verwaltung der Vermögen beider Gesellschaften verantwortlich.

Die aufgeführten Aufgaben sind alle recht konkret und lassen keinen grossen Spielraum für Interpretationen offen. Die genannten Aufgaben können in einige wenige Themenkreise gegliedert werden. So erfolgen diverse Aufgaben im Zusammenhang mit der Gründung, Auflösung oder Kapitalerhöhungen. Andere betreffen die Vertretung der Gesellschaft und den Verkehr mit Behörden im Rahmen der öffentlichen Bekanntmachung wichtiger Ereignisse oder Veränderungen im Interesse der Allgemeinheit. Der dritte Bereich betrifft die Interessenvertretungs- oder Bindegliedfunktion im Rahmen von Generalversammlungs- und Informationsaufgaben. Obwohl für all diese konkret formulierten Aufgaben der Verwaltungsrat verantwortlich ist, sind sie im weiteren Verlauf nicht Gegenstand dieser Arbeit. Im Vordergrund stehen die unentziehbaren und unübertragbaren Aufgaben, vor allem im Zusammenhang mit der von Böckli erwähnten Gestaltungsfunktion.

4.2.1.3   Unübertragbare und unentziehbare Aufgaben

Die Vermutung, dass viele Aktiengesellschaften die Bedeutung der Änderungen im neuen Aktienrecht unterschätzen oder nicht erkannt haben, wird für Böckli aufgrund zahlreicher Beobachtungen fast zur Gewissheit. Er fasst die wesentlichen Neuerungen im Aktienrecht wie folgt zusammen: [39]

1. Gestaltungspflichten[40] für den Verwaltungsrat in den Bereichen Oberleitung, Organisation und Finanzen,

2. Unübertragbarkeit gewisser Aufgaben, d. h. ein Verbot der Entscheiddelegation im Bereich dieser Kernaufgaben,

3. Unentziehbarkeit dieser Aufgaben, d. h. ein Verbot der Attraktion dieser Kompetenzen durch die Generalversammlung,

4. Formulierung von Verhaltensmaximen (z. B. Gleichbehandlungsgebot, Sorgfalt, Treuepflicht oder Kapitalschutz mit dem Verbot verdeckter Gewinnentnahmen).

Diese Zusammenfassung unterstreicht, wie wichtig die im revidierten Aktienrecht erstmals formulierten sogenannten unübertragbaren und unentziehbaren Hauptaufgaben des Verwaltungsrats sind. Die in Art. 716a aufgelisteten Aufgaben sind als Kernkompetenzen[41] des Verwaltungsrats unübertragbar und unentziehbar. Dies bedeutet, dass zwingend (und allein) das Organ Verwaltungsrat zuständig und damit verantwortlich ist. Eine Delegation dieser Aufgaben nach unten (z. B. Geschäftsleitung) und oben (z. B. Generalversammlung) ist materiell nicht möglich. Das will jedoch keinesfalls heissen, dass der Verwaltungsrat alles selbst erledigen muss. OR Art. 716a Abs. 2 erlaubt dem Verwaltungsrat die Vorbereitung und Ausführung seiner Beschlüsse oder die Überwachung von Geschäften, Ausschüssen oder einzelnen Mitgliedern zuzuweisen (decision shaping). Es versteht sich von selbst, dass viele Anstösse für die Führung des Unternehmens bezüglich Organisationsgestaltung, Finanzmanagement, Nachwuchsentwicklung etc. von der mit dem operativen Geschäft besser vertrauten Geschäftsleitung initiiert sind. Auch die Ausarbeitung verschiedener Varianten zu Teilproblemen kann in den meisten Fällen allein schon aus Zeit-

---

[39]   Vgl. Böckli (1994), S. 12.

[40]   Diese Gestaltungspflichten bilden den Inhalt von Kap. 5.

[41]   Vgl. Böckli (1994), S. 12.

mangel nicht durch den Verwaltungsrat erfolgen. Hingegen bleibt die Entscheidung über Geschäfte im Bereich der gesetzlichen Kompetenzen undelegierbar beim Verwaltungsrat (decision taking), und zwar nicht im Sinn einer nachträglichen Genehmigung, sondern im Sinn eines aktiven Entscheids, bei dem der Verwaltungsrat unter alternativen Varianten auswählt.[42] Die absolute Unübertragbarkeit der zu treffenden Entscheide bringt es mit sich, dass der Verwaltungsrat darin die volle Verantwortung trägt und im Falle einer Pflichtverletzung zur Verantwortung gezogen werden kann.

Diese alleinige Entscheidungkompetenz gilt nicht nur nach unten, sondern wie bereits erwähnt auch im Verhältnis zur Generalversammlung. Es ist wichtig zu wissen, dass die Kernkompetenzen dem Verwaltungsrat nicht entzogen werden können. Die zum Teil nach wie vor in Statuten enthaltene Klauseln mit der Idee der Vorlage von Geschäften zum Entscheid an die Generalversammlung ist gemäss Art. 716a nicht zulässig, weil es sich dabei de facto um einen Entzug der Kernkompetenz des Verwaltungsrats (Rückschiebung) handelt.[43] Ausser mit dem Zweckartikel, mit dem ein Grundsatzentscheid bezüglich Geschäftsfeld gemacht wird, darf die Generalversammlung nicht mehr in die Kompetenzen des Verwaltungsrats eingreifen.[44] Statutenbestimmungen, die dies nach wie vor tun, sind seit dem 1. Juli 1997 nichtig; die Korrektur solcher Statuten ist dringend zu empfehlen.[45]

Werden die in OR Art. 716a Abs. 1 aufgezählten Aufgaben genauer betrachtet, stellt man sofort fest, dass diese Aufgaben nur zum Teil genau festlegen, was der Verwaltungsrat effektiv zu tun hat bzw. für was der Verwaltungsrat im Detail verantwortlich ist.[46] Aufgaben wie Benachrichtigung des Richters im Falle der Überschuldung, die Erstellung des Jahresberichts oder die Vorbereitung der Generalversammlung[47] sind kurz und klar formuliert und lassen keinen Interpretationsspielraum zu. Deshalb sind in dieser Arbeit dazu auch keine

---

42 Vgl. Böckli (1994), S. 33.

43 Die eingeschränkte Omnipotenztheorie ist damit im neuen Aktienrecht ungültig, die Paritätstheorie wird angewandt.

44 Vgl. Böckli (1994), S. 37.

45 Mögliche Musterstatuten, aufgesetzt von Juristen und vorgeprüft durch ein oder mehrere Handelsregister, werden über den Buchhandel vertrieben. Vgl. unter diversen anderen z. B.: Zindel/Honegger/Isler/Benz (1997).

46 Vgl. Aufzählung in Kap. 4.2.1.3.

47 Zur Durchführung der Generalversammlung in mittleren Unternehmen vgl. Maute (1993).

weiteren Ausführungen notwendig. Andere Pflichten wie z. B. die Festlegung
der Organisation, die Ausgestaltung des Rechnungswesens, der Finanzkontrolle
sowie der Finanzplanung aber auch die Ernennung und Abberufung der Geschäftsführung, welche allesamt eine Konkretisierung der Oberleitungs- bzw.
der Oberaufsichtkompetenz darstellen, sind in indessen durchaus interpretati-
onswürdig. Trotz der Konkretisierung ist nicht geklärt, was z. B. Finanzkontrolle oder Finanzplanung effektiv bedeutet oder wie umfassend der Verwaltungsrat die Organisation festzulegen hat. Der praktisch-konkrete Inhalt
bzw. Umfang von Oberleitung und Oberaufsicht bleibt nach wie vor weitgehendst ungeklärt. Somit stellt sich in dieser Arbeit vor allem die Frage, was
nun ein Verwaltungsrat eines mittleren Unternehmens aus betriebswirtschaftlicher Sicht zu tun hat, damit er seine Gestaltungs- und Überwachungsfunktion
korrekt ausübt und seine Verantwortung gegenüber Aktionären und anderen
Stakeholdern gerecht wird.

In OR Art. 717 regelt der Gesetzgeber zumindest die Art und Weise, wie die
Geschäftsführung wahrzunehmen ist, nämlich mit Sorgfalt und in guten
Treuen. Zudem sind Aktionäre unter gleichen Voraussetzungen gleich zu behandeln. Diese allgemein formulierte, allumfassende Pflicht jedes Verwaltungsratsmitglieds kann wie folgt konkretisiert werden:[48]

- Mit der Annahme eines Mandats verpflichtet sich der Verwaltungsrat,
  die Interessen der Gesellschaft nach bestem Wissen und Können zu fördern und zu wahren. Wenn ein Verwaltungsrat Verträge zu seinen eigenen Gunsten abschliesst, dann ist dies unvereinbar mit der Treuepflicht.
  Auch im Konfliktfall haben die Interessen der Gesellschaft Vorrang,
  auch wenn davon Interessen von Verwandten oder befreundeten Personen tangiert sind.

- Obwohl kein generelles Konkurrenzverbot besteht, ist es dem Verwaltungsratsmitglied wegen seiner Treuepflicht verboten, die Gesellschaft
  direkt zu konkurrenzieren, Geschäfts- oder Fabrikationsgeheimnisse
  zum eigenen Vorteil zu nutzen oder Kunden abzuwerben.

- Die Verwaltungsratsmitglieder unterstehen der Schweigepflicht und
  dürfen keine relevanten Informationen weitergeben, insbesondere müssen sie die Fabrikations- und Geschäftsgeheimnisse auch gegenüber
  Dritten wahren.

---

48   Vgl. Staehlin (1997), S. 13-14.

- Im Zusammenhang mit dem Verbot von Insidergeschäften[49] kann festgehalten werden, dass das Verwaltungsratsmitglied seine besonderen
Kenntnisse über möglicherweise börsenrelevante Ereignisse nicht aus-
nützen darf, um sich oder Dritten Vermögensvorteile zu verschaffen.

Der Gleichbehandlungsgrundsatz hinsichtlich der Erledigung von Verwaltungsratsaufgaben dürfte insbesondere für Verwaltungsräte in Familiengesellschaften von Bedeutung sein. So sind z. B. Steueroptimierungsgeschäfte mit
dem oder den Hauptaktionären nicht mit dem Gleichbehandlungsrundsatz ver-
einbar – der Verwaltungsrat dürfte solche Geschäfte nicht zulassen.[50]

4.2.2   Möglichkeit der Delegation

4.2.2.1   Geschäftsführung und Vertretung

Die Begriffe Geschäftsführung und Vertretung sind inhaltlich schwer ausein-
einderzuhalten, da die Geschäftsführung eine nach innen und aussen gerichtete
Funktion darstellt. Die nach innen gerichtete Funktion, oft auch Geschäftsführung i. e. S. genannt, regelt die internen Verantwortlichkeiten und wirkt im Innenverhältnis der Gesellschaft. Demgegenüber steht das Eingehen von Rechts-
geschäften nach aussen im Namen der Gesellschaft.[51] Damit diese externe
Funktion der Geschäftsführung klar von der internen Funktion unterschieden
werden kann, spricht der Gesetzgeber explizit von Vertretung, wenn er die externe Funktion der Geschäftsführung behandelt.

Wie bereits erwähnt, ermächtigt OR Art. 716 den Verwaltungsrat in allen Angelegenheiten Beschluss zu fassen, die nicht nach Gesetz oder Statuten der Generalversammlung zugeteilt sind. Der Verwaltungsrat führt die Geschäfte der
Gesellschaft, soweit er die Geschäftsführung nicht delegiert hat. Dabei gilt der
Grundsatz der Gesamtgeschäftsführungsbefugnis. In der Praxis kommt diese
reine Form ausschliesslich in sehr kleinen Verhältnissen vor, z. B. in einer
Klein- oder Familienaktiengesellschaft, bei denen nur ein einziger Verwaltungsrat existiert, der alle Aufgaben selbst wahrnimmt. Auch die Variante, dass

---

[49]   StGB Art. 161.

[50]   Vgl. Staehlin (1997), S. 14.

[51]   Vgl. Forstmoser/Meier-Hayoz/Nobel (1996), Rz. 78, S. 346.

der gesamte Verwaltungsrat gemeinsam die Geschäfte führt, ist sehr selten.[52] Normalerweise wird in mittleren und grösseren Verhältnissen die Geschäftsführung ganz oder teilweise an einzelne Mitglieder oder Dritte übertragen. Die Geschäftsführung darf aber nicht mit der Oberleitung der Gesellschaft bzw. den unübertragbaren Aufgaben gemäss OR Art. 716a gleichgesetzt werden. Die Geschäftsführung beinhaltet die operative Leitung im Hinblick auf die Ereichung von Unternehmenszielen unter Beachtung der durch den Verwaltungsrat vorgegeben Richtlinien und Weisungen.

Die Vertretung der Gesellschaft nach aussen ist in OR Art. 718 ebenfalls dem Verwaltungsrat zugewiesen. Die Vertretungsbefugis regelt die Frage, inwieweit jemand berechtigt ist, für die Aktiengesellschaft Rechtsgeschäfte abzuschliessen. Sofern die Statuten oder das Organisationsreglement nichts anderes vorsehen, steht die Vertretungsbefugnis jedem Mitglied einzeln zu. Der Verwaltungsrat kann die Vertretungsbefugnis aber auch einem oder mehreren Mitgliedern[53] (Delegierten) oder Dritten (Direktoren)[54] übertragen. Die Vertretungsbefugnis kann auch einzelnen Mitgliedern des Verwaltungsrats entzogen werden. Die Vertretungsbefugnis kann jedoch nicht vollständig delegiert werden, mindestens ein Mitglied der Verwaltung muss zur Vertretung befugt sein.

Zusätzlich zur Vertretungsbefugnis spielt auch die Vertretungsmacht eine wichtige Rolle, d. h. die Frage, wie weit man überhaupt rechtliche Geschäfte eingehen kann.[55] Der Umfang der Vertretungsmacht ist gemäss OR Art. 718 für Verwaltungsratsmitglieder und Direktoren vorerst uneingeschränkt; sie können „alle Rechtshandlungen vornehmen, die der Zweck der Gesellschaft mit

---

52   Vgl. Böckli (1992), S. 424.

53   Ein Teil dieser Aussage ist eigentlich überflüssig, da die Mitglieder des Verwaltungsrats die Vertretungsbefugnis ohnehin schon besitzen. Sie kann durch die Statuten bzw. das Organisationsreglement nur eingeschränkt werden.

54   In OR Art. 717 erwähnt der Gesetzgeber ausdrücklich die Bezeichnungen „Delegierte" bzw. „Direktoren", in OR Art. 716 hingegen werden diese Ausdrücke nicht verwendet. In der Botschaft über die Revision des Aktienrechts verwendet der Bundesrat jedoch schon in OR Art. 716b die Begriffe „Delegierte" und „Direktoren", was die Interpretation erlaubt, dass der Gesetzgeber in OR Art. 716 und Art. 718 dieselben Personen meint. Vgl. Bundesrat (1983), S. 180.

55   So ermächtigt der Gesetzgeber einen Prokuristen, für ein Unternehmen in unbeschränkter Höhe Rechtsgeschäfte einzugehen. Die Vertretungbefugnis kann jedoch durch interne Einschränkungen auf eine bestimmte Höhe limitiert werden. Die Gesellschaft wird wegen der Vertretungsmacht des Prokuristen zwar gebunden, kann aber intern den die Vertretungsbefugnis überschreitenden Prokuristen zur Rechenschaft ziehen. Vgl. Forstmoser/Meier-Hayoz/Nobel (1996), Rz. 83, S. 34.

sich bringen kann". Die Vertretungsmacht von Prokuristen wird durch OR Art. 459 eingeschränkt, der ihnen die Vollmacht zur Vornahme von Grundstückgeschäften entzieht. Die Vertretungsmacht von Handlungsbevollmächtigten, geregelt in OR Art. 462, ist noch stärker eingeschränkt. Sie dürfen Wechselverbindlichkeiten, Darlehensgeschäfte und Prozessführung nur vornehmen, wenn eine Vertretungsbefugnis vorliegt.

OR Art. 718a ermöglicht der Gesellschaft die Einschränkung der positivrechtlichen Vertretungsmacht in zweierlei Hinsicht. Durch den Eintrag im Handelsregister kann die Vertretungsmacht auf die Haupt- oder Zweigniederlassung beschränkt und/oder nur kollektiv[56] gewährt werden. Weitere Beschränkungen, ohne Eintrag im Handelsregister, sind gegenüber Dritten nur wirksam, wenn diese davon Kenntnis haben.[57]

Unternehmensintern kann die Vertretungsbefugnis durch weitere Einschränkungen stufen- und verantwortungsgerecht geregelt werden. In der Praxis werden deshalb Vertretungskompetenzen der jeweiligen Hierarchiestufe oder der für die Geschäftstätigkeit zwingenden Notwendigkeit angepasst. Gegenüber gutgläubigen Dritten haben aber solche internen Beschränkungen der Vertretungskompetenzen keine Wirkung.[58] Intern hingegen kann jemand zur Verantwortung gezogen werden, der gegen aussen Vertretungsmacht hat und so auftritt, ohne intern effektiv befugt zu sein.[59]

4.2.2.2 Delegation der Geschäftsführung

An mehreren Stellen dieser Arbeit wurde bisher die Möglichkeit zur Delegation von Aufgaben durch den Verwaltungsrat erwähnt. Die Basis für die Ermächtigung zur Delegation bildet OR Art. 716b, dabei fehlt jedoch im Gesetz eine genaue begriffliche Definition der Delegation.[60] Die Delegation der Geschäftsführung ist an formelle und materielle Schranken gebunden. Die mate-

---

56 In der Regel zu zweien, jedoch stünde auch die Möglichkeit offen, dass mehrere Personen gemeinsam zeichnen müssen, was aber das Tagesgeschäft unnötig kompliziert.

57 Vgl. Forstmoser/Meier-Hayoz/Nobel (1996), Rz 97, S. 349.

58 Gesellschaften, die es zulassen, dass Angestellte gegen aussen als Vertreter auftreten (ohne dies in Tat und Wahrheit zu sein), können im Rahmen von Treu und Glauben für eingegangene Rechtsgeschäfte belangt werden (Anscheinsvollmacht). Vgl. BGE 94 II 117, 96 II 443.

59 Vgl. Forstmoser/Meier-Hayoz/Nobel (1996), Rz. 85, S. 347.

60 Vgl. Reiff (1988), S. 139.

riellen Schranken bilden die in OR Art. 716a Abs. 1 dem Verwaltungsrat als Gesamtorgan zugewiesenen unübertragbaren Aufgaben.

Die formellen Anforderungen zur Übertragung der Geschäftsführung sind in OR Art. 716b Abs. 1 aufgeführt:

- Statutarische[61] Ermächtigung zur Delegation durch die Generalversammlung[62].

- Organisationsreglement, welches die Geschäftsführung ordnet, die erforderlichen Stellen bestimmt, deren Aufgaben umschreibt und die Berichterstattung regelt.[63]

Die Botschaft des Bundesrats zählt zusätzlich die Notwendigkeit der statutarischen und reglementarischen Konformität auf.[64] Die Bestimmung lässt eine Partial- oder Totaldelegation der Geschäftsführung zu. Dabei ist hervorzuheben, dass der Gesetzgeber mit Geschäftsführung nur die Geschäftsführung i. e. S., also die interne Kompetenzzuteilung zur Führung der Geschäfte meint. Die Übertragung der Vertretung nach aussen wird, wie in Kapitel 4.2.2.1 dargelegt, in OR Art. 718 geregelt.

Durch das Erfordernis der statutarischen Grundlage wird die Delegation zu einem Zusammenspiel von Generalversammlung und Verwaltungsrat. Die Aktionäre können in den Statuten eine Ermächtigung erteilen oder allenfalls auch nicht erteilen und auf diese Weise eine Delegation unterbinden.[65] Der Verwaltungsrat kann aber durch die Aktionäre nicht zur Delegation von Aufgaben und Kompetenzen gezwungen werden. Als Delegationsempfänger kommen in Frage:[66]

- einzelne Verwaltungsratsmitglieder (Delegierte des Verwaltungsrats)

- Gremien von Verwaltungsratsmitgliedern (Ausschüsse)

---

61   Ein normaler GV-Beschluss genügt nicht, durch die statutarische Ermächtigung wird automatisch eine öffentliche Beurkundung, eine Anmeldung beim Handelsregisteramt und eine entsprechende Publikation dieser Delegationsermächtigung erreicht. Vgl. OR Art. 647.

62   Vgl. OR Art. 627 Abs. 12.

63   Vgl. OR Art. 716b.

64   Vgl. Bundesrat (1983), S. 180.

65   Dadurch haftet weiterhin der Gesamtverwaltungsrat, auch wenn faktisch die Delegation doch stattfindet. Vgl. Ausschüsse ohne Entscheidungskompetenz.

66   Vgl. Böckli (1994), S.37.

- Dritte, die nicht dem Verwaltungsrat angehören und nicht zwingend Aktionäre sind (Direktoren[67]).

Bei der Auswahl, Instruktion und Überwachung der Delegationsempfänger hat der Verwaltungsrat alle zumutbare Sorgfalt anzuwenden.[68]

Der zweiten formellen Anforderung, dem Organisationsreglement, kommt eine sehr zentrale Bedeutung zu.[69] Es regelt die Organisation der Geschäftsführung und ebenfalls zwingend die Berichterstattung.[70] Die Stellen der Geschäftsleitung müssen in allgemeingültiger Form festgelegt werden. Dabei sind Aufgaben, Kompetenzen und Verantwortlichkeiten so zu umschreiben, dass ein Aussenstehender erkennen kann, welche Funktionsträger für welche Aufgaben zur Verantwortung gezogen werden können.[71]

Es besteht die Gefahr, dass Verwaltungsräte die Einhaltung von formellen Anforderungen bei der Delegation der Geschäftsführung zum Teil unterschätzen, da sie vorderhand rein operativ gesehen keine nennenswerte Auswirkungen haben. Die Wichtigkeit der materiell sowie formell korrekten Delegation zeigt sich erst bei Verantwortlichkeitklagen und Haftungsfragen.

---

[67] In der Botschaft über die Revision des Aktienrechts verwendet der Bundesrat bei den Erläuterungen zu OR Art. 716b die Begriffe „Delegierte" und „Direktoren", im Gesetzestext werden diese Ausdrücke erstmals in OR Art. 718 gebraucht. Vgl. Bundesrat (1983), S. 180.

[68] Man spricht von Cura in eligendo, Cura in instruendo und Cura in custodiendo. Vgl. Sprüngli (1990), S. 49.

[69] Die Hinterlegung des Organisationsreglementes beim Handelsregisteramt, wie es im Gesetzesentwurf vorgesehen und in der Botschaft beschrieben war, wurde in den parlamentarischen Beratungen ersatzlos gestrichen. Vgl. Bundesrat (1983), S. 181; Kammerer (1997), S. 90.

[70] Vgl. Bundesrat (1983), S. 181. Die Oberaufsicht über die Geschäftsleitung erfordert ein sinnvolles, qualitativ und quantitativ überzeugendes Informationskonzept, dessen interner Bereich durch die Berichterstattung an den Verwaltungsrat abgedeckt wird. Hinsichtlich einer verantwortungsbewussten Ausübung der Aufsicht bildet die Ausgestaltung der Berichterstattung einen wichtige Komponente.

[71] Hilfsaufgaben, für die keine Organstellung notwendig ist (z. B. Vorbereitung von Unterlagen) können auch ohne formelle Voraussetzungen delegiert werden. In der Lehre herrschen verschiedene Ansichten darüber, wer nach der Delegation von Hilfsaufgaben die Verantwortung trägt. Die Botschaft vertritt die Auffassung, dass die delegierenden Personen, z. B. der Gesamtverwaltungsrat, stets persönlich haften. Eigentlich müsste aber die Delegation unter Einhaltung der Cura in eligendo, Cura in instruendo und Cura in custodiendo haftungsbefreiende Wirkung haben. Vgl. Bundesrat (1983), S. 106; Forstmoser/Meier-Hayoz/Nobel (1996), Rz 27, S. 338.

4.2.2.3   Verantwortlichkeit des Verwaltungsrats

Mitglieder des Verwaltungsrats können hinsichtlich ihrer Tätigkeit sowohl straf- wie auch zivilrechtlich belangt werden. Aus strafrechtlicher Sicht sollte ein Verwaltungsratsmitglied inbesondere die Artikel zum Insiderverbot[72], zur ungetreuen Geschäftsführung[73], zur Verletzung des Fabrikations- und Geschäftsgeheimnisses[74] sowie zu den Konkursdelikten[75] beachten.[76] In gewissen Gesetzen ist auch vorgesehen, dass Mitglieder des Verwaltungsrats für öffentlich-rechtliche Forderungen persönlich haften.[77] Die erhöhte Gefahr, in ein Verfahren einbezogen zu werden, resultiert nicht primär aus der aktienrechtlichen Verantwortlichkeit, welche nachfolgend detailliert erläutert wird, sondern aus den diversen zusätzlichen zivil- und strafrechtlichen Gesetzesbestimmungen, welche den Verwaltungsrat tangieren.[78] Dies zeigt sich auch in der zunehmenden Zahl der Verantwortlichkeitsklagen.[79] Eine stete „versteckte" Erhöhung des Risikos eines Verwaltungsratsmandats wird tendenziell leider zu einer verstärkten Risiko- statt Chancenorientierung der Verwaltungsratsmitglieder führen.[80]

Die an dieser Stelle interessierende aktienrechtliche Verantwortlichkeit ist in OR Art. 754 geregelt. Danach sind alle Mitglieder des Verwaltungsrats der Gesellschaft, den einzelnen Aktionären und den Gesellschaftsgläubigern für den Schaden verantwortlich, den sie durch absichtliche oder fahrlässige Verletzung ihrer Pflichten verursacht haben. Durch diesen Artikel werden nicht nur die

---

72   StGB Art. 161.

73   StGB Art. 159.

74   StGB Art. 162.

75   StGB Art. 163-172.

76   Da die strafrechtliche Verantwortung in dieser Arbeit nicht im Vordergrund steht, wird an dieser Stelle nur kurz auf einige Artikel verwiesen.

77   Z. B. VStG Art. 15: Die Haftung des Verwaltungsrats für die von der Gesellschaft geschuldeten Verrechnungssteuern wird relevant, wenn die Gesllschaft ins Ausland verlegt oder aufgelöst wird. AHVG Art. 52: Falls ein Verwaltungsratsmitglied absichtlich oder grobfahrlässig dazu beigetragen hat, dass geschuldete AHV-Prämien nicht bezahlt wurden, dann haftet das Verwaltungsratsmitglied.

78   Z. B. GschG Art. 39 und Art. 42; USG Art. 10 und Art. 60 oder VStrR Art. 6.

79   Glaus (1992), S. 194.

80   „Versteckt" meint, dass i. d. R. die Verwaltungsratsmitglieder mittlere Gesellschaften nicht alle Bestimmungen im Detail kennen können, sondern aus der Presse nur eine erhöhte Zahl von Verantwortlichkeitsklagen wahrnehmen.

Mitgleider des Verwaltungsrats, sondern alle mit der Geschäftsführung befassten Personen erfasst. Damit wird klargestellt, dass der Gesetzgeber nicht nur die Organe im formellen Sinn der Verantwortlichkeit unterstellt, sondern auch jene Personenkreise, die faktisch eine Organfunktion übernehmen. Die Grenze, wo die Organhaftung endet, ist aufgrund der bundesgerichtlichen Entscheide jedoch kaum zu erkennen.[81] Nach Forstmoser/Meier-Hayoz/Nobel wird folgender Personenkreis der aktienrechtlichen Verantwortung unterstellt:[82]

- alle im Handelsregister eingetragenen Verwaltungsratsmitglieder, insbesondere auch die fiduziarisch tätigen

- Hintermänner bzw. verdeckt im Hintergrund wirkende Personen

- Hauptaktionäre, wenn sie materiell Organfunktionen ausüben

- Muttergesellschaften bzw. deren Vetreter, falls sie bezogen auf die Geschäftsführung materiell eine Organfunktion übernehmen

- juristische Personen, die entsprechend OR Art. 707 einen Verwaltungsrat delegieren (nur für ihm erteilte Instruktionen hinsichtlich der Geschäftsführung)

- Direktoren, Prokuristen, Handlungsbevollmächtigte und andere Angestellten, die selbständig wesentliche Geschäftsführungsentscheide treffen.

---

[81] BGE 117 II 573 legt den Organbegriff eng aus, in BGE 117 II 441 wird dieser dann aber im gleichen Jahr sehr viel weiter interpretiert.

[82] Vgl. Forstmoser/Meier-Hayoz/Nobel (1996), Rz. 10-17, S. 442-443 und die dort zitierte Literatur.

Gemäss OR Art. 754 wird die Haftung bei befugter Delegation eingeschränkt. Befugt ist die Delegation dann, wenn sie sich formell wie auch inhaltlich an die Vorgaben des Gesetzes hält.[83] Zudem setzt die aktienrechtliche Verantwortlichkeit der Organe[84] als materielle Grundlage vier Voraussetzungen zur Geltendmachung von Verantwortlichkeitsansprüchen voraus. Dies sind:[85]

- Vorliegen eines Schadens

- pflichtwidriges Verhalten

- Verschulden

- adäquater Kausalzusammenhang.

Im Folgenden werden die vier Voraussetzungen einzeln betrachtet.

Vorliegen eines Schadens

Unerlässliche Voraussetzung jeder Verantwortlichkeit ist das Vorliegen eines Schadens.[86] Dieser entpricht der Differenz zwischen dem gegenwärtigem Stand des Vermögens und dem Stand des Vermögens ohne Einfluss des schädigenden Ereignisses. Aktienrechtlich relevant ist der Gesamtschaden inklusive der entgangenen Gewinne.[87] Entsprechend BGE 99 II 182 ist es unwesentlich, ob der Verantwortliche durch die Schädigung einen eigenen Vorteil erlangt hat oder erlangen wollte.

Pflichtwidriges Verhalten

Eine weitere Voraussetzung der Verantwortlichkeit ist das pflichtwidrige Verhalten, die Missachtung von durch Gesetz oder Statuten auferlegten Pflichten.[88] Der Gesetzgeber verzichtet hingegen auf eine konkrete Aufzählung, in welchen Fällen eine Pflichtverletzung des Verwaltungsrats vorliegt. Das Mass der Sorgfalt ist im Einzelfall objektiv zu bemessen, d. h. es wird beurteilt, was ein imaginärer, vernünftiger Verwaltungsrat in der gleichen Situation getan hätte.[89]

---

83   Vgl. 4.2.2.2.

84   Auf die strafrechtlichen Aspekte wird hier nicht eingegangen. Dazu: Schmid Niklaus (1996a), S. 193-199.

85   Vgl. Müller/Lipp (1994), S. 181-182; Meier-Hayoz/Forstmoser (1993), Rz 249, S. 319; Forstmoser/Meier-Hayoz/Nobel (1996), Rz 3, S. 420.

86   BGE 95 II 324.

87   Vgl. Forstmoser (1994), S. 73.

88   BGE 110 II 394.

89   Vgl. Staehlin (1997), S. 14-15.

Beispiele von möglichen Pflichtverletzungen (unvollständige Aufzählung), die zu einer Haftung führen könnten, sind:[90]

- Entzug von Vermögen ohne entsprechende Gegenleistung

- Rückzahlung eines Darlehens, das für eine Scheinliberierung verwendet wurde

- Gesellschaftsvermögen nicht zinsbringend anlegen, sofern es (das Vermögen) nicht anderweitig benötigt wird

- selbst gegen Abraten von Fachleuten Grossteile des Gesellschaftsvermögens in hochspekulative Anlagen investieren

- eine ordnungsmässige Buchführung unterlassen

- nicht für eine seriöse Finanzplanung besorgt zu sein

- mit Mehrheitsaktionären Geschäfte tätigen, die zum Nachteil der Gesellschaft und der Minderheitsaktionäre sind

- trotz Unregelmässigkeiten in der Geschäftsführung keine Untersuchungen anordnen und Massnahmen treffen

- Missachtung der Vorschriften bei Unterdeckung und Überschuldung

- Ungenügende Sorgfalt in der Auswahl, Überwachung und Instruktion von Organen und Mitarbeitern

- Ungenügende Sorgfalt im Zusammenhang mit der Generalversammlung

- weitere Sorgfaltspflichten, wie z. B. das Verpassen einer Prozessfrist.

Gegenüber Gläubigern ist entsprechend der Praxis des Bundesgerichts die aktienrechtliche Verantwortlichkeit insofern eingeschränkt, als dass Gäubiger Schadenersatzansprüche nur geltend machen können, wenn "die Schadenzufügung durch das Organ auf eine aktienrechtliche Gläubigerschutzbestimmung zurückgeführt werden kann; ein Verstoss gegen eine aktienrechtliche Vorschrift, die nur Gesellschaft oder Aktionär schützen soll, nicht aber die Gläubiger, genügt nicht, damit im Sinne von OR Art. 754 einem rechtswidrigen Verhalten gegenüber dem Gläubiger widersprochen werden kann."[91]

---

90 Vgl. Forstmoser/Meier-Hayoz/Nobel (1996), Rz 22-32a, S. 444; Staehlin (1997), S. 15.

91 BGE 110 II 395.

Verschulden

Für die aktienrechtliche Haftung nach den Bestimmungen von OR Art. 752 ist jedes Verschulden, auch die leichte Fahrlässigkeit, ausreichend. Fahrlässig handelt beispielsweise, wer bei zumutbarer Aufmerksamkeit und Überlegung hätte erkennen sollen, dass eine konkrete Gefahr auf Schädigung besteht.[92]

Adäquater Kausalzusammenhang

Zwischen dem pflichtwidrigen Verhalten und dem eingetretenen Schaden muss ein adäquater Kausalzusammenhang bestehen, damit der pflichtwidrig Handelnde haftbar gemacht werden kann.[93] Erforderlich ist vorerst ein natürlicher Zusammenhang zwischen pflichtwidriger Handlung und Schaden, es muss die Beziehung von Ursache und Wirkung bestehen.[94] Diese allein genügt jedoch nicht. Ein adäquater Kausalzusammenhang liegt vor, wenn "es nach dem gewöhnlichen Lauf der Dinge und nach der Erfahrung des Lebens geeignet war, einen Erfolg von der Art des eingetretenen herbeizuführen, so dass der Eintritt dieses Erfolges durch jenes Ereignis allgemein als begünstigt erscheint."[95]

Eine wichtige Rolle hinsichtlich der aktienrechtlichen Haftung spielt auch die Solidarität und der Rückgriff. Die Bundesgerichtspraxis unter dem alten Aktienrecht ging in mehreren, von der Lehre stark kritisierten[96] Entscheiden von einer absoluten Solidarhaftung aus.[97] Mit anderern Worten: Jeder solidarisch Haftbare hatte für den ganzen Schaden aufzukommen, unabhängig des Grades des eigenen Verschuldens und des Vorliegens individueller Herabsetzungsgründe gemäss OR Art. 43 und Art. 44. Das Bundesgericht befürwortete in gewissen Entscheiden gar die solidarische Haftung für jenen Teil des Schadens, bei dem kein adäquater Kausalzusammenhang vorhanden war. Nach neuem Aktienrecht gilt nun eindeutig eine differenzierte Solidarität. Das bedeutet:[98]

---

[92]   Vgl. Böckli (1992), Rz 1971, S. 537; Forstmoser/Meier-Hayoz/Nobel (1996), Rz. 75-77, S. 428. Einzige Ausnahme für den Fall der Gründungshaftung nach OR Art. 753, sie setzt wissentliche Pflichtverletzung voraus.

[93]   Vgl. Forstmoser (1994), S. 103.

[94]   Vgl. Forstmoser (1994), S. 98.

[95]   BGE 107 II 247.

[96]   Vgl. Böckli (1992), Rz 2021 und die dort verwendete Literatur.

[97]   Z. B. BGE 93 II 322; BGE 97 II 415.

[98]   Vgl. Böckli (1992), Rz 2023-2025, S. 549.

- Jede Person ist zunächst nach wie vor in erster Linie für den selbst pflichtwidrig verursachten Schaden verantwortlich. Falls der Richter aufgrund von OR Art. 43 wegen geringen Verschuldens die Zahlungspflicht reduziert, kann die Ersatzpflicht konsequenterweise tiefer sein als der angerichtete Schaden.

- Sind für den gleichen Schaden mehrere Personen ersatzpflichtig, so haften sie nach wie vor solidarisch. Der Kläger kann grundsätzlich jeden beklagen, bis der ihm zugesprochene Schadenersatzbetrag gänzlich abgegolten ist. Neu geht aber die Solidarität nur soweit, als dass jemandem der Schaden aufgrund seines eigenen Verschuldens und der Umstände persönlich zurechenbar ist. Der solidarisch Haftende kann dementsprechend Herabsetzungansprüche geltend machen, selbst dann, wenn dies den "Vor"-Haftenden versagt bleibt.

Damit haftet kein Verwaltungsratsmitglied mehr für Schaden, den er nicht selbst adäquat kausal mitverursacht hat. Falls es im Aussenverhältnis zur Haftung oder Solidarhaftung kommt, kann der Haftende oder können die Haftenden im Innenverhältnis Rückgriff nehmen. Neu bestimmt der Richter den Rückgriff nicht mehr alleine aufgrund des eigenen Verschuldens, sondern ebenfalls in Würdigung aller Umstände im Sinne von OR Art. 43 und Art. 44.

Teil II: Oberleitung und Oberaufsicht

5 Oberleitung

In diesem Kapitel wird der Frage nachgegangen, was unter dem Begriff Oberleitung aus juristischer und betriebswirtschaftlicher Sicht zu verstehen ist. Ziel ist es zu zeigen, was ein Verwaltungsrat bei der Ausübung seines Mandats beachten sollte, damit er seiner Verantwortung hinsichtlich der Oberleitung gerecht wird. Die Aufgabe Oberleitung wird dabei analog der Aufzählung im Gesetz getrennt von der Oberaufsicht betrachtet. Diese Unterscheidung ist in der betrieblichen Realität nicht gegeben, da zwischen den beiden Funktionen, wie später gezeigt wird, aus funktionaler Sicht ein enger Zusammenhang besteht. So wird die Überwachung oder Kontrolle in der funktionalen Betrachtung der Führung regelmässig als die letzte Teilfunktion genannt.

Zunächst geht es in Kapitel 5.1 darum, den Begriff Oberleitung zu interpretieren und die Führungsverantwortung des Verwaltungsrats darzulegen. Darauf basierend wird in den nachfolgenden Kapiteln 5.2 bis 5.4 gezeigt, wie und wo der Verwaltungsrat gefordert ist, um den langfristigen Erfolg des Unternehmens zu beeinflussen und seiner Verantwortung gerecht zu werden. Insbesondere werden in diesen Kapiteln die wichtigsten Führungsinstrumente dargestellt, mit welchen sich ein Verwaltungsrat im Rahmen der Oberleitung auseinanderzusetzen hat.

5.1 Oberleitung - Unternehmensführung auf oberster Ebene

5.1.1 „Oberleitung" in der juristischen Literatur

Im Rahmen der unübertragbaren Aufgaben des Verwaltungsrats sind die Oberleitung und die Oberaufsicht über die mit der Geschäftsführung der Gesellschaft betrauten Personen hervorzuheben. Die bundesrätliche Botschaft hält dazu fest, dass die anderen in OR Art. 716a als unübertragbar aufgezählten Aufgaben der Konkretisierung des Begriffs Oberleitung dienen.

Mit dem Begriff Oberleitung meint der Gesetzgeber ausdrücklich nicht die operative Geschäftsführung oder wie sich der Bundesrat ausdrückt die Leitung[1] der Gesellschaft. Unter Oberleitung werden konkret drei Aufgaben aufgeführt:

- Entwicklung der strategischen Ziele der Gesellschaft

- Wahl der Mittel, um diese Ziele zu erreichen

- Kontrolle der Geschäftsführungsorgane im Hinblick auf die Verfolgung der festgelegten Ziele.[2]

Oberleitung umfasst alle Hauptaufgaben des Verwaltungsrats[3]. Auch andere namhafte Autoren stellen in diesem Kontext fest, dass viele der im Gesetz aufgezählten Aufgaben unter den Überbegriff Oberleitung fallen.[4] Um die Oberleitung wahrzunehmen und die strategischen Ziele zu erreichen, sind durch den Verwaltungsrat Weisungen zu erstellen, an die sich dann in der operativen Umsetzung die Geschäftsleitung zu halten hat.[5] Weisungen können z. B. protokollierte Verwaltungsratsbeschlüsse, mündliche oder schriftliche Anweisungen des Präsidenten oder einer anderen weisungsberechtigten Instanz sein. Bei der Formulierung der Aufgaben des Verwaltungsrats verzichtet der Gesetzgeber

---

[1] Vgl. Bundesrat (1983), S. 177.

[2] Vgl. dazu z. B.: Bundesrat (1983), S. 177-178; S. 339; Böckli (1992) S. 417.

[3] Vgl. Wunderer (1995), S. 93.

[4] Vgl. dazu z. B.: Bundesrat (1983), S. 177; Vischer (1984), 161; Böckli (1992) S. 418; Homburger (1997), N 534.

[5] Vgl. dazu z. B.: Bundesrat (1983), S. 178.

bewusst auf jeglichen unnötigen Formalismus, was in Abbildung 5-1 klar zum Ausdruck kommt.[6]

Abbildung 5-1: Rechtliche und betriebswirtschaftliche Aufgaben des Verwaltungsrats[7]

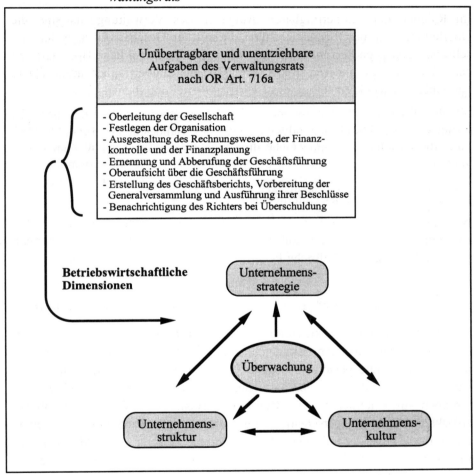

---

6   Vgl. Böckli (1992), S. 418.

7   Vgl. Meyer/Erny (1998), S. 95.

Zunächst gehört zur Oberleitung das Festlegen einer Unternehmensstrategie. Der Verwaltungsrat muss auf mittel- und langfristige Sicht hinaus entscheiden, in welchen Geschäftsfeldern das Unternehmen tätig sein soll. Er hat grundlegende Ziele zu setzen, die gewünschte Positionierung im Markt festzulegen und die Weichen richtig zu stellen. Insbesondere muss er die Mittel festlegen, mit welchen die Ziele erreicht werden sollen. Um die Strategien erfolgreich umzusetzen, muss der Verwaltungsrat das Verhalten der Mitarbeiter im Sinne der zu erreichenden Ziele zu beeinflussen versuchen. Dazu hat der Verwaltungsrat im Rahmen seiner Möglichkeiten eine Unternehmenskultur zu schaffen, welche auf diese Strategien unterstützend wirkt. Er muss Wertvorstellungen, Verhalten und Normen kommunizieren[8] und versuchen, die Unternehmenskultur aktiv zu steuern. Untrennbar zur Oberleitung gehört aber auch die Organisationsverantwortung[9], welche im Gesetz als zweite Hauptaufgabe aufgezählt wird. Durch das Festlegen der Organisation sowie die Ernennung und Abberufung der Geschäftsführung trifft der Verwaltungsrat grundsätzliche Entscheide bezüglich der Unternehmensstruktur.

Nachdem der Inhalt des Begriffs „Oberleitung" entsprechend der juristischen Literatur dargestellt wurde, soll im Folgenden die in Abbildung 5-1 ebenfalls gezeigte betriebswirtschaftliche Perspektive näher betrachtet werden.

5.1.2   „Oberleitung" in der betriebswirtschaftlichen Literatur

Der Begriff Unternehmensführung lässt sich aus formaler Sicht in zwei unterschiedlichen Dimensionen betrachten, welche sich grundlegend voneinander unterscheiden. Die personenbezogene Perspektive der Führung konzentriert sich auf die verhaltenswissenschaftlichen Aspekte, mit denen Individuen oder Gruppen im Unternehmen konfrontiert werden. Die zwischenmenschlichen Aspekte sind als Folgeerscheinung des arbeitsteiligen Problemlösungsverhaltens ein Merkmal der Führung.[10] Die sogenannte Personal- oder Menschenführung befasst sich primär mit Fragen nach dem Führungsstil, den Führungsmodellen sowie der Motivationslehre.[11]

---

8   Unter Kommunikation ist auch die nonverbale Kommunikation zu verstehen.

9   Vgl. Böckli (1992), S. 419.

10   Vgl. Rühli (1985), S. 21.

11   Vgl. Hentze/Brose (1986), S. 23.

Anders hingegen befasst sich die sachbezogen-technische Dimension der Unternehmensführung mit den strukturellen und funktionellen Rahmenbedingungen, durch die Führungs-, Leitungs- und Verwaltungsaufgaben im wesentlichen bestimmt werden und innerhalb derer sich diese vollziehen.[12] Dementsprechend behandelt diese Sichtweise in erster Linie die allgemeine, formaltechnische Struktur des Führungsprozesses und die Vorgänge der Willensbildung und Willensdurchsetzung. Dabei richtet sich der Blickwinkel nicht auf einen spezifischen betrieblichen Funktionsbereich, sondern auf die Gesamtheit aller materiellen Aktivitäten der unternehmerischen Tätigkeit.[13]

Die Stukturierung des Führungsprozesses erfolgt vorwiegend in Anlehnung an aus der Entscheidungstheorie entwickelte Problemlösungsschemata, deren Grundmuster regelmässig die Phasen Entscheidungsvorbereitung, Entscheidung, Entscheidungsausführung und Kontrolle aufweisen.[14] So begründete Fayol bereits 1916 explizit gewisse Tätigkeiten als Funktionen des Führungsprozesses. Er unterscheidet folgende Führungsfunktionen:[15]

- Vorschau und Planung (prévoir)

- Organisation (organiser)

- Leitung (commander)

- Koordination (coordonner)

- Kontrolle (contrôler).

Gulick/Urwick modifizierten 1937 diesen Katalog dergestalt, dass die heute als Managementfunktionen bezeichneten Aktivitäten integriert werden. Sie erwähnen: Planning, Organizing, Staffing, Directing, Coordination, Reporting und Budgeting zu den funktionalen Aufgaben.[16] Simon schliesslich ergänzt diese Aufzählung von Aktivitäten um die Entscheidung.[17] Im St. Galler Management-Modell wird der Führungsprozess als Abfolge der Aktivitäten Entscheiden, In-Gang-Setzen und Kontrollieren verstanden.[18] Auch im Zürcher Modell

---

12   Vgl. Staehle (1991), S. 66.

13   Vgl. Stadelmann (1996), S. 30.

14   Vgl. Brauchlin (1990), S. 34-35.

15   Vgl. Fayol (1916).

16   Vgl. Gulick/Urwick (1937).

17   Vgl. Simon (1945).

18   Vgl. Ulrich/Krieg (1974), S. 30.

von Rühli stehen aus formaler Betrachtung die Elemente Willensbildung (Planung und Entscheidung) und Willensdurchsetzung (Anordnung und Kontrolle)
im Vordergrund. Rühli betrachtet jedes dieser Elemente aus institutioneller,
funktioneller und instrumenteller Sicht. Zusätzlich integriert Rühli im formalen Führungskonzept auch die menschenbezogene Dimension der Führung.
Seine Definition lautet: „Unter Führung verstehen wir die Gesamtheit der Institutionen, Prozesse und Instrumente, welche im Rahmen der Problemlösung
durch eine Personengemeinschaft (mit komplexen zwischenmenschlichen Beziehungen) der Willensbildung (Planung und Entscheidung) und der Willensdurchsetzung (Anordnung und Kontrolle) dient."[19]

Die materielle Dimension der Führung befasst sich mit dem eigentlichen Inhalt
der Führungsaufgabe. Dabei stehen zwei Kernaufgaben, nämlich die ganzheitlichen Belange der Geschäftätigkeit, insbesondere die Entwicklung und
Durchsetzung einer Unternehmenspolitik sowie die Vertretung des Unternehmens nach aussen im Vordergrund.[20] Die ganzheitliche Betrachtung der Geschäftätigkeit bedeutet im Zürcher Ansatz eine Beleuchtung der Führungsaufgabe aus verschieden Perspektiven. Dazu werden unternehmensintern die
Komponenten Strategie, Struktur und Kultur unterschieden, weshalb für diese
integrative Betrachtung auch der Ausdruck Trilogie Verwendung findet. Unter
Vertretung nach aussen ist die Pflege der Beziehungen zwischen Unternehmen
und Umwelt zu verstehen. Dies umfasst sowohl den juristischen Aspekt der
Vertretung[21] als auch die Öffentlichkeitsarbeit und die Pflege der Beziehungen
zu relevanten Stakeholdern.[22] Die Unternehmensumwelt ist als externer Faktor
ebenfalls in eine gesamtheitliche Betrachtung zu integrieren. Dementsprechend
besteht das Ziel der ganzheitlichen Unternehmensführung darin, Problemlösungen zu eruieren, die sich sowohl hinsichtlich Strategie, Kultur und
Struktur als auch hinsichtlich der Unternehmensumwelt als optimal erweisen.

Das Entwickeln und Festlegen einer Unternehmenspolitik bedeutet Unterneh-
mensziele zu formulieren sowie Massnahmen und Mittel zur Erreichung dieser
Ziele zu bestimmen. In der betriebswirtschaftlichen Literatur wird für den
Begriff Unternehmenspolitik auch der Ausdruck Unternehmensstrategie ver-

---

[19]   Rühli (1985), S. 28.
[20]   Vgl. Rühli (1993), S. 242.
[21]   Vgl. Kap. 4.2.2.1.
[22]   Vgl. Rühli (1991), S. 22.

wendet.[23] In der Literatur werden aber auch die für die Unternehmenspolitik zu formulierenden Massnahmen zur Erreichung der Unternehmensziele mit dem Begriff Strategie bezeichnet, was begreiflicherweise Verwirrung stiften kann. In diesem Fall spricht man vom engen Strategiebegriff. Ungeachtet dessen wird in dieser Arbeit mit strategischer Führung die Gesamtleitung des Unternehmens verstanden. Es geht um grundlegende Weichenstellungen des unternehmerischen Handelns wie die Wahl von Tätigkeitsfeldern, die Realisierung neuer Produkte oder der Eintritt in neue Märkte sowie die Sicherstellung benötigter Ressourcen.[24]

5.1.3 Konklusion aus juristischer und betriebswirtschaftlicher Betrachtung

Der Vergleich zwischen den juristischen Ausführungen zur Oberleitung und den betriebswirtschaftlichen Überlegungen zur Führung zeigt, dass sich Oberleitung und strategische Führung entsprechen. Mit dem im Gesetz verwendeten Begriff Oberleitung wird aus betriebswirtschaftlicher Sicht die strategische Unternehmensführung im Sinn der Gesamtleitung des Unternehmens verstanden. Damit stellt sich aber die Frage, inwiefern der Verwaltungsrat die strategische Führung effektiv selbst wahrnehmen soll bzw. kann und inwiefern diejenigen Verantwortungsträger die strategische Führung mitgestalten, an welche die Geschäftsführung delegiert ist.

Betrachtet man zunächst die formale Führungsperspektive mit den Hauptelementen Willensbildung (Planung und Entscheidung) und Willensdurchsetzung (Anordnung und Kontrolle), so lässt sich festhalten, dass dem Verwaltungsrat gemäss Gesetzgeber zunächst für beide Elemente die Verantwortung übertragen wird. Der Bundesrat erwähnt explizit, dass zur Oberleitung die Entwicklung von Zielen sowie die Kontrolle der Geschäftsführungsorgane im Hinblick auf die Verfolgung der festgelegten Ziele gehören. Böckli relativiert dies und betont insbesondere bezüglich der Willensbildung, dass der Verwaltungsrat im Rahmen der undelegierbaren Aufgaben für die Entscheidung zuständig ist. Gute Führungsentscheide setzen aber eine intensive Auseinandersetzung mit der komplexen Materie voraus. Zwar können Planungsarbeiten zur Entscheidungsvorbereitung grösstenteils delegiert werden, dennoch sind gerade in der

---

23 Im Amerikanischen als Strategic Management oder Business Policy bezeichnet.
24 Vgl. Rühli (1991), S. 21.

strategischen Planung gewisse Planungstätigkeiten durch den Verwaltungsrat selbst wahrzunehmen. Z. B. muss ein Verwaltungsratsmitglied regelmässig die Lage des Unternehmens und der Umwelt beurteilen und Veränderungen und mögliche zukünftige Entwicklungen frühzeitig erkennen. Nur zusätzlich zu seiner eigenen Wahrnehmung können Mitarbeiter unterstützend wirken, indem sie z. B. Detailabklärungen ausführen oder Szenarien ausarbeiten.

Abbildung 5-2:   Tätigkeiten   innerhalb   der   strategischen   Unternehmens-führung aus funktionaler Sicht

Element der Unternehmensführung	Spezifische Tätigkeiten
Planung	Erfassen der effektiven Lage von Unternehmen und Umwelt
	Beurteilung möglicher zukünftiger Entwicklungen
	Entwicklung von möglichen Zielen
	Entwicklung von Handlungsalternativen/Massnahmen/Mittel
Entscheidung	Festlegung von Zielen
	Festlegung der Massnahmen/Mittel
Anordnung	Anweisung zur Umsetzung der festgelegten Massnahmen
Kontrolle	Überwachung der Ausführung
	Erfassen und Beurteilen der Resultate

Die Entscheidung hinsichtlich der obersten Ziele und Massnahmen hat immer der Verwaltungsrat zu treffen. Die Anordnung erfolgt durch protokollierte Verwaltungsratsbeschlüsse bzw. Weisungen an die geschäftsführenden Instanzen. Diese übernehmen die operative Umsetzung. Als letzte Teilfunktion muss der Verwaltungsrat auch die Überwachung der Ausführung und die Beurteilung der Resultate vornehmen. Die Kontrolle als Teilfunktion der Führung wird in diesem Kapitel nicht behandelt. Sie ist im Rahmen der Oberaufsicht in Kapitel 7 integriert und wird in das gesamte Überwachungskonzept eingebunden.

In materieller Hinsicht kommt in der Botschaft des Bundesrats gut zur Geltung, dass es sich bei der Oberleitung um das Entwickeln und Durchsetzen der Unternehmenspolitik handelt. Auch Böckli betont in seinen Ausführungen bezüglich Oberleitung vor allem das Wort Strategie – die Festlegung ganz bestimmter Ziele und letztendlich die Positionierung des Unternehmens im Markt. Oberleitung impliziert richtigerweise auch, dass nicht Einzelheiten und Details im Vordergrund stehen, sondern grundsätzliche Fragen und Entscheidungen zu lösen bzw. zu treffen sind.[25] Strategiefragen sind nicht kurzfristig orientiert, sondern sie haben im mittel- und langfristigen Horizont eine entscheidende Bedeutung für das Gedeihen des Unternehmens. Ziel der Strategie ist dabei immer die langfristige Existenzsicherung. Die alles entscheidende Frage lautet: Tun wir das Richtige? Dahinter verbergen sich eine Reihe weiterer Fragen, wie z. B.:

- Was ist unser Geschäft heute? Wie könnte es morgen aussehen?
- Welche externen Entwicklungen kommen auf uns zu?
- Wie sind die Zukunftsperspektiven unserer Branche?
- Wie sieht unser Markt heute aus und wie entwickelt sich die Nachfrage?
- In welchen Produkt-/Marktsegmenten sind wir tätig?
- Mit welchen Marktleistungen und Zielgruppen verdienen wir unser Geld?
- Wie stark ist unsere Wettbewerbssituation?
- Wo sind interessante Innovationsfelder?
- Welche Wertvorstellungen leiten unser Denken und Handeln?
- Wie sieht unsere Unternehmenskultur aus? Wie soll sie sich entwickeln?
- Was bedeutet der Schutz der Umwelt für uns bzw. unsere Kunden?

Die Beurteilung und Beantwortung dieser Fragen durch den Verwaltungsrat sollte aber nicht aus einer einseitigen Perspektive erfolgen. Er muss sich bewusst sein, dass jegliche Problemlösung interpendent verschiedene Dimensionen beeinflusst und von diesen beeinflusst wird. Dem Zürcher Ansatz von Rühli folgend werden deshalb die durch den Verwaltungsrat zu beachtenden Aspekte bei der Wahrnehmung der Oberleitung anhand der Trilogie Strategie

---

25   Vgl. Böckli (1994), S. 22.

– Struktur – Kultur aufgezeigt. Dabei wird konsequent versucht, nebst der allgemeinen theoretischen Aufarbeitung praktische Instrumente vorzustellen und konkrete Hilfestellungen in Form von Denkmustern oder Checklisten zu geben.

5.2 Gestaltung der Unternehmensstrategie

Die Formulierung einer Strategie kann grundsätzlich auf der Ebene des Gesamtunternehmens oder auf der Ebene einer strategischen Geschäftseinheit spielen. Für den Verwaltungsrat eines mittleren Unternehmens steht dabei die Strategiewahl für das Gesamtunternehmen im Vordergrund. Obwohl für die richtige Wahl einer Strategie Glück, Zufallstreffer und unternehmerische Intuition durchaus eine gewisse Rolle spielen können, setzt i. d. R. das Er- und Überarbeiten von Unternehmensstrategien ein analytisches Vorgehen voraus.[26]

Der Verwaltungsrat muss den gesamten Prozess der Strategiefindung nicht selbständig durchführen. Er wird dabei durch die Geschäftsführung und Stabstellen unterstützt. Die Verantwortung über den Entscheid liegt aber allein bei ihm. Er entscheidet deshalb nach der Vorlage von Strategiealternativen und dem Studium derselben über die Unternehmensstrategie. Die operative Umsetzung der Strategie erfolgt dann wieder auf der Ebene der Geschäftsführung, welche der Verwaltungsrat nicht zwingend selbst wahrnehmen muss. Weil der Verwaltungsrat nur zum Teil in den Strategiefindungsprozess eingebunden wird, ist es für ihn doppelt wichtig, diesen kritisch zu hinterfragen. Ebenso sind einmal gewählte Strategien regelmässig zu überprüfen. Abbildung 5-3 soll dem Verwaltungsrat als Hilfe zur Aufdeckung möglicher Schwachstellen im Strategiefindungs- und Strategieüberprüfungsbereich des eigenen Unternehmens dienen.[27]

---

[26] Für eine umfassende Übersicht über Strategien und ein Konzept zur Strategieberatung von KMU siehe auch Wirth (1995). Ein kurzer Überblick zum Strategie-Controlling findet sich in Meyer (1999), S. 12-39.

[27] Ohne Anspruch auf Vollständigkeit.

Abbildung 5-3:   Checkliste zur Strategiefindung und -überprüfung[28]

• Ist eine regelmässige Strategieüberprüfung institutionalisiert?
• Basieren die Strategievorlagen auf einer fundierten Unternehmensanalyse?
• Sind die berücksichtigten Umweltentwicklungen zutreffend und relevant?
• Werden Umweltveränderungen aktiv wahrgenommen und fliessen sofort in den Strategiefindungsprozess ein?
• Sind die Strategievorlagen vollständig?
• Werden grundsätzliche Anliegen aus Vision und Leitbild berücksichtigt?
• Entsprechen die Strategien den Mehrjahreszielsetzungen?
• Sind die Strategien in sich widerspruchsfrei?
• Verbessern die neuen Strategien das langfristige Wertschöpfungspotential und die Wettbewerbsfähigkeit des Unternehmens?
• Erscheinen die Strategien realisierbar?
• Sind die Strategien ethisch und rechtlich korrekt?
• Sind die finanziellen Auswirkungen der Strategien in Planungsrechnungen berücksichtigt?
• Sind im Worst-Case-Szenario die negativen Folgen der Strategie für das Unternehmen tragbar bzw. nicht existenzbedrohend?

In Abbildung 5-4 wird der Prozess einer Strategiefindung dargestellt. Zunächst muss durch den Verwaltungsrat eine Standortbestimmung vorgenommen werden. Dies setzt voraus, dass sich die Mitglieder des Verwaltungsrats intensiv mit der Umwelt und dem eignen Unternehmen beschäftigen. Sie sollten z. B. die in Kapitel 2 ausführlich behandelten Rahmenbedingungen und Megatrends erkennen. Eine eingehende Analyse und Beurteilung dieser Faktoren hinsichtlich der Relevanz für das eigene Unternehmen führt zu einer Gegenüberstellung von Chancen und Gefahren. Die Umweltanalyse stellt dabei keine einmalige Aufgabe dar – sie muss regelmässig erfolgen und basiert auf dem reichen Erfahrungsschatz, der guten Auffassungsgabe und der Sensibilität der Verwaltungsratsmitglieder. Zur Standortbestimmung gehört aber auch eine Analyse des eigenen Unternehmens. Dabei sind Stärken und Schwächen auszuloten, um so die eigenen Möglichkeiten objektiv einzuschätzen. Bei der

---

28   Vgl. Chini (1986), S. 121.

Zusammenstellung und Aufarbeitung von Daten und für Sonderabklärungen muss der Verwaltungsrat soweit wie möglich entlastet werden. Bei der Beurteilung der Daten ist der Verwaltungsrat selbst gefordert.

Basierend auf der Vision und dem Unternehmensleitbild sowie der Umwelt- und Unternehmensanalyse können die für das Unternehmen relevanten Problemkreise herausgeschält werden. Auf dieser Grundlage werden in einer zweiten Phase Strategiealternativen erarbeitet. Dabei wird versucht, das Vorgehen zur Erreichung von Wettbewerbsvorteilen zu formulieren. Zwei Fragestellungen stehen dabei im Vordergrund[29]:

- Auf welchen Märkten und mit welchen Produkten oder Leistungen wollen wir tätig sein?

- Wie wollen wir den Wettbewerb in den Geschäftsfeldern bestreiten?

Es sind also die wichtigsten mittel- und langfristigen Ziele, die Zielmärkte und die eigene Positionierung auf den Märkten festzulegen. Ebenso werden geeignete Massnahmen zur Erreichung der Ziele aufgeführt. Auch sind die Ressourcen den einzelnen Geschäftsfeldern bzw. den Zielen, entsprechend deren Wichtigkeit, zuzuordnen. Die Erarbeitung von Strategiealternativen erfordert analytisches und konzeptionelles Denken, und das Wohlergehen des Gesamtunternehmens muss den Partikularinteressen einzelner Bereiche vorangehen. Dies ist eine äusserst schwierige Aufgabe. Ein relative kleines, unabhängiges Team dürfte dazu eher in der Lage sein als eine grosse Arbeitsgruppe bestehend aus Kadern verschiedenster Bereiche. Trotzdem dürfen die Eigenheiten einzelner Unternehmensbereiche nicht vernachlässigt werden.

Nachdem verschiedene Strategiealternativen erarbeitet wurden, sind diese dem Verwaltungsrat vorzulegen, welchem der Entscheid über die Wahl der Strategie vorbehalten ist. Nach dem Absegnen einer Strategie durch den Verwaltungsrat erfolgt die nächste Phase, nämlich die Vorbereitung der Strategieumsetzung und die Implementierung. Sie erfolgt durch die Geschäftsführungsinstanz. In dieser Phase ist vor allem der Kommunikation der neuen Strategie nach „unten" genügend Gewicht beizumessen. Implementierung und Umsetzung einer Strategie sind durch den Verwaltungsrat laufend zu überprüfen.

---

[29]   Vgl. Schreyögg (1991), S. 101.

Abbildung 5-4:   Prozess der Strategiefindung[30]

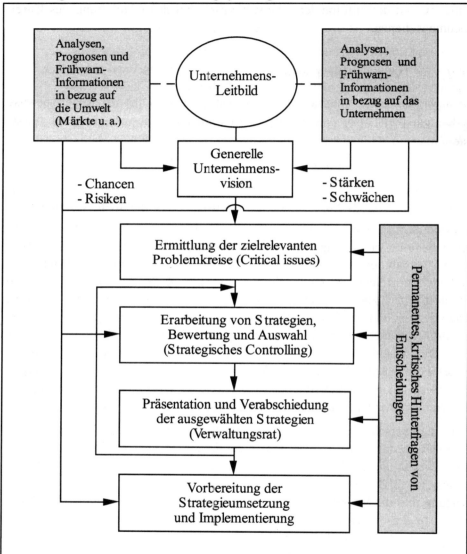

---

30   Vgl. Hahn (1990), S. 38.

Im Folgenden werden einzelne Instrumente vorgestellt, welche der Strategiefindung und demzufolge dem Verwaltungsrat bei der Oberleitung des Unternehmens dienen.

5.2.1   Vision und Leitbild

Am Anfang einer unternehmerischen Tätigkeit steht in der Regel, bewusst
oder unbewusst, eine Vision. In der Literatur wird übereinstimmend festgestellt, dass Visionen einen erstrebenswerten, motivierenden und nutzenspen-
denden Zukunftszustand von Unternehmen in Wirtschaft und Gesellschaft umschreiben. Sie sind das Bewusstwerden von Wunschträumen.[31] Dabei liegt der
Zweck der Vision nicht in der materiell möglichst konkreten Beschreibung
eines Zukunftszustandes, sondern in der Vorgabe der Richtung. Als richtungs-
weisender Polarstern[32] stellt eine Vision auch immer etwas Unfassbares und
Unendliches dar, das nicht durch materielle Gesichtspunkte beengt wird.[33]
Eine gemeinsame Vision ist insbesondere für die Motivation und Teamorien-
tierung der Unternehmensleitung von Bedeutung. Visionen dienen auch der
Sensibilisierung der Wahrnehmung, der Verbesserung der Prioritätensetzung
oder der Erhöhung der Kreativität im Problemlösungsprozess.[34] In der einschlägigen Literatur finden sich zahlreiche charakteristische Merkmale von
Visionen. Zur Bonsen nennt beispielsweise folgende fünf Faktoren:[35]

- Plastizität: Um ihre Wirkung voll zu entfalten, muss man eine Vision
  plastisch vor Augen haben. Man muss sie spüren, fühlen, sie emotional
  erleben, damit das Handeln danach geleitet wird.

- Identifikation: Es müssen Zielvorstellungen sein, mit denen man sich
  innerlich vollkommen identifizieren kann.

- Realisierbarkeit: Vision wirken dann, wenn sie realisierbar scheinen.

- Spitzen-Anspruch: Die Kraft der Vision liegt in ihrem hohen Anspruch,
  den sie stellt. Sie sollte zugleich Ziel und Weg sein.

---

31   Vgl. Hinterhuber (1990), S. 69.

32   Vgl. Hinterhuber (1992), S. 42-44; Wilson (1992), S. 20.

33   Vgl. Matje (1996), S. 33.

34   Vgl. Zur Bonsen (1994), S. 57-58; Zur Bonsen (1987), S. 570; Bleicher (1992), S. 27-
      28; Hinterhuber (1992), S. 41-42.

35   Vgl. Zur Bonsen (1987), S. 570-571.

- Präsenz: Das permanente Bewusstsein der Vision optimiert deren Wirksamkeit.

Nach Wilson und Hinterhuber wird eine Vision durch die Charakteristika Realitätssinn, Offenheit und Spontanität geprägt.[36] Bleicher fügt diesen Merkmalen die Erfahrung im Umgang mit komplexen Problemstellungen und die Kreativität in der Visionsfindung hinzu.[37]

Eine kurze, prägnante Definition liefert die Boston Consulting Group. Sie versteht unter Vision ein konkretes Zukunftsbild, nahe genug, dass die Realisierbarkeit noch ersichtlich ist, aber auch fern genug, um die Begeisterung der Organisation für eine neue Wirklichkeit zu wecken.[38]

Mit der Vision soll der Belegschaft „Sinn" am gemeinsamen Streben vermittelt werden. Sie soll die Mitarbeiter inspirieren und „Lust auf die Zukunft" erzeugen.[39]

Je nach Stadium im Lebenszyklus eines Unternehmens ist die Entstehung bzw. Erarbeitung einer Vision unterschiedlich. Grundsätzlich wird davon ausgegangen, dass ein Unternehmer bei der Gründung bereits eine Vision hat. Als Unternehmer glaubt er daran, dass sein Unternehmen Produkte oder Dienstleistungen erzeugt, die der Markt wünscht. Im Laufe der Unternehmensentwicklung werden solche Gründervisionen langsam durch Visionen ersetzt, welche sich aus dem kollektiven Bewusstsein der im Unternehmen tätigen Personen ent- oder weiterentwickelt haben. Die Entstehung einer Vision ist nicht in erster Linie ein rationaler, sondern ein stark intuitiv geprägter Prozess.[40] Über die Steuerung dieses Prozesses herrschen unterschiedliche Meinungen. Einhellig ist die Meinung bezüglich der vorrangigen Bedeutung der Initiative und des Engagements der obersten Unternehmensführung. Visionen entstehen zunächst durch die Unternehmensspitze. Im Dialog mit anderen Unternehmensstellen wird dann ein Prozess „Bewusstmachung" in Gang gesetzt. Für die Erarbeitung und Umsetzung von Visionen werden in der betriebswirtschaftlichen Literatur folgende Vorgehensweisen genannt:

---

36   Vgl. Hinterhuber (1992), S. 42-44; Wilson (1992), S. 20.
37   Vgl. Bleicher (1992), S. 27-28.
38   Vgl. Boston Consulting Group, zit. nach Matje (1996), S. 7.
39   Vgl. Zur Bonsen (1994), S. 59-61; Matje (1996), S. 35.
40   Vgl. Matje (1996), S. 37.

- Einsetzen eines Visionsteams
- Durchführung einer Zukunftskonferenz
- Schrittweiser Entwicklungs- und Umsetzungsprozess.

Einem Visionsteam sollten nicht mehr als 15 Personen angehören. Diese werden aus der obersten Führungsebene, aus Mitarbeitern von wichtigen Funktionsbereichen oder aus Nachwuchskräften rekrutiert. Die Moderation erfolgt idealerweise durch eine neutrale, externe Person. Nach Erarbeitung der Vision durch das Team muss diese weiteren, bei der Erarbeitung nicht aktiv integrierten Mitarbeitern vermittelt werden. Die Weiterentwicklung unter Berücksichtigung positiver und negativer Rückmeldungen zur gesamthaft getragenen Unternehmensvision ist ein Prozess der kleinen Schritte. [41]

An einer Zukunftskonferenz sind von Anfang an mehr Personen beteiligt. Nicht unbedingt das ganze Unternehmen, aber mindestens derjenige Teil, der für die Realisierung der Vision ausschlaggebend ist. Dabei zeichnet sich eine solche Konferenz dadurch aus, dass möglichst alle Anspruchsgruppen, z. B. auch Kunden oder Lieferanten, daran teilnehmen. Ein solcher Anlass dauert ca. zwei bis drei Tage. Dabei stellt er sowohl ein geeignetes Instrument zur Erarbeitung als auch zur Verbreitung einer Vision dar.[42]

Ein schrittweiser Entwicklungs- und Umsetzungsprozess verbindet verschiedene Elemente der oben erwähnten Vorgehensweisen, kann sich jedoch über mehrere Jahre erstrecken. Die Initialzündung erfolgt in der Regel ebenfalls von der Unternehmensspitze, danach werden aber rasch die Mitarbeiter und weitere Anspruchsgruppen involviert, welche dann aufgrund der frühen Einbindung die Vision aktiv weitertragen können. Dadurch werden Visionen durch engagierte Mitarbeiter auf verschiedene Stufen in Abteilungen und Unterabteilungen hinausgetragen, diskutiert und evtl. dort während Jahren weiterentwickelt.[43]

Gerade in mittleren Unternehmen, wo Improvisation und Intuition einen tendenziell hohen Stellenwert einnehmen, kann ein klar strukturierter Visionsentwicklungsprozess keinesfalls schaden. Dabei ist aber darauf zu achten, dass

---

41   Vgl. Hinterhuber (1989), S. 29-30.

42   Vgl. Zur Bonsen (1994), S. 133-135.

43   In der Literatur finden sich zum schrittweisen Entwicklungs- und Umsetzungsprozess in erster Linie Beispiele. Vgl. dazu Matje (1996), S. 39-40; Zur Bonsen (1994), S. 151-153; Geissler (1991), S. 267-280.

trotz aktiver Steuerung genügend Freiräume für Intuition und Inspiration bestehen bleiben.[44] Ebenso stellt keine dieser drei Vorgehensweisen eine verbindliche Anweisung dar, es sind nur mögliche Varianten.

Hinsichtlich des Inhalts von Visionen findet sich in der Literatur keine einheitliche Aussage – eine generell vertretene Empfehlung über konkrete Inhalte und Struktur der Unternehmensvision fehlt. Auf die Notwendigkeit der Konkretisierung für die spezifischen Bedürfnisse des Einzelfalls wird indessen regelmässig hingewiesen.[45] Je „weicher" eine Vision ausfällt, desto weniger konkret sind die materiell fassbaren Inhalte - je „härter", desto konkreter werden die Inhalte. Ein Konzept zur systematischen Erfassung von Visionsinhalten unterscheidet nach ideellen und strategischen Inhalten.[46] Ideelle Visionen sprechen das zunehmend feststellbare Bedürfnis nach einer sinnvollen Aufgabe des Unternehmens an, um so motivierend zu wirken und zusätzliche Kräfte freizusetzen. Darunter fallen einerseits der soziale Auftrag, nämlich nützliche Leistungen des Unternehmens, insbesondere gegenüber Kunden, und andererseits Werte, welche das Handeln von Management und Mitarbeitern leiten sollen. Strategische Visionen hingegen formulieren vermehrt konkrete fassbare Ziele, z. B. in den nachfolgenden Bereichen:

- Märkte und Stellung auf dem Markt, Produkt- und Dienstleistungsangebot

- Abgrenzung gegenüber Konkurrenten

- Ansprüche gegenüber der eigenen Leistung (z. B. hinsichtlich Innovation, Qualität oder Service)

- Unternehmenskultur

- Marktstellung auf Beschaffungsmärkten (Arbeitsmarkt, Kapitalmarkt, Rohstoffmärkte)

- Technologische Kompetenzen.

Noch konkreter formuliert werden die Schlüsselelemente einer Unternehmensvision im Ansatz von Wilson. Er führt folgende Elemente auf:

- Scope (die Geschäftstätigkeit bestimmenden Geschäftsfelder)

---

[44]   Vgl. Wilson (1994), S. 22.
[45]   Vgl. Matje (1996), S. 42-44.
[46]   Vgl. Zur Bonsen (1987), S. 574-575.

- Scale (die Unternehmensgrösse)
- Product and Market Focus (die Produktlinien und Marktnischen)
- Competitive Focus (die Bereiche, wo der Wettbewerb gegenüber der Konkurrenz stattfindet)
- Image and Relationship (das Image nach innen und aussen sowie der Umgangsstil mit Anspruchsgruppen)
- Organization and Culture (der Einbezug in Organisation und Kultur)

Je „härter" Visionen formuliert werden, desto schwieriger wird die Abgrenzung zum Leitbild oder zur eigentlichen Geschäftsstrategie. Die Grenzen sind fliessend, und es werden, evtl. unter Verwendung anderer Bezeichnungen, sehr ähnliche Inhalte angesprochen.[47] Etwas vereinfachend kann folgende Faustregel zur Unterscheidung herangezogen werden. Wächst etwas, das Werte, Emotionen oder Ideale vermitteln will aus dem Herz und beruht auf Intuition, dann handelt es sich tendenziell um eine Vision.

Die Inhalte sind mehrheitlich dieselben. Analog zum angewandten Unterscheidungskriterium für Visionen liegt dann eher ein Leitbild vor, wenn derselbe Inhalt mehrheitlich „kopflastig" bzw. rational begründet ist. Trotzdem enthalten Leitbilder selten konkrete Aussagen, sondern drücken eine Zielvorstellung allgemeingültig aus. Sie enthalten oft Absichtserklärungen oder Soll-Botschaften. Die in Leitbildern angesprochenen Werte sind zweckrational begründet, wie z. B. Kundenorientierung, Effizienzsteigerung, Qualitätsverbesserung. Das Leitbild als Credo, welches gesamthaft die Grundsätze für die allgemein verbindliche Verhaltensweise des Unternehmens und der Mitarbeiter festlegt, wird nicht selten zur Kommunikation nach aussen eingesetzt.

Nach Botschen/Stoss definiert das Leitbild „Grundsätze, Ziele und das dem unternehmerischen Handeln zugrundeliegende Wertsystem. Es wird zum komprimierten Ausdruck der Unternehmensphilosophie".[48] Für Bleicher stellt das Leitbild ein realistisches Idealbild des zukünftigen „Fits" zwischen Unternehmens- und Umweltentwicklung dar. Es soll die ganze Unternehmensführung im Hinblick auf die Umsetzung der Strategien durchdringen.[49].

---

[47] Vgl. Rühli (1991), S. 31.

[48] Botschen/Stoss (1994), S. 15.

[49] Vgl. Bleicher (1992), S. 5 und S. 21-23.

Abschliessend kann festgehalten werden, dass unabhängig von der genauen materiellen Abgrenzung sowohl die Vision als auch das Leitbild wesentliche Basis-Instrumente zur Gestaltung der Unternehmenspolitik darstellen. Ziel und Zweck dieser Instrumente muss es sein, die Mitarbeiter dazu zu bewegen, engagiert und motiviert „an einem Strick" und vor allem „in die gleiche Richtung" zu ziehen. Dafür muss der Verwaltungsrat den Grundstein legen.

5.2.2   Umweltanalyse

Bei der Umweltanalyse werden Informationen über unternehmensexterne Faktoren gesammelt. Abbildung 5-5 zeigt, welche Informationen dabei im Vordergrund stehen.

Abbildung 5-5:   Untersuchungsbereiche der Umweltanalyse[50]

Bereich	Information	Ziel
Allgemeine Umwelt Konkurrenz Markt Branche	eher aus externen Quellen	Entwicklung eines Chancen/Gefahren-Profils

Ziel ist es, Informationen über die allgemeine Umwelt, die Konkurrenz, den Markt und die Branche zu sammeln, auszuwerten und zusammengefasst in einem Chancen/Gefahren-Profil darzustellen.[51] Dieses soll der Unternehmensleitung Aufschluss darüber geben, wie die aufgezeigten Entwicklungen das Unternehmen beeinflussen. Bei der Verdichtung der gesammelten Informationen scheint es besonders wichtig, sich auf die zentralen, bedeutenden Fragestellungen zu beschränken. Dem Erkennen und der richtigen Beurteilung von fundamentalen Trends ist aus der Sicht des Verwaltungsrats klar eine grössere Bedeutung beizumessen als komplizierten Analysen mit hohem Detaillierungsgrad.[52] Falls einzelne Mitglieder des Verwaltungsrats weitere Informationen wünschen, sollten diese jedoch innert nützlicher Frist verfügbar sein. Die In-

---

[50]   Vgl. Sattes et al. (1995), S. 38-44.

[51]   Vgl. Pümpin (1980), S 25.

[52]   Vgl. Sattes et al. (1995), S. 40.

strumente für die Teilanalysen werden nachfolgend kurz beschrieben und beispielhaft als Chancen/Gefahren-Profil dargestellt.

5.2.2.1   Allgemeine Umwelt

Damit die Unternehmensleitung zukünftige Entwicklungen frühzeitig erkennen kann, muss sie die allgemeine Umwelt regelmässig beobachten und beurteilen. Dazu müssen bewusst Informationen gesammelt und analysiert werden. Der Aufwand für die systematische Informationsbeschaffung darf dabei nicht unterschätzt werden. Als mögliche Informationsquellen sind u. a. denkbar:

- Verbandsberichte/-statistiken/-auskünfte
- Wirtschaftszeitschriften
- Fachdokumentationen/-bücher
- Hochschulauskünfte/Wissenschaftliche Dienste
- Ausseruniversitäre Forschungsinstitute (z. B. Paul-Scherrer-Institut)
- Marktforschungsinstitute (z. B. IHA Institut für Marktanalysen AG)
- Schweizerischer Handels- und Industrieverein (Vorort)
- Bundesamt für Statistik, für geistiges Eigentum oder für Umwelt, Wald und Landschaft
- Patentamt
- Eunet Switzerland.

Eine Checkliste, wie in Abbildung 5-6 dargestellt, kann wertvolle Dienste leisten. Sie muss aber in jedem Fall auf die konkreten Informationsbedürfnisse der Unternehmensleitung angepasst und ergänzt werden.

Abbildung 5-6:   Beispiel einer Checkliste für die allgemeine Umwelt [53]

Bereich	Fragen
Ökologie	• Wie präsentiert sich die Verfügbarkeit von Energie? • Wie ist die Verfügbarkeit von Rohstoffen zu beurteilen? • Welche Strömungen sind im Umweltschutz zu beobachten bezüglich Umweltbewusstsein, Umweltbelastung, Gesetzgebung? • Wie entwickeln sich die Recyclingkosten?
Technologie	• Wie entwickeln sich die Produktionstechnologien? • Welches Innovationspotential ist hier vorhanden? • Gibt es Substitutionstechnologien? • Wie entwickeln sich Informatik und Telekommunikation?
Soziodemographische Entwicklungen und Wertewandel	• Wie entwickelt sich die Bevölkerung allgemein und in relevanten Bevölkerungsgruppen? • Wie sieht es mit der Arbeitsmentalität aus? • Wie hoch ist die Sparneigung? • Wie entwickelt sich das Freizeitverhalten? • Wie ist die Einstellung der Bevölkerung gegenüber der Wirtschaft, der Automation, relevanten Werkstoffen und Produkten?
Staat und Politik	• Wie ist die parteipolitische Entwicklung? • Welche Entwicklungstendenzen gibt es in der Wirtschaftspolitik? • Wie entwickeln sich Sozialgesetzgebung und das Arbeitsrecht? • Welchen Einfluss haben Gewerkschaften? • Wie gross ist die Handlungsfreiheit der Unternehmen?

5.2.2.2   Konkurrenzanalyse

Im Rahmen der Konkurrenzanalyse sind die wichtigsten Konkurrenten einer gründlichen Analyse zu unterziehen. Aber auch potentiellen neuen Mitbewerbern ist Beachtung zu schenken. Oft kommt die grösste technologische Bedrohung von Aussenseitern, die bisher nicht in der Branche tätig waren. In einem ersten Schritt muss deshalb entschieden werden, wer die Konkurrenz darstellt und von welchen Konkurrenten eine Analyse besonders aufschlussreich ist.

---

[53]   Vgl. Horváth (1994), S. 394 und Sattes et al. (1995), S. 216-217.

In Frage kommen z. B:

- das grösste Konkurrenzunternehmen
- das beste Konkurrenzunternehmen
- das am schnellsten wachsende Konkurrenzunternehmen
- eine Gruppe von Konkurrenzunternehmen
- das schlechteste Konkurrenzunternehmen (z. B. Insolvenzfälle).

Insbesondere die Analyse von schlechten Konkurrenzunternehmen kann zu interessanten Erkenntnissen führen und das eigene Unternehmen vor teueren Fehlentscheidungen bewahren.

In einem nächsten Schritt müssen dann Fragenstellungen, welche für das eigene Unternehmen von Interesse sind, erarbeitet werden. Abbildung 5-7 listet einige denkbare Fragestellungen auf. Von besonderem Interesse ist die Frage, welche Strategie die Konkurrenz verfolgt oder verfolgen könnte.[54]

Abbildung 5-7: Mögliche Fragen zur Konkurrenz[55]

- Welche Strategien sind erkennbar?
- Welches sind die Hauptstärken der Konkurrenz?
- Welches sind die Hauptschwächen der Konkurrenz?
- Welche erfolgsrelevanten Vorteile besitzt die Konkurrenz?
- Welches sind die Hauptgründe für den Erfolg bzw. Misserfolg?
- Wie ist die gegenwärtige Stellung der Konkurrenz bezüglich
  - Umsatz insgesamt?
  - Umsatz in relevanten Produktegruppen?
  - Marktanteile insgesamt?
  - Marktanteile in relevanten Produktegruppen?
- Welche Produkt- und Preispolitik wird verfolgt? Wie hoch sind die Preise?
- Wie sieht die Kostenstruktur aus?
- Welche Gewinnsituation liegt vor?
- Wie präsentiert sich die Finanzkraft?

In der dritten Phase erfolgt die Informationsbeschaffung, -auswertung, -verdichtung und -darstellung. Insbesondere die Informationsbeschaffung stellt für

---

54 Vgl. Lanz (1992), S. 217.

55 Vgl. Sattes et al. (1995), S. 213.

mittlere Unternehmen ein nicht zu unterschätzendes Problem dar. Informatives und aussagekräftiges Dokumentationsmaterial, vor allem über Konkurrenten, ist in der Regel schwierig zu erhalten und erfordert ein gezieltes, systematisches Vorgehen. Der Aufwand für das Führen einer professionellen „Informationszentrale" ist aber in den meisten Fällen unverhältnismässig. Mögliche Informationsquellen sind die angebotenen Produkte, die Werbung, die Kunden der Konkurrenz, die Lieferanten, Verbandsgespräche etc.

5.2.2.3   Markt- und Branchenanalyse

Für die Markt- und Branchenanalyse gelten ähnliche Überlegungen wie für die Konkurrenzanalyse. Der Hauptunterschied liegt darin, dass der Blickwinkel auf den für das Unternehmen relevanten Markt- bzw. Wirtschaftszweig erweitert wird. Abbildung 5-8 zeigt eine mögliche Checkliste für Informationen, welche im Rahmen einer Markt- und Branchenanalyse von Interesse sein könnten.[56]

Abbildung 5-8:   Beispiel einer Checkliste zur Markt- und Branchenanalyse[57]

Marktanalyse	
Quantitative Marktdaten	• Marktvolumen • Marktsättigung • Marktwachstum (absolut und prozentual) • Marktanteile • Stabilität des Bedarfs
Qualitative Marktdaten	• Bedürfnisstruktur der Kunden • Kaufmotive • Kaufprozesse/Informationsverhalten • Kaufgewohnheiten der Kunden

---

[56]   Vgl. Pümpin (1980), S. 27.

[57]   Vgl. Schweizerische Kreditanstalt (1994), S. 23 und Pümpin (1980), S. 30.

Branchenanalyse	
Branchenstruktur	• Anzahl Anbieter • Heterogenität der Anbieter • Typen der Anbieterfirmen • Organisation der Branche
Kundenstruktur	• Anzahl Kunden • Kundentypen
Wettbewerbsinstrumente	• Qualität • Sortiment • Beratung • Preis • Lieferfristen
Distributionsstruktur	• Geographisch • Absatzkanäle
Branchenausrichtung	• Allg. Branchenausrichtung (Werkstoffe, Technologie, Kundenprobleme usw.) • Innovationstendenzen (Produkte, Verfahren usw.)
Sicherheit	• Eintrittsbarrieren für neue Konkurrenten • Substituierbarkeit der Leistungen

Die aus den einzelnen Teilanalysen gewonnenen Informationen können nun zu einem Chancen/Gefahren-Profil verdichtet werden. Bei der Erarbeitung eines solchen Profils sollte beachtet werden, dass Gefahren leichter zu dramatisieren und wahrnehmbar sind als Chancen. Dies bedeutet, dass in erkennbaren Umweltsituationen ganz bewusst auch Chancen gesehen werden. Abbildung 5-9 zeigt eine mögliche Darstellung eines Chancen/Gefahren-Profils. Mit der Grösse der eingesetzten Zeichen zur Visualisierung kann zusätzlich zur Basisinformation Chance bzw. Gefahr eine weitere Dimension dargestellt werden, z. B. die Wahrscheinlichkeit des Eintreffens oder die Wichtigkeit für das eigene Unternehmen.

Abbildung 5-9:   Beispiel eines Chancen/Gefahren-Profils[58]

Bereich	Entwicklungstendenz	Chancen	Gefahren
Konkurrenz	Der Marktanteil des Haupt-konkurrenten steigt jährlich.	☹	💣
Markt	Der Bedarf an unseren Pro-dukten ist stabil, die Ansprü-che an die Qualität werden aber höher.	☺	
Branche	Die Anzahl der Anbieter nimmt laufend zu.	☹	
Allg. Umwelt	Der Trend zur Überalterung der Bevölkerung ist ungebro-chen. Eine Entwicklung zu mehr Individualität ist zu be-obachten.	☺	☺

5.2.3   Unternehmensanalyse

Die Strategiefindung basiert u.a. auch auf den Erkenntnissen einer eingehenden Unternehmensanalyse. Abbildung 5-10 zeigt mögliche Untersuchungsbereiche der Unternehmensanalyse. Diese versucht, die Stärken und Schwächen des Unternehmens aufzuzeigen. Die notwendigen Informationen aus den wichtig-sten Bereichen des Unternehmens müssen der Unternehmensleitung deshalb zur Verfügung gestellt werden.

Abbildung 5-10: Untersuchungsbereiche der Unternehmensanalyse[59]

Analyseart	Bereiche	Information	Ziel
Unternehmens-analyse	Marketing Produktion Finanz-/Rechnungswesen Personal F&E/Innovation Organisation	eher aus internen Quellen	Entwicklung eines Stärken-/Schwächen-Profils

Informationsbasis bilden die im Unternehmen erstellten Berichte der einzelnen operativen Einheiten oder Fachstellen.[60] Die einzelnen Berichte müssen so aus-

---

58   Vgl. Pichler/Pleitner/Schmidt (1996), S. 47

59   Vgl. Sattes et al. (1995), S. 38-44

gewertet und verdichtet werden, dass sich der Verwaltungsrat ein klares Bild über die aktuelle Lage des Unternehmens machen kann. Zur leichteren Erfassbarkeit werden die verdichteten Ergebnisse visualisiert. Dabei helfen oft schon kleine „Tricks", um Informationen aussagekräftiger zu machen. Beispielsweise kann durch die Grösse eines Zeichens die Wesentlichkeit der dargestellten Stärke bzw. Schwäche für das Unternehmen optisch aufgezeigt werden.[61]

Da Stärken und Schwächen relative Grössen sind, wird ein solches Profil oft mit der Konkurrenz in verglichen. Das Unternehmen verfügt nämlich nur dann über eine bestimmte Stärke und damit über einen komparativen Wettbewerbsvorteil, wenn es in einem erfolgsrelevanten Bereich der Konkurrenz überlegen ist.[62] Aus praktischen Gründen beschränkt man sich beim Vergleich oft auf das stärkste oder die stärksten Konkurrenzunternehmen.[63] Eine solche vergleichende Darstellung zeigt Abbildung 5-11.

Sind im Vergleich zur Konkurrenz mehrere Bereiche unterlegen, dann sind dringend Massnahmen zur Verbesserung der Situation erforderlich. Zeigt das Profil für die einzelnen Funktionsbereiche sowohl auf der negativen wie auf der positiven Seite starke Ausschläge, dann besteht die Gefahr, dass das Unternehmen nach aussen unprofiliert, ja vielleicht sogar unprofessionell wirkt.

Die Analyse der Stärken und Schwächen gibt dem Verwaltungsrat Anhaltspunkte für die Entwicklung der Strategie mit folgendem Ziel: Stärken, das heisst Wettbewerbsvorteile ausbauen und Schwächen in zukünftige Stärken umwandeln.[64]

---

[60] In Kap. 9 wird das Informationssystem und das Berichtwesen zu Handen des Verwaltungsrats nochmals aufgegriffen.

[61] Vgl. dazu auch die Darstellung des Chancen/Gefahren-Profils in Abbildung 5-9.

[62] Informationen über die Konkurrenz werden im Rahmen der Umweltanalyse gesammelt.

[63] Vgl. Korndörfer (1995), S. 130.

[64] Vgl. Korndörfer (1995), S. 131-132.

Abbildung 5-11: Beispiel eines Stärken/Schwächen-Profils [65]

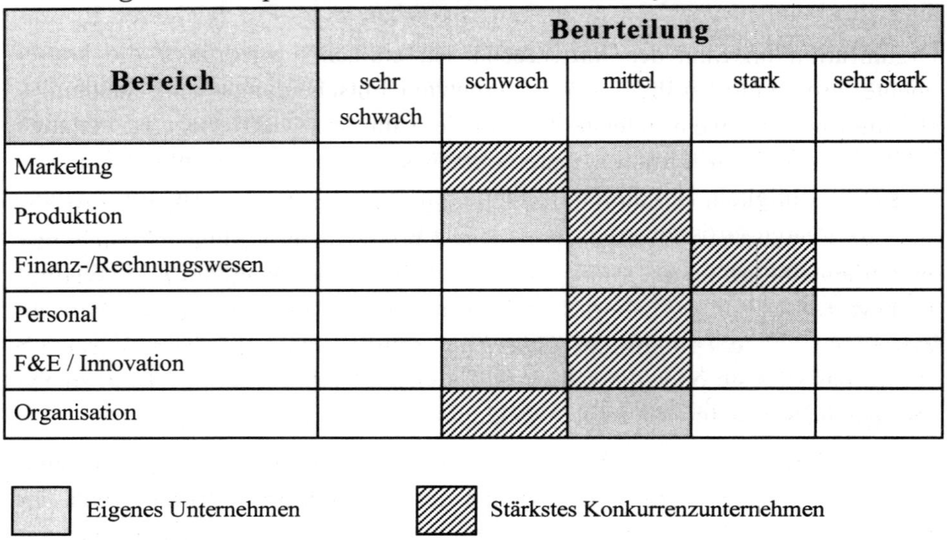

Bereich	Beurteilung				
	sehr schwach	schwach	mittel	stark	sehr stark
Marketing		▨	▧		
Produktion		▧	▨		
Finanz-/Rechnungswesen			▧	▨	
Personal			▧▨		
F&E / Innovation		▧	▨		
Organisation		▨▧			

▧ Eigenes Unternehmen   ▨ Stärkstes Konkurrenzunternehmen

Obwohl der Verwaltungsrat mit der Erarbeitung der dargestellten Instrumente nur am Rande konfrontiert wird, sollte er dafür besorgt sein, dass diese im Unternehmen vorhanden sind. Sie erleichtern die Erarbeitung einer Strategie. Insbesondere ermöglichen aber die systematische Sammlung von Informationen über Umwelt und Unternehmen dem Verwaltungsrat auch ein stetes kritisches Überdenken der zur Zeit verfolgten Strategie sowie einen qualitativ fundierten Entscheid hinsichtlich der Wahl einer neuen Unternehmensstrategie. Und dies ist die wichtigste Aufgabe des Verwaltungsrats als Träger der Oberleitung.

---

[65]   Vgl. Amann (1995), S. 95.

5.3   Gestaltung der Unternehmensstruktur

Organisation im Sinn des Aktienrechts ist, einfach ausgedrückt, die konsequente Festlegung darüber, wer in vernetzten Entscheidungs- und Handlungsabläufen was tut, wem unterstellt ist sowie wann und wie Bericht zu erstatten
ist. Insbesondere in mittleren Unternehmen sind organisatorische Fragen von
grosser Wichtigkeit. Bei diesen besteht latent die Gefahr, dass sie von kleinen,
überschaubaren Grössenverhältnissen schnell in mittlere, komplexere Dimensionen wachsen und dabei den Zeitpunkt verpassen, die organisatorisch notwendigen Strukturen rechtzeitig zu schaffen. Häufig stellt sich erst nachträglich heraus, dass fehlende Organisation bzw. herrschende Unklarheit über
Kompetenzen und Verantwortung einen wesentlichen Faktor des unternehmerischen Scheiterns darstellte.[66]

Der Gesetzgeber verlangt vom Verwaltungsrat nicht, dass er selbst Organigramme erstellt, Verfahrensrichtlinien und Regeln erarbeitet oder andere Organisationsinstrumente erstellt.[67] Der Verwaltungsrat muss jedoch die grundlegenden Entscheide bezüglich der Organisationsstruktur selbst treffen. Dazu
zählen einerseits die interne Organisation des Gremiums „Verwaltungsrat"
sowie die externe Organisation, welche die Ausgestaltung der obersten Unternehmensspitze betrifft. Dabei ist natürlich die Frage der Delegation der Geschäftsführungskompetenz von zentraler Bedeutung.[68] Eine weitere wichtige
Aufgabe des Verwaltungsrats besteht darin, die existierende Organisation laufend zu überprüfen und deren Zweckmässigkeit zu hinterfragen. Er muss fähig
sein, Organisationsprobleme frühzeitig zu erkennen und allenfalls für eine
Anpassung der Organisation an die veränderten Rahmenbedingungen besorgt
sein.[69]

In den folgenden Abschnitten wird die betriebswirtschaftliche Theorie zur Organisation kurz skizziert. Anschliessend soll aufgezeigt werden, wie sich der
Verwaltungsrat intern organisieren kann und welche Auswirkungen seine Ent-

---

[66]   Vgl. Böckli (1992), Rz 1533, S. 419.

[67]   Vgl. Müller/Lipp (1994), S. 115.

[68]   Die oft entscheidende Frage der Delgation betrifft i. d. R. den Umfang der Delgation und
weniger, ob überhaupt delegiert wird, weil eine Delegation wegen der Aufgabenvielfalt
bzw. der zeitlichen Belastung oft unumgänglich ist.

[69]   Vgl. Böckli (1992), Rz 1554, S. 421.

scheidungen haben. Bezüglich der externen Organisation werden die grundsätzlichen Möglichkeiten dargestellt, welche dem Verwaltungsrat hinsichtlich der Delegation der Geschäftsführung offen stehen. Weitere Fragen betreffen den Inhalt des Organisationsreglements, die Organisationsentwicklung und die fortlaufende Anpassung der Organisation an veränderte Rahmenbedingungen.

5.3.1   Organisationsbegriff

Obwohl der Ausdruck Organisation aus dem Alltag sehr wohl bekannt ist, scheint es zum besseren Verständnis wichtig, vorerst die Dimensionen des Begriffs aufzuzeigen. Meint man mit Organisation ganze Systeme wie z. B. ein Unternehmen, die Behörden, eine Gewerkschaft oder einen Golfclub, so spricht man in der Organisationstheorie vom institutionellen Organisationsbegriff. Betrachtet wird das gesamte System, welches nebst der formalen Struktur auch das soziale Gebilde, geplante und ungeplante Prozesse, Funktionen wie auch Dysfunktionen umfasst.[70] Anders hingegen der instrumentelle Organisationsbegriff; er befasst sich mit einem besonderen Merkmal der Organisation. So spricht man von einer ausgezeichneten Organisation, von einer veralteten Organisation oder von einer dringend notwendigen Reorganisation. Organisationsentscheide des Verwaltungsrats betreffen in erster Linie diese Dimension des Organisationsbegriffs.[71] Organisation wird als Instrument der Führung begriffen, das den betrieblichen Leistungsprozess steuern hilft.[72] Der Organisator ist der „Architekt" der Organisationsstruktur. Dabei werden in der Theorie weitere Begriffe unterschieden, wie z. B. der funktionale und der konfigurative Organisationsbegriff. Das funktionale Verständnis sieht die Organisation als Funktion der Unternehmensführung.[73] In dieser Sichtweise bilden Planung, Organisation und Kontrolle die klassischen Funktionen der Führung. Mit Organisation ist somit die gesamte Umsetzung der Planung ge-

---

[70] Die zentralen Elemente des institutionellen Organisationsbegriffes sind die Zweckorientierung, die geregelte Arbeitsteilung sowie die Möglichkeit der Abgrenzung zwischen Innenwelt und Umwelt.

[71] So erläutert Beck, dass die institutionalisierte Unternehmensführung nur dann Führung ausübt, wenn sie im Sinne der organisatorischen Zwecke einen Beitrag zur organisatorischen Funktionsweise liefert. Vgl. Brandl (1989), S. 193.

[72] Vgl. Schreyögg (1996), S. 5.

[73] Begründet wurde diese Sichtweise durch Fayol; im deutschspachigen Raum ist Gutenberg der berühmteste Vertreter.

meint.[74] Als Gegenpol hat sich innerhalb der instrumentellen Sichtweise der konfigurative Organisationsbegriff nach Kosiol herausgebildet. Mit Organisation wird in seinem Ansatz eine dauerhafte Strukturierung bzw. ein festes Gefüge verstanden, welches anderen Massnahmen vorgelagert ist. Damit kommt der Organisation eine ganz andere Stellung zu, Organisation ist das Gerüst des Unternehmens.[75] „Durch die Struktur erhält die Unternehmung aufgrund eines bestimmten Bauplanes ihre besondere Gestalt, im wörtlichen Sinne wird sie geprägte Form, übergreifende Einheit, organisatorische Ganzheit."[76] Der konfigurative Organisationsbegriff ist wesentlich durch eine statische Sichtweise geprägt, so schreibt Kosiol: „...als endgültig gedachte Strukturierung, die in der Regel auf längere Sicht gelten soll."[77]

Beim Gestaltungsvorgang „organisieren" geht es darum, Regelungen festzulegen: Regeln zur Aufgabenverteilung und Kompetenzabgrenzung, Weisungsbefugnisse, Unterschriftsregelung, Regeln der Koordination, Verfahrensrichtlinien, Beschwerdewege oder Konfliktmanagement – ein solches Geflecht aus Regeln nennt man gewöhnlich Organisationsstruktur.[78] Meistens geht es beim Organisieren nicht um eine völlige Neugestaltung, sondern um eine Teil- oder Reorganisation. Deshalb ist organisieren nicht nur eine punktuelle Aufgabe, sondern ein ständiger Prozess innerhalb eines Systems. In diesem Sinn müsste man auch die Organisationsverantwortung des Verwaltungsrats betrachten. E r legt zwar bei der Gründung des Unternehmens einmal eine interne Organisation fest, beschliesst über die Struktur der Unternehmensspitze und erlässt grundsätzliche Regeln. Danach ist er aber aufgefordert, die bestehenden Strukturen kritisch zu hinterfragen, auf deren Zweckmässigkeit zu prüfen und allenfalls über notwendige Reorganisationen zu entscheiden.

---

74 Im Ansatz von Gutenberg ist die Organisation im wesentlichen mit der Vollzugsaufgabe gleichzusetzen. Er lässt keinen Zweifel über die Rangordnung der Funktionen innerhalb des Steuerungsprozess des Unternehmens. Gutenberg schreibt: „Je vollkommener die Betriebsorganisation die ihr vorgegebenen Ziele und Planungen zu verwirklichen imstande ist, um so mehr erfüllt sie die Aufgabe, die ihrer dienenden und instrumentalen Natur entspricht." Gutenberg (1983), S. 236.

75 Vgl. Kosiol, zit. nach: Schreyögg (1996), S. 8.

76 Kosiol (1976), S. 20.

77 Kosiol (1976), S. 20.

78 Vgl. Schreyögg (1996), S. 11-12.

5.3.2   Interne Organisationsstruktur des Verwaltungsrats

Dem Verwaltungsrat steht es im Rahmen von OR Art. 716a Abs. 2 frei, „die Vorbereitung und Ausführung seiner Beschlüsse oder die Überwachung von Geschäften Ausschüssen oder einzelnen Mitgliedern"[79] zuzuweisen. Die Beschlussfassung kann hingegen nicht an einzelne Mitglieder bzw. Ausschüsse delegiert werden – die Entscheidungskompetenz und Verantwortung obliegt dem Gesamtverwaltungsrat.[80] Inwieweit der Verwaltungsrat von OR Art. 716a Abs. 2 Gebrauch macht, hängt nicht unwesentlich von der Grösse und Zusammensetzung des Gremiums selbst ab. Diese Arbeitsteilung kann in Form einer Ressortbildung oder durch die Bildung von Teams bzw. Ausschüssen stattfinden, welche Aufgaben im Namen des Verwaltungsrats wahrnehmen. Im Rahmen der Selbstorganisation muss der Verwaltungsrat aber auch festlegen, wie interne Arbeitsprozesse ablaufen, wie informiert, kommuniziert und entschieden wird.

5.3.2.1   Grösse des Verwaltungsrats

Äusserst aktuell ist die Frage nach der Grösse eines Verwaltungsrats. Weder theoretisch noch praktisch lassen sich aber genaue Werte bestimmen, die festlegen, ab welcher Grösse die Handlungsfähigkeit eines Verwaltungsrats eingeschränkt ist. Bestehen Gremien mit über 15 Mitgliedern, dann sind gewisse Zweifel bezüglich Effizienz und Effektivität durchaus angebracht.[81] Bei unerwartet auftretenden Entscheidungen dürfte es problematisch sein, kurzfristig nur schon einen Termin für eine Verwaltungsratssitzung zu finden. Abt zeigt in seiner Arbeit z. B. eine negative Korrelation zwischen Grösse und Kursfortschritt von börsenkotierten Unternehmen in der Schweiz.[82] Aus gruppentheoretischer Sicht kommt Hill zum Schluss, dass 5-8 Mitglieder eine ideale Anzahl darstellt.[83] Auch von der Kleingruppenforschung her ist bekannt, dass aus ar-

---

79 OR Art. 716a Abs. 2.

80 Dabei lassen sich zwei Arten von Verwaltungsratsausschüssen unterscheiden, welche klar auseinandergehalten werden müssen: Ausschüsse, denen lediglich Aufgaben zur Ausführung, Vorbereitung und Kontrolle zugewiesen werden und Ausschüsse, denen Aufgaben und Kompetenzen delegiert werden. Zweitere sind de facto Delegierte des Verwaltungsrats; demzufolge betrifft es nicht mehr die interne Organisation.

81 Vgl. Vischer (1994), S. 880; Kammerer (1997), S. 24; Wunderer (1995), S. 40.

82 Vgl. Abt (1994), S. 21.

83 Vgl. Hill (1994), S. 33; Wunderer (1996), S. 41.

beitsökonomischen Gründen Gruppen von 5-8 Mitglieder effizient arbeiten.[84] Demgegenüber steht die Meinung, dass ein Verwaltungsrat verschiedene gesellschaftliche Kreise zu vertreten hat[85] und deshalb zwingend eine gewisse Grösse erforderlich ist.[86] Unternehmen mit kleinen Gremien begründen die geringe Anzahl Mitglieder mit Vorteilen wie raschere Entschlussfassung, höhere Kreativität, gute Kommunikation, effiziente Zusammenarbeit, Gruppensynergien, einfachere Einberufungs- und Versammlungsmodalitäten, klare Verantwortlichkeiten oder geringere Kosten. Demgegenüber stellen Unternehmen mit grossen Verwaltungsräten folgende Argumente in den Vordergrund: Vertretung unterschiedlicher Interessen, verbesserte Informationsquellen, Druck durch Einflüsse von Markt- oder Umfeldfaktoren oder Akquisitionsvorteile. Obwohl in der Literatur unterschiedliche Meinungen vertreten werden, ist in der Praxis in den letzten Jahren ein Trend hin zu kleineren Verwaltungsräten festzustellen.[87] Ältere Untersuchungen von Buchmann und Glaus[88] zeigen noch Durchschnittsgrössen von 13,5 resp. 13,3 Mitgliedern, wohingegen eine neuere Untersuchung bei 100 westschweizerischen Unternehmen von Spencer Stuart zeigt, dass beim Gros der Unternehmen der Verwaltungsrat aus 5-9 Mitgliedern besteht. Die Ergebnisse dieser Untersuchung werden in Abbildung 5-12 dargestellt.

Abbildung 5-12: Grösse des Verwaltungsrats[89]

Anzahl VR-Mitglieder	% der Unternehmen
3-4	10%
5-9	60%
10-14	15%
über 14	15%

---

84   Vgl. Gebert (1987), S. 1048-1050.

85   Diese Ansicht ist aus gesellschaftsorientierten Überlegungen zu verstehen und trifft deshalb auf grosse Publikumsgsellschaften stärker zu als auf mittlere Unternehmen, deren Aktien nur wenig gestreut sind.

86   Vgl. Senn, zit. nach: Wunderer (1996), S. 40.

87   Vgl. Grünbichler/Oertmann (1996), S 29.

88   Vgl. dazu: Buchmann (1976), S. 73-74; Glaus (1990), S. 117.

89   Vgl. Spencer Stuart Mangement Consultants (1996), S. 8.

Eine besonders interessante Feststellung der erwähnten Arbeit ist, dass die Anzahl der Verwaltungsratsmitglieder nicht proportional zur Grösse des Unternehmens verläuft. So weisen 80% der grösseren, jedoch von einem Mehrheits-
oder Alleinaktionär beherrschten Unternehmen einen Verwaltungsrat von 8
oder weniger Mitgliedern aus. Demgegenüber beträgt die Zahl der Verwal-
tungsmitglieder bei 75% der kleineren Unternehmen mit gestreutem Aktiona-
riat über 10 Mitglieder. Diese Feststellung zeigt, dass die Anzahl der Verwaltungsräte nicht allein eine Frage der Unternehmensgrösse, sondern mindestens
ebenso der Besitzverhältnisse ist. Haake nennt neben den Besitzverhältnissen
weitere Einflussfaktoren wie: Grösse des Aufgabenbündels des Organs, Grad
der Diversifikation des Unternehmens, Komplexität der Märkte und Produkte,
Komplexität und Dynamik der Umwelt.[90]

Falls ein Verwaltungsrat mehr als 5-7 Mitgliedern zählt – was nach wie vor
für viele Verwaltungsräte zutrifft – drängt sich aus Effizienzüberlegungen die
Frage nach einer institutionalisierten Arbeitsteilung im Rahmen von sogenannten Ausschüssen auf.[91] Diese stellen ein geeignetes Instrument dar, um
Verwaltungsratsmitglieder ihren Stärken entsprechend optimal einzusetzen und
so die Effizienz eines grossen Verwaltungsrats zu steigern.

5.3.2.2   Arbeitsteilung innerhalb des Verwaltungsrats

Der Verwaltungsrat wird durch OR Art. 716a Abs. 2 ausdrücklich ermächtigt,
„die Vorbereitung und die Ausführung seiner Beschlüsse oder die Überwachung von Geschäften Ausschüssen oder einzelnen Mitgliedern"[92] zuzuweisen.

---

[90] Vgl. Haake (1992), S. 77. Insbesondere der Einfluss der beiden letztgenannten Faktoren
ist schwierig mit den Ergebnissen von Spencer Stuart in Einklang zu bringen. Falls man
zustimmen kann, dass Komplexität und Dynamik in der Unternehmensführung stark zugenommen haben, dann müssen unter Beachtung der Tatsache, dass in der Praxis Verwaltungsräte tendenziell kleiner werden, andere Einflussfaktoren in entgegengesetzter
Richtung massiv stärker wirken.

[91] Diese Ansicht vertreten auch Biland (1988), S. 211 und Kammerer (1997), S. 24.

[92] OR Art. 716a Abs. 2.

Abbildung 5-13: Delegation mit oder ohne Entscheidungskompetenz

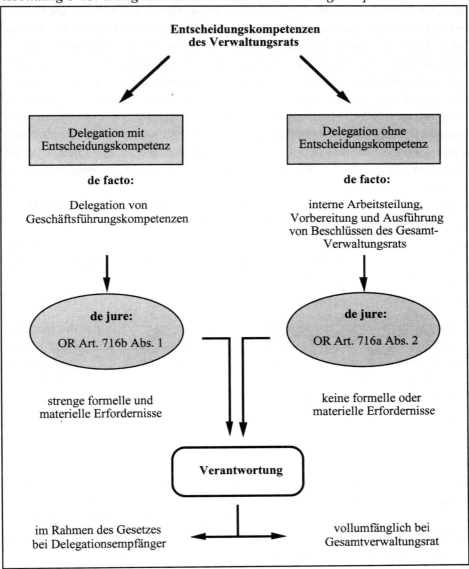

FürAusschüsse, denen lediglich vorbereitende, überwachende oder ausführende Aufgaben zugeteilt werden, sieht der Gesetzgeber keine besonderen

formellen Anforderungen[93] vor. Sie können auch ad hoc für einzelne, spezielle
Aufgaben gebildet werden, haben aber keine Entscheidungskompetenz. Die
Verantwortung bleibt uneingeschränkt beim Gesamtverwaltungsrat.[94] Dieser
ist für eine angemessene Berichterstattung an seine Mitglieder besorgt. Abbildung 5-13 zeigt sowohl den eben beschriebenen Sachverhalt als auch den Sachverhalt bei einer Delegation mit Entscheidungskompetenz auf. Will nämlich
der Verwaltungsrat Aufgaben und Kompetenzen an ein Mitglied oder mehrere
Mitglieder delegieren, dann handelt es sich um Delegierte oder Ausschüsse mit
Entscheidungskompetenz. Für diesen Fall schweigt sich der Gesetzgeber aus.
Ein Vorgehen nach OR Art. 716b Abs. 1 drängt sich auf, da es sich dabei de
facto um Delegierte des Verwaltungsrats mit Geschäftsführungskompetenzen
handelt. Für diesen Fall steht nicht mehr alleine die interne Organisation zur
Diskussion, sondern auch die Ausgestaltung der Spitzenorganisation des Unter-
nehmens, welche in Kapitel 5.2.3 behandelt wird.

Die wichtigsten in der Praxis anzutreffenden Ausschüsse sollen nachfolgend
kurz beschrieben werden. Dabei wird jeweils speziell vermerkt, ob eine statutarische Ermächtigung erforderlich ist.

Geschäftsführender Ausschuss

Dem geschäftsführenden Ausschuss kommt in der Praxis nicht nur die laufende
Überwachung der Geschäftstätigkeit zu, sondern auch das Entscheiden in Fragen, die nicht zwingend den Gesamtverwaltungsrat voraussetzen, aufgrund ihrer Bedeutung aber die Kompetenzen der Direktion überschreiten. Da der geschäftsführende Ausschuss klare Entscheidungskompetenzen hat, wird für diesen Fall zwingend eine statutarische Ermächtigung zur Delegation vorausgesetzt.[95]

Audit Committee

Zur Kernaufgabe des Audit Committees, zu deutsch „Prüfungs- oder Revisionsausschuss", zählt die Überwachung des Unternehmens, insbesondere in den
Bereichen Rechnungslegung und Revision. Dem Ausschuss gehören i. d. R. 3-5
Personen an, die nebst den undelegierbaren Pflichten als Verwaltungsrat keine
weiteren Geschäftsführungspflichten inne haben. Der Verwaltungsrat wird pe-

---

93   Obwohl nicht vorgeschrieben, ist bei ständigen Ausschüssen eine formelle Regelung Us-
     anz (z. B. im Organisationsreglement).

94   Vgl. Forstmoser/Meier-Hayoz/Nobel (1996), S. 326.

95   Vgl. Forstmoser/Meier-Hayoz/Nobel (1996), S. 328.

riodisch über die Arbeit des Audit Committee orientiert. Das Audit Committee erlaubt faktisch eine personelle Trennung zwischen Geschäftsführungs- und Überwachungsfunktion. Da es deswegen ein geeignetes Instrument bei der Wahrnehmung der Oberaufsicht darstellt, werden die konkreten Aufgaben des Audit Committee in Kapitel 7 ausführlich behandelt.

Finance Committee

Das Finance Committee ist für Finanzierungs- und Investitionsfragen zuständig, die eine Grössenordnung aufweisen, welche die Kompetenz des Direktoriums übersteigen und vom Verwaltungsrat zu behandeln sind.[96] Sobald das Finance Committee Entscheide trifft, ist eine statutarische Ermächtigung notwendig, ansonsten bleibt die Kompetenz beim Gesamtverwaltungsrat. Ein solches Gremium sollte mindestens drei Mitlieder[97] aufweisen und sich regelmässig, z. B. monatlich, treffen.

Executive Committee (oder Corporate Objectives Committee)

Dieser Ausschuss berät und unterstützt die Unternehmensleitung, respektive den Verwaltungsratspräsidenten, sofern er als Delegierter mit der Geschäftsleitung beauftragt ist. Das Committee tritt vor allem zwischen den ordentlichen Verwaltungsratssitzungen zusammen, um dringende Entscheide zu fällen bzw. vorzubereiten, für die der Verwaltungsrat wegen der Unübertragbarkeit des Geschäfts zuständig wäre.[98]

Compensation Committee

Das Compensation Committee bestimmt die Salärpolitik des Unternehmens und ist verantwortlich für die Beurteilungskriterien zur Leistungsmessung auf Managementebene. Nach Glaus sollte ein solches Committee mindestens drei „externe"[99] Verwaltungsratsmitglieder umfassen und einmal jährlich beraten.[100]

---

[96]   Vgl. Meyer (1996), S. 22.

[97]   Böckli verlangt mindestens drei Mitglieder. Vgl. Böckli (1994), S. 45. Glaus meint, es sollten mindestens fünf Mitglieder sein. Vgl. Glaus (1990), S. 196.

[98]   Vgl. Bleicher/Leber/Paul (1989), S. 222; Sprüngli (1990), S. 241.

[99]   Damit sind nicht als Delegierte tätige Mitglieder des Verwaltungsrats gemeint.

[100] Vgl. Glaus (1990), S. 196.

Nominating Committee

Aufgabe dieses Ausschusses ist die Evaluation geeigneter Nachfolger für den Verwaltungsrat und die oberste operative Führungsebene.[101] Entsprechend der hohen Anforderungen, die an Verwaltungsrats- oder Geschäftsleitungsmitglieder gestellt werden, muss dieser Aufgabe ein nicht zu unterschätzender Stellenwert beigemessen werden. Dabei sind sowohl der fachlichen Qualifikation als auch den menschlichen Qualitäten genügend Rechnung zu tragen.

Die verschiedenen Vorteile solcher Ausschüsse dürfen nicht darüber hinwegtäuschen, dass die Mitarbeit in einem Ausschuss einen zusätzlichen Arbeitsaufwand von ca. 15 Tagen bedeutet.[102] Ebenso entbinden sie den Gesamtverwaltungsrat nicht von seiner Verantwortung. Für mittlere Gesellschaften drängt sich in erster Linie ein Audit Committee, allenfalls machen auch ein Finance Committee oder die Bildung eines geschäftsführenden Ausschusses Sinn. Konkrete Ratschläge zu erteilen ist aber nicht möglich, da schlussendlich die interne Arbeitsteilung des Verwaltungsrats von der Grösse, der Zusammensetzung und den konkreten Bedürfnissen des Unternehmens abhängt. Mit Sicherheit kann man festhalten, dass diverse Aufgaben, die in grossen Publikumsgesellschaften von Ausschüssen behandelt werden, in mittleren Unternehmen ebensogut von beratenden „Spezialistenteams"[103] oder auch von einem nach Funktionen ressortierten Verwaltungsrat wahrgenommen werden können.[104]

---

[101] Vgl. Bleicher/Leberl/Paul (1989), S. 148.

[102] Vgl. Sprüngli (1990), S. 245.

[103] Als Spezialisten kommen Unternehmensberater, Treuhänder oder sogenannte Beiräte in Frage. Solche Beiräte übernehmen ähnliche Funktionen wie Ausschüsse, sind in der Schweiz jedoch wenig verbreitet. Ihre Tätigkeit reicht denn auch von Beratung bis hin zur Übernahme von Geschäftsführungsaufgaben. Die Meinungen bezüglich der Funktion von Beiräten im Verwaltungsrat gehen auseinander. Reiff steht bei Klein- und Familienaktiengesellschaften, wo der Verwaltungsrat die Geschäftsführung ohne Delegation ausübt, der Variante Beirat sehr positiv gegenüber. Der Beirat würde sich tendenziell der Überwachungsfunktion widmen (vgl. Reiff [1988], S. 85). Für Publikumgesellschaften mit einer zweistufigen Spitzenorganisation hingegen ist ein geschäftsführender Beirat nicht sinnvoll (vgl. Sprüngli [1990], S. 247). Dort übernimmt der Beirat eine klassische Beraterrolle. Er setzt sich dann in der Regel aus Personen zusammen, die dem Verwaltungsrat nicht angehören. Der Vorteil gegenüber einem externen Berater liegt in der mehrjährigen Zusammenarbeit und dem Vertrauensverhältnis zwischen Beirat und Verwaltungsrat (Vgl. Wunderer [1995], S. 45)

[104] Diese Ansicht vertritt auch Sprüngli (1990), S. 242-252.

5.3.3   Ausgestaltung der Spitzenorganisation

Bei der Ausgestaltung der Spitzenorganisation geht es konkret darum, wem welche Kompetenzen zugeordnet sind und wie die Entscheidungs- und Handlungsabläufe zu funktionieren haben. In der Führungskonzeption des Gesetzgebers ist der Verwaltungsrat zugleich geschäftsführendes Organ.[105] Er kann zwar, bei vorliegender statutarischer Ermächtigung, Teile der Geschäftsführungskompetenz delegieren. Die korrekte Delegation ist aber an strenge formelle und materielle Voraussetzungen geknüpft.[106]

So verlangt OR Art. 716b Abs. 1 folgende formelle Grundlagen:

* Statutarische[107] Ermächtigung zur Delegation durch die Generalversammlung[108]

* Organisationsreglement, welches die Geschäftsführung ordnet, die erforderlichen Stellen bestimmt, deren Aufgaben umschreibt und die Berichterstattung regelt.

Die Delegation von Kompetenzen ist also ein Zusammenspiel von Generalversammlung und Verwaltungsrat. Die Aktionäre können in den Statuten eine Ermächtigung erteilen oder allenfalls auch nicht erteilen und auf diese Weise eine Delegation unterbinden.[109] Sie können aber den Verwaltungsrat nicht zur Delegation von Aufgaben und Kompetenzen zwingen.

Die materiellen Schranken der Delegation sind durch die in OR Art. 716a Abs. 1 dem Verwaltungsrat als Gesamtorgan zugewiesenen unübertragbaren Aufgaben festgelegt.[110]

---

[105] Diese Bestimmung unterscheidet den Verwaltungsrat klar vom deutschen Aufsichtsrat.

[106] Nur eine korrekte Delegation hat auch haftungsbefreiende Wirkung. Vgl. Kap. 4.2.2.2.

[107] Ein normaler GV-Beschluss genügt nicht. Durch die statutarische Ermächtigung wird automatisch eine öffentliche Beurkundung, eine Anmeldung beim Handelsregisteramt und eine entsprechende Publikation dieser Delegationsermächtigung erreicht. Vgl. OR Art. 647.

[108] Vgl. OR Art. 627 Abs. 12.

[109] Dadurch haftet weiterhin der Gesamtverwaltungsrat, auch wenn faktisch die Delegation doch stattfindet. Vgl. Kap. 5.3.2.

[110] Vgl. Kap. 4.2.2.2.

5.3.3.1   Formen der Spitzenorganisation

In der Praxis sind verschiedene Formen der Spitzenorganisation anzutreffen, deren Unterscheidungsmerkmal die Tiefe der Delegation bzw. die Loslösung der Geschäftsführung vom Verwaltungsrat ist.

Geschäftsführender Verwaltungsrat

Der Verwaltungsrat besteht aus einer oder mehreren Personen, die gemeinsam die Geschäftsführung wahrnehmen. Es erfolgt keine Delegation und auch keine Trennung der Überwachungsfunktion von der Geschäftsführungsfunktion.

Diese Strukturvariante eignet sich ausschliesslich für Kleinunternehmen, Einmann- oder Familienaktiengesellschaften. Für die in dieser Arbeit im Zentrum stehenden Gesellschaften dürfte sie unzweckmässig sein.

Delegiertenmodell

Die Geschäftsführungsaufgabe wird teilweise an einen oder mehrere Verwaltungsräte delegiert. Man spricht in diesem Fall vom Delegierten bzw. von den Delegierten des Verwaltungsrats. Durchaus üblich ist auch, dass die Geschäftsführungsaufgabe an ein Direktorium unter der Leitung eines Delegierten des Verwaltungsrats übergeben wird. Übernimmt nicht irgendein Verwaltungsratsmitglied, sondern der Verwaltungsratspräsident den Vorsitz in der Geschäftsleitung, dann spricht man vom „französischen System", nämlich vom Président Directeur Général, der eine ausserordentlich grosse Machtstellung inne hat. Dieses Delegationsmodell kommt dem amerikanischen Boardsystem sehr nahe. Die Delegierten des Verwaltungsrats entsprechen im amerikanischen System den internen, vollamtlichen Verwaltungsräten, welche sich prioritär der Geschäftsführung auf oberster Stufe widmen. Externe Verwaltungsräte, welche nicht vollamtlich für das Unternehmen tätig sind, nehmen sich verstärkt der Überwachungsfunktion oder anderer Spezialaufgaben an.

Trennung von Verwaltungsrat und Geschäftsleitung

Die Idee dieser Strukturvariante ist eine möglichst weitgehende Delegation der Geschäftsführung an einen oder mehrere Dritte bzw. an ein Direktorium. Dadurch entsteht ein „Quasi-Organ", die Geschäftsleitung, deren Aufgabe die Geschäftsführung und die Umsetzung der durch den Verwaltungsrat festgelegten Ziele ist. Der Verwaltungsrat beschränkt sich in erster Linie auf die Überwachung, die Rechenschaftsablage gegenüber Aktionären und Anspruchsgruppen,

der Schaffung von normativen Rahmenbedingungen für das Unternehmen sowie der strategischen Orientierung.

Bereits in Kap. 4.2.1.1 wurde gezeigt, dass dem Verwaltungsrat nach neuem
Aktienrecht neben der Begleit- und Überwachungsfunktion auch eine Gestaltungsfunktion zugewiesen wird. Diese Funktionen sind in letzter Konsequenz
nur korrekt wahrnehmbar, wenn mindestens einzelne Mitglieder des Verwaltungsrats eng mit dem Unternehmen verbunden sind und über profunde
Kenntnisse des Kerngeschäfts verfügen. Fehlen diese Kenntnisse, so kann die
gestalterische Verantwortung nur ungenügend wahrgenommen und die Ideen
des Verwaltungsrats können nicht befriedigend und zeitgerecht umgesetzt werden. Umgekehrt verlangt die Überwachungsfunktion eine gewisse Distanz zum
Unternehmen, damit Interessenskonflikte möglichst ausgeschlossen werden.
Unter diesem Aspekt ist das Delegationsmodell eindeutig zu bevorzugen. Es
eignet sich vorzüglich, die Gestaltungsfunktion wahrzunehmen und lässt genügend Freiräume, um eine uneingenommene Überwachung mittels externer
Verwaltungsräte zu ermöglichen. Durch die Bildung von Teams oder Ausschüssen zur vorbereitenden Behandlung von Geschäften kann die Effizienz
des Verwaltungsrats zusätzlich optimiert werden. Um die erwähnten Interessenkonflikte zu vermeiden, sind externe Verwaltungsratsmitglieder primär für
Überwachungsaufgaben einzusetzen. Delegierte Verwaltungsratsmitglieder
übernehmen vor allem die Gestaltungsfunktion, insbesondere in der strategischen und finanziellen Führung, wobei hier ergänzend durchaus auch externe
Verwaltungsratsmitglieder mit entsprechenden Fachkenntnissen herangezogen
werden und wertvolle Dienste leisten können.

5.3.3.2   *Instrumente zur Gestaltung der Unternehmensorganisation*

Für den Verwaltungsrat stehen zwei Instrumente im Vordergrund. Es sind dies
das Organisationsreglement, welches die Geschäftsführung regelt, indem darin
die erforderlichen Stellen beschrieben, die Aufgaben festgelegt und die Berichterstattung geregelt werden. Zudem wird sinnvollerweise ein sogenanntes
Funktionendiagramm in das Organisationsreglement integriert. Dieses regelt
noch genauer, welche Kompetenzen den einzelnen Funktionsträgern im Rahmen der obersten Unternehmensführung zugeordnet sind.

Organisationsreglement

Ein Organisationsreglement wird vom Gesetzgeber erst vorgeschrieben, wenn
Teile oder die ganze Geschäftsführungskompetenz delegiert werden. Nicht

notwendig ist das Organisationsreglement, wenn die statutarische Ermächtigung seitens der Generalversammlung fehlt oder wenn der Verwaltungsrat keine Delegation der Geschäftsführungskompetenzen vornehmen will.[111] Der Erlass eines Organisationsreglements ist aber auf jeden Fall dringend zu empfehlen. In der juristischen Lehre werden unterschiedliche Meinungen vertreten, ob ein Erlass mit der Bezeichnung „Organisationsreglement" ein zwingendes formelles Erfordernis zur Delegation darstellt.[112] In jedem Fall hat der Erlass durch den Verwaltungsrat zu erfolgen. Der gesetzliche Mindestinhalt beschränkt sich auf die Ordnung der Geschäftsführung, konkret heisst das, die Bestimmung der für die Geschäftsführung erforderlichen Stellen, die Umschreibung deren Aufgaben sowie die Regelung der Berichterstattung. Einzelnen Instanzen müssen also klare Funktionen und Aufgaben zugewiesen werden, bei welchen ihnen zugleich Entscheidungskompetenzen wie auch Verantwortung übertragen werden. Auch die Vertretungsbefugnis wird dort geregelt. Das Organisationsreglement enthält ausserdem Grundzüge der aus alten Zeiten bekannten Geschäftsordnung.[113] Die Botschaft des Bundesrats unterstreicht aber den Unterschied deutlich, indem der Geschäftsordnung die Regelung der Verfahren zur Willensbildung und dem Organisationsreglement jene der Struktur der Geschäftsführung zugewiesen wird.[114] Es regelt die Konstituierung, die Aufgaben und Kompetenzen sowie die Beschlussfassung der folgenden Organe:

- Verwaltungsrat

- Delegierte(r) des Verwaltungsrats

- Direktion bzw. Geschäftsleitung.

Die folgende Abbildung 5-14 zeigt eine mögliche Zusammenstellung eines Organisationsreglements. Für den konkreten Fall müssten die einzelnen Punkte selbstverständlich detaillierter geregelt werden, damit eine zweifelsfreie Kompetenz- und Verantwortungszuordnung möglich ist. Dennoch sollte das Reglement nicht so eng gefasst sein, dass es als Korsett empfunden wird und die Handlungs- und Gestaltungsfreiheit der Organe im Sinn einer unternehmerischen Flexibilität einschränkt oder gar verunmöglicht.

---

[111]   Dies ist jedoch nur in kleinen Verhältnissen möglich.

[112]   Vgl. Kammerer (1997), S. 87-89 und die dort zitierte Literatur.

[113]   Vgl. Böckli (1992), S. 419.

[114]   Vgl. Bundesrat (1983), S. 178.

Abbildung 5-14: Organisationsreglement

Bereich	Verwaltungsrat	Delegierter	Geschäftsleitung
Wahl/Konstituierung	Wahl durch GV Konstituiert sich selbständig in der ersten Sitzung nach der GV	Wahl durch Verwaltungsrat	Wahl durch Verwaltungsrat
Sitzungsrhythmus	Mindestens vierteljährliche ordentliche Sitzungen, ausserordentliche nach Bedarf Ordentliche Einberufung durch Präsidenten mindestens 8 Werktage im voraus Jeder VR kann eine unverzügliche Einberufung unter Angabe des Zwecks verlangen Vorsitz durch den Präsidenten Die Geschäftsleitung kann (darf) beratend teilnehmen		Monatlich zwei ordentliche Sitzungen, ausserordentliche nach Bedarf Vorsitz durch den Delegierten des Verwaltungsrats
Protokollführung	Es wird über jede Sitzung ein Protokoll geführt Das Protokoll gibt umfassend Auskunft über: Ausgangslage/Antrag, Besprechung und allenfalls Gegenantrag sowie Details zum Beschluss Das Protokoll muss in der nächsten Sitzung genehmigt werden.		Es wird über jede Sitzung ein Protokoll geführt Das Protokoll gibt umfassend Auskunft über: Ausgangslage/Antrag, Besprechung und allenfalls Gegenantrag sowie Details zum Beschluss Das Protokoll muss in der nächsten Sitzung genehmigt werden.

Bereich	Verwaltungsrat	Delegierter	Geschäftsleitung
Beschlussfassung	Beschlussfähigkeit bei Anwesenheit der absoluten Mehrheit der Mitglieder[115] Gegenstände, die ein spezielles Quorum (z. B. Anwesenheit von $^2/_3$ aller Mitglieder) verlangen In Ausnahmefällen ist eine Beschlussfassung auch auf dem Zirkulationsweg möglich oder in dringenden Fällen auch telefonisch, per Fax oder Internet mit nachträglicher, schriftlicher Bestätigung		Angaben zum notwendigen Quorum
Rechte und Pflichten	Rechte wie - Einsichts- und Auskunftsrecht - Medienverkehr - Berichterstattung Pflichten wie - Sorgfalts- und Treuepflicht - Diskretionspflicht - Auskunftsrecht Dritter - Aktenrückgabe	Rechte wie Verwaltungsrat Zugang zu allen Geschäftsunterlagen Pflichten wie Verwaltungsrat Berichterstattung gegenüber Verwaltungsrat (siehe Berichterstattung)	Pflichten wie - Geheimhaltungs- und Diskretionspflicht - Sorgfalts- und Treuepflicht - Aktenrückgabe
Aufgaben und Kompetenzen	Gemäss Funktionendiagramm	Gemäss Funktionendiagramm	Gemäss Funktionendiagramm

---

[115] Bei einem solchen Passus ist ein Zusatz anzubringen, der es dem Verwaltungsrat bei Beschlussunfähigkeit ermöglicht, in einer nächsten Sitzung über das gleiche Traktandum ohne Quorumsvorschrift Beschluss zu fassen.

Bereich	Verwaltungsrat	Delegierter	Geschäftsleitung
Entschädigung	Fixum für ordentliche Verwaltungsratstätigkeit Spesenentschädigung (effektiv, aber mit Höchstlimite) Entschädigung für ausserordentliche Aufgaben Versicherung	Festlegung durch Verwaltungsrat: z. B.: Fixum (Arbeitsbelastung) Provision (Erfolgskomponente) Spesenentschädigung (effektiv, aber mit Höchstlimite) Versicherung	Festlegung durch Verwaltungsrat in separat ausgehandelten Arbeitsverträgen
Berichterstattung gegenüber	Aktionären Staat/Behörden Presse/Öffentlichkeit	Verwaltungsrat über: Geschäftsgang, Ausführung von getroffenen Beschlüssen und ausserordentlichen Ereignissen	Ordentliche Berichterstattung gegenüber dem Delegierten des Verwaltungsrats Ausserordentliche Berichterstattung direkt schriftlich (in Zeitnot per Telefon, Fax oder Internet) an alle Mitglieder des Verwaltungsrats

Insbesondere die Berichterstattung[116] der Geschäftsleitung spielt für den Verwaltungsrat eine wesentliche Rolle im gesamten Organisationskonzept. Ohne zeitgerechte, qualitativ gute Information ist selbst ein an und für sich kompetenter Verwaltungsrat machtlos. Es muss deshalb sein Bestreben sein, die Berichterstattung so zu regeln, dass die notwendige Führungsinformation rechtzeitig und in der nötigen Qualität vorliegt, und er ist gut beraten, wenn er regelmässig prüft, ob das Berichtswesen den heutigen Erfordernissen zu genügen vermag.

---

[116] Vgl. dazu Kap. 8.

Funktionendiagramm

I. d. R. bildet ein sogenanntes Funktionendiagramm einen integrierten Bestandteil des Organisationsreglements. Abbildung 5-15 zeigt eine mögliche
Darstellungsform eines Funktionendiagramms. Bei der konkreten Verteilung
von Aufgaben und Verantwortung spielt selbstverständlich die Grösse des
Unternehmens und Komplexität der anfallenden Führungsaufgaben eine entscheidende Rolle. Nur schon deshalb kann das dargestellte Diagramm lediglich
zur Illustration und allenfalls als Ideenpool dienen, keinesfalls aber kann es
direkt übernommen werden.

Abbildung 5-15: Funktionendiagramm

Organisation und Personal							
Tätigkeit	**VR**	**VRP**	**AC**	**DV**	**SV**	**GL**	**EB**
Festlegung Spitzenorganisation	E/A			U		V	B
Organisationsreglement	E/A			U		V	B
Festlegen von Kompetenzen und Verantwortung	E	A					
Stufe GL und höher	I			I		E/A	
bis Stufe GL							
Informations- und Berichts-wesen	E/A			V		U	B
Personalpolitik	E			V/A		U	
Gehalts- und Qualifikations-system	E			U		V	B
Personalvorsorgeeinrichtung	E	A			V/U		
Beförderung							
Stufe GL	E			V/A	U		
Stufe mittleres Kader	I	I		E		V/U	
Stufe unteres Kader	I	I				V/E/U	
Entlassung							
Kader	E	A		V	U	V	
Mitarbeiter	I	I				V/E/U	
etc.							

Legende:

VR:	Verwaltungsrat	V:	Vorbereitung
VRP:	Verwaltungsratspräsident	B:	Beratung (Know How)
AC:	Audit Committee	E:	Entscheid / Beschluss
DV:	Delegierter des Verwaltungsrats	U:	Umsetzung / Vollzug
SV:	Sekretär des Verwaltungsrats	A:	Aufsicht / Überwachung
GL:	Geschäftsleitung	I:	Informationsanspruch
EB:	Externer Berater		

5.4   Gestaltung der Unternehmenskultur

Im Gesetz ist keine direkte Pflicht verankert, die dem Verwaltungsrat die Verantwortung zur Gestaltung der Unternehmenskultur zuweist. Auch in der juristischen Literatur wird dem kulturellen Bereich wenig bis keine Beachtung geschenkt. Dennoch stellt aus betriebswirtschaftlicher Sicht die Festlegung von übergeordneten Zielen, Wertvorstellungen, Verhaltensregeln und Normen einen sehr wichtigen Teil der Oberleitung, und damit der Aufgaben des Verwaltungsrats dar.[117] In der Literatur ist die Bedeutung der Unternehmenskultur für den langfristigen Erfolg der Unternehmensführung unbestritten.[118] Baumberger kritisiert in diesem Bereich das zu geringe Engagement des Verwaltungsrats und fordert einen Konsens zwischen grundlegenden normativen Fragen und der Managementphilosophie. Viele Verwaltungsräte müssen gerade hinsichtlich der Gestaltung der Unternehmenskultur verstärkt aktiv tätig werden.[119] Die wichtigsten Führungsinstrumente dafür sind das Organisationsreglement, die Vision und das Leitbild. In diesen Dokumenten sollen die grundlegenden Ziele, Werte und Normen zur Geltung kommen. Es ist sehr wichtig, dass der Verwaltungsrat solche Dokumente nicht nur genehmigt, sondern aktiv bei der Erarbeitung teilnimmt[120], denn gerade während dem Erarbeitungsprozess besteht die Möglichkeit, eingehend über grundlegende Ziele und Werte bzw. über deren tieferen Inhalt, Bedeutung und Konsequenzen für das unternehmerische Handeln zu diskutieren.[121] Ein so gefundener Konsens ermöglicht das gleiche Verständnis und bildet letztendlich die Basis für eine unité de doctrine.

---

117 Vgl. Baumberger (1990), S. 67.

118 Vgl. dazu z. B.: Ouchi (1981); Pascale/Athos (1981); Peters/Waterman (1984); Rühli/Keller (1989); Bleicher (1986) und (1991); Keller (1990); Geissler (1991); Mohr (1992); Collins/Porras (1995).

119 Vgl. Wunderer (1995), S. 94; Baumberger (1990), S. 67.

120 Vgl. Kippes (1993), S. 184-187.

121 Vgl. Bleicher (1991), S. 66.

5.4.1   Ansätze und Begriffsbestimmungen

In der Literatur existieren zahlreiche Ansätze zur Erfassung des Begriffs Unternehmenskultur. Die im Folgenden dargestellten Konzepte sollen einen einfachen Überblick ermöglichen und die Grundgedanken verschiedener Autoren wiedergeben.[122]

Im Zürcher Ansatz zur Unternehmensführung bezeichnet Rühli die Unternehmenskultur als drittes Element der Trilogie „Struktur, Strategie und Kultur". Seine Definition lehnt an Krulis-Randa an: „Die Unternehmungskultur ist die Gesamtheit der tradierten, wandelbaren, zeitspezifischen, jedoch über Symbole erfahrbaren und erlernbaren Wertvorstellungen, Denkhaltungen und Normen, die das Verhalten von Mitarbeitern aller Stufen und damit das Erscheinungsbild einer Unternehmung prägen".[123] Nach Rühli lässt sich die Unternehmenskultur gestalten.[124] Es muss das Bestreben sein, die bestehende Ist-Kultur mittels kulturpolitischen Massnahmen im Sinne der erwünschten Soll-Kultur zu verändern.

Bleicher versteht unter Kultur „ein Bündel von affektiv gewonnenen, verhaltensprägenden Wertvorstellungen und kognitivem, handlungsleitendem Wissensvorrat".[125] Wissen und Wertvorstellungen prägen das Verhalten der Individuen auf drei Ebenen, entweder als Artefakte, Werte oder grundlegende, nicht mehr hinterfragte Annahmen über das Unternehmen. Die Unternehmenskultur bildet die Leitplanken für das Verhalten der im sozialen System teilnehmenden Personen. Da Bleicher die Entstehung der Unternehmenskultur als evolutionären Prozess betrachtet, ist die beste Massnahme zur Beeinflussbarkeit die bewusste Schaffung von geeigneten Rahmenbedingungen für eine soziale Evolution.[126]

Eine etwas andere Sichtweise vertritt Matenaar, wobei dieser den Begriff Organisationskultur wählt. Er untersucht Kultur als Subsystem des Unternehmens

---

[122]   Der Überblick beschränkt sich auf deutschprachige Literatur. Im englischen Sprachraum haben sich z. B. Autoren wie Sathe, Deal und Kennedy oder Schein intensiv mit Unternehmenskultur befasst. Ein kurzer, guter Überblick ist in Keller (1990), S. 53-73 zu finden.

[123]   Krulis-Randa (1984), S 360.

[124]   Vgl. Rühli/Keller (1989), S. 688.

[125]   Bleicher (1986), S. 99.

[126]   Vgl. Bleicher (1986), S. 104.

sowie die abhängige Beziehung zwischen Kultur und Struktur. Organisationskultur definiert er als „... die Summe der systemimmanenten, tradierten Ori-
entierungsmuster, die im Rahmen der aktuellen Gestaltung die präsituative,
generalisierende Strukturierung zwischen Aufgaben, Personen und Sachmitteln
beeinflussen".[127] Charakteristische Merkmale der Kultur sind die Wandlungs-
fähigkeit, die Erfahrbarkeit mittels Symbolen, die Tradierung, die Akzeptanz
und die Vielschichtigkeit. Mit zunehmendem Alter eines Unternehmens verliert die Umwelt als zentrale Determinante der Kultur mehr und mehr an Einfluss und wird durch Erfahrungswerte ersetzt.[128]

Bei Kobi/Wüthrich fehlen die kognitiven Elemente Wissen und Fähigkeit.
Kultur wird verstanden als geteilte Werte, Normen und Denkhaltungen, die
das Verhalten der Mitarbeiter prägen.[129] „Unternehmenskultur ist tradiert,
erlernt, anpassungsfähig, vielschichtig und nur teilweise bewusst und überindi-
viduell".[130] Unternehmenskultur kann innerhalb gewisser Grenzen aktiv gestaltet werden.[131] Handlungsbedarf besteht vor allem in Situationen, wo die
Harmonie zwischen Strategie und Kultur fehlt, bzw. eine Unverträglichkeit
vorliegt.

Klimecki/Probst verstehen unter Kultur eine „Sichtweise für das ganze System
– in diesem Sinne ein Metakonzept zur Beschreibung, Erklärung und Gestaltung einer Ganzheit"[132]. Dabei manifestiert sich Kultur auf der materiellen
Ebene in Strategien, formellen Strukturen, Technologien, Qualifikationssyste-
men, Stellenbeschreibungen oder in Märkten. Auf der symbolischen Ebene
wird Kultur durch Wertsysteme, Ereignisse, Erlebnisse, Erinnerungen, Emp-
findungen und Gefühle geprägt.[133]

Der kurze Überblick über die verschiedenen Definitionen der Unternehmenskultur in der deutschsprachigen Literatur zeigt, dass einzelne Elemente übereinstimmend vorkommen. Einigkeit herrscht bezüglich dem normativen Charakter der Kultur und dem (konstitutiven) Element der „Wertvorstellun-

---

[127] Matenaar (1983a), S. 46.

[128] Vgl. Matenaar (1983), S. 20.

[129] Vgl. Kobi/Wüthrich (1986), S. 34.

[130] Kobi/Wüthrich (1986), S. 32.

[131] Vgl. Kobi/Wüthrich (1986), S. 162.

[132] Klimecki/Probst (1990), S. 43.

[133] Vgl. Klimecki/Probst (1990), S. 43.

gen".[134] Ebenso setzen eigentlich alle Ansätze die Kultur mit der Strategie und/oder der Struktur in Beziehung. Bezüglich der Beeinflussbarkeit der Kultur besteht ebenfalls eine grösstenteils einheitlich bejahende Meinung, wobei aber der Umfang dieser Beeinflussungsmöglichkeit unterschiedlich beurteilt wird. Uneinheitlich sind hingegen die Ansichten hinsichtlich des kognitiven Elements „Wissen", welches in einzelnen Definitionen nicht enthalten ist.

Zusammenfassend kann festgehalten werden, dass die Hauptfunktion der Unternehmenskultur, verstanden als das Werte- und Normengefüge des Unternehmens, die Unterstützung des gesamten Zielsystems des Unternehmens ist. Insofern ist die zielorientierte Verhaltensbeeinflussung der Mitarbeiter im Rahmen der unternehmensspezifischen Werte und Normen ebenso eine Führungsaufgabe wie die Festlegung der Organisation oder die Formulierung der Unternehmensstrategie.

Im Rahmen dieser Arbeit interessieren in erster Linie die Möglichkeiten, die dem Verwaltungsrat zur Verfügung stehen, um die Unternehmenskultur aktiv nach seinen Vorstellungen zu gestalten. Die Kultur soll ja dazu dienen, die durch den Verwaltungsrat vorgegebene Strategie optimal umzusetzen und die gesteckten Ziele zu erreichen. Abbildung 5-16 versucht schematisch darzustellen, wie die Kultur im Rahmen des Problemlösungsprozesses auf die Umsetzung der Strategie wirkt.

Auf der Basis von Wertvorstellungen und Wissen werden informelle Normen geschaffen, welche die Handlungen der Individuen eines Unternehmens prägen. Alle Prozesse und Entscheidungen, insbesondere das Verhalten der beteiligten Personen, werden durch diesen normativen Rahmen beeinflusst. Innerhalb dieser Normen spielt sich auch der Problemlösungsprozess ab, mit welchem schrittweise die Erreichung der strategischen Ziele verfolgt wird. Jede Zwischenbeurteilung von Teilzielen führt zu einer positiven oder negativen Rückkoppelung, welche die Normen tendenziell stärken bzw. schwächen.

---

[134] Die Termini „Normen" und „Werte" werden zwar oft fast synonym verwendet, dennoch bestehen Unterschiede. Ein Wert bzw. eine Wertvorstellung ist eine relativ persönliche und relativ dauerhafte Überzeugung, dass gewisse Verhaltensweisen bzw. Ziele anderen Verhaltensweisen oder Zielen vorzuziehen sind. Werte sind sozusagen persönliche generelle Verhaltens- oder Zielstandards. Normen sind Verhaltensvorschriften in spezifischen Situationen, welche tendenziell einen informell externen Charakter haben.

Abbildung 5-16: Wirkung der Kultur auf den strategischen
Problemlösungsprozess

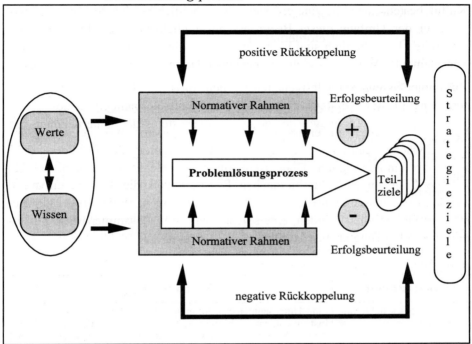

Im folgenden Kapitel wird aufgezeigt, wie der Verwaltungsrat eines mittleren Unternehmens die Kultur aktiv steuern kann. Es werden mögliche Vorgehensweisen und Instrumente zur Beeinflussung dargestellt.

5.4.2 Aktive Beeinflussung der Unternehmenskultur

Das Management der Unternehmenskultur kann in verschiedene Phasen unterteilt werden. Zunächst ist die bestehende Kultur zu erfassen. Darauf basierend kann beurteilt werden, inwiefern diese Ist-Kultur mit der Strategie und der Struktur harmoniert. Stellt man fest, dass die Ist-Kultur die Erreichung der Strategieziele be- oder gar verhindert, muss die bestehende Kultur so beeinflusst werden, dass sie strategieunterstützend wirkt, Diese Beeinflussung erweist sich aber schon deshalb als schwierig, weil in der Regel die Kultur in ihrer Gesamtheit nicht direkt erfassbar ist. Eine bestehende Unternehmenskultur drückt sich im Alltag nämlich durch verschiedene Artefakte[135] oder Symptome[136] aus. Beispiele solcher Symptome sind:

- die Kommunikationsweise

- die Gründe für Beförderungen

- die Gestaltung von Führungsdokumenten

- das Sitzungsverhalten

- die Identifikation der Mitarbeiter mit dem Unternehmen.

Um die Ist-Kultur zu erfassen, drängt sich, ähnlich wie bei der Stärken/Schwächen-Beurteilung, ein systematisches Vorgehen auf. Abbildung 5-17 beschreibt einige mögliche Diagnoseinstrumente, welche dazu dienen, sich ein Bild der bestehenden Kultur zu machen. Es ist sinnvoll, die Analyse aufbauend auf den Ergebnissen mehrere Instrumente vorzunehmen. In der Regel lohnt es sich aus Objektivitätsgründen, eine solche Analyse in Zusammenarbeit mit einem neutralen Berater durchzuführen.

Abbildung 5-17: Diagnoseinstrumente[137]

Instrument	Beschreibung
Unternehmensbesichtigung	Eine Unternehmensbesichtigung ist ein einfaches und günstiges Instrument, um sich einen ersten Eindruck bezüglich der bestehenden Kultur zu machen. Das Hauptaugenmerk liegt dabei auf der allgemeinen Atmosphäre und dem Verhalten einzelner am Rundgang beteiligter Akteure. Die Anzahl und Gestaltung von Anschlagbrettern, die Art des Empfangs oder der Automatisierungsgrad in Büros und Fabrik geben Hinweise auf die Kultur. Insbesondere auch die Art und Weise, wie sich Begleitpersonen oder Akteure während dem Rundgang verhalten oder über die Firma äussern, liefert Indizien für die Kultur (Firmenstolz, Traditionsbewusstsein, Mimik und Gestik allgemein oder bei kritischen Fragen, Erörterung (Offenheit) gegenüber bestehenden Problemen, Firmenjargon, Rangordnung/Wertschätzung bzw. Rivalität einzelner Abteilungen oder Mitarbeiter, Kommunikation mit Mitarbeitern während dem Rundgang, symbolisches Verhalten, allgemeine Ausstrahlung/Auftreten von Akteuren)

---

[135] Vgl. Schein (1985), S. 14.

[136] Vgl. Kobi/Wüthrich (1986), S. 65.

[137] Vgl. Pümpin/Kobi/Wüthrich (1985), S. 30-36.

Instrument	Beschreibung
Analyse von Führungs-dokumenten	Ziel der Analyse von Führungsdokumenten ist die Überprüfung der Strategiekonformität. Auch das formelle Vorhandensein, der materielle Tiefgang oder die Anzahl bestehender Dokumente lassen Schlüsse auf die Kultur zu. Als zu untersuchende Dokumente kommen z. B. Leitbild, Vision, Weisungen, Geschäftsbericht, Protokolle von Verwaltungsrats- und Geschäftsleitungssitzungen, Organigramme, Funktionsdiagramme, Stellenbeschreibungen, Führungsrichtlinien, Kader- und Nachwuchsplanung, Qualifikationsformulare, interne Mitteilungen, Hauszeitung, Public Relation- und Werbematerial in Frage.
Gespräche	Individuelle Gespräche mit Angestellten auf allen Hierarchiestufen bilden in der Regel den Kern einer Diagnose. Die flexible Handhabung solcher Gespräche eröffnet viele Möglichkeiten, da dabei spezifische Problempunkte angesprochen und bestehende Unklarheiten geklärt werden können. Der guten Vorbereitung solcher Gespräche ist genügend Beachtung und Zeit zu schenken. Individuelle Gespräche bieten die Chance, dass Mitarbeiter und Kader viel mehr aus sich herauskommen als bei einer schriftlichen Umfrage und man zusätzlich Beobachtungen bezüglich des Verhaltens des Interviewpartners machen kann.
Schriftliche Umfrage	Ein weiteres Diagnoseinstrument stellen schriftliche Umfragen dar, welche als Vollerhebung bei mittleren Betrieben oder als repräsentative Stichproben bei grösseren Unternehmen Sinn machen. Die Befragten sollen selbständig und möglichst spontan zu den Fragen Stellung nehmen. Dabei sind selbstverständlich Massnahmen zu treffen, damit absolute Diskretion zugesichert werden kann. Interessante Themenbereiche wären z. B.: - Zusammenarbeit untereinander und über Hierarchiestufen - Karrieremechanismen - Kommunikationsverhalten - Charakter- und Ausbildungsmerkmale von Mitarbeitern - Einschätzung von betrieblichen Stärken und Schwächen - Einschätzung gegenüber der Konkurrenz - Arbeitsumfeld - Kenntnisse der Mitarbeiter über Vision, Leitbild und Ziele des Unternehmens/Management.
Sitzungs- und Kommunikationsverhalten	Die Beobachtungen anlässlich von Sitzungen der Geschäftsleitung oder von Projektteams können ebenfalls sehr aufschlussreich sein. Von primärem Interesse sind Inhalt, Interaktionen und symbolische Handlungen. Bei der Inhaltsanalyse stellen z. B. die Traktandenliste, die Zeitzuordnung zu einzelnen Traktanden oder das (Des-)Interesse einzelner Teilnehmer zu spezifischen Traktanden Indikatoren dar. Interaktionen zwischen Sitzungsteilnehmern, Gesprächskultur, Teilnahme oder Schweigen, Widerstände und Differenzen geben wertvolle Hinweise. Symbolische Handlungen wie Mimik oder Gesten („aktives" Schweigen), Sitzungsordnung, Atmosphäre, Konfliktverhalten, Kritikverhalten etc. sind weitere mögliche Beobachtungspunkte.

Nachdem die Symptome (Ausprägungen) mit Hilfe der Diagnoseinstrumente erkannt und erfasst wurden, kann man diese gruppieren und erhält so eine Art Profil, welches eine Aussage über die Grundorientierung der Unternehmenskultur ermöglicht. Abbildung 5-18 zeigt ein solches „Kulturtypen"-Profil mit den Grundorientierungen.

Abbildung 5-18: Grundorientierung von Kulturtypen

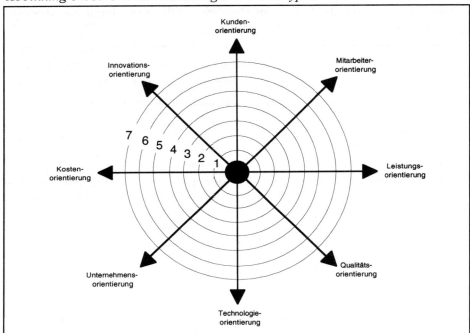

Nicht alle aufgezeigten Normen- und Wertgefüge müssen für alle Mitarbeiter in gleicher Weise zutreffen. Es kann durchaus sein, dass einzelne Mitarbeiter oder ganze Gruppen nicht alle Werte teilen. Es bilden sich Subkulturen, die nicht von vornherein negativ bewertet werden sollten. In gewissen Situationen haben solche Subkulturen durchaus ihre Berechtigung und können zum Nutzen des Unternehmens beitragen. Zentrale, grundlegende Werte sind aber in der Gesamtkultur so verankert, dass sie in den Unternehmensalltag erkennbar einfliessen. Sie überlagern und beeinflussen auch Subkulturen.[138] In der Regel

---

138 Vgl. Pümpin/Kobi/Wüthrich (1985), S. 29.

spielt das Alter des Unternehmens eine wichtige Rolle bezüglich der Intensität der Unternehmenskultur. In jungen Unternehmen sind Kulturen weniger ausgeprägt; diese bilden sich erst mit zunehmendem Alter und Wachstum stärker heraus.[139]

In einem nächsten Schritt geht es darum, das real festgestellte Unternehmenskulturprofil zu beurteilen. Das entscheidende, relevante Kriterium zur Beurteilung ist der Nutzen der Kultur im Hinblick auf die Erreichung der strategischen Unternehmensziele. Ist die gelebte Kultur mit der gewünschten Soll-Kultur konform? Die Visualisierung einer sich an den Hauptzielen der Strategie orientierenden Soll-Kultur ermöglicht den Vergleich der beiden Kultur-Profile. Abbildung 5-19 zeigt die Wirkung von möglichen Merkmalsausprägungen einer Gegenüberstellung auf die Strategie und das daraus abzuleitende, notwendige Verhalten.

Abbildung 5-19: Ergebnis der Gegenüberstellung von Kulturprofilen

Merkmal	Unterstützung der Strategie	Notwendigkeit der Kultur-Anpassung	Notwendigkeit der Strategie-Anpassung
Kongruenz	stark positiv	nein	nein
Unbedeutende Abweichung	mittel	ja	nein
Bedeutende Abweichung	gering	ja	eventuell
Divergenz	stark negativ	nein	ja

Wird festgestellt, dass die beiden Profile grösstenteils übereinstimmen, dann bietet die bestehende Unternehmenskultur eine optimale Unterstützung bei der Umsetzung der Strategie. Das Management muss dafür besorgt sein, dass die Kultur und Strategie weiterhin im Einklang stehen. Sind in einer oder einzelnen Grundorientierungen unbedeutende Abweichungen vorhanden, dann lassen sich diese durch eine aktive Gestaltung der Unternehmenskultur korrigieren. Die Strategie muss nicht in Frage gestellt werden. Stellt man hingegen bedeutende Abweichungen bei einer Grundorientierung fest, dann stellt sich die Frage, ob die Kultur unter Zeitdruck überhaupt aktiv genügend verändert werden kann oder ob allenfalls die Unternehmensstrategie zu überprüfen ist.

---

139 Vgl. Bleicher (1984), S. 494-496.

Bei sehr starken Abweichungen, z. B. bei mehreren divergenten Grundorientierungen, ist es kaum denkbar, dass die Unternehmenskultur in genügendem Mass angepasst werden kann. Dann muss das Management rechtzeitig erkennen, dass eine rasche Umsetzung der beschlossenen Strategie mit der bestehenden Kultur zur Zeit gefährdet ist. Ein stures Festhalten an der Strategie könnte zu bösen Überraschungen führen. Das Management beweist in einer solchen Situation Grösse, indem es bereit ist, die Unternehmensstrategie an die kulturellen Voraussetzungen anzupassen. Eine Beeinflussung der Kultur ist in diesem Fall nicht opportun, da die Divergenzen zu gross sind und eine Kulturanpassung in diesem Ausmass einen sehr langwierigen, zeitintensiven Prozess darstellt.

Folgende Verhaltensweisen stehen dem Management zur aktiven Bildung einer strategiekonformen Unternehmenskultur offen:

- Entwicklung der Kultur bei fehlender oder ungenügender Ausprägung

- gezielte Veränderung der Kultur bei leichter Diskrepanz zwischen Kultur und Strategie

- bewusste Pflege der Kultur bei Einklang von Kultur und Strategie

Dazu stehen der Unternehmensleitung verschiedene Einzelmassnahmen offen, mit denen sie die Unternehmenskultur beeinflussen kann. Abbildung 5-20 stellt einen Katalog möglicher Ansatzpunkte zur Steuerung der Kultur vor. Sie zeigt, dass sowohl direkte wie auch indirekte Massnahmen eingesetzt werden können. Die direkten Massnahmen zielen auf die Unterstützung des physischen Wandels und die indirekten auf die Veränderung der Mentalität ab. Wie solche direkte bzw. indirekte Massnahmen konkret aussehen, wird durch die einzelnen Beispiele verdeutlicht. Der Kreativität sind keine Grenzen gesetzt, die konkreten Handlungen müssen jedoch auf das Unternehmen und dessen Umfeld zugeschnitten sein, und neu geschaffene Anreize sollten gezielt auf die zu beeinflussende Grösse wirken.

Abbildung 5-20: Massnahmen zur Steuerung der Kultur [140]

Direkte Massnahmen	Indirekte Massnahmen
Strategie und Planung • Kunde im Mittelpunkt • Verbesserter Kundenservice als Ziel • Verbesserte Kundenberatung als Ziel	Symbolische Handlungen • Integration von Kunden bei Firmenanlässen • Kundenreaktionen bekanntmachen • Kontakt Geschäftsleitung / Kunden institutionalisieren
Strukturen und Prozesse • Gewichtung des Aussendienstes • Gewichtung der Serviceeinheiten • Relationship-Manager • Kleine, flexible Einheiten • Klare Anspechpartner • Kunden in Projektteams integrieren	Führung und Kommunikation • Kommunikation Geschäftsleitung – Kundenberater aktiv fördern • Thema Kunde als wichtiges Traktandum erwähnen (Sitzungen, Problemlösungsansätzen, Ausbildungen) • Kunde in Berichterstattung integrieren (Geschäftsbericht, Firmenzeitung, Firmen-News, Internet)
Führungsinstrumente • Kundenorientierung soll sich Qualifikation niederschlagen • Kundenorientierung soll sich Salär/Bonus niederschlagen • Kundenorientierung in Ausbildung verankern	Personelles • Mitarbeiter mit gelebter Kundenorientierung suchen, einstellen und fördern • Mitarbeiter bei Kunden in „Ausbildung" schicken
Aktionen • Betriebsführungen für Kunden • Regelmässige Kundenveranstaltungen • Vorschlagswesen für Kunden institutionalisieren	Standards • Verhalten gegenüber Kunden festlegen (Erstkontakt, Anfragen, ...) • Verhalten bei Reklamationen festlegen

Abschliessend ist festzuhalten, dass die Verankerung einer strategiekonformen Unternehmenskultur aus betriebswirtschaftlicher Sicht im Rahmen der Oberleitung zu den zentralen Aufgaben des Verwaltungsrats gehört. Dabei ist er nicht selbst für das Umsetzen einzelner kulturbeeinflussender Massnahmen verantwortlich, sondern dafür, dass im Unternehmen der Kultur die nötige Aufmerksamkeit geschenkt wird und regelmässig eine Überprüfung der Abstimmung zwischen Strategie, Struktur und Kultur stattfindet.

---

[140] Vgl. Pümpin/Kobi/Wüthrich (1985), S. 52.

6   Finanzverantwortung

Die Verantwortung über den Finanzbereich wird im Aktienrecht explizit als dritte Gestaltungsaufgabe des Verwaltungsrats genannt. Damit unterstreicht der Gesetzgeber den hohen Stellenwert, den er dieser Aufgabe beimisst. Dies mag im ersten Moment etwas überraschen, ist doch die finanzielle Führung letztendlich auch „nur" ein Teil der Oberleitungsfunktion.[1] Berücksichtigt man aber, dass die übergeordnete Aufgabe der Unternehmensführung in der Existenz- und Zukunftssicherung des Unternehmens besteht und dabei der finanziellen Führung eine wesentliche Bedeutung zukommt, dann lässt sich die explizite Aufzählung durchaus rechtfertigen. Für das langfristige Bestehen eines Unternehmens ist ein gesundes finanzielles Umfeld zwingend notwendig. So führt z. B. das zeitliche Auseinanderfallen von Ausgaben und Einnahmen unweigerlich zur Illiquidität und damit zum Untergang des Unternehmens, sofern nicht frühzeitig Vorkehrungen zur Überbrückung von solchen Finanzierungslücken getroffen werden. Auch dauernde Verluste kann ein Unternehmen über längere Zeit nicht verkraften, da sonst seine Substanz aufgebraucht wird. Eine gesunde finanzielle Situation ist aber nicht nur für das Unternehmen selbst von grösster Wichtigkeit, sondern auch für andere Stakeholder[2].

Auch international betrachtet stellt die Frage der Finanzverantwortung einen wichtigen Bestandteil der Corporate-Governance-Diskussion dar.[3] Die Finanzen stehen in einer sehr engen, oft direkten Beziehung zu anderen Unternehmensbereichen und -funktionen. So haben Entscheidungen in einzelnen Unternehmensbereichen kurz-, mittel- oder langfristig Auswirkungen auf die Finanzsituation, und umgekehrt beeinflussen Finanzentscheidungen einzelne Unternehmensbereiche oder -funktionen. Finanzielle Führungsinstrumente bieten in beschränktem Umfang die Möglichkeit, diese Abhängigkeiten zu erfassen, Entwicklungen, Potentiale und Risiken im Unternehmen zu erkennen und zukünftig erwartete Auswirkungen von Führungsentscheidungen in anderen Bereichen im Voraus abzubilden.

---

[1]   Vgl. Böckli (1994), S. 26.

[2]   Stakeholder wie z. B.: Lohnempfänger, Lieferanten, Banken und Gläubiger, Staat, etc. Dieser Umstand dürfte wesentlich dazu beigetragen haben, dass der Gesetzgeber die Finanzverantwortung Kompetenz explizit als undelegierbare Verwaltungsratsaufgabe erwähnt und ihr ein ganz besonderes Gewicht beimisst.

[3]   Vgl. Cadbury Report (1992), S. 25-27.

6.1   Rechtliche Dimension der Finanzverantwortung

Dem Verwaltungsrat wird von Gesetzes wegen die Verantwortung für die Ausgestaltung des Rechnungswesens, der Finanzkontrolle und der Finanzplanung übertragen, sofern diese für die Führung der Gesellschaft notwendig ist.[4] Was darunter konkret zu verstehen oder wie der einschränkende Nebensatz zu interpretieren ist, wird im Gesetz nicht und in der Botschaft nur ungenügend erläutert. Ganz allgemein wird unter Finanzverantwortung verstanden, dass der Verwaltungsrat in guten wie auch in schlechten Zeiten für ein finanzielles Gleichgewicht zu sorgen hat.[5] Dabei muss er weder als Buchhalter noch als Finanzplaner aktiv werden. Die Unübertragbarkeit der zugewiesenen Aufgaben betrifft wiederum nur die Beschlussfassung über die Ausgestaltung des Rechnungswesens, der Finanzkontrolle sowie der Finanzplanung.[6]

6.1.1   Rechnungswesen

In der bundesrätlichen Botschaft wird betont, dass sich das Rechnungswesen zu einem wichtigen Informations- und Führungsinstrument entwickelt hat.[7] Jedes Unternehmen stellt jedoch eigene Anforderungen an die zweckmässige Ausgestaltung seines Rechnungswesens.

Nachfolgend ist zu klären, was unter dem Begriff Rechnungswesen zu verstehen ist und welche Teilinstrumente ein zweckmässiges Rechnungswesen beinhaltet. Im Revisionshandbuch der Schweiz wird das Rechnungswesen als ein Dokumentations- und Informationssystem verstanden, in welchem Vermögensverhältnisse und -veränderungen erfasst und zu rasch verfügbaren, wahren und möglichst klaren internen und externen Informationen verdichtet werden kön-

---

4   Vgl. OR Art. 716a Ziff. 3. Die Aufnahme der Finanzverantwortung in den Katalog der unübertragbaren Aufgaben wurde vom Parlament anfangs nicht goutiert; erst der Nebensatz (..., sofern diese für...) brachte den notwendigen Kompromiss und führte zur Genehmigung. Diese Änderung dürfte eine der wohl wichtigsten Neuerungen im Aktienrecht von 1992 sein. Vgl. dazu Böckli (1994), S. 27; Thiel/König (1994), S. 26.

5   Vgl. Böckli (1994), S. 26 Hermann (1995), S. 41; Meyer (1996), S. 12; Kammerer (1997), S. 159; Meyer/Erny (1998), S. 99.

6   Vgl. Bundesrat (1983), S. 178.

7   Vgl. Bundesrat (1983), s. 178.

nen. Es dient der zahlenmässigen Erfassung und Darstellung der wirtschaftlichen und finanziellen Lage des Unternehmens.[8]

Das Rechnungswesen beinhaltet demnach weit mehr als nur das Führen der Finanzbuchhaltung. Entsprechend den spezifischen Gegebenheiten eines Unternehmens sind weitere Elemente erforderlich.[9] Je nach Grösse und Komplexität der Geschäftstätigkeit umfasst das Rechnungswesen sinnvollerweise folgende Instrumente:

- die Finanzbuchhaltung, welche als lückenlos nachzuführende Aufzeichnung aller vermögensrelevanten Vorgänge dient

- die Betriebsabrechung zur Erfassung von betrieblichen Kosten und Erlöse einzelner Leistungen, Betriebsteilen oder des ganzen Betriebs und darauf basierend die Kalkulation als Grundlage zur Preisgestaltung, zur Festlegung innerbetrieblicher Verrechnungen und zur Erfolgskontrolle von Leistungen sowie der Bewertung des Lagers

- die Rechnungslegung[10] zur Darstellung, Beurteilung und Kommunikation der Vermögens- und Ertragslage basierend auf den Daten der Buchführungssysteme

- kurz-, mittel- und langfristige Planungsrechnungen zur Ermittlung und Darstellung der zukünftigen Vermögens- und Ertragslage

- Betriebsstatistiken als systematische Datenzusammenstellungen und als Basis für weitere Analysen

- Sonderrechnungen wie Projektabrechnungen, Investitionsrechnungen, Wertanalysen oder weitere Analysen.[11]

Die Aufgabe des Verwaltungsrats liegt nun darin, im Rahmen seiner Kompetenzen zu entscheiden, wie das Rechnungswesen auszugestalten ist, damit es als zweckmässiges Führungsinstrument dient. Dabei hat er konkret festzulegen, welche Instrumente neben der zwingend vorgeschrieben Finanzbuchhaltung[12]

---

8   Vgl. RHB (1992), S. 21-22; Jud (1996), S. 126; Kammerer (1997), S. 161.

9   Vgl. Meyer/Erny (1998), S. 101.

10 Die Jahresrechnung bestehend aus Bilanz, Erfolgsrechnung und Anhang sollte zusätzlich auch eine Mittelflussrechnung umfassen.

11 Vgl. RHB (1992), S. 21; Müller/Lipp (1994), S. 119; Forstmoser/Meier-Hayoz/Nobel (1994), S. 30 N 41; Jud (1996), S. 127; Meyer/Erny (1998), S. 101.

12 Vgl. OR Art. 957; indirekt auch OR Art. 662.

und der ordnungsmässigen Rechnungslegung[13] notwendig sind und wie diese umfangmässig auszugestalten sind. Insbesondere ist die Quantität und Qualität der daraus resultierenden Führungsinformationen festzulegen.[14] Dabei sind in der Realität nicht in erster Linie die rein formal-juristischen Vorgaben, sondern die betriebswirtschaftlichen Erfordernisse sowie die vorrangigen Interessen wichtiger Anspruchsgruppen ausschlaggebend.[15] Neben dem Verwaltungsrat haben insbesondere die Geschäftsleitung und andere Entscheidungsträger im Unternehmen konkrete und berechtigte Erwartungen hinsichtlich Verfügbarkeit und Zuverlässigkeit von finanziellen Führungsinformationen. Aber auch externe Stakeholder wie Investoren, Gläubiger, Kunden oder der Staat erheben Ansprüche an korrekte und aktuelle Informationen hinsichtlich der finanziellen Situation des Unternehmens.

Nach Böckli ist der Verwaltungsrat zwingend verantwortlich für die Ordnungsmässigkeit der Rechnungslegung und für die zweckmässige Organisation des Rechnungswesens insgesamt, je nach den Bedürfnissen des Unternehmens. Er hat dafür zu sorgen, dass überhaupt eine Buchhaltung eingerichtet und vollständig, folgerichtig, genau und zeitnah geführt wird. Er muss das Rechnungswesen so ausgestalten, dass er und die mit der Geschäftsleitung betrauten Personen die für die Führung notwendigen Schlüsse ziehen können. Das Rechnungswesen muss als Führungsinstrument dienen.[16] Bei der einheitlichen Leitung einer Unternehmensgruppe obliegt dem Verwaltungsrat zudem die Ausgestaltung der konsolidierten Rechnungslegung. Aufgrund der knappen Formulierung im Gesetz bedeutet dies für den Verwaltungsrat, dass er in Eigenverantwortung, widerspruchsfreie Konsolidierungsprinzipien festlegen muss.[17]

Meyer hebt bei der Ausgestaltung des Rechnungswesens neben der finanziellen Standortbestimmung das Sicherstellen des rechtzeitigen Reagierens hervor.[18] Für Thiel/König kann nur durch eine klare Beachtung des Finanzbereichs die Sicherung des Unternehmens erfolgen. Dabei müssen in erster Linie die Bereiche Liquidität, angemessene Kapitalverzinsung und Erhaltung der eigenen

---

[13]   Vgl. OR Art. 662a.

[14]   Vgl. Müller/Lipp (1994), S. 121; Jud (1996), S. 127.

[15]   Vgl. Hostettler (1995), S. 308.

[16]   Vgl. Böckli (1992), S. 422-423; Böckli (1994), S. 27; Meyer (1996), S. 12; Meyer/Erny (1998), S. 101. Siehe dazu auch Kap. 6.3.

[17]   Vgl. Böckli (1994), S. 27

[18]   Vgl. Meyer (1996), S. 12.

Mittel beachtet werden.[19] Wunderer hebt insbesondere die Verantwortung für die Existenz einer funktionierenden Buchführung sowie die Gewährleistung der Ordnungsmässigkeit hervor.[20] Die Ordnungsmässigkeit der Rechnungslegung ist aber ein komplexes und sich mit der Entwicklung des Unternehmens wandelndes Erfordernis.[21] Im geltenden Aktienrecht finden sich sechs Grundsätze, welchen die ordnungsmässige Rechnungslegung zu folgen hat:[22]

- Vollständigkeit der Jahresrechnung

- Klarheit und Wesentlichkeit der Angaben

- Vorsicht

- Fortführung der Unternehmenstätigkeit

- Stetigkeit in Darstellung und Bewertung

- Unzulässigkeit der Verrechnung von Aktiven und Passiven sowie Aufwand und Ertrag.

Fasst man die vertretenen Expertenmeinungen hinsichtlich der konkreten Ausgestaltung des Rechnungswesens im Überblick zusammen, dann hat ein Verwaltungsrat dafür zu sorgen, dass

- eine Buchführung eingerichtet ist und die Rechnungslegung ordnungsgemäss erfolgt

- das Rechnungswesen ein Führungsinstrument darstellt, welches eine finanzielle Standortbestimmung und zeitgerechtes Reagieren erlaubt[23]

- gegebenenfalls eine konsolidierte Jahresrechnung erstellt wird.

---

19 Vgl. Thiel/König (1994), S. 28; Kammerer (1997), S. 161.

20 Dabei spricht er die Vermutung aus, dass der Gesetzgeber hier wohl die kleineren Gesellschaften anspricht. Vgl. Wunderer (1995) S. 96.

21 Vgl. Fluri (1992), S. 801-802.

22 Vgl. OR 662a II.

23 Welche Elemente ein Rechnungswesen eines mittleren Unternehmens beinhalten könnte, damit es ein zweckmässiges Führungsinstrument darstellt, wird in Kap. 6.3 behandelt.

6.1.2   Finanzkontrolle

Weder der knappe Wortlaut des Gesetzes noch die bundesrätliche Botschaft zum Aktienrecht geben im Detail Auskunft darüber, was unter Finanzkontrolle zu verstehen ist. Gemäss Botschaft gehört sie aber zum ureigensten Aufgabenbereich des Verwaltungsrats. Deshalb ist er für die Ausgestaltung einer angemessenen und den Bedürfnissen der Gesellschaft angepassten internen Finanzkontrolle verantwortlich.

Entgegen einer eng gefassten finanzwissenschaftlichen Sinngebung des Begriffs Finanzkontrolle ist darunter zusätzlich zur gesamtheitlichen zeitpunkt- oder zeitraumbezogenen Überwachung[24] der Entwicklung von Liquidität, Kapitalstruktur und Kapitalrentabilität auch die kritische nachprüfende Beurteilung von finanziellen Abläufen im Unternehmen zu verstehen.[25] Dabei entspricht dieser Bereich der Aufgabe sinngemäss derjenigen der internen Revision[26], welche die Finanzvorgänge rückblickend nachprüft. Diese Funktion kann in einfacheren Verhältnissen durch ein beauftragtes Mitglied des Verwaltungsrats oder den Präsidenten selbst erfolgen.[27]

Die finanzwissenschaftliche Finanzkontrolle steht zudem in einem engen Zusammenhang mit der nachfolgend beschriebenen Finanzplanung. Zusammen mit dieser soll die Finanzkontrolle sicherstellen, dass die notwendigen Mittel für die Erfüllung der Verbindlichkeiten bereitstehen und zugleich die ungebundenen Mittel sinnvoll angelegt sind.[28]

Bei den Instrumenten der Finanzkontrolle kann zwischen zeitpunkt- und zeitraumbezogenen unterschieden werden. So gehören z. B. Liquiditätsstatus, Liquiditätsstaffeln oder Kennziffern über Kapitalstruktur, Deckungsverhältnisse und Kapitalumschlag zu den zeitpunktbezogenen Instrumenten. Zu den zeitraumbezogenen Instrumenten zählen Liquiditätsausweise, Bewegungsbilanzen, Geld- bzw. Kapitalflussrechnungen[29] und auch die verschieden Formen der

---

[24]   Vgl. Boemle (1993), S. 107-147.

[25]   Vgl. Böckli (1992), S. 423; Meyer (1996), S. 13; Meyer/Erny (1998), S. 101.

[26]   Vgl. Thiel/König (1994), S. 31.

[27]   Vgl. Böckli (1994), S. 29.

[28]   Vgl. Forstmoser/Meier-Hayoz/Nobel (1994), Rz 44, S. 30.

[29]   Nach Auffassung von Böckli ist das Aufstellen einer Geldfluss- oder Mittelflussrechnung zur Überwachung der Liquidität zwingend notwendig [Vgl. Böckli (1992), S. 423]. Thiel/König bezweifeln dies und vertreten die Meinung, dass in erster Linie eine laufende

Finanzplanung, wobei insbesondere der Begriff des Cashflow eine zentrale Rolle spielt.[30]

6.1.3   Finanzplanung

In der bundesrätlichen Botschaft wird die Finanzplanung als ein „wichtiges Mittel, um die Realisierung der Gesellschaftsziele sicherzustellen und rechtzeitig Zielkorrekturen vorzunehmen"[31] beschrieben. Der Bundesrat stellt dabei klar, dass Finanzplanung weiter geht als das Erstellen von Budgets,[32] welche aber in aller Regel eine Voraussetzung für die Finanzplanung darstellen.[33] Sie ist die vorausschauende Abschätzung der für die unternehmerische Tätigkeit relevanten Mittelherkunft und Mittelverwendung, wodurch automatisch auch die Planung und Sicherstellung der notwendigen Liquidität verbunden ist.[34]

Die Bedeutung der Finanzplanung kommt in der Literatur deutlich zum Ausdruck; so nennt z. B. Böckli die Finanz- und Liquiditätsplanung als Kernverantwortung jedes Spitzenorgans in jedem wirtschaftlich tätigen Unternehmen, dabei spielt die absolute Grösse der Planungszahlen keine Rolle.[35] Der einschränkende Zusatz des Gesetzgebers „sofern diese für die Führung der Gesellschaft notwendig ist"[36] wird in der juristischen Literatur als eine Art „politischer Kompromiss"[37] und als falsches, bzw. schädliches Signal gewertet.[38] Als irreführender[39] Zusatz bezeichnet wird ihm von Meyer materiell keine Be-

---

Überwachung der Einnahmen und Ausgaben des Unternehmens gefordert ist [Vgl. Thiel/König (1994), S. 31]. Die Wichtigkeit der Mittelflussrechnung als Führungsinstrument wird insbesondere in Kap. 6.3 hervorgehoben.

30   Vgl. Boemle (1993), S. 107-147.

31   Botschaft (1983), S. 178.

32   Vgl. Botschaft (1983), S. 178.

33   Vgl. Böckli (1992), S. 423.

34   Vgl. Böckli (1992), S. 424; Jud (1996), S. 130; Kammerer (1997), S. 172; Meyer/Erny (1998), S. 101.

35   Vgl. Böckli (1992), S. 424.

36   OR Art. 716a Abs. 1 Ziff. 3.

37   Böckli spricht in diesem Zusammenhang von „der hasenfüssige Zusatz des Parlamentes" [Böckli (1992), S. 424] bzw. „salomonischer Zusatz" [Böckli (1994), S. 26].

38   Vgl. Böckli (1992), S. 424; Kammerer (1997), S. 173.

39   Vgl. Meyer (1996), S. 13.

deutung zugemessen, da eine Finanzplanung für Aktiengesellschaften in den
allermeisten Fällen unerlässlichist.[40] Es besteht einhellig die Meinung, dass
selbst eine einfache Finanzplanung sehr zweckmässig und in den seltensten
Fällen entbehrlich ist.[41] Noch prägnanter formuliert es Homburger, für den
der Verwaltungsrat jeder Gesellschaft eine Finanzplanung betreiben muss, sofern er sich nicht der Pflichtverletzung schuldig machen will.[42] Diese strenge
Formulierung ist insofern zu relativieren, als dass sich der Verwaltungsrat
nicht selbst als Finanzplaner zu betätigen hat, sondern dass er nur dafür besorgt sein muss, dass eine wirksame Finanzplanung betrieben wird. Ihm undelegierbar zugeordnet ist der Entscheid über die Ausgestaltung der Planung,
und er hat die Pflicht, sich darüber orientiert zu halten und im Rahmen der
Oberleitung zeitgerecht die notwendigen Schlüsse zu ziehen.[43]

Basis für die Finanzplanung bildet grundsätzlich die generelle Verantwortung
des Verwaltungsrats bezüglich der Oberleitung, Mittel entsprechend den Unternehmenszielen und -strategien einzusetzen.[44] Die Finanzplanung ist daher
integraler Bestandteil der Unternehmensplanung. Über sie kann der Verwaltungsrat erheblichen Einfluss auf die langfristige Unternehmensentwicklung
nehmen.[45] In den Finanzplänen finden die angestrebten Unternehmensstrategien ihren zahlenmässigen Niederschlag, wobei zwischen einzelnen Plänen eine
Wechselwirkung besteht.[46] Deshalb ist die Finanzplanung ein zielgerichteter
Teil des gesamten Planungs- und Entscheidungsprozesses zur optimalen Lösung der unternehmerischer Problemstellungen.[47] Die Planungsverantwortung,
insbesondere für die Finanzplanung, geht insofern über die reine Gestaltungs-
verantwortung hinaus, als dass die Planung funktional auch eine Begleitung im

---

40   Vgl. Meyer (1996), S. 13.

41   Vgl. Böckli (1992), S. 424; Steiner (1992), S. 3; Böckli (1994), S. 26-27; Kammerer
     (1997), S. 173; Meyer/Erny (1998), S. 101.

42   Vgl. Homburger (1997), N. 561.

43   Vgl. Jud (1996), S. 130; Helbling (1994), S. 186; Böckli (1992), S. 424; Wunderer
     (1995), S. 97; Kammerer (1997); Meyer/Erny (1998), S. 101.

44   Vgl. Wunderer (1995), S. 97.

45   Vgl. Wunderer (1995), S. 97; Kammerer (1997), S. 172.

46   Ausgleichsgesetz der Planung. Ein Primärplan steckt die Grenzen für die Planung der an-
     deren Unternehmensbereiche (Sekundärpläne). Für die Abstimmung und Koordination der
     einzelnen Pläne gibt der schwächste Teilbereich, von Gutenberg als Minimumsektor be-
     zeichnet, zwangsläufig den Ausschlag.

47   Vgl. Boemle (1993), S. 99.

Sinne der Überwachung[48] nach sich zieht, um stets frühzeitig Probleme erkennen und bei Abweichungen von Zielvorgaben allenfalls rechtzeitig Korrekturmassnahmen ergreifen zu können.[49]

Zusammenfassend kann festgehalten werden, dass der Gesetzgeber Finanzplanung nicht im engen Sinn, also lediglich in der Sicherung der Liquidität bzw. in der jederzeitigen Zahlungsfähigkeit des Unternehmens, sondern in einem weiter gefassten Sinn versteht. So interpretiert zählen nicht nur die kurzfristige Liquiditätsplanung, sondern auch die Ermittlung des mittel- und langfristigen Kapitalbedarfs zur Umsetzung der Unternehmensstrategien sowie die Planung geeigneter Finanzierungsalternativen für Investitionsprojekte zu den Aufgaben der Finanzplanung.

---

48 An dieser Stelle sei nochmals auf den engen funktionalen Zusammenhang zwischen Planung und Kontrolle hingewiesen.

49 Vgl. Wunderer (1995), S. 97; Kammerer (1997), S. 172-173;

6.2   Konzeptionelle Überlegungen zur finanziellen Führung

Auf Stufe Verwaltungsrat kann finanzielle Führung nicht losgelöst von der Unternehmensführung betrachtet werden. Alle strategischen Führungsentscheide führen mittelbar zu finanziellen Auswirkungen. Die Unternehmenspolitik und die finanzielle Unternehmensführung sind deshalb aufeinander abzustimmen. Die Abstimmung erfolgt zunächst auf oberster Führungsstufe, muss dann aber während des Prozesses der Umsetzung alle Unternehmensstufen durchdringen.

Die Mehrdimensionalität der finanziellen Führung erschwert eine systematische Betrachtung, da alle Dimensionen miteinander vernetzt sind. Dennoch wird in diesem Kapitel versucht, die verschiedenen Dimensionen der finanziellen Führung separat zu betrachten. Abbildung 6-1 zeigt die grundsätzliche Unterteilung, welche in dieser Arbeit vorgenommen wird.[50]

Abbildung 6-1:   Dimensionen der finanziellen Unternehmensführung

Finanzielle Unternehmensführung	
Finanzielle Gesamtführung VR / GL	**Finanzmanagement** Finanzabteilung
Strategische Finanzführung und Unternehmensausrichtung auf oberste Finanzziele • Wertmanagement • Finanzziele und Rahmenbedingungen • Gewinnsteuerung	Operative Bewirtschaftung der Ressource Finanzen • Abstimmung zwischen Investitionen und Finanzierung • Optimale Finanzbedarfsdeckung • Cashflow-Steuerung und Cash Management
Finanzcontrolling Umfassendes Informationssystem (Planungs-, Entscheidungs- und Überwachungssystem) zur zentralen Koordination und Steuerung der finanziellen Führung.	

---

[50]   Es existieren verschiedene Auffassungen hinsichtlich der Auslegung von finanzieller Führung. So kann finanzielle Führung auch als Ausübung funktionaler Aufgaben wie Sicherstellung der Liquidität, Kapitalbeschaffung oder optimale Mittelanlage verstanden werden [Vgl. Brandl (1989), S. 178-180]. Die in dieser Arbeit vorgenomme Unterteilung lehnt in weiten Teilen an Volkart an. [Vgl. Volkart (1996a), S. 882].

In den folgenden Ausführungen werden die einzelnen Dimensionen genauer betrachtet. Im Vordergrund steht aber eindeutig die finanzielle Gesamtführung, welche aus betriebswirtschaftlicher Betrachtung die für den Verwaltungsrat entscheidende Gestaltungsdimension darstellt. Über sie nimmt er mittelbar aber auch Einfluss auf das Finanzmanagement und das Finanzcontrolling. Dieses stellt als Informationssystem eigentlich ein Bindeglied dar, und ist ein ideales Führungsinstrument zur Koordination und Steuerung der finanziellen Führung.

6.2.1   Finanzielle Gesamtführung

Im Rahmen der finanziellen Gesamtführung, wie sie in Abbildung 6-2 dargestellt ist, stehen drei Aspekte im Vordergrund. Zunächst einmal muss sich der Verwaltungsrat, bezugnehmend auf die Interessenwahrungs- und Bindegliedfunktion gegenüber den Aktionären, einer grundsätzlichen Denkhaltung der Wertorientierung verpflichten. Die Verpflichtung zur Schaffung von Shareholder value und somit zum aktiven Wertmanagement ist prioritäres Ziel des unternehmerischen Strebens. Diese Denkhaltung widerspiegelt und konkretisiert sich in der Festlegung oberster Finanzziele. Zusätzlich muss der Verwaltungsrat Richtlinien und Rahmenbedingungen formulieren, die festlegen, welche Risiken man zu tragen bereit ist. Daraus resultieren Grundsätze zur Investitions-, Kapitalstruktur und Liquiditätspolitik. Die Festlegung dieser Grundsätze erfordert vom Verwaltungsrat eine vertiefte Auseinandersetzung mit den Grössen Rentabilität, Sicherheit und Liquidität – auch finanzielles Zieldreieck genannt. Er muss für das Unternehmen eine Positionierung innerhalb dieses Zieldreiecks wählen, welche mit dem Unternehmensleitbild und den übergeordneten Unternehmenszielen abgestimmt ist und seine klaren Vorstellungen über Rentabilitäts-, Sicherheits- und Liquiditätsziele im Sinne von Richtwerten formulieren.[51] Die mittel- und langfristige Gewinnsteuerung wird durch den Verwaltungsrat durch die konsequente Wertorientierung positiv beeinflusst. Die kurzfristige Steuerung von Aufwand und Ertrag hingegen ist primär Aufgabe der operativen Geschäftsführung.

---

[51]   Vgl. Ulrich (1990), S. 139.

Abbildung 6-2:   Überblick zur finanziellen Gesamtführung

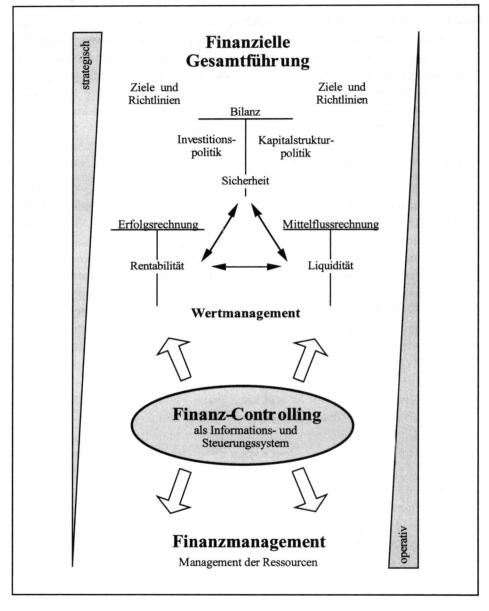

6.2.1.1 Wertmanagement

Die langfristige Wertgenerierung zugunsten der Aktionäre, also die Schaffung von Shareholder value, steht heute im Mittelpunkt der Unternehmensführung.[52] Das Wertmanagement richtet deshalb sowohl die strategischen wie auch die operativen Führungsentscheide auf die langfristige Steigerung des Unternehmenswerts aus. Dabei spielt selbstverständlich die Frage, inwieweit neben den Interessen der Shareholder auch berechtigte Interessen anderer Stakeholder zu berücksichtigen sind, eine gewichtige Rolle.[53] Dazu ist, bezugnehmend auf das wirtschaftspolitische Kreislaufmodell, klar festzuhalten, dass es langfristig den Aktionären durchaus dient, wenn berechtigte Interessen anderer Stakeholder ebenfalls einfliessen.[54]

In der amerikanischen Literatur wird seit Rappaports Aufsatz in den frühen 80er Jahren über „Selecting Strategies That Create Shareholder Value" die wertorientierte Unternehmensführung rege diskutiert.[55] Im deutschsprachigen Raum wurde die Diskussion erst anfangs der 90er Jahre aufgenommen. Durch die zunehmende Ausrichtung vieler Unternehmen auf die Wertorientierung gewannen in den letzten Jahren auch neue wertorientierte Führungsinstrumente an Bedeutung. Deren Ansätze lassen sich allesamt aus der Investitionstheorie herleiten. Als Grundidee gilt, dass Investitionsprojekte mit positivem Kapitalwert den Unternehmenswert steigern. Anders als in der ursprünglichen dynamischen Investitionsrechnung[56], bei der diese Berechnung nur fallweise zum Einsatz kommt, fordert das moderne Wertmanagement eine laufende Beurteilung des Unternehmenswerts bzw. eine Ausrichtung und Steuerung neu zu gründender und bestehender Geschäftsfelder und -bereiche auf die Erhöhung

---

52 Vgl. Hostettler (1995), S. 308; Vettiger/Hofacher (1998), S. 135; Volkart/Suter (1998), S. 149.

53 Obwohl die wertorientierte Unternehmensführung bzw. die Shareholder value-Orientierung in den letzten Jahren zu vielen, oft polemischen Diskussion führte, darf nicht vergessen werden, dass eine langfristig wertorientierte Unternehmensführung die Bedürfnisse aller Anspruchsgruppen (Stakeholder) zu berücksichtigen versucht, immer mit dem Ziel, für den Aktionär (Shareholder) nachhaltige Mehrwerte zu schaffen. Leider werden von vielen Autoren, welche sich mit diesem Thema befassen, Investoren mit Tradern und Spekulanten in den gleichen Topf geworfen.

54 Vgl. Kap. 2.2. Es wird z. B. die Motivation der Mitarbeiter gefördert oder die Akzeptanz in der Öffentlichkeit erhöht, was letztendlich in einer gesamtwirtschaftlichen Betrachtung die Chancen für gute wirtschaftspolitische Rahmenbedingungen erhöht.

55 Vgl. Rappaport (1981), zit. in: Pfaff (1998a), S. 2.

56 Vgl. Kap. 6.3.2.4.

des Unternehmenswerts.[57] Dabei werden die Verzinsungserwartungen der Anleger automatisch in Form von (kalkulatorischen) Kapitalkosten in die Beurteilung einbezogen. Im Rahmen dieser neuen Beurteilungsmodelle reicht das Vorliegen absoluter Reingewinne als Rechtfertigung für eine gute Performance von Unternehmen nicht mehr aus. Die Performance eines Unternehmens ist nur dann gut, wenn sich der Unternehmenswert unter Berücksichtigung kalkulatorischer Zinsen für die Eigentümer im Zeitablauf erhöht.

Zur Beurteilung der Wertsteigerung leisten solche Modelle dem Verwaltungsrat gute Dienste. Insbesondere das Economic Value Added-Konzept (EVA)[58] ist aus der Sicht des Verwaltungsrats als ideales Führungsinstrument hervorzuheben. Es gewinnt seit Mitte der 90er Jahre mehr und mehr an Bedeutung, weil es ein vielseitig anwendbares Modell darstellt, welches sich auch zur Beurteilung unternehmerischer Leistung und Effizienz eignet. Vor allem aber ist es einfach zu verstehen.[59]

Die „hohe Verständlichkeit" resultiert deshalb, weil das Modell bei der Berechnung der grundlegenden Grösse, dem Betriebserfolg vor FK-Zinsen und Steuern[60], auf der herkömmlichen Erfolgsrechnung basiert. Zwar wird der Bruttogewinn nicht einfach übernommen, sondern durch einer Reihe von Anpassungen verändert. Die wichtigsten vorzunehmenden Korrekturen[61] sind z. B. die Aktivierung von Forschungs- und Entwicklungsausgaben, die Korrektur von Rückstellungen oder Auflösung von stillen Reserven.[62] Anschliessend ist dieser „unverfälschte" Jahresgewinn noch um die Steuern zu korrigieren. Den Economic Value Added, den Stewart als „operating profits less the cost of all of the capital employed to produce those earnings"[63] definiert, erhält man, indem die gewogenen Kapitalkosten für das durchschnittlich gebundene, zur Erwirtschaftung des NOPAT eingesetzte Betriebsvermögen abgezogen werden.

---

57   Vgl. Pfaff (1998a), S. 2.

58   EVA ist ein Warenzeichen der Firma Stern Stewart & Co.

59   Vgl. Leysinger (1997), S. 243-244.

60   Net profit after taxes (NOPAT).

61   Falls nicht vom Bruttogewinn ausgegangen wird, muss der ausgewiesene Gewinn zuerst um die verbuchten Kapitalkosten korrigiert werden, damit schlussendlich ein Gewinn frei von jeglichen Finanzierungseinflüssen resultiert.

62   Stern Stewart & Co. empfehlen ihren Kunden zum Teil bis zu 160 Korrekturen, um einen unverfälschten Gewinn zu erhalten. Vgl. Pfaff (1998a), S. 7.

63   Stewart (1991), S. 2.

Der so errechnete Wert EVA ermöglicht es, den Gesamtunternehmenswert unter Berücksichtigung der gewichteten, risikoadjustierten Kapitalkosten auf einfache Art und Weise zu berechnen.[64] Vom Gesamtunternehmenswert ist dann lediglich der Marktwert des Fremdkapitals abzuziehen, um den Shareholder value zu berechnen. Der EVA auf der Ebene des Gesamtkapitals[65] entspricht dem Nettobetriebserfolg und wird wie folgt berechnet:

$$EVA_t = NOPAT_t - WACC_t \cdot IC_t$$

oder

$$EVA_t = (ROIC_t - WACC_t) \cdot IC_t$$

Der Gesamtunternehmenswert, diskontiert auf den heutigen Zeitpunkt, kann nun analog der bekannten Discounted Cashflow-Methode[66] berechnet werden:

$$MVA = \sum_{t=1}^{\infty} \frac{EVA_t}{(1 + WACC_t)^t}$$

dabei gelten:

NOPAT $=$ Net operating profit after taxes

$\approx$ Betriebserfolg vor FK-Zinsen und Steuern

$+$ Bilanzpolitische Bereinigungen (z. B. Erhöhung der eigenkapitaläquivalenten Reserven; Rückgängigmachung erfolgsneutraler Goodwill-Verrechnungen mit dem Eigenkapital)

$-$ Bereinigte Steuern

IC $=$ Investiertes Betriebskapital

$=$ Betriebsnotwendiges Kapital aus der Bilanz

$+$ Korrekturen (z. B. Rückgängigmachung der Goodwill-Abschreibung)

---

[64] Als Einstieg in die EVA-Thematik eignet sich ein Aufsatz von Hostettler (1995), S. 307-315. Für eine vertiefte Auseinandersetzung ist die Dissertation desselben Autors bzw. das Basiswerk von Stewart (1991) zu empfehlen.

[65] Entity-Ansatz.

[66] DCF-Methode: $V = \sum_{t=1}^{n} \dfrac{FCF_t}{(1 + WACC_t)^t} + \dfrac{RV}{(1 + WACC_n)^n}$

ROIC   =   Return on invested capital

            = $\dfrac{NOPAT}{IC}$

MVA   =   Market Value Added
            =   Gesamtunternehmenswert (V) - Investiertes Betriebs-
                     kapital

$WACC_t$ =   Weighted Average Cost of Capital der Periode t
                     (Kapitalkostensatz [Opportunitätskosten] der
                     Periode t)

Der durch den EVA-Ansatz ermittelte Unternehmenswert entspricht demjenigen einer äquivalenten DCF-Berechnung. Obwohl konzeptionell unbestritten,
bestehen für den EVA-Ansatz die gleichen Schwächen wie für die DCF-Me-
thoden. Bei beiden Konzepten besteht bezüglich der Daten ein hoher Willkür-
spielraum, der sich nicht einengen lässt.[67] Bei der Beurteilung durch den Verwaltungsrat ist deshalb insofern Vorsicht geboten, als dass die sensitiven Grössen[68] kritisch zu hinterfragen sind. Im Einzelfall sollte geprüft werden, wie
die Kapitalkosten bemessen und die zukünftigen Cashflows abgeschätzt bzw.
die NOPAT errechnet werden, damit der Subjektivität der geschätzten Zahlen
entgegengewirkt werden kann. Trotz dieser bekannten Mängel der verschiedenen Konzepte zur wertorientierten Unternehmensführung bilden diese für den
Verwaltungsrat ein wertvolles Führungsinstrument. Es sollte aber nicht als
Kennzahl, sondern als integriertes Denkmodell verstanden werden.[69]

---

[67]   Vgl. Volkart (1997), S. 51-52.
[68]   Z. B. Höhe und zeitlicher Anfall von Gewinnen bzw. Cashflow oder Zinssätze.
[69]   Vgl. Hostettler (1995), S. 307-309.

6.2.1.2   Festlegung oberster Finanzziele und Rahmenbedingungen

Die Wertorientierung wird durch die Festlegung konsistenter Zwischenziele konkretisiert und operationalisiert. Solche Zielgrössen sind i. d. R. stark umsatz- oder renditeorientiert, wie z. B. Return on Sales (ROS), Return on Equity (ROI), Return on Investment (ROI) oder Return on invested Capital (ROIC). Renditen können jedoch nur richtig beurteilt werden, wenn man auch die Risiken betrachtet, die dafür eingegangen werden. Deshalb wird der Verwaltungsrat die Rahmenbedingungen durch die Formulierung der Investitions-, Kapitalstruktur und Liquiditätspolitik festlegen, unter welchen die Zielgrössen (Renditen) zu erreichen sind. Nur ein Verwaltungsrat, der die Zusammenhänge zwischen den Grössen Rentabilität, Sicherheit und Liquidität versteht, kann sinnvolle Zielgrössen und Rahmenbedingungen formulieren sowie, und dies ist mindestens so wichtig, später die Zielerreichung richtig beurteilen. Diese Aufgabe erfordert vom Verwaltungsratsmitglied ein gewisses Mass an finanzieller Sachkompetenz, ansonsten wird die Beurteilung zur Farce. Vor der Betrachtung der Investitions-, Liquiditäts- und Kapitalstrukturpolitik sollen deshalb zunächst die Zusammenhänge im finanziellen Zieldreieck ausführlich erläutert werden.

„Finanziell betrachtet haben privatwirtschaftliche Unternehmen nur dann eine echte Überlebenschance, wenn sie eine risikoadäquate Rendite erwirtschaften."[70] In dieser Aussage kommt zum Ausdruck, dass Risiko und Rendite miteinander verknüpft sind. Kurzfristig lässt sich eine bessere Rendite durch Aufnahme höherer Risiken erzielen. Negativ ausgedrückt muss „Sicherheit" durch eine tiefere Rendite erkauft werden.[71] Zuerst soll der Begriff Rendite bzw. Rentabilität genauer betrachtet werden.

Die Rendite basiert auf der Grösse Gewinn. Der Gewinn ist zunächst einmal eine relativ kurzfristige, finanzbuchhalterisch geprägte Grösse. Er errechnet sich als Differenz der in einer Periode erwirtschafteten Erträge abzüglich der angefallenen Aufwände. Zur Gewinnanalyse gehört auch eine Analyse des Ertrags und des Aufwands. Die einzelnen Ertragskomponenten sind sorgfältig nach verschiedenen Kriterien zu strukturieren und zu beurteilen. Ebenso sind

---

70   Vgl. Volkart (1992), S. 261.

71   Die grundlegenden Zusammenhänge und möglichen Einflussfaktoren zwischen Rendite und Risikopositionierung werden etwas später nochmals aufgegriffen.

die Aufwandspositionen zu gliedern und zu bewerten.[72] Relative Grössen erleichtern dabei den Einblick in die Zusammenhänge und ermöglichen einen
Mehrjahresvergleich oder ein Benchmarking mit anderen Unternehmen.

Setzt man diese Gewinngrösse in Relation zum eingesetzten Kapital, dann resultiert die Rentabilität. Da verschiedene Rentabilitätskennzahlen existieren,
setzt die Berechnung der Rentabilität eine genaue Definition voraus. Unterschieden werden:

- Brutto- und Nettorendite

- Betriebs- und Unternehmensrendite

- Gesamt- und Eigenkapitalrendite.

Die Unterscheidung brutto und netto bezieht sich auf den Gewinnausweis.
Wird ein Gewinn vor Abzug der Zinsen dargestellt, dann spricht man von
Bruttogewinnausweis; sind die Zinsen bereits abgezogen, dann handelt es sich
um einen Nettoausweis.[73] Die Betriebsrendite bezieht sich auf die effektiv
durch betriebliche Tätigkeit erzielte Rendite. Die Unternehmensrendite beinhaltet die gesamte Gewinngrösse im Verhältnis zum Kapital. Insbesondere in
mittleren Betrieben sind oft nicht unternehmensnotwendige Aktiven vorhanden, welche das Ergebnis und die ausgewiesene Rendite erheblich beeinflussen
bzw. verfälschen. Für eine echte Beurteilung ist die betriebswirtschaftlich korrekte Berechnung der Betriebsrendite unabdingbar. Dabei ist zu beachten, dass
der korrekt abgegrenzte Betriebsgewinn mit der richtigen Kapitalgrösse[74] in
Relation gesetzt wird, ansonsten ist die berechnete Rentabilität nicht aussage-
kräftig. Die Gesamtkapitalrentabilität, etwas moderner ausgedrückt Return on
Investment (ROI), zeigt die operative Rentabilität ohne Berücksichtigung der
gewählten Kapitalstruktur. In der Regel wird dabei der Bruttogewinn (Gewinn
vor Zinsen und Steuern; englisch EBIT = Earnings Before Interest and Tax)
mit dem betrieblichen Gesamtkapital in Relation gebracht. Zur Analyse der
Rentabilität ist es oft sinnvoll, die Kennzahl in die Umsatzgewinnrate (Return

---

72   Vgl. Meyer (1996), S. 116-118.

73   Verwirrung stiften manchmal Situationen, wo die Fremdkapitalzinsen abgezogen, die Ei-
     genkapitalzinsen jedoch nicht oder nicht vollständig berechnet sind. In solchen Fällen ist
     nach bestem Wissen eine Korrektur vorzunehmen, damit die Renditekennzahl möglichst
     korrekt dargestellt werden kann.

74   So muss das investierte Gesamtkapital um das in nichtbetriebsnotwendige Aktiven inve-
     stierte Kapital korrigiert werden.

on Sales) und den Kapitalumschlag (Capital Turnover) zu zerlegen, wie dies in Abbildung 6-3 dargestellt wird.

Abbildung 6-3:   Komponenten der Rentabilität

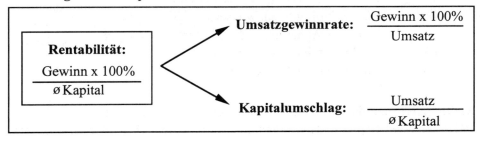

Neuerdings werden im Rahmen der wertorientierten Performancemessung zukünftig mehrwertschaffende Aufwendungen (z. B. für Forschung und Entwicklung) aktiviert, dann um den notwendigen Abschreibungsbedarf[75] korrigiert und zum EBIT hinzugezählt. Damit erhält man den sogenannten Return on Invested Capital (ROIC). Von dieser „Brutto"-Grösse werden die gewichteten, durchschnittlichen Kapitalkosten (WACC = Weighted Average Cost of Capital) des Unternehmens abgezogen, was dann zur „Netto"-Grösse ROIC-WACC führt. Die durchschnittlichen Kapitalkosten (WACC) sind nichts anderes als die nach der Kapitalstruktur gewichteten, von den Kapitalgebern geforderten Renditen[76] und berechnen sich wie folgt:

$$WACC_t = r_e \cdot \frac{EK}{EK + FK} + r_{FK} \cdot (1 - s) \cdot \frac{FK}{EK + FK}$$

$$r_e = r_f + \beta \cdot \left[r_m - r_f \right]$$

dabei gelten:

WACC$_t$ **W**eighted **A**verage **C**ost of **C**apital der Periode t

r_e erwarteter Eigenkapitalkostensatz der Periode t

---

75   Sowohl Zeitpunkt wie auch Höhe von Aktivierung bzw. Abschreibung sind sehr subjektive Entscheidungen. Für die verwaltungsrätliche Analyse gilt der Grundsatz: Nach bestem Wissen und Gewissen.

76   Die geforderten Renditen wären bei vollständigen, transparenten Märkten risikoadjustiert.

r_{FK} erwarteter Fremdkapitalkostensatz der Periode t

s   Steuersatz

r_f risikofreier Zinssatz der Periode

r_m erwartete Marktrendite der Periode t

β Beta-Faktor: gibt an, wie sensitiv die Rendite des Unterneh-
            mens auf Änderungen der Marktrendite reagiert

EK   Marktwert des Eigenkapitals

FK   Marktwert des Fremdkapitals

Multipliziert man die so errechnete Nettorendite mit dem gebundenen Kapital
(IC = Invested Capital), dann erhält man den betrieblichen Nettoerfolg, den
sogenannten Economic Value Added (EVA).[77]

Die Eigenkapitalrendite (ROE = Return on Equity) zeigt die Performance (des
Gesamtkapitals) in Relation zum Eigenkapital. Dabei wird der Nettogewinn
(Gewinn nach Zinsen und Steuern) durch das Eigenkapital dividiert. Diese
Kennzahl wird von vielen Firmen als Zielgrösse auch extern kommuniziert.
Sie scheint sowohl für Share- wie auch Stakeholder von besonderem Interesse
zu sein. Dies obwohl, wie nachfolgend gezeigt wird, gerade diese Kennzahl
durch die Wahl einer geschickten, aber dafür risikoreicheren Kapitalstruktur
stark beeinflusst werden kann.

Die Eigenkapitalrendite kann durch die Nutzung des sogenannten Leverage-
Effekts erhöht werden. Dabei wird „teures" Eigenkapital durch „billigeres"
Fremdkapital ersetzt. Bei wenig Eigenkapital resultieren selbst bei bescheide-
nen absoluten Gewinnen ziemlich gute Renditen.[78] Dieser Effekt ist um so
grösser, je tiefer der Fremdkapitalzinssatz und der Eigenfinanzierungsgrad ist
(oder anders ausgedrückt: je höher die Verschuldung). Auf der andern Seite
birgt dieser Leverage-Effekt Gefahren in sich, da das auf dem Eigenkapital
lastende Risiko höher wird. Vernachlässigt man die steuerreduzierende Wirkung der Fremdkapitalzinsen, gelten folgende Zusammenhänge:[79]

---

[77] Vgl. Kap. 6.2.1.1.

[78] Dieser Effekt wurde, so wenigstens der Volksmund, schon von manchem Finanzjongleur
     genutzt, um neue Investoren oder Gläubiger zu finden. Der umgekehrte Effekt ist bei
     Schweizer Banken zu beobachten. Wegen der strengen Eigenmittelvorschriften wirken die
     in absoluten Zahlen astronomisch wirkenden Gewinne als Eigenkapitalrendite ausgedrückt
     eher bescheiden.

[79] Vgl. Volkart (1993), S. 117-121.

Rendite: $r_e = r_g + \dfrac{FK}{EK}\left(r_g - r_f\right)$

Risiko: $R_{EK} = R_K\left(1 + \dfrac{FK}{EK}\right)$

dabei gilt:

r_e = Eigenkapitalrendite

r_g = Gesamtkapitalrendite

r_f = Fremdkapitalrendite

FK   = Fremdkapital

EK   = Eigenkapital

R_{EK} = Risiko des Eigenkapitals (als Renditevolatilität)

R_K = Risiko des Gesamtkapitals (als Renditevolatilität)

Diese Formeln drücken aus, dass der Leverage-Effekt nicht nur renditeseitig wirkt, sondern dass auch das Risiko um den Leverage-Hebel zunimmt. Mit einer Erhöhung des Verschuldungsgrads von 50% auf 60% nimmt der Verwaltungsrat automatisch eine 25%-Erhöhung des auf dem Eigenkapital lastenden Geschäftsrisikos (Business Risk) in Kauf.

Der Leverage-Effekt ist eine Variante, um die Rendite zu erhöhen. Da er auf der Wahl der Kapitalstruktur basiert, tangiert er zunächst nur die Passivseite der Bilanz. Die Relation zwischen Eigen- und Fremdkapital hat aber weitergehende Auswirkungen. Sie prägt die finanzielle Stabilität und damit die Sicherheit wesentlich. Unter diesem Aspekt sollte die Eigenkapitalausstattung ausreichend hoch sein, damit allfällige Verluste, evtl. über eine längere Zeit, verkraftet werden können.[80] Eine gesunde, risikogerechte Kapitalbasis kann im Notfall helfen, Krisen zu überbrücken und eine mögliche Neuausrichtung zu finanzieren.[81] Die Beurteilung, ob die Kapitalbasis risikogerecht ist, kann indessen nur vorgenommen werden, wenn auch die Aktivseite der Bilanz betrachtet wird. Die Finanzmittel müssen in eine ausgewogene Mischung von aussichtsreichen Projekten investiert werden, die für die Zukunft einen positiven Wertbeitrag versprechen. Für die Renditebeeinflussung spielen dabei zwei Aspekte eine entscheidende Rolle. Erstens muss festgelegt werden, wieviel der

---

[80]   Vgl. Biland (1995), S. 117.

[81]   Vgl. Erny/Wicki (1996), S. 101.

gesamthaft vorhandenen Mittel in Projekte investiert werden und wieviel Geld
als Liquiditätsreserve mehr oder weniger brach liegt. Einer genügenden Liquidität kommt aus Sicherheitsüberlegungen eine grosse Bedeutung zu. Sie ist
insbesondere aus kurzfristiger Betrachtung wichtig, denn Liquidität bedeutet
zunächst einmal, dass das Unternehmen allen Zahlungsverpflichtungen rechtzeitig nachkommen kann. Sobald dies nicht mehr der Fall ist, wird das Unternehmen als illiquid betrachtet, was sofort zu einem Imageverlust und allenfalls
zu Konkurs, Sanierung oder Liquidation führt. Etwas weiter gefasst bedeutet
Liquidität aber auch die ausreichende, mittelfristige Versorgung des
Unternehmens mit Mitteln zur Aufrechterhaltung des betrieblichen Umsatz-
prozesses oder zum Wachstum des Unternehmens. Die Planung und Steuerung
der Liquidität ist für das Unternehmen derart wichtig, dass sie oft als erste
Verantwortung innerhalb der finanziellen Führung genannt wird.[82] In der Regel ist nicht ein einziger Grund für die Illiquidität eines Unternehmens verantwortlich, sondern das Zusammenfallen mehrerer unglücklicher Zustände, wie
z. B.:

- zu hoch eingeschätzter oder gänzlich fehlender Unternehmenserfolg

- Ausfall von zugesicherten Finanzierungsmitteln

- unseriöse oder zu optimistische Planung von Zahlungsströmen

- Unterschätzen von Kosten

- fehlende Ausgabendisziplin

- ungenügende Finanzkontrolle oder fehlende Führungsentscheide.

Mit einer sorgfältigen Planung können drohende Liquiditätsprobleme meistens
frühzeitig erkannt werden. Wie in Abbildung 6-2 dargestellt, eignet sich die
prospektive Mittelflussrechnung[83] als Instrument zur Liquiditätsplanung. Die
Geldflussrechnung dient dabei der Planung und Steuerung der flüssigen Mittel;
die Kapitalflussrechnung stellt ein einfaches Hilfsmittel zur Planung und
Steuerung des Nettoumlaufvermögens dar. Beide Instrumente ermöglichen es
den zuständigen Instanzen, Korrektur- bzw. Notmassnahmen rechtzeitig ein-
zuleiten.

---

[82] Vgl. Biland (1995), S. 117.

[83] Mittelflussrechnung dient als Überbegriff für Bewegungsbilanzen und Fondsrechnung wie
      z. B. einer Geldflussrechnung (Fonds „flüssige Mittel") oder einer Kapitalflussrechnung
      (Fonds „Nettoumlaufvermögen").

Wie bereits erwähnt, bedeutet das Halten einer Liquiditätsreserve, dass weniger Mittel andersweitig investiert werden können. Die Liquiditätsreserve kann aber gesteuert und aktiv bewirtschaftet werden, was die Kosten reduziert. Bei der aktiven Steuerung der Liquidität muss insbesondere die bestehende Kapital- und Finanzstruktur[84] beachtet werden. Die kurzfristige Beschaffung neuer Mittel zur Überbrückung von Liquiditätsengpässen fällt bei einem vernünftigen Verschuldungsgrad merklich leichter.

Die Rendite wird aber in erster Linie durch die gute Wahl der Geschäftsfelder und Projekte bestimmt, in die man die vorhanden Mittel investiert. Ziel dieser Mittelverwendung muss die Erhöhung des Unternehmenswerts sein, wobei jede Investition die Rendite- und Risikopositionierung eines Unternehmens beeinflusst. Da Investitionen in neue Märkte, neue Anlagen, neue Technologien oder in Forschung und Entwicklung die Zukunft des Unternehmens über Jahre hinweg prägen, ist der Mittelverwendung besondere Beachtung zu schenken. Eine seriöse Beurteilung muss dazu führen, dass diejenigen Investitionsvorhaben ausgewählt werden, die den Unternehmenswert erhöhen, ohne dabei übermässige, evtl. sogar den Fortbestand des Unternehmens gefährdende Risiken, in Kauf zu nehmen. Zur risikoadjustierten Beurteilung möglicher Investitionsprojekte dient die dynamische Investitionsrechnung (Capital Budgeting). Zentrale Grösse ist dabei der durch die Realisierung des Projekts zu erwartende Mehrwert für das Unternehmen, der sogenannte Kapitalwert (NPV = Net Present Value). Die zukünftig anfallenden Einnahmenüberschüsse werden auf den heutigen Zeitpunkt abdiskontiert. Die Berechnung des NPV basiert auf der folgenden Formel:

$$NPV = \sum_{t=1}^{n} \frac{FCF_t}{(1 + WACC_t)^t} + \frac{\overline{L}_n}{(1 + WACC_n)^n} - I_0$$

---

[84] Z. B. die Fristenkongruenz der Finanzierung, welche besagt, dass langfristig gebundenes Vermögen durch langfristiges Kapital, idealerweise Eigenkapital, zu finanzieren ist.

dabei gilt:

NPV	=	Kapitalwert des Projekts
FCF$_t$	=	Free Cashflow auf Projektebene
L	=	Liquidationswert im Zeitpunkt n
I	=	Investition

Aufgrund dieser Gesetzmässigkeit zur Berechnung des NPV lassen sich die kritischen Schlüsselgrössen illustrieren. So ist die Festlegung der absoluten Höhe des Free Cashflow und vor allem die zeitliche Verteilung der Rückflüsse aus der Investition sehr schwierig abzuschätzen. Befürworter eines Projekts sind tendenziell dazu geneigt, hohe Free Cashflow möglichst früh anfallen zu lassen. Der zweite kritische Faktor ist der Kalkulationszinssatz auf der Basis der gewichteten, risikoadjustierten Kapitalkosten des Unternehmens. Je höher dieser Kapitalkostensatz ist, desto positiver wirkt sich ein frühzeitiger Rückfluss der Einnahmeüberschüsse auf den Kapitalwert aus. Bei der Beurteilung von wichtigen Investitionen muss deshalb der Verwaltungsrat diese kritischen Grössen besonders genau beurteilen. Es empfiehlt sich, verschiedene Szenarien für die Höhe und das zeitliche Anfallen der Free Cashflow berechnen zu lassen. Des Weiteren muss der Verwaltungsrat über die Zusammensetzung des Kapitalkostensatzes, insbesondere der Risikozuschläge, informiert sein. Sensitivitätsanalysen und die Berechnung des internen Zinssatzes[85] (IRR = Internal Rate of Return) erleichtern eine Beurteilung.

Erst nachdem sich ein Verwaltungsrat der Zusammenhänge im finanziellen Zieldreieck bewusst ist, kann er sinnvolle Renditeziele formulieren und Ergebnisse richtig beurteilen. Die Auseinandersetzung mit den Aspekten Sicherheit, Liquidität und Rendite führt zu den Rahmenbedingungen. Je nach Bereitschaft, Risiken einzugehen, wird die Investitions-, Kapitalstruktur- und Liquiditätspolitik ausfallen. Wie in Abbildung 6-4 anhand der Bilanz dargestellt wird, ist unter Risikobereitschaft die Abstimmung von Mittelbeschaffung und -verwendung zu verstehen. Aktivseitig spricht man vom Business Risk (Geschäftsrisiko), auf der Passivseite vom Financial Risk (Finanzierungsrisiko), welches sich weiter in Zins- und Währungsrisiko aufteilen lässt.

---

[85] Der Interne Zinssatz entspricht dem Kapitalkostensatz, wo der Kapitalwert eines Projekts bei definierten Free Cashflow genau null ergibt. Die Methode des Internen Zinssatzes lässt sich gut mit einer Break even-Analyse vergleichen.

*Abbildung 6-4: Die Bilanz im Zentrum der Entscheidungsbereiche der
Finanziellen Führung* [86]

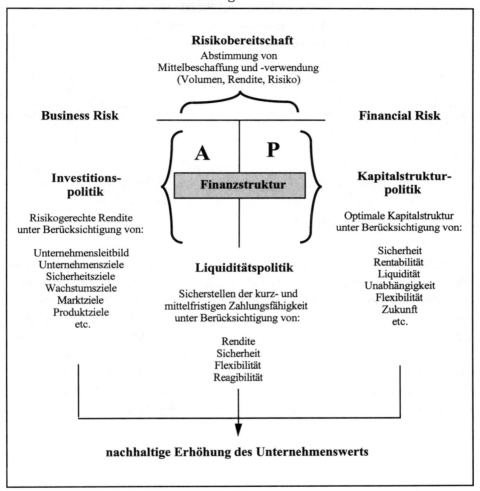

Investitionspolitik

Gerade Verwaltungsräte mittlerer Unternehmen sind i. d. R., im Gegensatz zu
Verwaltungsräten grosser Gesellschaften, bei der Evaluation bzw. an Investitionsentscheiden direkt beteiligt. Deshalb ist es wichtig, dass im Verwaltungs-

---

[86] Vgl. Volkart (1997), S. 42 und (1997a), 5/3.

rat genügend Kompetenz bzw. Kenntnisse hinsichtlich der Instrumente der Investitionsrechnung vorhanden sind. Mit der Formulierung der Investitionspolitik setzt der Verwaltungsrat die Rahmenbedingungen für die zielgerichtete Umwandlung von Kapital in Vermögen.[87] Dabei ist der Struktur von Umlauf- zu Anlagevermögen Beachtung zu schenken. Die Investitionspolitik muss dazu führen, dass die vorhandenen Mittel risikogerecht eingesetzt werden. Für das Business Risk ist die Auswahl der Investitionen entscheidend. Zur Beurteilung und Auswahl möglicher Investitionsprojekte sollten risikoadjustierte Verfahren herangezogen werden, wie z. B. die dynamische Investitionsrechnung (Capital Budgeting). Zentrale Grösse ist dabei der durch die Realisierung des Projekts zu erwartende Mehrwert für das Unternehmen, der sogenannte Kapitalwert (NPV = Net Present Value). Zu risikoreiche oder überdimensionierte Projekte, bei denen zwar im Erfolgsfall eine sehr hohe Rendite zu erwarten ist, aber auch die Gefahr besteht, dass das Überleben des Unternehmens gefährdet ist, sollten ausgeschlossen werden.

Liquiditätspolitik

Im Rahmen der Liquiditätspolitik muss der Verwaltungsrat Grundsätze zur Bewirtschaftung des gesamten Umlaufvermögens (Working Capital), insbesondere der Debitoren- und Lagerbewirtschaftung, sowie des Cash Management festlegen. Obwohl die durch den Verwaltungsrat festzulegenden Grundsätze langfristiger Natur sind, sollten möglichst konkrete Angaben einfliessen.[88] Die tägliche Bewirtschaftung der einzelnen Aktivpositionen hingegen hat vorwiegend operativen Charakter.[89] Sie betrifft das Finanzmanagement und erfolgt durch Spezialisten, denen zur Sicherstellung der kurz- und mittelfristigen Liquidität sowie zur Einschränkung der Risiken diverse Instrumente zur Verfügung stehen.[90]

---

[87] Der Begriff „Investition" wird in der betriebswirtschaftlichen Literatur sehr unterschiedlich verwendet. So kann jegliche Verwendung bzw. Anlage des Unternehmenskapitals als Investition verstanden werden (gemischt finanz- und leistungswirtschaftlicher Investitionsbegriff). Es werden aber auch die Ein- und Auszahlungsströme als Kriterium für den Investitionsbegriff (finanzwirtschaftlicher Aspekt) oder die optimale Kombination zu bereits bestehenden Gütern hervorgehoben (leistungsorientierter Aspekt).

[88] Z. B. die Angabe der Maximalhöhe von nicht abzusichernden Fremdwährungsgeschäften.

[89] Volkart (1997), S. 21.

[90] Vgl. Kap. 6.2.2.

Kapitalstrukturpolitik

Finanzierungsseitig hat das Unternehmen die Möglichkeit, durch Veränderung der Kapitalstruktur ein unterschiedliches Risiko-Profil einzugehen. Das sogenannte Financial Risk kann weiter in Zins- und Währungsrisiken unterteilt werden.

Im Vordergrund der Kapitalstrukturpolitik stehen folgende Fragen:[91]

- Verhältnis zwischen Eigenkapital und Fremdkapital
- konkrete Kapitalform des Eigenkapitals
- konkrete Kapitalform und Fristigkeit des Fremdkapitals.

In der betriebswirtschaftlichen Literatur existieren einige Modelle[92], welche die kostenoptimale Kapitalstruktur zum Gegenstand haben. Erste einfache Zusammenhänge hinsichtlich des optimalen Verschuldungsgrades lassen sich aufgrund von Beobachtungen in der Praxis machen. Ausgehend davon, dass ein florierendes Unternehmen Eigenkapital durch Fremdkapital ersetzen und damit Rendite steigern kann, erkannte man, dass eine Verschuldung zweckmässig ist.[93] Mit zunehmendem Verschuldungsgrad steigen aber die Risiken, weshalb zuerst die geforderte Eigenkapitalrendite (= Preis des Eigenkapitals) und bei noch höherer Verschuldung auch der Zins für das Fremdkapital ebenfalls zunehmen.[94] Der kostenoptimale Verschuldungsgrad liegt bei dieser einfachen Betrachtung dort, wo die Renditeverbesserung des Leverage-Effekts genau der Verteuerung des Eigen- und Fremdkapitalzinses entspricht. Das beschriebene,

---

[91] Zusätzliche Aspekte sind in Abbildung 6-4 erwähnt.

[92] Unter anderen versuchten in den späten fünfziger Jahren auch Modigliani und Miller mittels Fremd- und Eigenkapitalkostenverläufen Aussagen über die gewichteten, durchschnittlichen Gesamtkapitalkosten zu machen. Sie entwickelten ein Modell, welches teilweise empirisch und teilweise deduktiv begründet ist. Dabei unterstellen sie, dass sowohl der Kapitalkostensatz wie auch der von den Fremdkapitalgebern verlangte Zins unabhängig vom Verschuldungsgrad linear und konstant verläuft (Diese Annahme ist für ein mittleres Unternehmen in der Schweiz, das auf eine bankenähnliche Kreditfinanzierung angewiesen ist, haltlos.). So ergibt sich bei zunehmendem Verschuldungsgrad eine steigende Eigenkapitalrendite, welche dadurch begründet wird, dass das zunehmende finanzielle Risiko der Eigenkapitalgeber mit einer höheren Rendite entschädigt werden müsste. Dieses wegen der unrealistischen Grundannahmen heftig kritisierte Modell wurde von den Verfassern später revidiert. Aber auch das modifizierte, die steuerliche Abzugsfähigkeit des Fremdkapitals berücksichtigende Modell, führte weiterhin zu heftigen Kontroversen. Vgl. Volkart (1993), S. 112.

[93] Vgl. Leverage-Effekt.

[94] Ein Indiz für das Eingehen von erhöhten Risiken ist deshalb das Auseinanderklaffen von Gesamtkapitalrendite und Eigenkapitalrendite.

einfache Denkmodell geniesst heute als praxisnaher Ansatz eine gute
Akzeptanz. Dabei ist die kostenoptimale Kapitalstruktur nicht als theoretisch
genau zu berechnender Wert, sondern als ein Bereich vernünftiger Lösungen
zu betrachten.

Abschliessend ist festzuhalten, dass eine isolierte Betrachtung der Rendite der
Komplexität des finanziellen Führungsdreiecks nicht gerecht wird. Mit in die
Beurteilung der Rendite muss auch eine Beurteilung der aus der unternehmerischen Tätigkeit resultierenden Risiken einfliessen. Deshalb sollten wenn immer
möglich risikoadjustierte Zielwerte herangezogen werden. Dennoch ist bei der
Beurteilung Vorsicht geboten, denn die Objektivität der Modelle haben allesamt ihre Schwäche in der hohen Bewertungsabhängigkeit der einfliessenden
Wertgrössen wie z. B. des Reingewinns, des Eigenkapitals oder der kalkulatorischen Zinssätze.

Obwohl langfristig die Erzielung einer angemessen Rendite für jedes betriebswirtschaftlich geführte Unternehmen eine Notwendigkeit darstellt, geniessen
Liquiditätsziele aus Sicherheitsüberlegungen kurzfristig Priorität, da eine Illiquidität gravierende Folgen haben kann. Demgegenüber kann ein Unternehmen für eine beschränkte Zeit bei genügender Eigenmittelbasis selbst eine
Phase mit Verlusten überstehen. Insbesondere auf die mittelfristige Zahlungsfähigkeit hat auch die Finanz- und Kapitalstruktur wesentlichen Einfluss. Aus
Sicherheitsüberlegungen muss deshalb der Verwaltungsrat bei der Formulierung der Finanzstrukturpolitik beachten, dass sowohl aktiv- wie auch passiv-
seitig die bekannten Finanzierungsgrundsätze berücksichtigt werden und im
Notfall genügend „Spielraum" vorhanden ist, der rasche Handlungsalternativen
zulässt.

6.2.2   Finanzmanagement

Das Finanzmanagement, verstanden als Steuerung und operative Bewirtschaftung der Ressource „Finanzen", ist keine Aufgabe des Verwaltungsrats, sondern der Finanzabteilung. Die durch den Verwaltungsrat festgelegten Finanzziele und vor allem die Rahmenbedingungen beeinflussen aber die auszufüh-
renden Tätigkeiten des Finanzmanagement. Bei der Ausführung der Aufgaben
durch die Fachspezialisten wird weniger erwartet, dass sie die finanziellen Abhängigkeiten im Unternehmen in ihrer ganzen Komplexität beachten, sondern

lediglich[95] die ihnen zugeordneten Aufgaben innerhalb der durch den Verwaltungsrat vorgegebenen Rahmenbedingungen optimal ausführen.

Obwohl im Einzelfall durchaus auch langfristig orientierte Aufgaben anfallen, wie die Abstimmung des mittel- und langfristigen Kapitalbedarfs zur Finanzierung der Investitionen, werden im Finanzmanagement mehrheitlich kurz- bis mittelfristige Aufgaben wahrgenommen. So geht es vor allem um die kurzfristige Liquiditätssteuerung und die mittelfristige Geld- und Kapitalbeschaffung. Ein effizientes Cash Management sowie eine kosteneffiziente Abwicklung des Zahlungsverkehrs bilden die Bausteine für die Zahlungsfähigkeit des Unternehmens. Daraus resultieren weitere Teilaufgaben[96] wie:

- Kurzfristige Finanzplanung und Einleiten von Massnahmen zur Überbrückung von sich abzeichnenden Liquiditätsengpässen

- Verwaltung der liquiden und liquiditätsnahen Mittel durch zweckmässige Anlagen flüssiger Mittel (Renditeoptimierung), Halten von Reserveliquidität, Optimierung der verschiedenen „Reservekassen" (Pooling)

- Steuerung der Geldströme durch wirksame Beeinflussung der Ein- und Ausgaben (z. B. sofortige Fakturierung, klare Zahlungskonditionen und funktionierendes Mahnungswesen, Ausnutzen von Kreditorenfristen, Nutzen von Skonti und allenfalls Markt- oder Verhandlungsmacht bei der Festlegung von Zahlungskonditionen ausspielen)

- Exposure Management im Sinn einer detaillierten Steuerung der Zahlungsströme nach Währungen und allenfalls Absicherung von bestehenden Währungsrisiken durch Termingeschäfte, Devisen Futures oder Optionen.

Dank der rasanten Entwicklung in der Informatik wurde in den letzten Jahren der Einsatz von modernen Cash Management Systemen möglich, was wesentlich zur Vereinfachung und Erleichterung der Arbeiten im Cash Management beigetragen hat.

Die mittelfristige Geld- und Kapitalbedarfsdeckung gehört ebenfalls zu den Aufgaben des Finanzmanagements. Dabei müssen in der Kapitalstrukturpolitik festgehaltene Rahmenbedingungen beachtet werden. Die Beschaffung von Eigenkapital, aber auch die Aufnahme von Fremdkapital stellt für ein mittleres

---

95 „Lediglich" darf keinesfalls abwertend verstanden werden.

96 Volkart (1997a), S. 2/5.

Unternehmen nicht eine alltägliche Routineaufgabe dar. Da die Mittelbeschaffung nur von Zeit zu Zeit anfällt, beansprucht sie aber absolut gesehen wenig Zeit, unter anderem auch deshalb, weil die kurzfristige Überbrückung von Liquiditätsengpässen i. d. R. durch das Cash Management gesteuert wird. Trotzdem ist der rechtzeitigen Planung und Beschaffung zusätzlicher Mittel genügend Aufmerksamkeit zu schenken.

Bei der Beschaffung von Fremdkapital steht die Wahl der Fremdkapitalgeber (Grossbank, Regionalbank, Lieferant, Privatpersonen, Staat, etc.) und die Art der Finanzierung, insbesondere deren Fristigkeit zur Diskussion. Für eine kostenoptimale Festlegung der Finanzierungsart spielt die möglichst genaue Kenntnis des anfallenden Finanzbedarfs eine wesentliche Rolle. Der ständig benötigte Finanzbedarf wird möglichst durch ein im Verhältnis zum Kontokorrentkredit günstiges Darlehen finanziert. Nur der diesen Grundfinanzbedarf übersteigende Finanzbedarf, oft zeitlich begrenzt, wird mit relativ teuren Kontokorrentkrediten gedeckt.

Bei international agierenden Unternehmen kann auch die Frage, in welcher Währung Fremdkapital aufgenommen werden soll, eine zentrale Rolle spielen. Insbesondere seit der Einführung des EURO dürfte diese Fragestellung auch für manches mittelständische Unternehmen der Schweiz aktuell sein.

Im Rahmen der Eigenkapitalbeschaffung besteht auch für grössere mittlere Unternehmen vermehrt die Möglichkeit, Beteiligungspapiere einem breiteren Publikum anzubieten.[97] Dann fallen für das Finanzmanagement neben dem engen Kontakt zu den Fremdkapitalgebern auch Aufgaben aus dem Bereich Investor Relations an.[98]

---

[97] Als Mindestgrösse für einen Börsengang (IPO = Initial Public Offering) werden zwar konsolidierte Eigenmittel von ca. 25 Mio erwartet; Private Equity Gesellschaften und oder spezialisierte Bankabteilungen vermitteln aber auch für kleinere Gesellschaften Privatinvestoren oder Investorengruppen (z. T. auch über Investementfonds).

[98] Diese Tätigkeiten könnte man unter dem Begriff „Beschaffungsseitiges Finanzmarketing" subsumieren. In mittleren Verhältnissen ist Investor Relations eine Aufgabe des Verwaltungsrats.

6.2.3 Finanzcontrolling

Das Finanzcontrolling als zentrales Informations-, Steuerungs- und Koordinationssystem für die Finanzen bildet die Schnittstelle zwischen der finanziellen Gesamtführung und dem Finanzmanagement. Über das Finanzcontrolling wird die im Aktienrecht geforderte Finanzplanung und Finanzkontrolle vollzogen, weshalb das Sicherstellen eines wirksamen Finanzcontrolling faktisch zu den nicht delegierbaren Aufgaben des Verwaltungsrats gehört.[99] Dabei versteht sich von selbst, dass Controlling nicht als Instanz eingesetzt, sondern als Funktion wahrgenommen werden muss.[100] Insbesondere in mittleren Unternehmen, bei denen organisatorisch keine Controllinginstanz vorhanden ist, muss der Verwaltungsrat der Funktion Controlling Beachtung schenken. In diesem Sinn spielt es auch keine entscheidende Rolle, wo oder wie das Controlling organisatorisch eingeordnet ist.[101]

Eine wichtige Aufgabe des strategischen Finanzcontrolling bildet die Planung und Darstellung der finanziellen Auswirkungen der eingeschlagenen bzw. zukünftigen Unternehmensstrategien über mehrere Jahre hinweg.[102] Diese Planung findet ihren Niederschlag in Plan-Bilanzen, Plan-Erfolgsrechnungen und Plan-Mittelflussrechnungen. Hier zeigt sich die koordinierende Rolle des Finanzcontrolling. Kennzahlen, berechnet auf der Grundlage dieser Plandaten, sind auf die Übereinstimmung mit den finanziellen Zielen und Richtlinien zu überprüfen. Insbesondere in Zeiten von Veränderungen, seien diese extern oder intern bedingt, gewinnt die Planung als Führungsinstrument an Bedeutung.[103] Neben der langfristigen Planung spielt kurzfristig vor allem das Jahresbudget eine wichtige Rolle. Es bildet die Grundlage für die laufende Überwachung des Geschäftsgangs.[104]

---

[99] Vgl. Volkart (1997), S. 39.

[100] Der Begriff Controlling kann funktional oder institutionell aufgefasst werden. In dieser Arbeit interessiert die Führungsaufgabe „Controlling", also die funktionale Auffassung.

[101] Während im angloamerikanischen Raum i. d. R. finanzielles und betriebliches Rechnungswesen dem Controller untergeordnet wird, tendiert man im deutschsprachigen Raum eher dazu, nur das betriebliche Rechnungswesen mit dem Controller in Verbindung zu bringen. Vgl. Welge (1989) S. 144. Heute ist aber eher eine Tendenz zu integrierten Rechnungswesensystemen zu beobachten. Vgl. Deyhle (1992), S. 1009.

[102] Vgl. Rieder (1996), S. 141-142.

[103] Volkart (1997a), S. 3/1.

[104] Volkart (1997), S. 40.

Den Kernaufgaben des Controlling werden i. d. R. diverse ergänzende Aufgaben wie Projektcontrolling, Durchführung diverser betriebswirtschaftlicher Risiko- und Wertanalysen, aber auch Investitions-, Desinvestitions- oder Lagerbewirtschaftungsanalysen hinzugefügt.[105] Gerade diese ergänzenden Aufgabenbereiche unterstreichen die Rolle des Finanzcontrolling als Bindeglied zwischen Finanzieller Gesamtführung und Finanzmanagement.

Insbesondere der Umgang mit Geschäfts- und Finanzierungsrisiken ist für ein mittleres Unternehmen von hoher Bedeutung. Diese Risiken müssen rechtzeitig erkannt und beurteilt werden, um Massnahmen zur aktiven Steuerung der Risiken treffen zu können. Das Erkennen und Beurteilen der Risiken im Gesamtkontext ist Aufgabe des Finanzcontrolling; das Ausführen von Einzelmassnahmen zur Steuerung ist Aufgabe des Finanzmanagement.[106] Oft werden solche Risiken im Rahmen der operativen Umsetzung der Liquiditäts-, Investitions- oder Kapitalstrukturpolitik in mittleren Unternehmen unbewusst, so ganz „nebenbei" gemanagt.

Eine weitere wichtige Aufgabe des Finanzcontrolling ist die Unterstützung bei der Umsetzung der Investitionspolitik. Investitionsentscheide haben für das Unternehmen in der Regel eine ausgeprägt strategische Dimension.[107] Dabei sind unter Investitionen im weiteren Sinn allgemein Projekte zu verstehen, in welche die Mittel des Unternehmens fliessen.[108] Die Aufgaben des Finanzcontrolling liegen in der Entscheidungsvorbereitung und im Überwachen der eingesetzten Mittel. Projekte müssen evaluiert, verschiedene Szenarien berücksichtigt und die finanziellen Auswirkungen geplant werden.[109] Werden Projekte gutgeheissen und in Gang gesetzt, dann müssen Mittel zur Verfügung stehen und die Projekte begleitet werden. Im Vordergrund steht dabei die

---

[105] Vgl. Rühli (1993), S. 257; Rieder (1996), S. 143; Volkart (1997), S. 44.

[106] Beispiele: Durch das Controlling werden zu hohe Währungsrisiken (oder Zinsrisiken) festgestellt, welche durch das Finanzmanagement durch Hedgen gesteuert werden. Das Controlling stellt aufgrund von Planungen eine Veränderung der Kapitalstruktur fest, welche über die Richtwerte des Verwaltungsrat geht. Massnahmen dagegen wären eine Veränderung der Dividenpolitik zur Stärkung der Eigenmittelbasis oder die Beschaffung neuen Eigenkapitals oder die Rückzahlung von Fremdkapital, finanziert durch Desinvestitionen.

[107] Vgl. Volkart (1997), S. 26.

[108] Der Aufbau neuer Märkte oder die Lancierung neuer Produkte können ebenso Investitionen sein wie Ausgaben im Rahmen der Forschung und Entwicklung. Aber auch der Kauf neuer Maschinen stellt eine Investition dar.

[109] Vgl. Ausführungen in Kap. 6.2.1 zur Wertorientierung und in Kap. 6.3.2.4 zu den Verfahren.

Projektfortschrittskontrolle oder das Erkennen eines zusätzlichen Finanzbedarfs, z. B. für unterstützende Zusatzmassnahmen wegen Schwierigkeiten bei
der Realisierung eines Projekts.

Um die Komplexität und die wechselseitigen Beziehungen der Finanziellen
Führung aufzuzeigen, wurden sowohl die Aufgaben des Finanzmanagements
wie auch die Funktion des Finanzcontrolling kurz dargestellt. Alle drei Dimensionen müssen aufeinander abgestimmt sein und bilden so gemeinsam die finanzielle Führung. Wenig betrachtet wurden bisher die zur Wahrnehmung der
finanziellen Führung notwendigen Führungsinstrumente. Grundlage bildet ein
gut ausgebautes, zweckmässiges Rechnungswesen, welches in Kapitel 6.3 genauer betrachtet wird. Es stellt sicher, dass finanzielle Informationen rasch
und in der nötigen Qualität vorliegen.[110] Das Rechnungswesen bildet auch die
Basis für das finanzielle Reporting von Geschäftsleitung und Verwaltungsrat
wie auch für die externe Finanzpublizität und -kommunikation[111], welche im
Zuge der Wertorientierung zunehmend an Bedeutung gewinnt.

---

[110] Vgl. Rieder (1996), S. 143.

[111] Vgl. Volkart (1997), S. 44.

6.3   Rechnungswesen als zentrales Führungs-
instrument des Verwaltungsrats

Um die Führungsverantwortung wahrzunehmen, ist der Verwaltungsrat auf
Informationen über die wirtschaftlichen Vorgänge, insbesondere deren finanzielle Auswirkungen auf das Unternehmen, angewiesen.[112] Das Rechnungswesen als Lieferant von quantitativen Informationen stellt dafür das zentrale Führungsinstrument dar, dessen Stellenwert in zahlreichen Beiträgen betont
wird.[113] In diesem Kapitel wird zunächst das „Gesamtsystem" Rechnungswesen
betrachtet. Anschliessend sollen einige wichtige Teilinstrumente hervorgehoben werden, welche von Gesetzes wegen vorgeschrieben oder aus betriebswirtschaftlicher Notwendigkeit zur gewissenhaften Wahrnehmung der finanziellen Führung eines mittleren Unternehmens vorhanden sein sollten.

6.3.1   Rechnungswesen als System von Einzelinstrumenten

Das „Gesamtsystem" Rechnungswesen ist eine Ansammlung von Einzelinstru-
menten, mit welchen die vermögensrelevanten Vorgänge eines Unternehmens
möglichst vollständig und willkürfrei in Form von Zahlen erfasst, systematisch
verarbeitet und dargelegt werden.[114] Eine weitere umfassende Definition des
Rechnungswesens lautet: Als Rechnungswesen wird die Gesamtheit der Instrumente bezeichnet, welche der systematischen, regelmässig und/oder fallweise
durchgeführten Erfassung Aufbereitung, Auswertung und Übermittlung der
das Betriebsgeschehen betreffenden Daten dienen.[115] Diese Daten können sowohl vergangenheits- wie auch zukunftsorientiert sein und für interne wie
auch externe Zwecke genutzt werden. Je nach Grösse und Komplexität der Gesellschaft gehören folgende Elemente zum Rechnungswesen:[116]

---

[112] Vgl. Siegwart (1991), S. 15; Biland (1995), S. 118.

[113] Um nur einige zu nennen: Kilgus (1968); Ulrich/Hill/Kunz (1985), S. 106-107; Böckli
       (1992), S. 220, Rz 796; Biland (1995), S. 118; Meyer (1996b), S. 31.

[114] Vgl. Müller/Lipp (1994), S. 118.

[115] Vgl. Hummel/Männel (1990), S. 4; Meyer (1996c), S. 17-18; Ewert/Wagenhofer (1997),
       S. 5.

[116] Vgl. Bertschinger/Moser/Züger (1996), S. 11.

- Buchführung

- Rechnungslegung

- Betriebliches Rechnungswesen

- Planungsrechnungen

- Investitionsrechnungen sowie

- Sonderrechnungen und -analysen.

Das Rechnungswesen erfüllt verschiedene Zwecke wie z. B. Rechenschaftsablage, Gläubigerschutz, Entscheidungshilfe, Kontrolle, Memorandum, Rechtshilfe, Steuerbasis und Information.[117] Nicht alle der aufgeführten Zwecke sind für den Verwaltungsrat von gleicher Bedeutung. Aus rechtlicher Sicht dürfte die Rechenschaftsablage, aus betriebswirtschaftlicher Sicht die Informationsbeschaffung zu Entscheidungs- und Kontrollzwecken im Vordergrund stehen. Da die Aufgabenerfüllung des Verwaltungsrats juristisch mindestens teilweise als Auftragsverhältnis zu qualifizieren ist, ist dieser gemäss OR Art. 400 verpflichtet, jederzeit über seine Geschäftsführung Rechenschaft abzulegen. Das Rechnungswesen, insbesondere die Buchführung, ist deshalb für den Verwaltungsrat ein wichtiges Instrument zur Erfüllung der Rechenschaftspflicht.[118] Betriebswirtschaftlich spielt aber das Rechnungswesen als Instrument zur Entscheidungsunterstützung und zur Verhaltenssteuerung für den Verwaltungsrat eine weitaus wichtigere Rolle. Abbildung 6-5 zeigt diesbezüglich, wo z. B. das Rechnungswesen dem Verwaltungsrat Unterstützung bieten kann.

---

[117] Vgl. Meyer (1996c), S. 17.

[118] Vgl. Böckli (1992), S. 220, Rz 797.

Abbildung 6-5:   Einsatz des Rechnungswesens als Führungsinstrument [119]

Bereich	Unterstützung / Tätigkeit
Unternehmensanalyse	Die Unternehmensanalyse dient der Erkennung der Stärken und Schwächen des eigenen Unternehmens. Einige dieser Stärken und Schwächen lassen sich mittels einer Bilanz- oder Betriebsanalyse erkennen.
Strategiewahl	Es gehört zu den wichtigsten Aufgaben des Rechnungswesens, den bei der Erarbeitung bzw. bei Wahl von neuen Geschäftsstrategien anfallenden Informationsbedarf zu decken. Nach getroffener Wahl kommt dem Rechnungswesen zweifellos auch hinsichtlich der Mittelzuteilung eine wichtige Bedeutung zu.
Strategische Ziele	Das Rechnungswesen liefert die notwendigen Informationen, um strategische Zielvorstellungen zu entwickeln und bietet die Möglichkeit, diese durch Planrechnungen und Kennzahlen auch quantitativ ausdrücken.
Kurzfristige Ziele	Langfristige Ziele können dank dem Rechnungswesen in kurzfristige Zielsetzungen heruntergebrochen und operationalisiert werden.
Überwachung	Durch Vergleiche von Plan- und Istwerten kann der Fortschritt in der Strategieumsetzung überprüft werden. Ebenso kann die Erreichung kurzfristiger Ziele kontrolliert und die Leistungen von einzelnen Instanzen beurteilt werden. Das Rechnungswesen bietet auch das Instrumentarium, um Ziele und Anreize sinnvoll zu setzen, um so bereits frühzeitig das Verhalten der Mitarbeiter zu beeinflussen.

Im Folgenden werden einige ausgewählte Instrumente des Rechnungswesens vertieft behandelt. Die Auswahl betrifft diejenigen Elemente, welche vom Aktienrecht vorgeschrieben sind oder aus betriebswirtschaftlicher Sicht für die Führung eines mittleren Unternehmens unerlässlich sind.

6.3.2   Ausgewählte Elemente des Rechnungswesens

6.3.2.1   Buchführung und Rechnungslegung

Der Gesetzgeber hat diverse Vorschriften zur Buchführung und Rechnungslegung erlassen. Zweck dieser Regulierung ist in erster Linie der Schutz und die Wahrung der Rechte von Gläubigern, Mitarbeitern, Aktionären sowie die

---

[119]   Vgl. Weilenmann (1978), S. 9; Meyer (1996b), S. 133-137.

Wahrnehmung öffentlicher Interessen, beispielsweise fiskalischer Natur.[120] So finden sich im OR folgende Vorschriften zur kaufmännischen Buchführung:

- Buchführungspflicht: OR Art. 957

- Bilanzpflicht: OR Art. 958

- Bilanzgrundsätze: OR Art. 959 bis 960

- Unterzeichnungspflicht: OR Art. 961

- Aufbewahrungspflicht: OR Art. 962

- Editionspflicht: OR Art. 963

- Strafbestimmungen: OR Art. 964.

Der Grundsatzartikel zur Buchführungspflicht (OR Art. 957) ist sehr flexibel und offen formuliert. Welche Unternehmen welche Bücher zu führen haben und welche qualitativen Anforderungen dabei einzuhalten sind, kann gemäss dieser Bestimmung nicht beantwortet werden. Die Schweiz kennt, im Gegensatz zu anderen Ländern wie z. B. Frankreich, keinen einheitlich vorgeschriebenen Kontenrahmen. Solche Freiheiten ermöglichen den Unternehmen einerseits eine grosse Flexibilität, andererseits besteht immer auch eine latent vorhandene Unsicherheit. Das Bedürfnis, konkretere Vorgaben zu haben und so der Rechtsunsicherheit vorzubeugen, führte zur Formulierung von Grundsätzen ordnungsgemässer Buchführung. Diese Grundsätze sind weitgehend unabhängig von Grösse und Art des Unternehmens, sie vermögen aber trotzdem nicht alle Einzelfragen abschliessend zu beurteilen.[121]

Für die Rechnungslegung der Aktiengesellschaft hat der Gesetzgeber in OR Art. 662 bis 670 weitere Vorschriften erlassen, welche die allgemeinen Buchführungsvorschriften ergänzen. Der Verwaltungsrat wird angewiesen, jedes Jahr einen Geschäftsbericht zu verfassen, der aus einem Jahresbericht und der Jahresrechnung besteht. Die Jahresrechnung setzt sich aus der Erfolgsrechnung, der Bilanz und dem Anhang zusammen, deren Mindestgliederung bzw. Inhalt ebenfalls im Gesetz verankert ist.[122] Die Jahresrechnung muss nach den Grundsätzen der ordnungsmässigen Rechnungslegung aufgestellt werden, so

---

120 Vgl. Dellmann (1992) S. 35.

121 Vgl. Müller/Lipp (1994), S. 121.

122 Vgl. OR Art. 662, 663, 663a und 663b. Allenfalls ist eine Konzernrechnung zu erstellen, sofern das Gesetz eine solche verlangt.

dass die Vermögens- und Ertragslage möglichst zuverlässig beurteilt werden kann. So müssen zur besseren Vergleichbarkeit z. B. auch Vorjahreszahlen aufgeführt werden.[123] Dennoch wird Vorsicht höher bewertet als betriebswirtschaftliche Richtigkeit.[124] Die gesetzlichen Vorschriften orientieren sich in erster Linie an den Interessen der externen Empfänger. Soll die Jahresrechnung als Führungsinstrument dienen, dann müsste sich diese nicht an handelsrechtlichen Bestimmungen, sondern an betriebswirtschaftlichen Gegebenheiten orientieren; willkürliche stille Reserven[125] sind diesbezüglich unnütz und überflüssig. Deshalb spielt in modernen, international anerkannten Rechnungslegungskonzepten das im Schweizer Recht fehlende Prinzip der true and fair view[126] eine wesentliche Rolle. Dabei hat sich heute die Meinung durchgesetzt, dass das früher erwähnte Ziel einer „wahren" Berichterstattung falsch gewählt ist. Eine absolute Bilanzwahrheit kann es wegen der stets vorhandenen Bewertungsspielräume nie geben. Moderne Konzepte zur Gestaltung der Rechnungslegung interpretieren deshalb das Prinzip der „true and fair view" ausdrücklich im Sinne von Richtigkeit und vor allem Willkürfreiheit[127], weshalb neuerdings auch der Begriff „fair presentation" verwendet wird. Diese international anerkannte fair presentation muss aber keinesfalls bedeuten, dass mittlere Unternehmen unbesehen internationale Standards anstreben müssen, insbesondere dann nicht, wenn solche Standards nicht wirklich eingehalten werden können.[128] Wichtig ist vor allem, dass die Jahresrechnung fachlich richtig, willkürfrei und auch für externe Anspruchsgruppen transparent ist. Hinsichtlich dieser Zielsetzung und der „praktischen Machbarkeit" sind für

---

123 Vgl. OR Art. 662a.

124 Vgl. Zenhäusern/Bertschinger (1993), S. 40; Müller/Lipp (1994), S. 122.

125 Gewisse stille Reserven fallen beim Abschätzen der betriebswirtschaftlich notwendigen Höhe von Abschreibungen oder Rückstellungen automatisch an. Sogenannte Ermessensreserven werden auch international nach dem Prinzip der true and fair view als unumgehbar und daher akzeptabel erachtet. Der Übergang von Ermessensreserven zu willkürlichen Reserven ist fliessend. Der Verwaltungsrat darf nach Schweizer Recht (OR Art. 669 Abs. 2,3 und 4) zu Wiederbeschaffungszwecken zusätzliche Abschreibungen vornehmen bzw. davon absehen. Dahinter steckt die Idee einer durch den Verwaltungsrat vorzunehmenden Inflationsbereinigung; es sollen keine Gewinne, die aus inflationären Entwicklungen entstanden sind, ausgewiesen werden. OR Art. 669 Abs. 3 erlaubt darüber hinaus die Bildung von „reinen" Willkürreserven zum dauernden Gedeihen oder zur Ausrichtung einer gleichmässigen Dividende. Vgl. Bertschinger/Moser/Züger (1996), S. 52-53.

126 Franz. Image fidèle.

127 Vgl. Meyer (1998a), S. 77.

128 Vgl. Canepa (1994), S. 42.

mittlere Unternehmen die Fachempfehlungen zur Rechnungslegung (FER) bestens geeignet. Diese schreiben in FER Nr. 1 die Mittelflussrechnung als Bestandteil des Einzelabschlusses vor. Damit wird ein weiterer wesentlicher Mangel der heutigen Schweizer Lösung behoben. Die Mittelflussrechnung vermittelt ergänzend zur Bilanz und Erfolgsrechnung zusätzliche Informationen über die Investitions- und Finanzierungsvorgänge und die Entwicklung der Finanzlage des Unternehmens.[129] Innerhalb eines definierten Fonds werden Zu- und Abgänge ausgewiesen, was eine bessere Planung und Steuerung der im Fonds abgegrenzten Mittel erlaubt.[130] Insbesondere für die kurz- und mittelfristige Liquiditätsplanung ist eine prospektive Mittelflussrechnung zu empfehlen. Um die Subjektivität der Bewertung nicht monetärer Aktiva im Umlaufsvermögen zu umgehen, ist für die kurzfristige Liquiditätsplanung der Fonds „flüssige Mittel" auszuscheiden. Dadurch erhöht sich die Objektivität des Cashflow, d.h. des Netto-Mittelzuflusses in den Fonds aus betrieblicher Geschäftstätigkeit[131].

Mit dem Entwurf zum neuen Bundesgesetz über Rechnungslegung und Revision (RRG) werden beide kritisierten Punkte behoben. Er stellt ein modernes Regelwerk dar, welches sich an internationalen Anforderungen orientiert. Der Entwurf sieht folgende Grundkonzeption vor:[132]

* rechtsformunabhängiges Recht für Rechnungslegung, Publizität, Revision und Überschuldung

* Transparenz durch klare Orientierung am Grundsatz der fair presentation

* Differenzierung hinsichtlich der Bedürfnisse der Unternehmen.

Der Entscheid einer rechtsformunabhängigen Regelung führt dazu, dass für alle buchführungspflichtigen Organisationen[133] grundsätzlich das gleiche Recht und damit gleiche Anforderungen gelten. Eine solche Grundsatzregelung erfordert zwangsläufig eine weitere Differenzierung für spezifische Organisa-

---

129 Vgl. Kilgus (1998), S. 43.

130 Vgl. Fachempfehlungen zur Rechnungslegung, FER Nr. 6, S. 38, 1997.

131 Bei einem Netto-Abfluss handelt es sich um einen Cashdrain.

132 Vgl. Mengiardi (1999), S. 10-12.

133 Helbling, Mitglied der Expertenkommission, schätzt aufgrund eigener Berechnung die Zahl der rechnungslegungspflichtigen Organisationen auf ca. 390000, wovon etwa 170000 Aktiengesellschaften sind. Vgl. Helbling (1999), S. 36.

tionen. Diese Differenzierung erfolgt hinsichtlich der Bedürfnisse der Unternehmen primär nach der Unternehmensgrösse, sekundär aber auch nach Geschäftstätigkeit oder Rechtsform.[134] Als klein gilt eine Organisation, wenn sie höchstens eines der folgenden Kriterien überschreitet: Bilanzsumme maximal 4 Mio. Fr., Umsatz maximal 8 Millionen Fr. und maximal 50 Beschäftigte. Als grosse Organisation gilt, wer zwei der folgenden Kriterien erreicht: Bilanzsumme 20 Mio. Fr., Umsatz 40 Mio. Fr. und 250 Beschäftigte. Als mittlere Organisation gilt, wer weder den kleinen noch den grossen zugeordnet werden kann.[135] Die kleinen Organisationen werden von gewissen Pflichten entbunden, die meisten Erleichterungen betreffen aber nur kleine Organisationen, die keine Kapitalgesellschaften sind. Umgekehrt werden grossen Organisationen zusätzliche Pflichten auferlegt, insbesondere im Rahmen der Publizität. Für mittlere Aktiengesellschaften sind diesbezüglich keine Erleichterungen, aber auch keine speziellen Auflagen vorgesehen. Für sie dürfte das RRG primär folgende Konsequenzen haben:

- mehr Transparenz durch konsequente Orientierung am Grundsatz der fair presentation, damit verbunden insbesondere der Wegfall von Willkürreserven[136] (stille Reserven), neue Bewertungsregeln und einige formelle Anpassungen

- Pflicht zur Erstellung einer Geldflussrechnung: Der Geschäftsbericht besteht neu aus Jahresbericht und der Jahresrechnung mit der Bilanz, der Erfolgsrechnung, der Geldflussrechnung und dem Anhang

- Pflicht zur Erstellung einer konsolidierten Jahresrechnung, unabhängig von der Grösse des Unternehmens, falls eine direkte oder indirekte Kontrolle ausgeübt wird.

Das neue RRG entspricht vollumfänglich den in dieser Arbeit dargelegten Vorstellungen einer führungs- und entscheidungsorientierten Rechnungsle-

---

[134] Z. B.: Stiftungen oder Vereine werden nur bedingt dem Gesetz unterstellt; die Konsolidierungspflicht besteht für alle juristischen Personen unabhängig der Unternehmensgrösse.

[135] Nach Schätzungen von Helbling bestehen ca.: 370000-380000 kleine Organisationen, davon 160000-165000 Aktiengesellschaften; 8000-10000 mittlere Organisationen, davon 6000-8000 Aktiengesellschaften und 2000-4000 grosse Organisationen, wovon 2000-3000 Aktiengesellschaften sind. Vgl. Helbling (1999), S. 36.

[136] Zwangs- und Ermessensreserven bleiben nach wie vor bestehen; das Gesetz beruht weiterhin, wie übrigens internationale Standards auch, auf Anschaffungs- und Herstellungskosten. Der Bewertung anhand von Marktwerten wird aber vermehrt Beachtung geschenkt.

gung. Für ein Unternehmen, welches die Rechnungslegung nicht primär als Instrument zur Erfüllung der gesetzlichen Publizitätsvorschriften versteht, sondern als Führungsinstrument nutzen will, sind die vorgeschlagenen Neuerungen zu begrüssen. Zudem verursachen sie in den meisten Fällen nur wenig Aufwand, tragen aber zu erheblich mehr Transparenz und besserer Führungsinformation bei.

6.3.2.2 Betriebliches Rechnungswesen

Die Kostenrechnung, verstanden als systematisches Informationssystem, ist ein Instrument, um Transparenz über interne Werteflüsse zu schaffen. Sie basiert traditionell stark auf der Finanzbuchhaltung und ist losgelöst von jener nicht zu verstehen.[137] Obwohl die Kostenrechnung in der Praxis weit verbreitet ist und ihre Instrumente in zahlreichen betriebswirtschaftlichen Fragestellungen zur Entscheidungsunterstützung herangezogen werden, bestehen von Gesetzes wegen keine Vorschriften hinsichtlich der Einrichtung eines betrieblichen Rechnungswesens. Dies ist insofern erstaunlich, als dass die Kostenrechnung eigentlich schon eine „alte Disziplin" darstellt und ein solches System den „Unternehmern" bereits lange bekannt ist. Erste Ursprünge der Kostenrechnung finden sich nämlich bereits in Kalkulationsversuchen des Handels und der Fabrikation im ausgehenden 18. Jahrhundert. So wird 1786 erstmals der Gedanken der Stückbezogenheit aufgegriffen, und 1871 wird bereits eine Zurechnung von Kosten auf einzelne Betriebe im Sinn von Kostenstellen vorgenommen.[138] Damit war das Grundgerüst eines betrieblichen Rechnungswesens, wie in Abbildung 6-6 dargestellt, geschaffen.

---

[137] Vgl. Pfaff/Weber (1997), S. 469.

[138] Vgl. Dorn (1991), S. 23-26, zit. in: Pfaff/Weber (1997), S. 463.

Abbildung 6-6: Grundlegende Systematik der Kostenrechnung[139]

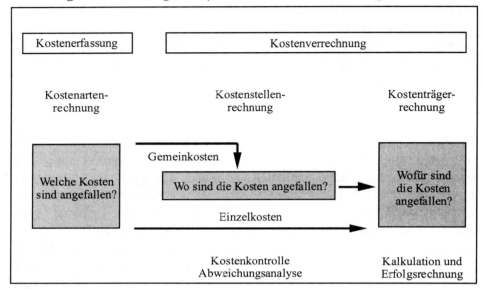

In den letzten zwei Jahrhunderten hat sich die Kostenrechnung selbstverständlich weiterentwickelt. Entsprechend dem gerade vorherrschenden Rechnungszweck resultierten diverse unterschiedliche Rechnungsvarianten. Trotz der zahlreichen Entwicklungen lassen sich nach Pfaff/Weber einige wesentliche Merkmale herauskristallisieren, die für die traditionelle laufende Kostenrechnung generell Gültigkeit haben. Es kann festgehalten werden, dass:[140]

- die traditionelle Einteilung in Kostenarten-, Kostenstellen- und Kostenträgerrechnung grundsätzlich bejaht wird

- die Kostenrechnung auf dem Periodisierungsprinzip basiert; d.h. Ausgaben werden zeitanteilig als Kosten verrechnet

- die konventionellen Kostenrechnungssysteme den wertmässigen Kostenbegriff anwenden, welcher ein Höchstmass an Flexibilität erlaubt

---

139 Vgl. Coenenberg (1993), S. 50.
140 Vgl. Pfaff/Weber (1997), S. 466-468.

- die Zurechnungsprinzipien einfach durchschaubar sind und sie die Kosten gemäss anteiliger Inanspruchnahme der Leistungserstellungskapazitäten zuordnen

- sich die Kostenrechnung nicht auf einen individuellen Einzelfall bezieht; dafür werden Sonderrechnungen angestellt

- laufende Kostenrechnungen objektiviert und überprüfbar sind.

Abgesehen von einigen eher theoretischen Ansätzen und Verfahren, die aber kaum je verwirklicht wurden, überzeugen die in der Praxis vorherrschenden Verfahren der Kostenrechnung durch Einfachheit, Klarheit und Plausibilität.

Erst die instrumentellen Neuentwicklungen der letzten Jahre entprechen nicht mehr vollumfänglich diesen Grundprinzipien. Am stärksten lehnt sich die Prozesskostenrechnung an das traditionelle Kostenrechnungssystem an. Sie versucht die Qualität der Zurechnung der Gemeinkosten zu verbessern, indem eine neue Bezugsgrösse, nämlich Aktivitäten bzw. Kostentreiber eines Prozesses, zur Verrechnung der Gemeinkosten verwendet wird.[141] Dadurch soll die Qualität der Vollkostenrechnung verbessert werden, welche langfristige Entscheidungen unterstützt. Eine weitere instrumentelle Neuentwicklung, die Zielkostenrechnung (Target Costing) bildet die Kosten nicht aus den zur Erstellung notwendigen Inputfaktoren ab, sondern setzt eine obere Kostengrenze, indem die Zahlungsbereitschaft der Kunden als Indikator für den auf dem Absatzmarkt zu erzielenden Preis eines Produkts angepeilt wird. Damit kann das Target Costing weniger als ein Kostenrechnungsverfahren i.e.S. qualifiziert werden, sondern eher als eine Methode zur systematischen Integration von Markt- und Produktions-Know how bei der Festlegung der maximalen Kostenobergrenze. Die Produktlebenszykluskostenrechnung ist eine Kostenmanagement-Philosophie, deren Anliegen die ganzheitliche Kosten- und Erlössicht ist. Sie versucht, die totalen Kosten eines Produkts von der ersten Produktidee, über die Entstehung bis hin zum letzten Verkauf abzubilden.[142] Dadurch wird die Abrechnung nicht mehr an vorhandene, unternehmensinterne Perioden, sondern an die „Lebenserwartung" des Produkts gebunden. Anson-

---

[141] Vgl. Meyer (1993), S. 923-926; Hail (1996), S. 193; Pfaff/Weber (1997), S. 469.

[142] Vgl. Pfaff (1998), S. 42.

sten gelten aber auch für die Produktlebenszyklusrechnung die ursprünglichen Grundsätze und Ideen der Kostenrechnung.[143]

Die Kostenrechnung verfolgt gemäss Lehrbüchern zwei Hauptfunktionen:[144]

- die Entscheidungsfunktion, d.h. die Beeinflussung eigener Entscheide und

- die Verhaltenssteuerungsfunktion, d.h. die Beeinflussung fremder Entscheidungen mittels Informationen zur Kontrolle und zur Koordination.

Bei beiden Funktionen steht die Unterstützung von Entscheidungen im Vordergrund. Bei der Beeinflussung der eigenen Entscheidungen geht es darum, für gewisse Entscheidungssituationen die bestmöglichen Informationen zu generieren. Vernachlässigt man die Kosten für die Gewinnung und Darstellung der Informationen, dann kann man bejahen, dass qualitativ bessere Daten der Entscheidung per se wohl kaum schaden und deshalb generell eine hohe Qualität anzustreben ist. Ziel der Kostenrechnung muss es deshalb sein, eine möglichst realitätsnahe, objektive Abbildung der betrieblichen Realität aufzuzeigen. Abbildung 6-7 vermittelt einen Überblick über solche Entscheidungen, ohne dabei Anspruch auf Vollständigkeit zu erheben. Je nach Art der konkreten Problemstellung wird ein spezifisches Verfahren der Kostenrechnung zur Entscheidungsfindung herangezogen.[145] Aus entscheidungstheoretischer Sicht ist heute aber die Kostenrechnung nicht in erster Linie als Instrument zur Entscheidungsfundierung und -kontrolle zu sehen, obwohl diese Meinung in Lehrbüchern nach wie vor weit verbreitet ist.[146]

Im Vordergrund steht heute der Aspekt der Verhaltenssteuerung bzw. der Entscheidungssteuerung. Es wird versucht, fremde Entscheidungsträger zu beeinflussen bzw. deren Ziele zu koordinieren.[147] Der Aspekt der Verhaltenssteuerung von anderen ist für den Verwaltungsrat von besonderem Interesse, vor allem dann, wenn die operative Geschäftsführung von Dritten wahrgenommen wird. Sein Anliegen muss es sein, die durch die asymmetrische In-

---

143 Vgl. Pfaff/Weber (1997), S. 469.

144 Vgl. Meyer (1993), S. 3-4; Dellmann/Franz (1994), S. 21; Weber (1994), S. 102-104; Pampel (1994), S. 87-88; Schmid (1996), S. 73; Ewert/Wagenhofer (1997), S. 5-6.

145 Auf die Behandlung einzelner Instrument der Kostenrechnung wird in dieser Arbeit bewusst verzichtet. Dazu existiert eine grosse Auswahl von Spezialliteratur.

146 Vgl. Vgl. Pfaff/Weber (1998), S. 157-159.

147 Vgl. Pfaff/Weber (1998), S. 160.

formationsverteilung hervorgerufenen Probleme und bestehende Zielkonflikte zwischen Aktionären und Management soweit wie möglich günstig zu beeinflussen.

Abbildung 6-7: Überblick über Entscheidungssituationen

Kostenrechnung und Entscheidungsfindung	
Produktionsentscheidungen	• Produktprogramm
	• Produktionsverfahren
	• Opportunitätskosten
	• Eigen- versus Fremdfertigung
Preisentscheidungen	• Kurzfristige Preisuntergrenze mit und ohne Engpassfaktor
	• Langfristige Preisuntergrenze
	• Preisobergrenzen beim Einkauf
	• Gewinnoptimaler Preis
	• Verrechnungspreise
Entscheidungen bei Unsicherheit	• Break Even-Analyse

Der Beitrag der Kostenrechnung besteht z. B. darin, Informationen zur Kontrolle und zur Koordination zu liefern. Somit ermöglicht die Kostenrechnung eine wirksame Ergebniskontrolle. Im Rahmen von Kontrollrechnungen können Abweichungen von Plan- und Istwerten ermittelt und analysiert werden. Im Sinn einer vernünftigen Zielsetzung können Entscheidungsträger aber auch motiviert und bereits vor der eigentlichen Kontrolle in ihrem Verhalten beeinflusst werden. Durch den gezielten Einsatz von Informationen können Entscheidungen aber auch besser koordiniert werden, indem das Verhalten von Entscheidungsträgern gezielt gesteuert wird. Beispielsweise führt die nicht verursachergerechte oder zu billige Verrechnung von Leistungen zur übermässigen Beanspruchung solcher Leistungen. Erfolgs- bzw. renditeabhängige Provisionen führen ohne Berücksichtigung der Kosten der eingegangenen Risiken zu einer höheren Risikobereitschaft der Nutzniesser. Für die Funktion der Verhaltenssteuerung verliert die möglichst genaue Abbildung der betrieblichen Realität an Bedeutung. Selbst mit bewusst falschen Zahlen könnte das Verhalten von Entscheidungsträgern in die gewünschte Richtung gelenkt werden, sofern die richtigen Anreize bestehen. Dies ist um so interessanter, je

mehr man sich bewusst ist, dass die „richtigen" Kosten kaum je tatsächlich bestimmt werden können. Selbst dann kann die Kostenrechnung als Führungsinstrument zur Verhaltenssteuerung genutzt werden, sofern man die Wirkungs-
zusammenhänge der Kostenrechnung in einer Organisation versteht.[148] Richtig
eingesetzt hilft die Kostenrechung, Fehlverhalten von Entscheidungsträgern zu
verhindern und dient so letztendlich den Interessen der Aktionäre.

6.3.2.3 Planungsrechnungen

Mit der zunehmenden Komplexität der Betriebssphäre wie auch der Umweltbedingungen, der raschen technologischen Entwicklung und der z. T. hohen
gebunden Kapitalbeträge, die zur Geschäftätigkeit notwendig sind, wird das
Treffen von Entscheidungen immer schwieriger. Gleichzeitig werden aber rasche und präzise Führungsentscheide immer wichtiger. Als Instrument der
Entscheidungsvorbereitung dient die Planung dazu, das rechtzeitige und fundierte Treffen von Entscheidungen zu ermöglichen.[149] Dabei erfüllt sie
Grundfunktionen wie Erfolgssicherung und Effizienzsteigerung, Risikoerken-
nung und -reduzierung, Flexibilitätserhöhung, Komplexitätsreduktion und
schafft Synergieeffekte[150]. Aber die Planung ist, auch wenn sie noch so ausführlich ist und erfolgversprechend scheint, kein Garant für den unternehmerischen Erfolg.[151] Hingegen stellt sie die Voraussetzung für eine effiziente
Kontrolle dar. Die Verbindung zwischen Planung und Kontrolle wird instrumentell durch das Controlling sichergestellt. Die Planung steht denn auch für
die meisten Controller an erster Stelle in ihrem Aufgabenkatalog.[152]

In der Regel wird, wie in Abbildung 6-8 ersichtlich, zwischen der langfristigen, strategischen und kurzfristigen, operativen Planung unterschieden. Die
strategische Planung erfolgt auf oberster Unternehmensstufe und ist durch ein
hohes Mass an Komplexität geprägt. Sie umfasst einen Zeithorizont von mehreren Jahren, wobei dieser je nach Branche und Umweltbedingungen unterschiedlich ist. Je länger der Planungshorizont ist, desto unsicherer sind die
Planungsunterlagen. Dabei besteht die Planung primär nicht aus dem Finanz-

---

148 Vgl. Ewert/Wagenhofer (1997), S. 12.

149 Vgl. Weilenmann/Nüsseler (1990), S. 9.

150 Vgl. Horvath (1994), S. 159.

151 Vgl. Steiner (1984), S. 120, zit. in: Michel (1986), S. 1.

152 Vgl. Erny/Wicki (1996), S. 105.

plan, sondern aus verschiedenen Erwartungen über die Zukunftsentwicklung. Es müssen gleichzeitig Daten verschiedener Teilbereiche der Unternehmung in die Planung einfliessen sowie unterschiedlichste Umweltfaktoren berücksichtigt werden. Die Finanzplanung stellt letztendlich nur die Zusammenfassung der erwarteten finanziellen Auswirkungen der verschiedenen Teilpläne dar. Sie ist nichts anderes als die Projektion der zukünftigen Unternehmenstätigkeit in Zahlen und findet ihren Ausdruck in Planbilanzen, Planerfolgsrechnungen und Planmittelflussrechnungen.

Eine sinnvolle Mehrjahresplanung[153], so hat sich in der Praxis herauskristallisiert, erstreckt sich über einen Zeitraum von bis zu 3 Jahren, wobei schwerpunktmässig 12-Monatsplanungen vorgenommen werden.[154] Eine solche Planung beinhaltet nebst den eigentlichen Finanzplänen auch Investitions- und Sparprogramme, Absatz- und Marketingpläne mit Vorstellungen zur künftigen Preispolitik.

In Finanzplänen auf mittlere und längere Sicht sollten Zusammenfassungen nach Zahlungsarten und Perioden erfolgen. Zwar garantieren lang- und mittelfristige Finanzpläne nicht die tägliche Zahlungsfähigkeit. Sie dienen aber der Ermittlung des künftigen Kapitalbedarfs und zeigen gleichzeitig die Kapitalbindung auf. Abhängig vom Planungshorizont können bezüglich Kapitalbedarf verschiedene Planungsrechnungen unterschieden werden, die sogenannte Kapitalbedarfs- und die Liquiditätsplanung.[155]

---

[153] In der Praxis wird heute in der Regel ein Planungshorizont von 3-5 Jahren als langfristige Planung betrachtet. Dieser Planungshorizont gilt sicherlich für Visionen und langfristige Zielsetzungen. Für eine detaillierte Planung hingegen wird heute in den meisten Branchen ein weit tieferer Planungshorizont gewählt. So äusserte sich mir gegenüber ein ehemaliges Mitglied der Schweizer Geschäftsleitung eines weltweit tätigen Computerunternehmens etwas salopp, dass im Informatikbereich heute jegliche „strategische Planung" mit einem Planungshorizont von über 6 Monaten Makulatur sei. Diese pointierte Äusserung mag etwas provozieren, zeigt aber deutlich, dass für die Praxis ein allzu langer Planungshorizont hinfällig wird, da einfach die Ungewissheit überproportional zunimmt.

[154] Vgl. Michel (1986), S. 12.

[155] Vgl. Perridon/Steiner (1993), S. 537-539.

Abbildung 6-8: Unternehmensplanung im Überblick

Planungsart und -horizont	Planungsinhalte	Planungsziel

<table>
<tr><td rowspan="6">Strategische Planung (3 - 5 Jahre)
Mehrjahresplanung (bis 3 Jahre)
Kurzfristige Planung</td><td>Definition strategischer Geschäftsfelder</td><td rowspan="3">Zukünftige Erfolgspotentiale zur langfristigen Unternehmenssicherung und Wertsteigerung finden</td></tr>
<tr><td>Unternehmens- und Umweltanalyse</td></tr>
<tr><td>Strategieformulierung</td></tr>
<tr><td>Mittelfristige Ziele und Massnahmenplanung</td><td rowspan="2">Bestehende Erfolgspotentiale zur Unternehmenswertsteigerung nutzen</td></tr>
<tr><td>Planfixierung</td></tr>
<tr><td>Jahresziele und Massnahmenplanung
Budgetierung</td><td>Kurzfristige Liquiditäts- und Erfolgssicherung</td></tr>
</table>

Die Kapitalbedarfsplanung stellt für den Verwaltungsrat ein wichtiges Anliegen der Finanzplanung dar. Dafür sind Prognosewerte über zukünftige Ein- und Auszahlungen, finanzwirksame Veränderungen von Bilanzpositionen, zu erwartende Umsätze und andere, den Erfolg beeinflussende Faktoren erforderlich. Daraus resultiert eine mittelfristige Grobplanung der (Bilanz-) Bestände und Bestandesdifferenzen. Im Gegensatz dazu handelt es sich bei der Liquiditätsplanung um eine kurzfristige Detailplanung, die sich weitgehend passiv anpassend vollzieht. Recheneinheit sind Zahlungsströme. Mit dem Begriff Liquiditätsplanung kann sowohl der tägliche Liquiditätsstatus mit einem Prognosezeitraum von 1 Woche bis ca. 1 Monat (Planungseinheit 1 Tag) wie auch der Finanzplan im engeren Sinn mit einem Prognosezeitraum von bis zu 1 Jahr mit einer Planungseinheit von 1 Woche oder 1 Monat gemeint sein.[156]

In der kurzfristigen Finanzplanung spielt vor allem das Budget eine wichtige Rolle. Es ist der endgültig verabschiedete operative Jahresplan. Mit der Budgetierung sollen alle Aktivitäten in einem Unternehmen auf dessen wertmässige Ziele ausgerichtet werden.[157]

Es gibt zwei wesentliche Aspekte, welche die Budgetierung von anderen Instrumenten des Planungsprozesses unterscheiden:

- Budgets sind verbindlich. Dies äussert sich in der betragsmässigen, sachlichen, zeitlichen und organisatorischen Bestimmtheit.

- Budgets verkörpern die letzte Phase des Planungsprozesses.

Dadurch ermöglichen Budgets dem Verwaltungsrat, die mittelfristigen Ziele in eine überschaubare Dimension zu bringen und so Schritt für Schritt umzusetzen. Dank der verbindlichen wertmässigen und organisatorischen Festlegung eignen sie sich sehr gut für die Überwachung, immer vorausgesetzt, dass die Budgetierung gewissenhaft durchgeführt wurde. Dabei besteht die besondere Problemstellung der Budgetierung darin, für die einzelnen Geschäftsbereiche Sollvorgaben zu finden, die einerseits am Markt realisierbar und durchsetzbar sind und andererseits sicherstellen, dass die angestrebten Gesamtunternehmensziele erreicht werden. Ferner müssen allfällige Abweichungen auf klar getrennte Verantwortungsbereiche zurückzuführen sein, damit die Konsequenzen für diese Bereiche gezogen werden können.[158] Mit der Budgetierung soll aber auch erreicht werden, dass die Leistungsmotivation der Entscheidungsträger erhöht und ein einheitlich akzeptierter Massstab für die Erfolgsbeurteilung gebildet werden kann.

Damit das Budgetierungs- und Kontrollsystem Anerkennung findet, sind bei der konkreten Durchführung der Budgetierung auf jeder Führungsstufe folgende fünf Grundsätze zu beachten:[159]

---

[156] Vgl. Erny/Wicki (1996), S. 106-107.

[157] Vgl. Wolbold (1995), S. 7.

[158] Vgl. Schierenbeck (1994), S. 460-461.

[159] Vgl. Schierenbeck (1994), S. 462-464.

- Prinzip der Zielvereinbarung
- Prioritätenprinzip
- Verursachungsprinzip
- Verantwortungsprinzip
- Prinzip der Zielkonstanz.

In der Praxis sind sowohl fixe wie auch flexible Budgets anzutreffen.[160] Der Vorteil, in der operativen Finanzplanung mit fixen Budgets arbeiten zu können, wird in der Regel höher eingeschätzt als der mögliche Nachteil, dass ein zu hoher Wert angesetzt werden könnte, der dann aufgrund eines etatmässigen Denkens verbraucht wird. Zudem können zur Minderung dieses Etatdenkens einige Massnahmen getroffen werden:

- Die Mittel werden jedes Jahr erneut in Frage gestellt, z. B. im Rahmen eines Zero-Base-Budgeting.

- Ein Internes Kontrollsystem (IKS) stellt die sparsame Mittelverwendung sicher.

- Frühwarnsysteme, Indikatoren oder Kennzahlen zeigen rechtzeitig Veränderungen auf.

- Das Budget wird per Jahresbeginn nur in bestimmter Höhe freigegeben, z. B. 60-80%, und es wird anhand der Ausgaben entschieden, ob per Jahresende noch das gesamte Budget freigegeben wird.

Neben der Gefahr des Etatdenkens ist ein weiterer Nachteil der fixen Budgets, dass eine echte Aufwands- und Wirtschaftlichkeitskontrolle nicht erreicht werden kann, da die Abweichungen eine Mischung aus Mehr- oder Minderverbrauch und aus Beschäftigungsänderungen darstellen.

Das flexible Budget hingegen eignet sich als Steuerungs- und Kontrollinstrument. Die Kostenarten einer Abteilung werden innerhalb einer bestimmten Beschäftigungsspanne für alle Beschäftigungsstufen festgelegt. Die Ausrichtung der Kostenvorgaben an den Beschäftigungsgrad wird dadurch erreicht, dass für jede Kostenart die Abhängigkeit vom Beschäftigungsgrad angegeben wird. Dadurch kann die Umrechnung für den jeweiligen effektiven Beschäftigungsgrad vorgenommen werden. Durch die flexible Anpassung des Budgets kann der auf die Beschäftigungsänderung entfallende Abweichungsanteil von der

---

[160] Vgl. Preissler (1985), S. 52.

gesamten Budgetabweichung separiert werden. Insbesondere im Fertigungsbereich ist die Anwendung der flexiblen Budgetierung durchaus empfehlenswert.[161]

6.3.2.4 Investitionsrechnung

Eine weitere langfristig orientierte Planungsrechnung ist die Investitionsrechnung. Im Gegensatz zu Planbilanzen oder Planerfolgsrechnungen sind die Investitionsrechnungen jedoch keine Gesamtpläne, sondern Partialbetrachtungen bezogen auf ein Projekt des Unternehmens. Jede Unternehmensleitung steht immer wieder vor der schwierigen Entscheidung, wie das vorhandenes Kapital zu investieren ist. In der Praxis spielt dabei die in der Theorie geführte Diskussion um die Definition einer Investition weniger ein Rolle. Hier sollen unter Investition generell jene Massnahmen verstanden werden, welche Ausgaben für die Bereitstellung eines Leistungspotentials bewirken und mit denen in Zukunft Einnahmen bezweckt werden.[162] Für das bessere Verständnis des Investitionsbegriffs seien an dieser Stelle einige weitere Merkmale einer Investition genannt:[163]

- Langfristige Orientierung: Eine Investition ist zukunftsbezogen, ihr Nutzen trifft nicht unmittelbar ein, sondern erst später. Umgekehrt sind auch die für eine Investition verwendeten Mittel langfristig gebunden, es besteht also eine langfristige Kapitalbindung. Durch Gewinne und Abschreibungen sollen die gebundenen Mittel in Zukunft zurückfliessen. Je längerfristig ein Investitionsprojekt ist, desto schwieriger wird die Beurteilung.

- Kostenstruktur: Die Folge von Investitionen in Technologie oder Sachwerte verändert immer auch die Kostenstruktur des Unternehmens.

- Komplexität: Die Beurteilung einer Investition ist ein äusserst komplexes Unterfangen. Die zur Beurteilung notwendigen Daten betreffen sowohl die Umwelt des Unternehmens (Markt, Konkurrenz, Technologie, usw.) wie auch interne Bereiche (Fertigung, Finanzen, Marketing, Personal). Oft muss die Beurteilung auf Schätzungen beruhen.

---

161 Vgl. Erny/Wicki (1996), S. 109.

162 Vgl. Trechsel (1973), S. 5-7; Kunz (1984), S. 13; Staehlin (1993), S. 12.

163 Vgl. Staehlin (1993), S. 13.

Investitionsentscheide beeinflussen das Betriebsgeschehen nachhaltig, insbesondere weil sie aufgrund der langfristigen Kapitalbindung nicht oder nur unter zusätzlichen Kosten rückgängig gemacht werden können.[164] Umgekehrt bilden gute Investitionsentscheide die Voraussetzung für das langfristige Überleben eines Unternehmens. Gerade in mittleren Unternehmen sollten deshalb grössere Investitionsentscheide von der Geschäftsleitung nur nach vorgängiger Information des Verwaltungsrats oder gar von diesem selbst getroffen werden.

Der Prozess zur Entstehung einer Investition teilt sich in verschiedene Phasen auf. Am Anfang steht eine Planungsphase, danach erfolgt der Investitionsentscheid und die Umsetzungs- sowie Kontrollphase.[165] Die Planungsphase lässt sich weiter in eine Anregungs- und Untersuchungsphase unterteilen.[166] Anregungen zu Investitionen können systematisch oder spontan erfolgen. Dabei zeichnet sich ein innovatives Management dadurch aus, dass solche Anregungen nicht erst erfolgen, wenn offensichtlich Schwachstellen im Geschäftsablauf auftreten, sondern wenn möglichen Problemen frühzeitig und systematisch begegnet werden soll. In der Untersuchungsphase sind alternative Lösungen zu suchen. Die einzelnen Alternativen sind im Folgenden zu beurteilen. Eine erste Evaluation und Aussonderung einzelner Varianten kann durch eine Prüfung auf Gesetzeskonformität oder auf unternehmensspezifische Anforderungen durchgeführt werden. Die weitere Beurteilung erfordert in der Regel umfangreiche Daten über das gesamte Projekt. Im Vordergrund stehen dabei die verschiedenen Verfahren der Investitionsrechnung, welche im Überblick in Abbildung 6-10 dargestellt sind.[167]

Die Verfahren der Investitionsrechnung bezwecken, die vorteilhafteste Kapitalverwendung herauszufinden. Dabei stellt in aller Regel das Gewinnmaximierungsprinzip das Hauptkriterium des Entscheids dar; teilweise unter Berücksichtigung der Liquidität und des Risikos. In Theorie und Praxis finden wie erwähnt unterschiedliche Verfahren Anwendung, wobei die Skala von der ein-

---

[164] Vgl. Perridon/Steiner (1995), S. 28.

[165] Vgl. Staehlin (1993), S. 20.

[166] Vgl. Perridon/Steiner (1995), S. 29-33.

[167] In Anhang I und II findet sich eine kurze Beschreibung der wichtigsten Verfahren sowie eine Beurteilung hinsichtlich der Einsatzmöglichkeiten und Tauglichkeit. Für ausführliche Beschreibungen der Verfahren sei aber auf die zahlreich vorhandene Spezialliteratur hingewiesen.

fachen Faustregel bis zum mathematisch anspruchsvollen Verfahren reicht.[168] Untersuchungen in schweizerischen Grossunternehmungen haben gezeigt, dass in der Praxis häufig nicht einfach ein Verfahren angewandt wird, sondern dass ein Mix verschiedener Verfahren zu einem möglichst guten Entscheid führen soll.[169] Dieses Vorgehen ist sinnvoll und auch für mittlere Unternehmen empfehlenswert.

Abbildung 6-9:   Alternative Verfahren der Investitionsrechnung[170]

Relevante Investitionsrechnungsverfahren		
Statische Verfahren	**Dynamische Verfahren**	**Operations Research Modelle**
Kostenvergleich Gewinnvergleich Rentabilitätsvergleich Amortisationsrechnung Nutzwertanalyse[171]	Kapitalwertmethode (NPV) Annuitätenmethode Interner Ertragssatz Dynamische Payback-Methode	Produktionsorientierte OR-Modell Budgetorientierte OR-Modelle
Die statischen Verfahren sind einfache Verfahren, deren Basisdaten leicht herzuleiten sind. Ihre Ergebnisse sind einfach zu interpretieren. Der grosse Nachteil ist die Vernachlässigung des zeitlichen Anfallens der Zahlungsströme einer Investition. Sie eignen sich nur für kleinere Investitionen oder kurzfristige Projekte.	Die dynamischen Methoden zeichnen sich durch die Berücksichtigung des zeitlichen Ablaufs eines Investitionsprojektes aus. Sie zeigen ein realistischeres Bild und eignen sich deshalb besser zur Beurteilung grosser oder langfristiger Projekte. Aber auch sie basieren auf Projektionen der Zukunft.	

---

168 Vgl. Perridon/Steiner (1995), S. 35.

169 Vgl. Volkart (1993), S. 322; Staehlin (1993), S. 42.

170 Vgl. Blohm/Lüder (1988), S. 49-213; Rolfes (1992), S. 89-119; Volkart (1993), S. 16; Perridon/Steiner (1993), S. 35-36;

171 Die Nutzwertanalyse berücksichtigt auch quantitative Aspekte.

Die Bezeichnung „statische Verfahren" wird deshalb gewählt, weil zeitliche Unterschiede im Auftreten von Zahlungsströmen nicht oder nur unvollständig berücksichtigt werden. Diesen Mangel beseitigen die dynamischen Verfahren, indem sie den zeitlichen Anfall von Ausgaben und Einnahmen berücksichtigen. Je exakter aber ein Verfahren aus theoretischer Sicht ist, desto schwieriger erweist sich insbesondere für kleinere und mittlere Unternehmen die Umsetzung in der Praxis.[172] Das Hauptproblem liegt dabei vor allem in der konkreten Ermittlung der zur Berechnung erforderlichen Variablen der theoretischen Verfahren. Aus diesem Grund kommen die unkomplizierten, mit geringen Kosten verbundenen, statischen Verfahren in der Praxis nach wie vor häufig zur Anwendung, obwohl generell die dynamischen Verfahren zu bevorzugen sind. Auch wenn die Berechnung dynamischer Verfahren heute dank Informatikunterstützung keine Herausforderung mehr darstellt, haben statische Verfahren nach wie vor auch ihre Berechtigung.

Alle diese rechnerischen Verfahren erlauben es zwar, für ein Investitionsprojekt einen exakten Wert auszuweisen und so die Auswahl zu erleichtern, dennoch ist die Entscheidung mit Unsicherheiten verbunden. Letztendlich basieren alle Berechnungen nur auf mehr oder weniger plausiblen Annahmen, deren Werte sich ändern können. Es empfiehlt sich daher, die Ergebnisse der Verfahren kritisch zu hinterfragen und durch weitere Betrachtungen zu ergänzen, welche auch allfällige Unsicherheitsfaktoren berücksichtigen. Dazu eignen sich insbesondere Korrekturverfahren, Sensitivitäts- und Risikoanalysen.[173]

Nach durchgeführter Prüfung und eingehender Beurteilung der verschiedenen möglichen Projekte oder des Einzelprojekts wird die Investitionsplanung durch die Erstellung eines Investitionsantrages abgeschlossen. Ein solcher Antrag beschreibt das Investitionsprojekt und fasst die wichtigsten Ergebnisse der Untersuchung zusammen.[174] Der Investitionsentscheid erfolgt, wie bereits an-

---

[172] Vgl. Perridon/Steiner (1995), S. 37.

[173] Die Korrekturverfahren setzen einzelne Schätzwerte bewusst tiefer (bzw. ungünstiger) ein. Die Sensitivitätsanalyse geht der Fragestellung nach, wie weit die Inputwerte von den ursprünglichen Werten abweichen dürfen, ohne dass der Outputwert eine gewisse Bandbreite verlässt. Diejenigen Verfahren, die versuchen eine Wahrscheinlichkeitsverteilung für das Investitionskriterium (z. B. Kapitalwert) aufzuzeigen, werden unter dem Begriff Risikoanalyse zusammengefasst.

[174] Inhalt eines Antrags könnte sein: Beschreibung des Investitionsprojekts und Begründung des Investitionsvorhabens; Investitionsbetrag; Nutzen; Nutzungsdauer; Geprüfte Alternativen; Ergebnisse der Beurteilung inkl. der Alternativen; evtl. Stellungnahme der Direktbetroffenen; weitere Beilagen; konkreter Antrag.

gedeutet, in der Regel durch die oberste Unternehmensleitung oder unter Beteiligung derselben.[175] In grösseren Firmen werden dazu oft Investitionsausschüsse gebildet.[176] Mit dem Entscheid ist der Startschuss für die erfolgreiche Umsetzung eines Investitionsprojekts gegeben. Aus der Sicht der Überwachungsfunktion ist es für den Verwaltungsrat wichtig, dass bei grossen oder strategisch wichtigen Projekten bereits während der Umsetzungsphase eine begleitende Projektfortschrittskontrolle stattfindet. Diese soll den termingerechten und planmässigen Ablauf des Projektes sicherstellen sowie die Kostenkontrolle gewährleisten. Normale Abweichungen sind in ordentlichen Berichten, nachhaltige, folgenschwere in ausserordentlichen Berichten festzuhalten, damit unverzüglich Korrekturmassnahmen ergriffen werden können. Nach Abschluss der Umsetzungsphase setzt die produktive Phase des Projekts ein. Das gebundene Kapital muss durch Abschreibungsanteile und Gewinne zurückfliessen. Während dieser in der Regel über mehrere Jahre dauernden Phase ist eine Investitionskontrolle im Sinne einer Ergebniskontrolle vorzunehmen. Sie überwacht, ob die angestrebten Ziele der Investitionspolitik verwirklicht werden.

Zusammenfassend kann festgehalten werden, dass das Rechnungswesen bzw. die einzelnen Instrumente dem Verwaltungsrat als Führungsinstrument zu dienen haben. Er ist deshalb für die grundsätzliche Ausgestaltung und Organisation des Rechnungswesens zuständig. Er beschliesst, welche Instrumente er zur Führung als notwendig betrachtet, welche Informationen wann und in welcher Form vorzuliegen haben. Operativ werden aber das Finanzmanagement oder Controllinginstanzen die einzelnen Instrumente betreuen. Obwohl wegen der gesetzlichen Verankerung von Rechnungslegung bzw. externer Publizität die finanzielle Buchführung einen hohen Stellenwert hat, sind weitere Instrumente zur Finanzplanung und -kontrolle, aber vor allem auch zur konsequenten Wertorientierung hinsichtlich der Berücksichtigung der Aktionärsinteressen unabdingbar.

---

175 Für Ersatzinvestitionen im Rahmen der Budgetkompetenz kann die Entscheidungskompetenz selbstverständlich auch auf anderen Führungsebenen wahrgenommen werden.

176 Vgl. Perridon/Steiner (1995), S. 29-33.

7   Oberaufsicht

Weil der Unternehmensüberwachung aus betriebswirtschaftlicher Sicht nur eine relativ geringe Bedeutung zugestanden wird, besteht in diesem Bereich ein Forschungsmanko.[1] In den letzten Jahren ist aber die Überwachung von Unternehmen in das Blickfeld sowohl der breiten Öffentlichkeit als auch von Fachkreisen gerückt.[2] Insbesondere im Rahmen der Corporate Governance-Diskussion tangieren diverse Beiträge auch die Problematik der Unternehmensüberwachung.[3] Die Gründe dafür sind vielfältig, wobei für das Aufblühen der Corporate Governance-Diskussion die zunehmende Globalisierung und wachsende internationale Abhängigkeiten und höhere Risiken mitentscheidend sind. Aber auch spektakuläre Unternehmenszusammenbrüche, vermehrte Verantwortlichkeitsklagen gegen Verwaltungsräte und Revisionsstellen wegen ungenügender Wahrnehmung des Überwachungsauftrages[4], der Expectation Gap[5] im Rahmen der Abschlussprüfung oder die aktivere Haltung von Grossaktionären bzw. Investorengruppen tragen dazu bei, dass der Überwachung vermehrte Aufmerksamkeit geschenkt wird. In diesem Kapitel soll deshalb die Rolle des Verwaltungsrats im Rahmen der Überwachung bei mittleren Unternehmen näher betrachtet werden. Dazu ist zunächst eine Auseinandersetzung mit der Funktion Überwachung notwendig, bevor die konkreten Aufgaben des Verwaltungsrats formuliert und eine mögliche interne Überwachungskonzeption dargelegt werden können.

---

1   Vgl. Zünd (1973), S. 113; Glaus (1990), S. 27.

2   Vgl. Jud (1996), S. 1.

3   Z. B. Shleifer/Vishny (1997); Zingales (1997).

4   Vgl. Forstmoser (1991), S. 537.

5   Der Expectation Gap ist die Differenz zwischen der Erwartungshaltung der Öffentlichkeit und dem Selbstverständnis der Revisoren bezüglich Umfang und Qualität der Abschlussprüfung. Vgl. von Moos (1998), S. 437.

7.1   Unternehmensüberwachung als Führungsfunktion

Im Grunde kann die Unternehmensüberwachung nicht losgelöst von der Führungsaufgabe betrachtet werden, da die Überwachung aus funktionaler Sicht
ein Teil der gesamten Führungsaufgabe ist. Deshalb ist es von Vorteil, im Folgenden zunächst den Begriff Überwachung aus der Sicht der Unternehmensführung zu betrachten. Später wird versucht, den Begriff Überwachung von
im allgemeinen Sprachgebrauch ähnlich verwendeten und inhaltlich verwandten Termini wie Aufsicht, Kontrolle, Prüfung und Revision abzugrenzen.

7.1.1   Definition der Überwachung

Der Begriff Überwachung wird nicht einheitlich verwendet. Sowohl in der
betriebswirtschaftlichen als auch in der juristischen Fachliteratur bietet der Begriff aber immer wieder Anlass zu Definitionsversuchen.[6] Zum besseren Verständnis werden nachfolgend einige wichtige Ansätze vorgestellt.

Aus funktionaler Sicht ist die Überwachung die Feststellung einer Abweichung
zwischen einem Ist- und einem Soll-Zustand. Viele Definitionen bauen auf
dieser Grundüberlegung auf. Abbildung 7-1 stellt die grundsätzliche Idee
dieser Definitionsansätze dar.

Abbildung 7-1   Phasen des funktionalen Überwachungsprozesses

Für Korndörfer/Peez ist die Überwachung als eine "Veranstaltung mit weitgehend systematischer Abfolge zu verstehen, die aus einem Vergleich eines fest-
gestellten Istzustandes mit einem vorgegebenen Sollzustand und einer ab-

---

6   Vgl. Jud (1996), S. 11.

schliessenden Urteilsbildung besteht."[7] Lück versteht unter Überwachung einen Informations- und Entscheidungsprozess, der diejenigen Massnahmen umfasst, welche zur Feststellung dienen, ob Vorgänge oder Zustände einer festgelegten Norm entsprechen.[8]

Dieser traditionelle Überwachungsansatz, welcher sich auf einen Vergleich zwischen Planungs- und Realisationswerten beschränkt, wird von einigen Autoren weiterentwickelt. So definiert Zünd, der die kritische Betrachtung der Vergleichsnorm selbst miteinschliesst, Überwachung aus funktionaler Sicht wie folgt: "Die Überwachung hat die Ausführung der Planung und die Realisierung der Organisation zu verfolgen und die Voraussetzungen für ein Eingreifen der Unternehmungsführung zu schaffen. Auch sie muss geplant und organisiert sein."[9]

Der Überwachungsprozess nach Zünd gliedert sich in die Feststellung des Ist-Objekts (Zustand), die Ermittlung des Soll-Objekts (Zustand), den Vergleich dieser Objekte (Zustände) und die Feststellung einer allfälligen Abweichung, die Analyse der Abweichung sowie die Beurteilung der Relevanz. Als letztes Element sieht er Empfehlungen zur Korrektur dieser Abweichungen vor. Zünds praxisorientierte Überwachungskonzeption unterscheidet zwischen einer ergebnis- und einer verfahrensorientierten Überwachung, wobei sich die ergebnisorientierte Überwachung primär dem Inhalt der Information widmet und die verfahrensorientierte den Schwerpunkt auf das Kommunikationssystem richtet.[10]

Auch die Definition nach Baetge beruht auf der funktionalen Sicht der Überwachung. Er definiert: "Die Überwachung stellt die dritte Phase aller betrieblichen Prozesse dar, denn sie schliesst sich an die Planung und Realisation an und liefert durch Ermittlung der Abweichungen zwischen Istobjekten und Vergleichsobjekten die Basis für neue Pläne und deren Realisierung."[11]

Weil die Überwachung auf verschiedene Arten wirkt, können durch sie verschiedene Ziele angestrebt werden. So kann die Wirkung der Überwachung nach Baetge präventiv sein, dann nämlich, wenn sich die Mitarbeiter bewusst

---

7   Korndörfer/Peez (1993), S. 22.

8   Vgl. Lück (1991), S. 22.

9   Vgl. Zünd (1973), S. 112.

10   Vgl. Zünd (1973), S. 114-119.

11   Baetge (1984), S. 162.

sind, dass sie überwacht werden. Sie werden deshalb bewusst oder unbewusst ihre Aufgaben mit grösserer Sorgfalt erledigen. Die Überwachung kann auch korrektiv wirken, sofern festgestellte Mängel zu einer Korrektur führen. Des Weiteren resultiert insofern eine Sicherheitswirkung, als dass die Überwachenden über die bestehende Situation Bescheid wissen. Neben dem originären Zweck der Sicherung der Zielerreichung, spricht Staudinger der Überwachung dieselben Wirkungen (Prävention, Korrektur, Verifikation) als derivative Funktionen ebenfalls zu.[12] Lück hebt insbesondere die Informations- und Sicherungsfunktion der Überwachung hervor. Dabei entspricht die Informationsfunktion grösstenteils der oben erwähnten Sicherheitswirkung und die Sicherungsfunktion der Präventivwirkung.[13] Neben diesen positiven Effekten der Überwachung sollte aber auch beachtet werden, dass eine zu starke Überwachung demotivierend[14] oder hemmend wirken kann. Darunter kann die Kreativität und Innovationsfähigkeit leiden.

7.1.2 Begriffliche Abgrenzung von Überwachung, Aufsicht, Prüfung, Revision und Kontrolle

Die Verwendung der Begriffe Überwachung, Aufsicht, Prüfung, Revision und Kontrolle im allgemeinen Sprachgebrauch sowie in der Fachliteratur ist zum Teil unterschiedlich und nicht immer eindeutig.[15] Für die Mehrzahl der Autoren herrscht indessen insofern eine Übereinstimmung, als dass Überwachung als Oberbegriff verwendet wird.[16] Die Begriffe Prüfung, Revision und Kontrolle sind der Überwachung untergeordnet. Dabei werden die Begriffe Prüfung und Revision i. d. R. synonym benützt.[17] Diese Abgrenzung gilt auch für die vorliegende Arbeit.

Die Abgrenzung zwischen den Begriffen Überwachung und Aufsicht ist komplexer, da keine einheitliche Meinung vorherrscht. Gemäss Revisionshandbuch umfasst die Aufsicht eine „überwachende Tätigkeit durch Stellen, die nicht in

---

12   Vgl. Staudinger (1986), S.128.

13   Vgl. Lück (1983), S. 1104-1105.

14   Dieser Ansicht ist auch Baetge (1984), S. 163.

15   Vgl. Glaus (1990), S. 41; Jud (1996), S. 14.

16   Eine ausführliche Literaturübersicht wird in Glaus (1990), S. 40 in FN 47 gegeben.

17   Eine ausführliche Literaturübersicht wird in Jud (1996), S. 14 in FN 41 gegeben.

das tägliche Geschehen integriert sind, und nur im weiteren Sinn zur Organisation gehören (Verwaltungsrat, Aktionäre), oder durch aussenstehende Stellen (Aufsichtsbehörden, Ausschüsse oder Kommissionen von Verbänden, Zweckgemeinschaften, volkswirtschaftlich bedeutende Institutionen)."[18] Diese Betrachtungsweise erklärt, wieso der Begriff Aufsicht in der funktionalen Bedeutung der Überwachung, also als Teilfunktion der Unternehmensführung, kaum vorkommt. Der Begriff Aufsicht findet sich hauptsächlich in der juristischen Begriffswelt, insbesondere bei der Kennzeichnung hoheitlicher staatlicher Funktionen.[19] Der Begriff des deutschen Aufsichtsrats entstammt dieser hoheitlichen staatlichen Funktion. Bis zur Revision des Allgemeinen Deutschen Handelsgesetzbuches im Jahre 1870 hatte der Staat die Aufsichtsfunktion über die Aktiengesellschaften inne. Danach wurde diese dem Aufsichtsrat übertragen.[20] In dieser juristischen Betrachtungsweise bedeutet Aufsicht die normative Überwachung im Sinn der Einhaltung der gesetzlichen Bestimmungen, der erlassenen Weisungen oder der übermittelten Wertvorstellungen.[21]

Demgegenüber verwendet die schweizerische juristische Literatur die Begriffe Aufsicht und Überwachung synonym. So bildet Niggli (allerdings noch für das alte Aktienrecht) zwei Begriffshierarchien, nämlich Beaufsichtigung und Überwachung sowie Kontrolle, Revision und Prüfung.[22] Slingerland und Schulthess verwenden die Begriff Aufsicht und Überwachung ebenfalls synonym.[23] Auch im neuen Aktienrecht werden die Begriffe inhaltlich gleichgestellt. Dies kommt insbesondere in der Botschaft zum neuen Aktienrecht zum Ausdruck, welche ausdrücklich festhält, dass sich Oberaufsicht „nicht nur auf die Befolgung der Gesetze, Statuten und Reglemente, also nicht bloss auf die Legalität"[24] bezieht.[25]

---

18 RHB, 1992, Ziff. 3, S. 326. Vgl. weiter Lück (1989), S. 772; Theisen (1987), S. 15; Bleicher/Leberl/Paul (1989), S. 53.

19 Vgl. Theisen (1987), S. 15.

20 Vgl. Bleicher (1989), S. 53.

21 Vgl. RHB (1992), S. 325.

22 Vgl. Niggli (1981), 72.

23 Vgl. Slingerland (1982), S. 50; Schulthess (1967), S. 91.

24 Bundesrat (1983), S. 179.

25 Vgl. Kammerer (1997), S. 182-184; Wunderer (1995), S. 103; Baumberger (1990), S. 71.

Für eine weitere Dimension hinsichtlich der Aufsicht ist Theisen mit seiner Betrachtungsweise verantwortlich. Für ihn stellt die Aufsicht neben der Kontrolle und der Prüfung eine Teilfunktion der Überwachung dar. Im Sinne von Überwachungsphasen bezieht sich Aufsicht auf die Überwachung der Zielsetzungs- und Planungstätigkeit, Kontrolle auf die Entscheidungs- bzw. Realisationsphase und Prüfung auf die Revisionsphase.[26]

In dieser Arbeit ist in Anlehnung an den schweizerischen Gesetzgeber der Begriff Aufsicht als juristischer Terminus für den betriebswirtschaftlichen Begriff Überwachung zu verstehen. Diese terminologische Gleichstellung wird deshalb gewählt, weil mit dieser Arbeit gezeigt werden soll, was der juristisch verwendete Ausdruck betriebswirtschaftlich bedeutet bzw. wie die juristischen Anforderungen betriebswirtschaftlich umzusetzen sind. Die Aufsicht bzw. die Überwachung beinhaltet dementsprechend einerseits Kontrolle und andererseits Prüfung (Revision), wie dies in Abbildung 7-2 dargestellt wird. Zusätzlich zu Kontrolle und Prüfung soll eine weitere Überwachungstätigkeit formuliert werden, nämlich die normative Überwachung. Darunter ist, in Anlehnung an den ursprünglich juristisch geprägten Aufsichtsbegriff, die Überwachung auf Konformität und Legalität, also z. B. die Einhaltung von Gesetz und Statuten zu verstehen. Eine typisch normative Aufsichtsinstanz ist nicht am Arbeitsvorgang beteiligt, aber gegenüber dem zu Überwachenden direkt oder indirekt weisungsbefugt. In der Aktiengesellschaft könnten typischerweise der nicht geschäftsführende Verwaltungsrat, ein nicht geschäftsführender Verwaltungsratsausschuss oder allenfalls beauftragte Dritte eine normative Überwachungsfunktion übernehmen.

---

[26]   Vgl. Theisen (1987), S. 16.

Abbildung 7-2: Überwachung und Aufsicht als Oberbegriff

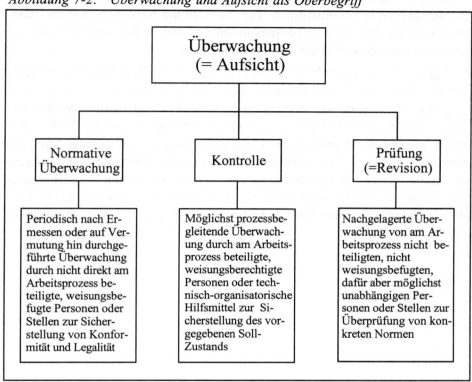

In dieser Arbeit ist die Kontrolle eine überwachende Tätigkeit durch Stellen oder Mittel, welche am betrieblichen Arbeitsprozess teilnehmen.[27] Kontrollen sind prozessabhängig. Am unmittelbarsten werden sie durch ausführende Mitarbeiter oder durch am Prozess beteiligte Geräte durchgeführt. Insbesondere technische und organisatorische Massnahmen können der Kontrolle dienen. Vorgesehen sind regelmässig auch Kontrollen durch vorgesetzte Linienstellen, welche direkt für das Ergebnis des überwachten Prozesses verantwortlich sind.[28] Insbesondere auch Fach- oder Stabstellen können für spezielle Kontrollaufgaben eingesetzt werden.[29] Kontrollen sollen möglichst synchron zum Arbeitsprozess aufzeigen, ob und inwieweit das tatsächliche Resultat eines Pro-

---

27 Vgl. RHB (1992), S. 326.

28 Vgl. Lück (1991), S. 24; Jud (1996), S. 15.

29 Vgl. Jud (1996), S. 15.

zesses den vorgegebenen Anforderungen genügt. Sie umfassen alle unmittelbar mit den betrieblichen Abläufen gekoppelten Überwachungsmassnahmen.[30] Dabei stellen Kontrollen ein wichtiges Mittel zur Willensdurchsetzung, zur Informationsbeschaffung und zur Motivation dar.

Im Gegensatz zur Kontrolle steht bei der Prüfung (Revision) die Unabhängigkeit des Prüfers vom Prüfungsobjekt bzw. vom betrieblichen Prozess im Vordergrund. Diese kommt z. B. in der fehlenden Weisungsbefugnis des Prüfers zum Ausdruck. Der Prüfer trägt nur die Verantwortung für die Qualität der Prüfung per se, nicht aber für die Ergebnisse des geprüften Objekts. Die Prüfung erfolgt immer durch Menschen; die Kontrolle kann wie oben erwähnt auch durch Maschinen vorgenommen werden. Die wichtigsten Prüfungsinstanzen in einer Aktiengesellschaft sind die aktienrechtliche Revisionsstelle und allenfalls Instanzen, welche Teilfunktionen einer internen Revision übernehmen können.[31]

---

[30] Vgl. Hofmann (1993), S. 58; Korndörfer/Peez (1993), S. 26-28.

[31] In Frage kommen unabhängige Drittpersonen wie Treuhänder, Verwaltungsratsassistent, Berater oder die externe Revisionsstelle.

7.2   Überwachungsaufgabe des Verwaltungsrats

Nachdem geklärt ist, wie in dieser Arbeit der Begriff Aufsicht bzw. Überwachung zu verstehen ist und wie er sich weiter aufgliedern lässt, wird im nachfolgenden Kapitel zunächst die Legitimation und die Notwendigkeit der Überwachung in einer Aktiengesellschaft durch den Verwaltungsrat behandelt. Erst nach der Klärung dieser Punkte gilt die Aufmerksamkeit den materiellen Überwachungsaufgaben des Verwaltungsrats.

7.2.1   Legitimation und Notwendigkeit der Überwachung durch den Verwaltungsrat

Das Interesse des Aktionärs an der Überwachung begründet sich in der Trennung von Eigentum und Verfügungsmacht.[32] Bereits Adam Smith stellte fest, dass Unternehmensleitungen das ihnen anvertraute Geld nicht mit der gleichen Sorgfalt und Wachsamkeit verwalten, wie dies die Investoren tun würden.[33] 1932 wurde die Thematik der Trennung von Eigentum und Verfügungsmacht durch Berle/Means mit ihrer Arbeit „The Modern Corporation and Private Property" neu lanciert.[34] Diese Diskussion über die Beziehung zwischen Unternehmensleitung und Investoren hat bis heute nichts an Aktualität verloren. Den Grund der Trennung von Eigentum und Verfügungsmacht sehen Berle/Means in der breiten Streuung des Aktienkapitals. Je mehr Aktionäre an einem Unternehmen beteiligt sind, desto weniger kann oder will ein einzelner Aktionär die Unternehmensleitung tatsächlich überwachen. Dem durchschnittlichen Aktionär fehlt entweder das nötige Know how, um das Management effektiv zu überwachen oder ihm fehlt die Macht, sich durchzusetzen. Der persönliche Aufwand (Zeit und Kosten) einer wirksamen Überwachung steht in einem Missverhältnis zum relativ kleinen Aktienbesitz und den daraus allenfalls anfallenden Vorteilen.[35] In den meisten mittleren Unternehmen ist vermutlich dieser zweite Grund nicht der entscheidende. In mittleren Unterneh-

---

32   Vgl. Barthelmess (1988), S. 2.

33   Vgl. McInnes Report (1993), S. 1 zitiert Stelle aus dem Buch „Wealth of Nations" von Adam Smith (1776).

34   Diese Arbeit gilt als das einflussreichste Werk zum amerikanischen Gesellschafts- und Unternehmerrecht. Vgl. Barthelmess (1988), S. 2.

35   Vgl. Jud (1996), S. 19 und die dort zitierte Literatur.

men sind die Aktien i. d. R. nicht breit gestreut, sondern befinden sich in der
Hand einer kleinen Zahl von Aktionären. Diese Konstellation lässt schliessen,
dass mindestens einige dieser Aktionäre durchaus ein positives Kosten-
/Nutzenverhältnis hätten, wenn sie die Unternehmensleitung wirksam überwachen würden. In einigen Fällen versuchen die Aktionäre dies auch zu tun, indem sie einen Sitz im Verwaltungsrat einnehmen und so aktiv ihre Interessenvertretung wahrnehmen.[36] Trotzdem ist die Legitimation der Überwachung
durch den Verwaltungsrat ursprünglich in der Interessenwahrungsfunktion
gegenüber den Aktionären begründet.

Wie bereits in Kapitel 5 gezeigt wurde und auch aus den verschiedenen Defi-
nitionsansätzen zur Überwachung ersichtlich ist, stellt die Überwachung aus
funktionaler Sicht die letzte Teilfunktion der Unternehmensführung dar. Die
Notwendigkeit dieser Teilfunktion ergibt sich aus verschiedenen Gründen. So
basiert die Planung eines Unternehmens auf unvollständigen und unsicheren
Informationen. Aufgrund dieser Planungsgrundlagen fällt das Management
Entscheide und trifft Anordnungen an untergeordnete Stellen, welche für die
Ausführung oder Realisation zuständig sind. Durch eine wirksame Unternehmensüberwachung kann das Management unvorhergesehene, nicht geplante
Entwicklungen rasch erfassen und allenfalls korrigierend eingreifen. Das Management kann des Weiteren Abweichungen vom definierten Sollzustand feststellen, die aufgrund von Fehlern bzw. Schwächen der ausführenden Stellen
auftreten. Auch hier ermöglicht die wirksame Überwachung ein rechtzeitiges
und angemessenes Eingreifen der Verantwortungsträger. Die Überwachung
kann auch dem rechtzeitigen Erkennen von Missverständnissen oder Koordi-
nationsproblemen dienen. Besonders in einer Wirtschaft, die durch eine hohe
Arbeitsteilung geprägt ist und in der zahlreiche Individuen, zum Teil räumlich
(weit) getrennt und in unterschiedlichen Sprach- und Kulturkreisen[37] lebend,
die Arbeitsleistung miteinander erbringen, sind Koordinationsprobleme und
die Gefahr von Missverständnissen durchaus vorhanden.[38] Aber auch ungenügende Sorgfalt bei der Ausführung, fehlende oder mangelhafte Motivation
oder gar absichtliches Zuwiderhandeln gegen Anordnungen des Managements
aus Eigeninteressen führen zu Missständen, die mittels wirksamer Überwa-

---

[36]   Vielen dieser Familienverwaltungsräte, die nicht aktiv an der Geschäftsführung beteiligt
      sind oder waren, dürfte aber das Know how für eine wirksame Überwachung fehlen.

[37]   Z. B. bei Filialen in Lugano, Genf und St. Gallen.

[38]   Vgl. Rühli (1993), S. 185.

chung mindestens zum Teil aufgedeckt werden können. Aber auch ganz „alltägliche" Fehler, die überall vorkommen, wo gearbeitet wird, rechtfertigen die Überwachung aus der Sicht der Unternehmensführung. Abbildung 7-3 zeigt in einer nicht abschliessenden Zusammenstellung eine ganze Reihe solcher Funktionen, welche die Notwendigkeit der Überwachung aus betriebswirtschaftlicher Sicht unterstreichen.

Abbildung 7-3: Die Funktionen der Unternehmensüberwachung[39]

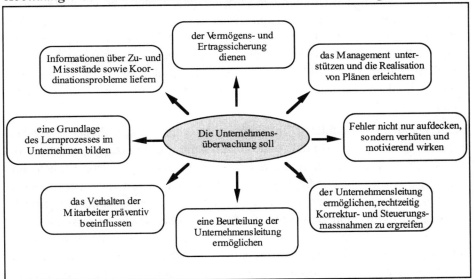

7.2.2   Inhalt der Überwachungsaufgabe des Verwaltungsrats

Die im Aktienrecht formulierte Pflicht der Oberaufsicht bezieht sich ausdrücklich, aber nicht ausschliesslich auf die mit der Geschäftsführung betrauten Personen, namentlich im Hinblick auf die Einhaltung der Gesetze, Statuten, Reglemente und Weisungen. Neben dieser Überwachung von Legalität und Konformität schliesst die Oberaufsicht auch die dauernde Überwachung der Geschäftsführung bezüglich Angemessenheit und Zweckmässigkeit mit ein. Die aktienrechtlichen Bestimmungen sind jedoch lediglich Grundsätze, welche durch betriebswirtschaftliche Überlegungen zu konkretisieren sind, damit sie

---

39   Vgl. Jud (1996), S. 23 und die dort zitierte Literatur.

„operativ umsetzbar" werden.[40] Die Schwierigkeit dieser Konkretisierung liegt
in den vielen unterschiedlichen Faktoren, durch welche die Überwachungstätigkeit des Verwaltungsrats beeinflusst wird. Neben der Unternehmensgrösse
oder der regulatorischen Dichte in gewissen Branchen kann auch die Zusammensetzung des Aktionariats, die fachliche und persönliche Kompetenz des
Verwaltungsrats sowie die Kultur und Tradition eines Unternehmens einen
entscheidenden Einfluss auf die konkreten Überwachungshandlungen haben.[41]
Obwohl in zahlreichen Urteilen der Vorwurf mangelnder Überwachung ausgesprochen wird, macht die schweizerische Rechtsprechung wenig konkrete
Angaben zum Inhalt der Überwachung. In der Urteilsrapportierung wird nur
festgestellt, dass der Umfang und die Art der Überwachung weitgehend von
der Grösse und der Struktur des Unternehmens abhängen. Es fehlen aber
meistens konkrete Aussagen über die Mängel bzw. Richtlinien zur „korrekten"
Unternehmensüberwachung.[42]

Beim Versuch der konkreten Bestimmung der verwaltungsrätlichen Aufgaben
nehmen Bleicher/Leberl/Paul eine interessante Differenzierung vor. Ihre
Überwachungskonzeption, beruht auf einer breit angelegten empirischen Studie[43] über rechtliche Bedingungen und praktische Gestaltung der obersten
Führungsorgane. Sie unterscheiden, unabhängig vom Überwachungsinhalt,
zwischen struktur- und zeitpunktbezogener statischer sowie prozess- und zeit-
raumbezogener dynamischer Überwachung.[44] In ihren Beobachtungen stellen
sie fest, dass die juristische Interpretation des Überwachungsauftrags gerade
diejenigen Bereiche hervorhebt, die der Einhaltung formaler struktureller
Normen dienen. Demgegenüber steht die ökonomische Sichtweise, die eine
permanente Planung und Überwachung anstrebt. Aus der betriebswirtschaftlichen Perspektive rücken deshalb die Überwachungs- und die Führungsaufgaben viel enger zusammen als aus der juristisch-normativen.[45]

---

[40]   Vgl. Jud (1996), S. 54; Sprüngli (1990), S. 137.

[41]   Vgl. Baumberger (1990), S. 76.

[42]   Der Vorwurf mangelnder Überwachung findet sich z. B. in zahlreichen Urteilen EVG zu
       AHVG 52. Die Rechtsprechung zu AHVG 52 liefert aber selten für den Alltag verwertbare
       Ratschläge hinsichtlich der Überwachung. Vgl. Hütte (1995), S. 9.

[43]   In dieser Studie werden die Spitzenverfassungen der BRD, der USA und der Schweiz
       untersucht.

[44]   Vgl. Bleicher/Leberl/Paul (1989), S. 39.

[45]   Vgl. Bleicher/Leberl/Paul (1989), S. 41. Die beschriebene Divergenz könnte als Erklärung
       für eine inhärente theoretische Ursache bei auftretenden Dysfunktionalitäten im Rahmen

Die normative Überwachung hinsichtlich Legalität und Konformität setzt keine ständige Legalitätskontrolle des Verwaltungsrats voraus. Erwartet wird vom Gesetzgeber, dass der Verwaltungsrat hinsichtlich allfälliger Rechts-, Statuten- oder Weisungsverletzungen sensibilisiert ist und, wenn sich ein konkreter Anlass zum Verdacht einer Verletzung ergibt, sofort einschreitet.[46] Sie stellt i. d. R. wenig Probleme dar.[47] Nebst dieser normativen Überwachung bezüglich Gesetz und Statuten, stehen zwei konkrete Überwachungsaufgaben im Vordergrund, nämlich die personale und die sachliche Überwachung.[48] Abbildung 7-4 stellt diese zwei Hauptaufgaben dar.

Die personale Überwachung bezieht sich auf die Überwachung von Individuen, welche als Beauftragte Kompetenzen und Verantwortung für das Wohlergehen des Unternehmens tragen. Sie beinhaltet Personalentscheidungen sowie die Nachfolgeplanung. Dabei handelt es sich vor allem um eine institutionelle bzw. strukturelle Überwachungsaufgabe. Die Legitimation der personalen Überwachung erfolgt in erster Linie durch die in OR Art. 716a formulierte Pflicht zur „Ernennung und Abberufung der mit der Geschäftsführung betrauten Personen". Die Erfüllung dieser Pflicht setzt eine personale Überwachung voraus.

Bei der sachlichen Überwachung, die durch einen dynamischen, prozessorientierten Charakter geprägt ist, stehen die materiellen Inhalte der Geschäftsführung im Vordergrund.[49] Die Legitimation zur sachlichen Überwachung beruht vor allem in der obersten Führungsverantwortung (als Teilfunktion der Führung) des Verwaltungsrats. Im Folgenden werden sowohl die personale als auch die sachliche Überwachung ausführlich behandelt.

---

der praktischen Umsetzung der juristisch geforderten Normen dienen. Die verschiedenen Sichtweisen implizieren, dass aus betriebswirtschaftlicher Sicht das Boardmodell den Anforderungen der Überwachung besser entspricht, aus juristischer hingegen das Trennungsmodell die optimale Gestaltung der Spitzenorganisation darstellt.

46 Vgl. Böckli (1992), S. 425-426.

47 Vgl. Bundesrat (1983), S. 179; Baumberger (1990), S. 71; Müller/Lipp (1994), S.116; Böckli (1996), S. 425.

48 Diese Unterscheidung nimmt auch Jud vor. Vgl. Jud (1996), S. 55-68.

49 Vgl. Bleicher/Leberl/Paul (1989), S. 44-46.

Abbildung 7-4: Dimensionen des Überwachungsauftrags[50]

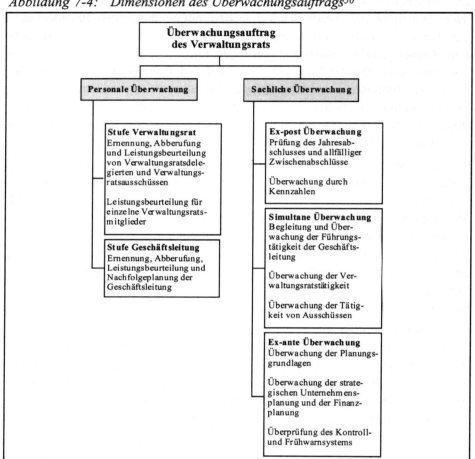

7.2.2.1   Personale Überwachung

Die personale Überwachung betrifft sowohl die Mitglieder des Verwaltungsrats als auch die Mitglieder der Geschäftsleitung. Auf Stufe Verwaltungsrat
gehören zur personalen Überwachung die Beurteilung der Leistung von Verwaltungsratsausschüssen sowie von einzelnen Verwaltungsratsmitgliedern.
Untersuchungen zeigen, dass dieser Aspekt des Überwachungsauftrags in vie-

---

[50] Vgl. Jud (1996), S. 55-68.

len Unternehmen nicht oder nur ungenügend wahrgenommen wird; und wenn, dann handelt es sich meistens um eine Beurteilung durch den Präsidenten.[51] Nur vereinzelt finden sich in schweizerischen Unternehmen institutionalisierte Beurteilungs- und Nachfolgeplanungssysteme für Verwaltungsratsmitglieder.[52] Eine besonders delikate Situation ergibt sich dann, wenn einzelne Mitglieder des Verwaltungsrats durch Doppelfunktionen über einen Informationsvorsprung und deshalb besonders viel Macht verfügen. Eine solche Konstellation ist z. B. dann gegeben, wenn ein Delegierter des Verwaltungsrats als Vorsitzender der Geschäftsleitung amtet. Dank dem Einsitz in beiden Gremien verfügt er über einen Informationsvorsprung gegenüber allen Kollegen, die nicht in beiden Organen vertreten sind.[53] Für den Fall, dass der Delegierte gleichzeitig auch Verwaltungsratspräsident ist, spitzt sich die Machtkonzentration noch zu. Diese Organisationsstruktur kann zwar durchaus sinnvoll sein, aus überwachungstechnischer Sicht stellt aber eine Machtkonzentration ein zusätzliches Risiko dar. Diesem kann nur wirksam entgegengetreten werden, wenn die übrigen Verwaltungsratsmitglieder den Überwachungsauftrag ernst nehmen und ihn konsequent auch gegenüber ihrem vorgesetzten Verwaltungsratspräsidenten durchsetzen.

I. d. R. kann der Verwaltungsrat die Geschäftsführung nur in sehr kleinen Unternehmen selbst wahrnehmen. In allen Fällen der Delegation hat er die Geschäftsleitung zu bestimmen und bei ungenügenden Leistungen auch wieder abzuberufen. Das Feststellen von ungenügenden Leistungen und ein allenfalls resultierender Absetzungsentscheid setzen eine permanente Begleitung[54] und beurteilende Überwachung voraus. Je weniger operative Führungsaufgaben der Verwaltungsrat übernimmt, desto weniger kann er die Unternehmensentwicklung direkt überwachen. Deshalb wird mit zunehmender Trennung von Verwaltungsrat und Geschäftsführung die indirekte Überwachung im Sinn einer periodischen Beurteilung der Leistungen der Geschäftsleitungsmitglieder um so wichtiger.[55] Dubs stellt aber in seiner Untersuchung fest, dass eine re-

---

51 Vgl. Biland (1989), S. 273.

52 Vgl. Glaus (1992), S. 197.

53 Vgl. Niggli (1981), S. 34.

54 Böckli spricht denn auch von der Begleitfunktion. Vgl. Böckli (1996), S. 424.

55 Vgl. Baumberger (1990), S. 75.

gelmässige Leistungsbeurteilung der Geschäftsleitung sowie die Besprechung einer leistungsgerechten Entlohnung oft fehlt.[56]

Im Interesse einer langfristigen Unternehmensentwicklung gehört auch die Sicherstellung des Führungsnachwuchses zu den wichtigsten Aufgaben des Verwaltungsrats.[57] Die Nachwuchsplanung erfordert eine periodische Überprüfung und Leistungsbeurteilung von Direktions- bzw. Geschäftsleitungskandidaten mitunter durch den Verwaltungsrat. Untersuchungen zeigen auch hier, dass der Verwaltungsrat i. d. R. zuwenig Einfluss auf die zukünftige Generation von Geschäftsleitungsmitgliedern nimmt und deshalb seine Aufgabe nur ungenügend wahrnimmt.[58] Zudem sollte der Verwaltungsrat regelmässig auch die Kader- und Mitarbeiterbeuteilung durch die Geschäftsleitung bzw. mittlere Kader kritisch hinterfragen. Fehlbeurteilungen und falsche Auswahl auf unterster Kaderebene führen mittel- und langfristig zu einem Manko an geeignetem Führungsnachwuchs mit Geschäftsleitungspotential.

7.2.2.2   Sachliche Überwachung

Wie in Abbildung 7-4 dargestellt, lässt sich die sachliche Überwachung in eine ex-post, eine simultane und eine ex-ante Überwachung gliedern[59] Die Ergebnisse einer Studie von Wunderer, dargestellt in Abbildung 7-5, zeigen die relative Bedeutung der Überwachungsarten für Verwaltungsräte in der betrieblichen Praxis.[60] Das Ergebnis vermag, zumindest aus betriebswirtschaftlicher Sicht, nicht zu überraschen. Auf Stufe Verwaltungsrat muss der ex-ante Überwachung die klar höchste Priorität zugeordnet werden. Durch die ex-ante Überwachung kann der Verwaltungsrat frühzeitig korrigierend Einfluss nehmen und so die grösstmögliche Wirkung erzielen.

---

[56]   Vgl. Dubs (1993), S. 133.

[57]   Vgl. Bleicher/Leberl/Paul (1989), S. 244; Sprüngli (1990), S. 138; Jud (1996) S. 57.

[58]   Vgl. Baumberger (1990), S. 70-71. Hingegen zeigt eine Befragung von Spencer Stuart aus dem Jahre 1983 bei ca. 500 Schweizer Verwaltungsräten, dass diese der Nachwuchsplanung (mindestens auf dem Papier) einen wichtigen Stellenwert zuordnen. Vgl. Wunderer (1995), S. 107.

[59]   In der Literatur werden verschiedene Begriffe verwendet. Jud unterteilt in eine vergangenheitsorientierte, mitschreitende und vorausschauende Überwachung. Theisen spricht von antiziptiver, simultaner und konsekutiver Überwachung. Wunderer braucht die Begriffe ex-ante Aufsicht, begleitende Kontrolle und nachträgliche Prüfung.

[60]   Vgl. Wunderer (1995), S. 187.

Abbildung 7-5:   Relative Bedeutung der Überwachungsarten[61]

Relative Bedeutung der Überwachung	1. Priorität		2. Priorität		3. Priorität	
(N = Anzahl Nennungen)	%	N	%	N	%	N
Ex-ante Aufsicht	**72**	39	22	12	4	2
Simultane Kontrolle	24	13	**67**	36	10	5
Ex-post Prüfung	4	2	11	6	**86**	45
Summe	100	54	100	54	100	52

In der Praxis können die einzelnen Überwachungsformen nicht vollständig getrennt beobachtet werden, da die Übergänge fliessend sind. Zur besseren Übersicht soll nachfolgend aber trotzdem dieser theoretischen Gliederung gefolgt werden.

Mit der ex-post Überwachung erreicht der Verwaltungsrat nur eine kritische, Kenntnisnahme bereits eingetretener Ereignisse.[62] Entsprechend der hierarchischen Ebene und dem Sitzungsrhythmus des Verwaltungsrats dauert es oft lange, bis dem Verwaltungsrat aufbereitete Daten zur ex-post Überwachung vorliegen. Werden falsche Entwicklungen festgestellt, so erfolgen Korrekturmassnahmen oft zu spät und/oder sind mit einem unverhältnismässigen Aufwand verbunden. Die ex-post Überwachung auf Stufe Verwaltungsrat erfüllt in erster Linie eine Präventivfunktion, weil Personen allein durch das Wissen um eine Überwachung einen Anreiz zur besseren Leistung haben.[63] Für den Verwaltungsrat steht im Mittelpunkt der ex-post Überwachung die finanzielle Lage des Unternehmens, insbesondere die Prüfung der Jahres- und Zwischenabschlüsse[64] bzw. das kritische Studium finanzieller Kennzahlen[65],

---

61   Die Termini Aufsicht, Kontrolle und Prüfung entsprechen der Verwendung von Wunderer. Dieser Arbeit entspräche die einheitliche Verwendung des Ausdrucks Überwachung besser.

62   Vgl. Biland (1989), S. 130; Bleicher/Leberl/Paul (1989), S. 150; Glaus (1990) S. 152; Jud (1996), S. 58.

63   Vgl. Jud (1996), S. 58.

64   Vgl. Böckli (1996), S. 425.

65   Biland streicht den Cashflow als besonders aussagekräftige Kennzahl hervor. Vgl. Biland (1989), S. 129; Helbling orientiert sich an mehreren Kennzahlen wie bereinigter Gewinn, bereinigtes Eigenkapital und tatsächliche Zahlungsbereitschaft. Vgl. Helbling (1990), S. 70.

basierend auf internen, bereinigten Finanzdaten.[66] Grundsätzlich basiert die ex-post Überwachung auf von der Geschäftsleitung zusammengestellten Informationen. Zusätzlich kann der Verwaltungsrat weitere Informationen anfordern und sich auf den Erläuterungsbericht der externen Revisionsstelle stützen.[67] Stellt der Verwaltungsrat bei der Prüfung des Jahresabschlusses fest, dass die Hälfte des Aktienkapitals und der gesetzlichen Reserve nicht mehr gedeckt ist oder eine Überschuldung vorhanden ist, dann muss er die in OR Art. 725 vorgesehenen Massnahmen ergreifen.

Die Pflicht der ex-post Überwachung begründet sich vor allem aus der zu den unübertragbaren Aufgaben zählenden Verpflichtung zur Finanzkontrolle, welche sowohl eine simultane Überwachung im Hinblick auf die Erhaltung des finanziellen Gleichgewichts wie auch eine „nachprüfende und ereignisbezogene Finanzkontrolle" als kritischer Nachvollzug der finanziellen Abläufe im Unternehmen bedingt.[68] Diese nachprüfende „Kontrolle" entspricht den ursprünglichen Vorstellungen der bundesrätlichen Botschaft einer angemessenen, den Bedürfnissen des Unternehmens angepassten internen Kontrolle (im Sinn einer internen Prüfung).[69] Wer diese interne Prüfung letztendlich durchführt ist weniger entscheidend. In mittleren Unternehmen kann dies ein kleines Team, z. B. ein Audit Committee, oder eine unabhängige Einzelperson sein. Wichtig ist, dass die Funktion der internen Revision wahrgenommen wird.[70]

Die simultane Überwachung erlaubt im Bedarfsfall eine aktive Beeinflussung des Unternehmensgeschehens und der Führungsentscheide der Geschäftsleitung.[71] Über das „Wie" und „Woran" die Führungstätigkeit zu beurteilen ist, gibt das Aktienrecht nur wenig Anhaltspunkte. In OR Art. 717 Abs. 1 hält der Gesetzgeber fest: „Die Mitglieder des Verwaltungsrates sowie Dritte, die mit der Geschäftsführung befasst sind, müssen ihre Aufgaben mit aller Sorgfalt erfüllen und die Interessen der Gesellschaft in guten Treuen wahren." Betriebswirtschaftlich qualitative Anhaltspunkte zur inhaltlichen Überwachung der Führungstätigkeit hingegen fehlen im Gesetz. Auch in der Literatur finden

---

[66]   Vgl. Jud (1996), S. 59.

[67]   Vgl. OR Art. 729a.

[68]   Böckli versteht unter finaziellem Gleichgewicht in erster Linie das Wachen über die Liquidität. Vgl. Böckli (1992), S. 423.

[69]   Vgl. Thiel/König (1994), S. 31.

[70]   Vgl. Böckli (1996), S. 423.

[71]   Vgl. Glaus (1990), S. 158.

sich nur sehr bescheiden konkrete betriebswirtschaftliche Überlegungen zur recht vagen Formulierung des Gesetzgebers. Auch die in der deutschen Fachliteratur diskutierten Grundsätze ordnungsmässiger Überwachung helfen kaum weiter. Einerseits wird die Eignung der Grundsätze für schweizerische Verhältnisse als eher gering beurteilt[72], und andererseits sind die Grundsätze nach wie vor nicht sehr konkret, was in Abbildung 7-6 unschwer zu erkennen ist.

Abbildung 7-6: Überblick über die Grundsätze ordnungsmässiger Überwachung[73]

Grundsatz	Erläuterung
Unabhängigkeit	Überwachungsträger und Überwachungsobjekt sollten personell getrennt sein.
Eigenverantwortlichkeit und Eigenständigkeit	Die Verantwortung für die Ausführung der Überwachung kann der oberste Überwachungsträger nicht jemand anderem delegieren.
Funktionsgerechtigkeit und Sachverständigkeit	Die Überwachenden müssen so ausgewählt werden, dass sie den Überwachungsanforderungen des Überwachungsobjekts genügen.
Verschwiegenheit	Informationen und Ergebnisse sind grundsätzlich diskret zu behandeln.
Vergütung und Entlastung	Der Überwachungsträger ist für seine Leistung angemessen zu entlohnen und bei korrekter Ausführung der Überwachung von der Verantwortung zu entlasten.
Planung und Koordination	Die Überwachung ist in sachlicher, zeitlicher und personeller Hinsicht zu planen.

Die schweizerische Lösung, bei der von Gesetzes wegen auch Minderheitsaktionäre ein Recht auf eine Interessenvertretung im Verwaltungsrat haben und bei der in der Praxis regelmässig starke Interessengruppen im Verwaltungsrat Einsitz nehmen, wird diesen Anforderungen nicht gerecht. Interessenvertreter können nur teilweise unabhängig sein. Insbesondere in Unternehmen, bei denen Grossaktionäre auch private finanzielle Transaktionen über das Geschäft abwickeln, ist kritisch zu hinterfragen, wie unabhängig der Verwaltungsrat ist und ob Transparenz bei der Überwachung vorhanden ist.

Die Überwachung der Geschäftsführung aus normativer Sicht stellt wenig Probleme dar, da der Beurteilungsmassstab bekannt ist. Hingegen gibt die Beurteilung der Zweckmässigkeit und Wirtschaftlichkeit, nach technischen, so-

---

[72] Vgl. Glaus (1990), S. 40; Jud (1996), S. 63.

[73] Theisen (1987), S. 250-269.

zialen und betriebswirtschaftlichen Kriterien, zu Fragen und Schwierigkeiten Anlass, da hier der Beurteilungsmassstab fehlt.[74] Die Beurteilung reduziert sich aus diesem Grund oft darauf, ob die Mitglieder der Geschäftsleitung für ihre Entscheidungen und Handlungen die notwendige Systematik und Sorgfalt angewendet haben. Dazu ist aber festzuhalten, dass Führungsentscheide zu einem wesentlichen Teil Ermessensfragen darstellen und insofern das Eingreifen des Verwaltungsrats erst bei einer offensichtlichen Überschreitung des Ermessens notwendig ist.[75] Die Idee des Gesetzgebers ist aber nicht die totale, pedantische Kontrolle eines jeden Geschäftsführungsentscheids[76], sondern die begleitende Überwachung der Führungstätigkeit als Ganzes im Rahmen der strategischen Zielerreichung. Wenn sich einmal die Einsicht durchgesetzt hat, dass beide Gremien am gleichen Strick ziehen, hat der Verwaltungsrat „nur" sicherzustellen, dass auch beide in die gleiche Richtung ziehen.[77] Dabei muss sich der Verwaltungsrat in erster Linie auf ein zweckmässig ausgestaltetes Informationssystem stützen.[78] Erst wenn sich aufgrund von Informationen ein Verdacht auf Missstände ergibt, hat jeder Verwaltungsrat die Pflicht, umgehend weitere Abklärungen zu treffen und Sofortmassnahmen zu ergreifen. Neben der Überwachung der reinen Führungstätigkeit gehört aber auch das „Fühlen" der Betriebskultur zur Aufsicht. Dadurch kann der Verwaltungsrat menschliche und damit oft verbunden auch fachliche Probleme frühzeitig erkennen und Korrekturmassnahmen treffen.[79]

Da die Aktionäre bzw. Generalversammlung den Verwaltungsrat nur sehr begrenzt überwachen können, dieser aber im schweizerischen Vereinigungsmodell immer auch Führungsentscheide wahrnimmt, ist eine Selbstüberwachung des Verwaltungsrats auch in sachlicher Hinsicht notwendig. Diese wird in der Fachliteratur mancherorts als ungeeignet oder unzureichend kritisiert.[80] In der

---

74 Vgl. Baumberger (1990), S. 71; Müller/Lipp (1994), S.116; Bundesrat (1983), S. 179; Böckli (1996), S. 425.

75 Vgl. Baumberger (1990), S. 71-74; Slingerland (1982), S. 57; Jud (1996), S. 63.

76 Vgl. Müller/Lipp (1994), S. 116.

77 So stellt Dubs in seiner Untersuchung fest, dass zu häufig das überholte militärische Inspektionsprinzip vorherrscht. Man will möglichst gut dastehen und deshalb Fehler oder Unsicherheiten vertuschen, anstatt diese offenzulegen und gemeinsam einen Lösungsansatz zu finden. Vgl. Dubs (1993), S. 140.

78 Vgl. Biland (1989), S. 129.

79 Vgl. Sprüngli (1990), S. 146; Jud (1996), S. 64.

80 Vgl. Von Greyerz (1982), S. 208; Theisen (1987), S. 251-252; Biland (1989), S. 25.

Tat ist eine Selbstüberwachung per se eine schwierige Angelegenheit, die einiges an Konfliktpotential birgt. Organisatorisch kann das Konfliktpotential durch möglichst weitgehende Delegation bestenfalls bis zur Grenze der unübertragbaren Aufgaben reduziert werden. Gerade in mittleren Unternehmen wird diese Konstellation der weitmöglichsten Trennung von Verwaltungsrat und Geschäftsleitung selten der Fall sein, da meistens ein oder mehrere Verwaltungsräte in der Geschäftsleitung Einsitz nehmen. Deshalb stellt in solchen Situationen die richtige Auswahl und Zusammenstellung von Verwaltungsratsmitgliedern ein weitaus besserer Lösungsansatz dar. Insbesondere in mittleren Unternehmen ist grosser Wert auf fachlich qualifizierte und unabhängige Verwaltungsratsmitglieder, ausgestattet mit gesundem Menschenverstand und Zivilcourage, zu legen. Starke Persönlichkeiten haben den Mut und die Grösse, bei Unregelmässigkeiten oder anstehenden Problemen diese sofort zur Sprache zu bringen und die Dinge beim Namen zu nennen, unter Umständen gegen den Willen des Hauptaktionärs bzw. des Verwaltungsratspräsidenten. Sie sind bewusst bereit und in der Lage, allfällige Konsequenzen zu tragen.[81] Nur Verwaltungsratsmitglieder mit solchen Eigenschaften garantieren eine genügende Selbstkontrolle.

Die wichtigste Überwachungsaufgabe eines Organs, das sich jährlich nur ungefähr 4-6 Mal trifft[82], kann nicht darin liegen, Abweichungen oder Fehler einen bis zwei Monate zu spät zu erkennen und dann als Trouble-shooter geschäftsführend zu wirken. Die Kernaufgabe muss eindeutig das Erkennen von zukünftigen Chancen- oder Risikopotentialen im Sinne einer Früherkennung oder -warnung sein. Die ex-ante Überwachung ist der Bereich, wo der Verwaltungsrat als Überwachungsorgan am meisten bewirken kann.

Grundlage der ex-ante Überwachung bilden vorausschauende Informationen, auch Forecasts genannt. Es handelt sich dabei um Szenarien, zukünftige Strategien, mittel- und langfristige Absatz-, Finanz- und Investitionspläne. Am wichtigsten ist die Überwachung der Strategieplanung. Inwieweit der Verwaltungsrat selbst in die Planung involviert ist, ist weit weniger wichtig, als dass diese Planungsunterlagen, insbesondere die Planungsgrundlagen, gründlich und kritisch überprüft und beurteilt werden, insbesondere weil jede Planung mit

---

[81] Eine mögliche Konsequenz könnte der Ausschluss bzw. die Nichtwiederwahl in den Verwaltungsrat sein. Ein solches Verwaltungsratsmitglied wird es aber nicht unterlassen, die Aktionäre über seine Sicht der Dinge zu informieren. Sodann können sich diese selbst ein Urteil bilden und weitere Abklärungen bzw. Massnahmen treffen.

[82] Vgl. Dubs (1993), S. 137.

einer Prognoseunsicherheit behaftet ist.[83] Dazu genügt das sich Präsentieren
lassen von Zahlen an Verwaltungsratssitzungen nicht. Eine echte Beurteilung
erfordert eine vorgängige, seriöse Analyse. Diese Analyse kann allenfalls
durch einen Verwaltungsratsausschuss vorgenommen werden. Ein gut zusam-
mengesetzter Verwaltungsrat wäre aber das idealere Gremium, um eine Prä-
missen- und Plausibilitätskontrolle durchzuführen. Er wird feststellen, ob die
Planung sorgfältig und zweckmässig erfolgt ist und ob die getroffenen oder
vorgesehenen Massnahmen der Geschäftsleitung logisch und konsequent sind.
Er wird ebenfalls feststellen, ob sich aufgrund von veränderten Grundlagen
und Rahmenbedingungen wesentliche Chancen oder Gefahren ergeben, welche
zu korrigierendem Eingreifen oder zusätzlichem Handlungsbedarf führen. Obwohl die Verwaltungsräte selbst diese Aufgabe ebenfalls als sehr wichtig
einschätzen, zeigt die Praxis, dass die Überwachung und Beeinflussung der
strategischen Planung in vielen Unternehmen nur unzureichend wahrgenommen wird.[84] Als Gründe dafür werden ungenügende Sach- und Methoden-
kenntnisse sowie die beschränkte zeitliche Verfügbarkeit aufgeführt.[85] Egal
welcher Grund zutrifft, die Tatsache, dass Verwaltungsräte die relative Wichtigkeit der Strategie-Überwachung nur ungenügend wahrnehmen, bleibt bestehen und stellt ein grosses Manko dar. Zu spätes Erkennen einer falschen strategischen Ausrichtung kann fatale Folgen haben und mit hohen Kosten verbunden sein.

Eine weitere Möglichkeit der ex-ante Überwachung ergibt sich für den Verwaltungsrat dann, wenn er für wichtige Geschäfte und Entscheidungen, welche
für die Zukunft des Unternehmens von grosser Bedeutung sind, seine Zustimmung geben muss. Solche zustimmungsbedürftige Geschäfte können auf gesetzlichen oder statutarischen Bestimmungen basieren, aber auch auf Weisungen des Verwaltungsrats. Zustimmungsvorbehalte könnten z. B. für folgende
wichtige Führungsentscheide vorgeschrieben sein:[86]

- Veränderung unternehmenspolitischer Grundsätze

- Aufnahme/Aufgabe von Geschäftsfeldern, strategische Neuorientierung

---

[83] In den Fällen, wo Delegierte des Verwaltungsrats in der Geschäftsleitung sitzen, ist die
      Nähe zur Strategieplanung von vornherein gegeben. Dieser Fall dürfte in mittleren Unter-
      nehmen überwiegend vorherrschen.

[84] Vgl. Baumberger (1990), S. 68; Dubs (1993), S. 132.

[85] Vgl. Baumberger (1990), S. 69.

[86] Vgl. Glaus (1990), S.169.

- Beteiligungen, Akquisitionen, Fusionen oder Joint Ventures
- Veränderung der Filialstruktur
- Wesentliche Veränderungen der Kapitalstruktur
- Wesentliche Veränderungen der Vermögensstruktur
- Kauf und Verkauf von Immobilien
- Eingehen wesentlicher Verpflichtungen wie Bürgschaften, Garantien oder Leasingverbindlichkeiten
- Bewilligung von Budgets
- Wahl, Entlassung und Entlohnung der Geschäftsleitung
- Beförderung und Vertretung der Gesellschaft.

In der Praxis benötigen zahlreiche der zustimmungsbedürftigen Geschäfte die Absegnung durch den Verwaltungsrat wegen juristisch-formellen oder traditionellen Überlegungen anstatt wegen ihrer unternehmenspolitischen Relevanz. Ein weiterer Nachteil liegt darin, dass zustimmungsbedürftige Geschäfte meistens frühzeitig mit dem Verwaltungratspräsidenten oder mit einem Ausschuss vorbesprochen werden müssen, insbesondere dann, wenn Drittparteien involviert sind und deshalb konzeptionelle oder vorvertragliche Fragen bereits soweit fortgeschritten sind, dass der Verwaltungsrat faktisch ohne Vorbesprechung gar keine echte Handlungsalternative hätte.[87] Deshalb zeichnet sich in den letzten Jahren tendenziell eine Reduktion dieser Zustimmungsvorbehalte ab.[88] Richtig angewendet, nämlich dann, wenn unternehmenspolitisch zukunftsweisende Entscheide gefällt werden, sind Zustimmungsvorbehalte nach wie vor ein einfaches und geeignetes Instrument für eine zukunftsorientierte Überwachung. Insbesondere für die nicht in der operativen Geschäftsführung aktiven Investoren mittlerer Unternehmen, die als Verwaltungsrat in entscheidenden Fragen mehr Einfluss nehmen wollen, ist das Instrument zu empfehlen.[89]

Eine ebenfalls wichtige vorausschauende Überwachungstätigkeit seitens des Verwaltungsrats ist das Überprüfen der auf die Überwachung ausgelegten Führungssysteme wie des Früherkennungssystems oder des internen Kontroll-

---

[87] Vgl. Baumberger (1990), S. 69-70.

[88] Vgl. Jud (1996), S. 66.

[89] Jud ist hier allgemein anderer Meinung. Vgl. Jud (1990), S. 67.

und Informationssystems. Schwachstellen sind zu orten, und das Funktionieren für den Ernstfall ist sicherzustellen. Eine Vernachlässigung der „Überwachung der Überwachung" kann letztendlich dazu führen, dass zwar grosse finanzielle und personelle Anstrengungen in ein auf dem Papier perfekt ausgestaltetes Kontrollsystem gemacht werden, das aber in der betrieblichen Praxis nur mangelhaft funktioniert.

Zusammenfassend kann festgehalten werden, dass die Überwachungsaufgaben des Verwaltungsrats sehr vielfältig und anspruchsvoll sind. In den seltensten Fällen kann er die konkreten Überwachungstätigkeiten selbst wahrnehmen. Auf keinen Fall ist es ihm möglich, als geschäftsführender Verwaltungsrat jedes einzelne Geschäft zu kontrollieren. Deshalb sind durch den Verwaltungsrat zusätzliche Institutionen in die Überwachung einzubinden. Die Aufgabe des Verwaltungsrats besteht vor allem darin, ein Informations- und Überwachungssystem aufzubauen, welches ihm die Begleitung des Geschäftsganges und eine zweckmässige und effiziente Überwachung des Unternehmens ermöglicht.[90] Ein denkbares Konzept wird im Folgenden dargestellt.

---

[90]   Vgl. Meyer/Erny (1998), S. 97.

7.3   Internes Überwachungssystem

Bei der Ausgestaltung eines wirkungsvollen internen Überwachungssystems muss sich der Verwaltungsrat insbesondere folgender Punkte bewusst sein:

- Die Verantwortung für das interne Überwachungssystem liegt in letzter Instanz immer beim Verwaltungsrat, auch dann, wenn die Geschäftsleitung oder andere eingesetzte Überwachungsinstanzen einen grösseren direkten Einfluss auf das Überwachungssystem haben.[91]

- Auch ein wirksames Überwachungssystem bietet nie Gewähr auf absolute Sicherheit, es reduziert aber die Wahrscheinlichkeit, dass absichtliche oder unabsichtliche Fehler auftreten. Angemessene, nicht absolute Sicherheit ist anzustreben.[92]

- Kontrollmassnahmen dürfen keinen Selbstzweck darstellen und sie müssen in einem angemessenen Kosten-Nutzen-Verhältnis stehen.

Das in der Folge diskutierte gesamtheitliche Konzept zur Unternehmensüberwachung darf nicht darüber hinwegtäuschen, dass der Verwaltungsrat entsprechend der obigen Punkte auch im Fall einer Delegation der Überwachungstätigkeit letztendlich die Verantwortung trägt.

7.3.1   Konzeptionelle Grundlagen

Gemäss COSO Report[93] sind mit einem internen Überwachungssystem im wesentlichen drei Ziele anzustreben:

- Einhaltung der gesetzlichen und statutarischen Bestimmungen

- Verlässlichkeit der finanziellen Berichterstattung

- optimaler Ressourceneinsatz.

---

91   Vgl. Bourqui/Blumer (1994), S. 1071-1072.

92   Vgl. Coso Report (1992), S. 11.

93   Der COSO Report des Committees of Sponsoring Organization of the Treadway Commission (COSO) gliedert sich in vier Bände. Der erste Band ist ein „Executive Summary", der zweite stellt ein „Framework" vor, der dritte behandelt „Reporting to External Parties" und der vierte beschäftigt sich mit „Evaluation Tools". Die obigen Ausführungen beziehen sich auf den zweiten Band (Framework). Schweizer Bank (1995), S. 47.

Abbildung 7-7 zeigt zunächst die gesamte Unternehmensüberwachung. Sie ist in eine externe und eine interne Überwachung aufgeteilt.

Abbildung 7-7:   Externe und interne Unternehmensüberwachung

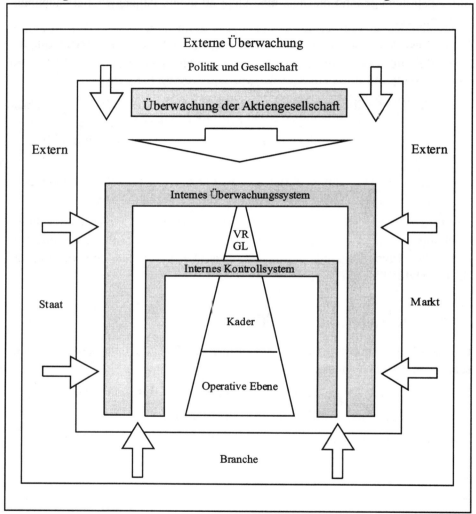

Bezüglich der externen Überwachung kann der Verwaltungsrat, abgesehen vom Vorschlag einer externen Revisionsgesellschaft zu Handen der Generalversammlung, wenig Einfluss nehmen. Sie wird wesentlich von Staat und Politik bzw. der Gesellschaft, von anderen Unternehmen aus der Branche oder vom Markt beeinflusst bzw. veranlasst. Wie in Kapitel 2 gezeigt, üben insbesondere bei börsenkotierten Unternehmen verschiedene Stakeholder, welche ihre Ansprüche geltend machen, eine nicht zu unterschätzende Überwachungsfunktion aus.

Im Rahmen der internen Überwachung ist aber der Verwaltungsrat für die Ausgestaltung des internen Überwachungssystems verantwortlich. In diesem Bereich kann und muss er aktiv wirken. Das Überwachungssystem ist ein aus einzelnen Komponenten bestehendes Konstrukt, das der Informationsbeschaffung dient. Diese Informationen sollen dem Verwaltungsrat (wie auch der Geschäftsleitung) eine ausreichende Sicherheit geben, ob die vom Gesetzgeber vorgeschriebenen oder von der Unternehmensleitung festgelegten Ziele in den folgenden Bereichen eingehalten bzw. erreicht werden:[94]

- Einhaltung von Gesetzen und weiteren regulatorischen Vorschriften

- Strategie- und Rentabilitätsziele sowie Wirksamkeit und Effizienz der Geschäftsabläufe

- Zuverlässigkeit der Führungsinstrumente, insbesondere des Rechnungswesens und des Riskmanagement.

Die Komponenten des internen Überwachungssystems[95] sind einerseits verschiedene Teilsysteme und andererseits Instanzen, welche spezifische Aufgaben übernehmen. Als wichtigste Elemente sind das Strategische Controlling sowie das interne Kontrollsystem (IKS) zu erwähnen. Innerhalb der gesamten Unternehmensüberwachung sind verschiedene Stellen wie z. B. das Audit Committee, die interne Revision oder das Controlling als Träger von Überwachungsaufgaben involviert. Selbst unternehmensexterne Stellen, wie z. B. Treuhänder oder Unternehmensberater, können vom Verwaltungsrat eingesetzt werden, um im Rahmen der internen Unternehmensüberwachung Aufgaben zu übernehmen.

Damit das gesamte interne Überwachungssystem optimal funktioniert, sollte der Verwaltungsrat die folgenden fünf wichtigen Einflussfaktoren, die in einer

---

94   Vgl. Hofmann (1993), S. 47-48; Meyer (1996), S. 27; Lück (1993), S. 56.

95   Sowohl in Praxis wie auch in der Fachliteratur werden die Begriffe interne Überwachung, interne Kontrolle, internes Überwachungssystem und internes Kontrollsystem unterschiedlich verwendet. Der Begriff Überwachung wird in dieser Arbeit konsequent als Oberbegriff verwendet, welcher sowohl Kontrolle wie auch Prüfung (Revision) miteinbezieht.

engen wechselseitigen Beziehung zueinander stehen, beachten und aktiv gestalten. Es sind dies[96]:

- Kontrollumfeld (Control Environment)

  Es das wichtigste Element und beeinflusst das Kontrollbewusstsein der Mitarbeiter auf allen Stufen. Darüber hinaus bildet es die Grundlage für die folgenden Elemente. Das Kontrollumfeld wird wesentlich durch die Kultur des Unternehmens und den Führungsstil der Unternehmensleitung geprägt. Durch das Schaffen eines optimalen Kontrollumfelds, wo Kontrollmassnahmen nicht als Misstrauenskundgebungen, sondern als Mittel zur gemeinsamen Zielerreichung verstanden werden, wird der Grundstein zur wirksamen Unternehmensüberwachung gelegt.

- Risikobeurteilung durch die Unternehmensführung (Risk Assessment)

  Zur Beurteilung der latent vorhanden Risiken müssen diese zuerst erkannt und analysiert werden. Dazu gehört ein Hinterfragen der Eintrittswahrscheinlichkeit der Risiken und deren Bedeutung bzw. Auswirkung auf das Unternehmen im „positiven" Fall sowie ein Entscheid über den Umgang mit den erkannten Risiken.[97] Das Erkennen der Risiken erlaubt eine zielgerichtetere und effizientere Überwachung. Die Beurteilung der Risiken hat selbstverständlich auch auf tieferen Führungsstufen zu erfolgen.

- Kontrollaktivitäten (Control Activities)

  Dank der Risikobeurteilung können Kontrollaktivitäten effizienter und wirkungsvoller eingesetzt werden, nämlich insbesondere dort, wo Gefahren erkannt wurden. Mit Kontrollaktivitäten sind Methoden und Verfahren gemeint, die dazu beitragen, dass Ziele und Weisungen der Geschäftsleitung eingehalten werden. Solche Kontrollaktivitäten, in der deutschsprachigen Literatur als internes Kontrollsystem[98] bekannt, sollten sich möglichst über alle Hierarchiestufen und Funktionen erstrecken.

- Information und Kommunikation (Information and Communication)

---

[96]   Vgl. COSO-Report (1992).
[97]   Vgl. Bourqui/Blumer (1994), S. 1073.
[98]   Vgl. Kap. 7.3.2.4.

Sowohl bei der Risikobeurteilung als auch der Planung und Durchführung von Kontrollaktivitäten spielt die Information und Kommunikation eine wichtige Rolle. Auch für die Steuerung des Gesamtprozesses der Überwachung bilden sachdienliche, zeitgerechte und korrekte Informationen und eine aktive Kommunikation nach innen und aussen wichtige Komponenten.

- Steuerung und Überwachung (Monitoring)

  Das gesamte interne Überwachungssystem muss gezielt gesteuert, überwacht und allenfalls an veränderte Umstände angepasst werden. Der Wichtigkeit dieser „Überwachung der Überwachung" wird im Tagesgeschäft oft zuwenig Bedeutung beigemessen. Aber nur dadurch lässt sich die Qualität des Gesamtsystems langfristig sichern. Auch Kader und Mitarbeiter sollten in die „Überwachung der Überwachung" eingebunden werden. Erkannte Schwachstellen sind umgehend zu melden[99] und allenfalls zu beheben. Dabei spielt wiederum das Kontrollumfeld und die Kommunikation eine wesentliche Rolle.

Diese durch Verwaltungsrat und Geschäftsleitung zu gestaltenden Faktoren sind stark von der Art und Weise der gesamten Unternehmensführung sowie der Einbindung in die Führungsprozesse geprägt. Obwohl in allen Unternehmen die gleichen Faktoren wichtig sind, können sie unterschiedlich gewichtet und ausgestattet werden. So dürften i. d. R. Kontrollen in kleinen und mittleren Unternehmen weniger formal und weniger strukturiert sein, aber dennoch einen hohen Wirkungsgrad erreichen.

Bis jetzt wurde die interne Unternehmensüberwachung vor allem als Gesamtsystem betrachtet. Nun gilt es in den folgenden Ausführungen, einerseits einzelne Teilsysteme und andererseits mögliche Träger näher zu betrachten.

---

[99] Für Meldungen bezüglich festgestellter Mängel sollten möglichst keine künstlichen hierarchischen Barrieren bestehen. Im Interesse der durch den Verwaltungsrat wahrzunehmenden Verantwortung muss die Devise lauten: „So direkt wie möglich."

7.3.2   Komponenten des internen Überwachungssystems

7.3.2.1   Audit Committee

Das Audit Committee, zu deutsch Prüfungs- oder Revisionsausschuss[100], stellt in den Vereinigten Staaten die meistverbreitete Art eines Ausschusses dar.[101] Die amerikanische Börsenaufsichtsbehörde[102] führte das Audit Committee bereits in den frühen 70er Jahren als Reaktion auf einige spektakuläre Betrugsfälle ein.[103] In Europa fand die Diskussion um die Einsetzung solcher Committees mit einiger Verzögerung statt. So wurden in England börsenkotierte Unternehmen erst vom Cadbury-Committee dazu angehalten, bis Mai 1995 Audit Committees einzurichten. Da Deutschland das duale Führungssystem kennt, war die Diskussion um die Einsetzung von Audit Committees wenig opportun. In der Schweiz, die eine dem anglo-amerikanischen Board-System ähnliche Lösung kennt, wäre hingegen ein Audit Committee, welches im Rahmen der verwaltungsrätlichen Verantwortung die Überwachungsfunktion besonders gut wahrnehmen könnte, durchaus wünschenswert, insbesondere weil in Amerika mehrheitlich positive Erfahrungen gemacht wurden.[104]

In der schweizerischen Praxis sind Audit Committees bis heute allerdings fast nur in Grossunternehmen vorzufinden.[105] Diese Zurückhaltung ist aus Sicht des Aktienrechts kaum zu verstehen, ist doch die Einsetzung eines Audit Committees unabhängig der Grösse eines Unternehmens eine ideale Massnahme, um die Wirksamkeit und Effizienz der Überwachung zu fördern.[106] In einen derartigen Ausschuss gehören ca. drei bis sechs[107], nicht selbst mit der Geschäftsführung beauftragte Verwaltungsratsmitglieder, deren Aufgabe

---

[100] Vgl. Thiel (1994), S. 815-816.

[101] Vgl. Glaus (1992), S. 196.

[102] Securities and Exchange Commission (SEC).

[103] Die Einführung erfolgte zunächst als Empfehlung; ab 1977 war das Audit Committee eine verbindliche Institution.

[104] Vgl. Thiel/König (1994), S. 33.

[105] Vgl. Forstmoser/Meier-Hayoz/Nobel (1996), S. 328.

[106] Vgl. Thiel (1994), S. 818.

[107] In der Literatur schwanken die Empfehlungen zwischen drei und sechs Mitgliedern. Vgl. IIA (1989), S. 10; Courtemanche (1989), S. 383; McInnes Report (1993), S. 35; Charkham (1994), S. 369; Thiel (1994), S. 817; Meyer (1996), S. 20; Jud (1996), S. 144.

speziell die Unternehmensüberwachung darstellt. Für Verwaltungsräte mittlerer Gesellschaften ist tendenziell eine kleinere Anzahl vorzuziehen, einerseits weil die zusätzlich anfallende Arbeit tragbar ist und andererseits eine kleine Anzahl die Verpflichtung hinsichtlich der Wahrnehmung der Aufgabe erhöht. Mindestens ein Mitglied sollte über vertiefte Kenntnisse im Finanz- und Rechnungswesen verfügen. Um eine interdisziplinäre Betrachtungsweise zu ermöglichen, ist es durchaus wünschenswert, wenn andere Mitglieder Spezialkenntnisse aus verschiedenen Fachrichtungen mitbringen.[108] Angehörige eines Audit Committees sollten mindestens nachfolgende Anforderungen erfüllen:[109]

- Auswirkungen eines Geschäftsfalls auf die Bilanz und Erfolgsrechnung zumindest in Grössenordnungen abschätzen können

- Zweck und Umfang der Prüfungstätigkeit von interner und externer Revision kennen und in den Grundzügen verstehen

- Realistisches Bild über Nutzen, Möglichkeiten und Grenzen der internen Unternehmensüberwachung haben.

Da das Audit Committee nicht selbst Entscheidungen trifft, sondern zuhanden des Verwaltungsrats Bericht erstattet, bedarf es zur Einsetzung keine statutarische Ermächtigung. Es ist aber empfehlenswert, Funktionen und Aufgaben reglementarisch festzuhalten. Zu den wichtigsten Funktionen des Audit Committee zählen die folgenden:[110]

- Wahrnehmung von Kontrollen in den Bereichen einwandfreie Geschäftsführung[111], internes Kontrollsystem, Einhalten von Rechnungslegungsgrundsätzen

- Beratung und Berichterstattung[112] zuhanden des Verwaltungsrats in obigen Punkten

- Organisation des Rechnungswesens[113] und der Finanzkontrolle

---

108 Vgl. Thiel (1994), S. 817.

109 Vgl. IIA (1993), S. 5 und 16-17; Jud (1996), S. 145.

110 Vgl. Thiel (1994), S. 817; Meyer (1996) S. 20.

111 Vgl. Forstmoser/Meier-Hayoz/Nobel (1996), S. 328.

112 Die Pflicht zur Berichterstattung an den Verwaltungsrat ist im Gesetz ausdrücklich erwähnt. Vgl. OR Art. 716a Abs. 2 und OR Art. 716b Abs. 2.

113 Vgl. Forstmoser/Meier-Hayoz/Nobel (1996), S. 328.

- Koordination und Abstimmung der internen und externen Revision sowie Sicherstellung der regelmässigen Kommunikation mit dem Verwaltungsrat.

Aus den genannten Funktionen lassen sich eine Reihe von konkreten Aufgaben eines Audit Committees ableiten:[114]

- *Überwachung der Informationsversorgung des Verwaltungsrats.* Die dem Verwaltungsrat durch die Geschäftsleitung bereitgestellten Informationen sind zu prüfen und kritisch zu hinterfragen. Dabei ist auch die Effizienz von Management-Informationssystemen zu beurteilen.[115] Durch den intensiven Kontakt mit internen und externen Revisoren sollte das Audit Committee in der Lage sein, den Verwaltungsrat auch mit „geschäftsleitungsunabhängigen" Zusatzinformationen zu versorgen. Geschäftstransaktionen, die nicht in den normalen Rahmen der Geschäftstätigkeit fallen, sind kritisch zu beurteilen.

- *Überwachung der unternehmensinternen Kontrolle.* Das Audit Committee hat sich davon zu überzeugen[116], dass die Geschäftsleitung ein angemessenes, effizientes und funktionsfähiges internes Kontrollsystem unterhält.[117]

- *Überwachung der externen Berichterstattung.[118]* Das Audit Committee hat zu beurteilen, ob die von der Geschäftsleitung zur Publikation vorgesehenen Informationen der Wahrheit entsprechen, insbesondere ob die Jahresrechnung eine zuverlässige, den tatsächlichen Verhältnissen entsprechende Beurteilung der Vermögens- und Ertragslage ermöglicht. Dazu gehört auch die Einhaltung der Rechnungslegungsgrundsätze bzw. Beurteilung der Auswirkungen bei allfälligen Abweichungen.[119]

---

[114] Vgl . Jud (1996), S. 139-141.

[115] Vgl. Thiel (1994), S. 818; Meyer (1996), S. 20-22.

[116] Das Audit Committee selbst nimmt keine direkten Prüfungshandlungen vor, es überzeugt sich nur von der Funktionalität und Zweckmässigkeit der Unternehmensüberwachung.

[117] Vgl. Thiel (1994), S. 818; Meyer (1996), S. 20-22.

[118] In den USA hat sich diese Aufgabe als die wichtigste herausgestellt. Vgl. Marsh/Powell (1989), S. 56.

[119] Vgl. Thiel (1994), S. 818.

- *Überwachung und Beratung der internen Revision[120].* Das Audit Committee sorgt dafür, dass der internen Revision genügend Mittel und gutes Personal zur Verfügung stehen. Es steht beratend zur Seite bei personellen Entscheidungen, Gestaltung des Pflichtenhefts, Grobplanung der Prüfungstätigkeit, Koordination mit der externen Revisionsstelle und beurteilt die Prüfungsergebnisse.[121] Des Weiteren wird kontrolliert, dass der Überwachungsauftrag durch die Geschäftsleitung oder andere Instanzen nicht eingeschränkt oder absichtlich behindert wird.

- *Überwachung und Beratung der Revisionsstelle.* Das Audit Committee soll den Verwaltungsratspräsidenten von Aufgaben im Zusammenhang mit der externen Revision entlasten und gleichzeitig den Gesamtverwaltungsrat für Revisionsfragen vermehrt sensibilisieren.[122] Die Unabhängigkeit von Geschäftsleitung und Revisionsstelle ist zu prüfen.[123] Allenfalls ist dem Audit Committee ein Vorschlagsrecht für Wahl- und Wiederwahl der Revisionsstelle zuzugestehen.[124] Auch die Mitwirkung bei der Definition des Prüfungsmandats, die Beurteilung der Arbeit der Revisionsstelle sowie die Durchsicht der Berichte der externen Revision unter besonderer Beachtung der Wirksamkeit des internen Kontrollsystems gehören zu den Aufgaben des Audit Committees.[125]

- *Integration und Koordination der Komponenten des Überwachungssystems.* Alle Teilsysteme und Träger von Überwachungsaufgaben bilden nur dann ein effizientes, zuverlässiges und umfassendes Unternehmensüberwachungssystem, wenn die einzelnen Aufgaben gegenseitig abgestimmt werden. Dazu gehört insbesondere die Koordination der Prüfungsarbeiten von interner und externer Revision.

Es versteht sich von selbst, dass die gewissenhafte Wahrnehmung der oben aufgeführten Aufgaben für jedes Mitglied einen zusätzlichen Arbeits- und Zeitaufwand darstellt. Deshalb ist es entscheidend, dass die dem Audit Com-

---

120 Falls keine interne Revision existiert, ist zu beurteilen, ob die Einrichtung einer solchen Instanz notwendig oder wünschbar ist.

121 Vgl. Böckli (1994), S. 47; Marsh/Powell (1989), S. 57.

122 Vgl. Böckli (1994), S. 46.

123 Vgl. Marsh/Powell (1989), S. 57.

124 Vgl. Jud (1996), S. 141; Thiel (1994), S. 818.

125 Vgl. Thiel (1994), S. 818.

mittee übertragenen Aufgaben nicht überborden, damit die Überwachungsaufgaben korrekt ausgeführt werden. Das Audit Committee sollte keine direkten Prüfungshandlungen vornehmen, es stellt auch keine Instanz für eine „Superrevision" dar.[126] Eine unnötige Einmischung in Führungsfragen ist im Hinblick auf eine klare „Gewaltentrennung" strikte zu unterlassen. Für die Führungsentscheidungen sind die Kompetenzen beim Gesamtverwaltungsrat bzw. entsprechend der einschlägigen Delegationsvorschriften bei der Geschäftsleitung. Betrachtet man die vielen Aufgaben, die dem Audit Committee heute schon zugeschrieben werden, ist es zu Recht fragwürdig, ob in der Schweiz eine Ausdehnung des Pflichtenhefts in Richtung Geschäftsführungsprüfung sinnvoll ist.[127]

Ungeachtet dieser offenen Frage, inwieweit das Audit Committee auch für eine umfassende Geschäftsführungsprüfung eingesetzt werden soll, bietet die Einsetzung eines solches Ausschusses als Träger von Überwachungsaufgaben auf oberster Stufe einige Vorteile für den Verwaltungsrat:

- Entlastung des Gesamtverwaltungsrats bei gleichzeitiger Effizienz- und Effiktivitätssteigerung der Unternehmensüberwachung

- Informations-Triage für den Verwaltungsrat sowie qualitative Verbesserung der Information des Verwaltungsrats bezüglich den Ergebnissen der internen oder externen Revision

- effizientere Nutzung der Resultate von interner und externer Revision sowie

---

[126] Die minutiöse Nachprüfung der Revision soll und kann nicht Aufgabe des Audit Committees sein. Es fehlt den Mitgliedern an Zeit und i. d. R. auch an den nötigen Fachkenntnissen im Bereich Rechnungslegung und Revision. Die Revisionsstelle hat einen klaren Auftrag, den sie wahrnehmen soll und für den sie im Rahmen der Revisionhaftung die Verantwortung zu übernehmen hat.

[127] In der Literatur werden unterschiedliche Meinungen vertreten. Thiel (1994), S. 41 bzw. Thiel/König (1994), S. 36 folgen der US-amerikanischen Literatur und bejahen eine Ausdehnung. Böckli (1994), S. 49 hingegen lehnt eine solche ab und Jud (1996), S. 143 zählt allenfalls eine Beurteilung der Gesetzeskonformität zu den Aufgaben des Audit Committees. Da die Kompetenzverhältnisse in den Vereinigten Staaten und der Schweiz unterschiedlich ausgestaltet sind, kann die Geschäftsführungsprüfung in den Vereinigten Staaten durchaus Sinn machen. In der Schweiz, wo dem Gesamtverwaltungsrat letztendlich immer die nichtübertragbaren Geschäftsführungskompetenzen obliegen, scheint eine umfassende Geschäftsführungsprüfung durch Teile des Verwaltungsrats nicht zweckmässig.

- stärkere Trennung von Überwachungs- und Geschäftsführungsfunktion, mit dem Ergebnis zusätzlicher Optimierung von Sicherheitsrisiken für den Aktionär.

Betrachtet man all diese Vorteile, insbesondere für den Aktionär, dann müsste mindestens in denjenigen Unternehmen, bei denen die Überwachungs- von der Geschäftsführungsfunktion nicht durch Delegation weitmöglichst getrennt ist, ein Audit Committee eingesetzt werden. Dabei spielt die Grösse oder die Börsenkapitalisierung des Unternehmens keine Rolle.[128] In diesem Sinn wäre die vermehrte Einsetzung von Audit Committees gerade auch in mittleren Gesellschaften zu begrüssen.[129]

7.3.2.2 Strategisches Controlling

In der betriebswirtschaftlichen Literatur findet sich kaum ein Begriff, der so umfangreich behandelt wurde wie das Wort „Controlling". Trotzdem oder vielleicht gerade deswegen lässt sich keine allgemein anerkannte Begriffsbestimmung erkennen.[130] Die Zahl der verschiedenen Definitionen ist nahezu so gross wie die Anzahl der zum Thema Controlling publizierenden Autoren.[131] Becker schreibt dazu: „Auch heute noch ist in der einschlägigen betriebswirtschaftlichen Literatur vielfach ein gewisses Rätselraten darüber vorzufinden, was Controlling ist, was es sein könnte und – falls Begriffsinhalt und Begriffsumfang scheinbar oder tatsächlich festgelegt sind – was denn das Neue beziehungsweise das Besondere am Controlling ist."[132] Ziel der vorliegenden Arbeit kann es nicht sein, eine Bestandsaufnahme der zum Teil kontroversen Ausführungen zum Begriff Controlling durchzuführen.[133] Zur richtigen Interpretation der Funktion des Controlling im Rahmen der Unternehmensüberwachung ist aber ein kurzer Überblick über die Gesamtheit der Funktionen des Con-

---

[128] Vgl. Thiel (1994), S. 818.

[129] Vgl. Meyer/Erny (1998), S. 102.

[130] Vgl. Rieder (1996), S. 139.

[131] Vgl. Hail (1996), S. 80, FN 20.

[132] Vgl. Becker (1990), S. 296.

[133] Eine solche Bestandsaufnahme und Einordnung existiert mehrfach. Vgl. z. B. Harbert (1982); Horvath (1994) oder Küpper (1995).

trolling und damit eine Einordnung des Controlling in die Unternehmensführung wertvoll.[134]

Vor dem Hintergrund der Trilogie[135] Strategie, Struktur und Kultur lässt sich das gesamte Führungssystem eines Unternehmens in einzelne Teilsysteme aufteilen. Abbildung 7-8 zeigt die Gliederung nach Küpper. Die Koordination dieser einzelnen Führungssysteme ist zur Hauptaufgabe des Controlling herangewachsen. So umschreibt Weber eine moderne Controllingauffassung wie folgt: „Die vom Controlling wahrgenommene Funktion ist die Koordination. Sie umfasst die Strukturgestaltung aller Führungsteilsysteme, die zwischen diesen bestehenden Abstimmungen sowie die führungsteilsysteminterne Koordination."[136] Dabei übernimmt das Controlling eine systembildende wie auch systemkoppelnde Koordinationsaufgabe.[137] Zur systembildenden Koordination gehört die Schaffung einer Prozessstruktur, die zur Abstimmung der Teilaufgaben beiträgt.[138] Die Aufbau- und Ablauforganisation sowie die Prozesse des Planungs- und Kontrollsystems bilden ein wesentliches Resultat der systembildenden Koordination. Im Rahmen der gegebenen Struktur sorgt die systemkoppelnde Koordination für die Problemlösung sowie die Schaffung und Aufrechterhaltung der Informationsverbindungen zwischen den einzelnen Führungssystemen. Sie beschäftigt sich mit der inkrementellen Anpassung des Gesamtsystems an Veränderungen, wobei das Informationssystem ein zentrales Element bildet.[139]

---

[134] Dadurch soll vermieden werden, dass fälschlicherweise der Eindruck entsteht, dass Controlling in dieser Arbeit in irgendeiner Weise mit Kontrolle gleichgesetzt wird.

[135] Vgl. Kap. 5.

[136] Weber (1995), S. 50.

[137] Vgl. Meyer (1996a), S. 18.

[138] Vgl. Hofstetter (1993), S. 23f.

[139] Vgl. Meyer (1996a), S. 19-20.

Abbildung 7-8: Teilsysteme der Unternehmungsführung[140]

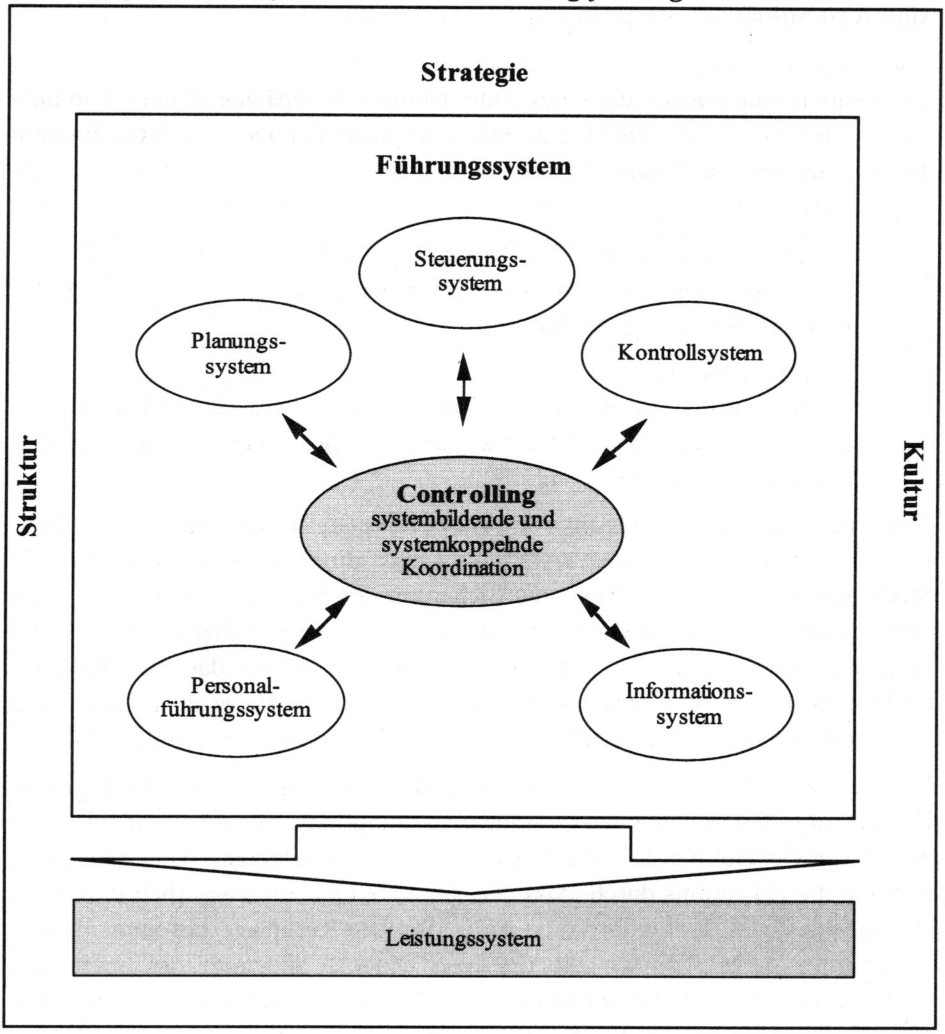

---

[140] Vgl. Küpper (1995), S. 15. Auch Schmid (1996), S. 36-37 und Hail (1996), S. 77 nehmen die gleiche Unterteilung vor.

Neben dieser Hauptfunktion der Koordination werden dem Controlling weitere Teil- oder Nebenfunktionen zugeordnet. Dazu zählen:[141]

- Innovationsfunktion
  Im Rahmen einer Beteiligung des Controlling bei der Strategiefindung oder bei strategischen Entscheidungsprozessen kann das Controlling neue Impulse liefern.

- Integrationsfunktion
  Durch die Integration aller Teilfunktionen und -systeme der Führung trägt das Controlling zu einer unternehmensweiten Abstimmung der Planung, Steuerung und Kontrolle bei.

- Informationsfunktion
  Sie besteht in der zeitgerechten Versorgung der einzelnen Managementsysteme mit adäquaten Informationen in einer zielgerichteten, anwenderbezogenen Form.

Eine empirische Untersuchung von Amshoff versucht, den praktischen Stellenwert von in der Literatur erwähnten Controlling-Zielen aufzuzeigen. Die Studie belegt, dass in der Praxis die Sicherung der Kontrolle im Vordergrund steht. Ebenfalls wichtige Ziele sind aus Praxissicht die Sicherung der Steuerung und der Entscheidungsqualität.[142] Für Weber besteht das Ziel des Controlling darin, die Führungstätigkeit effizienter und effektiver zu gestalten und die Anpassungsfähigkeit des Unternehmens an Veränderungen zu erhöhen.[143]

Für den Verwaltungsrat steht das strategische Controlling im Vordergrund. Dazu ist aber festzuhalten, dass es eine Ergänzung bzw. Weiterentwicklung des operativen Controlling darstellt. Ungefähr Mitte der achtziger Jahre setzte sich nämlich die Erkenntnis durch, dass der operative Gewinn wesentlich durch das strategische Erfolgspotential vorbestimmt ist. Die Kernfrage des strategischen Controlling lautet „Tun wir die richtigen Dinge?", diejenige des operativen Controlling „Tun wir die Dinge richtig?". Es ist offensichtlich, dass zwischen diesen beiden Ebenen des Controlling ein enger Zusammenhang besteht. Dieser kommt in Abbildung 7-9 zum Ausdruck.

---

[141]   Vgl. dazu z. B. Hail (1996), S. 81.

[142]   Vgl. Amshoff (1993), S. 180-206.

[143]   Vgl. Weber (1995), S. 50.

Abbildung 7-9:   Betriebswirtschaftliche Steuerkreise[144]

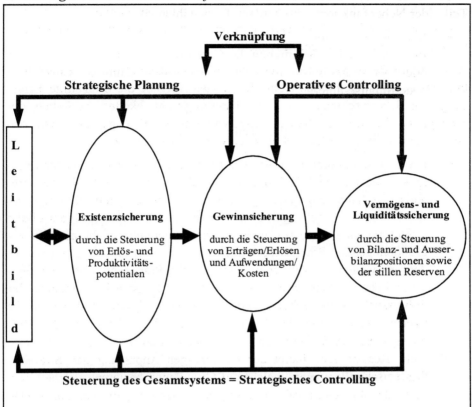

Ziel des strategischen Controlling ist die langfristige Existenzsicherung, dasjenige des operativen Controlling ist die Gewinnsicherung. Dabei ist die langfristige Existenz nur gesichert, wenn das Unternehmen langfristig Gewinne erzielt. Gewinne werden langfristig aber nur erzielt, wenn zukünftige Erfolgspotentiale rechtzeitig erfasst und erschlossen werden. In der Literatur wird diese Beziehung, ergänzt um das Rechnungswesen, welches der Vermögens- und Liquiditätssicherung dient, auch Controlling-Zieldreieck oder betriebswirtschaftlicher Steuerkreis genannt.[145] Damit wird das strategische Control-

144   Meyer (1996a), S. 18.

145   Vgl. Liessmann (1987), S. 93; Stahl (1992), S. 172; Meyer (1996a), S. 18.

ling zum System Owner, welcher alle Teilsysteme der Unternehmensführung
(vgl. Abbildung 7-8) koordiniert und die Steuerung des Gesamtsystems übernimmt (vgl. Abbildung 7-9). Dazu gehören auch die Koordination und Steuerung des internen Überwachungssystems.

Aus funktionaler[146] Sicht unterstützt das strategische Controlling den Verwaltungsrat in der strategischen Kontrolle, dessen Aufgabe die frühzeitige Erfassung von Überraschungen und Veränderungsmöglichkeiten bezüglich der
Strategie ist. Die strategische Kontrolle begleitet den Planungsprozess von Anfang[147] an und kann idealtypisch in zwei Stufen eingeteilt werden:

- Die Prämissenkontrolle lässt sich wiederum in zwei Dimensionen aufteilen. Die interne Prämissenkontrolle überprüft kritisch die den strategischen Plänen zugrundeliegenden Annahmen. Sie stellt die Frage, ob
  die Prämissen (noch) gültig sind. Die externe Prämissenkontrolle[148]
  richtet im Gegensatz zur internen ihr Augenmerk nicht auf die zugrundeliegenden Prämissen, sondern auf die Umwelt, um herauszufinden, ob wegen Umweltveränderungen neue Prämissen in die strategischen Pläne einfliessen müssten. Zu den wichtigsten Instrumenten der
  Prämissenkontrolle gehören neben diversen Analysemethoden v. a. die
  Szenariotechnik und das Frühwarnsystem. Je frühzeitiger die Prämissenkontrolle feststellt, dass Planungsgrundlagen obsolet sind, desto
  mehr Reaktionszeit bleibt zur notwendigen Anpassung der Strategie.
  Strategische Planungen, welche auf Grundlagen basieren, welche falsch
  sind oder ihre Gültigkeit verloren haben, sind irreführend und stellen
  ein Gefahr dar.[149]

- Die Planfortschrittskontrolle dient der Überwachung der konsequenten,
  planmässigen Realisierung der strategischen Pläne. Voraussetzung dafür
  ist, dass sich strategische Pläne in zeitlich gestaffelte Teilziele, oft Mei-
  lensteine genannt, auflösen lassen. Ein Vergleich der effektiv erreichten
  Ziele mit den geplanten Teilzielen zeigt, ob der „Fahrplan" eingehalten

---

[146] Vgl. Kap. 5.1.

[147] Vgl. Eggers/Eickhoff (1996), S. 16.

[148] Der Begriff Prämissenkontrolle wird als stehender Ausdruck betrachtet, weshalb der mate-
       rielle Gehalt von Kontrolle nicht mit dem normalerweise in dieser Arbeit verwendeten
       übereinstimmt (Überwachung = Oberbegriff für Normative Überwachung, Kontrolle und
       Prüfung).

[149] Vgl. Hahn (1990b), S. 655.

wird oder ob allenfalls zusätzliche Massnahmen[150] zur planmässigen Realisierung der Strategie erforderlich sind. Allenfalls sind auch Neuplanungen nicht auszuschliessen. Zur Planfortschrittskontrolle bietet sich die Netzplantechnik an. Ein Netzplan zeigt die zeitliche Abfolge (Beginn und Ende) einzelner Aktivitäten. Bei der Gestaltung sollte darauf geachtet werden, dass sowohl die terminliche, als auch die sachliche Erreichung von Teilzielen überprüfbar ist.[151]

Die Frage, wer die Controlling-Funktion übernehmen soll und wo diese organisatorisch einzugliedern ist, wurde in der Literatur verschiedentlich diskutiert und wird wohl wegen der unterschiedlichen Einflussfaktoren nie schlüssig beantwortet werden.[152] Dabei spielt auch das Controllingverständnis eine entscheidende Rolle. Controlling kann unter dem funktionalen Aspekt als Führungsfunktion jeder einzelnen Führungskraft verstanden werden. Institutionell betrachtet ist das Controlling aber eine Fachfunktion, welche Führungskräfte durch Unterstützung und Beratung entlastet. Das Controlling führt nicht, sondern die Führung führt mit Hilfe des Controlling. Es stellt die Instrumente zur Verfügung, die Entscheide treffen die Führungskräfte. Je nach Gewichtung dieses Controllingverständnisses neigt ein Unternehmen mehr oder weniger dazu, das Controlling als reine Stabstelle oder als Fachführung mit teilweisen Linienkompetenzen einzusetzen. In mittleren Unternehmen werden Controllingfunktionen i. d. R. durch vorhandene Aufgabenträger in Personalunion wahrgenommen. In Frage kommen z. B. der Finanzchef, der Leiter des internen Rechnungswesens oder ein Assistent der Geschäftsleitung oder des Verwaltungsrats. In grösseren und komplexeren Systemen hingegen drängt sich eine organisatorische Ausgliederung auf.

7.3.2.3   Interne Revision

Mit zunehmender Grösse eines Unternehmens bzw. höherer Komplexität der Geschäftstätigkeit wächst das Bedürfnis zur Einrichtung einer Institution, welche die Aufgaben bzw. Funktionen einer internen Revision[153] übernimmt. Die

---

150   Z. B. weitere finanzielle oder personelle Ressourcen.

151   Vgl. Hahn (1994), S. 470-471.

152   Vgl. Weber (1991), S. 125-127., Welge (1988), S. 404-406.

153   Unter interner Revision wird in dieser Arbeit nicht eine Institution, sondern das Wahrnehmen von Aufgaben bzw. Funktionen verstanden. Träger dieser Aufgaben muss keinesfalls zwingend eine Organisationseinheit mit dem Namen „interne Revision" sein.

oberste Geschäftsführung ist zunehmend nicht mehr in der Lage, die Überwachungsfunktion allein wahrzunehmen. Die rasche Globalisierung, der Zerfall von Treu und Glauben im Zusammenhang mit der steigenden Wirtschaftskriminalität[154], der verschärfte Wettbewerb, die rasante technologische Entwicklung, die zunehmende Komplexität der Unternehmensumwelt (Gesetze und Verordnungen auf nationaler und internationaler Ebene), die Kapitalmarktmöglichkeiten für mittlere Unternehmen sowie das damit einhergehende, rege öffentliche Interesse am Erfolg des Unternehmens machen das Einrichten einer internen Revision auch für mittlere Unternehmen opportun. Folgende Faktoren beeinflussen u. a. die Ausgestaltung und Organisation der internen Revision:[155]

- Grösse und Wachstum des Unternehmens

- Grad der Dezentralisierung und Diversifizierung

- Gestaltung und Zuteilung von Kompetenzen und Verantwortung innerhalb des internen Überwachungssystems.

Im Gegensatz zum Strategischen Controlling, bei welchem die Koordination und im funktionalen Sinn die strategische Kontrolle die Hauptaufgaben darstellen, steht für die interne Revision die Prüfungstätigkeit im Vordergrund. Die interne Revision übernimmt stellvertretend für die Unternehmensspitze eine unternehmerische Überwachungsfunktion als prozessunabhängiger, gleichwohl aber unternehmensangehöriger Prüfer.[156] Der zentrale Prüfungsgegenstand der internen Revision hat sich kontinuierlich weiterentwickelt und den wirtschaftlichen Erfordernissen und betrieblichen Gegebenheiten angepasst.[157] Dabei wird i. d. R., wie in Abbildung 7-10 ersichtlich, zwischen Financial Auditing, Operational Auditing und Management Auditing unterschieden.

---

154 Vgl. Hofmann (1992), S. 170.
155 Vgl. SVIR (1988), Kap. 2.3.
156 Vgl. Zünd (1982), S. 574-575; Helbling (1992), S. 111.
157 Vgl. Hofmann (1992), S. 171.

Abbildung 7-10: Revisionsinhalte: Unterschiede und Gemeinsamkeiten[158]

Revisionsinhalt	Financial Auditing	Operational Auditing	Management Auditing
Unternehmensbereich	Teilbereich: Finanz- und Rechnungswesen	Gesamtunternehmen	
Hauptziele	• Grundsätze ordnungsmässiger Buchführung • Ordnungsmässigkeit • Funktionsfähigkeit • Sicherheit • Wirtschaftlichkeit • Wirtschaftskriminalität	• Aufbau- und Ablauforganisation • Systemberatung • Funktionsfähigkeit • Sicherheit • Wirtschaftlichkeit • Wirtschaftskriminalität	• Unterstützung der Unternehmenspolitik • Entscheidungshilfe • Begutachtung • Beratung
Schwerpunkt	• Internes Kontrollsystem • Führungssysteme		
Zeithorizont	vergangenheitsorientiert	zukunftsorientiert	
Durchführung	• computergestützte Prüfungen und Einsatz von Expertensystemen • Einsatz mathematischer Stichprobenverfahren		
Ergebnis	• Vorschläge zur Optimierung von Funktionsweise, Sicherheit und Wirtschaftlichkeit • Feststellung über die Beachtung der Weisungen der Unternehmensleitung • Feststellung über die Realisierung von Zielvorgaben		

Das Financial Auditing ist in erster Linie eine vergangenheitsorientierte, unabhängige Beurteilung der Aussagefähigkeit, Zuverlässigkeit und Ordnungsmässigkeit des Finanz- und Rechnungswesens. Dabei sind sowohl die Zielvorgaben des Top-Managements als auch die einwandfreie Funktionsfähigkeit des internen Kontrollsystems zu berücksichtigen. Als Basisinformation für die nachgelagerten Informationssysteme hat das Finanz- und Rechnungswesen unbestritten eine zentrale Bedeutung. Fehler und Ungenauigkeiten in diesem Basissystem werden auf alle anderen Systeme übertragen und können zu erheblichen Qualitätseinbussen bzw. Fehlentscheidungen führen.

---

[158] Vgl. Hofmann (1992), S. 173.

Der verstärkte Einsatz von EDV auch im Bereich der Planungs-, Informations- und Steuerungssysteme führte zur Weiterentwicklung der Revisionsinhalte. So wird das Operational Auditing als eine zukunftsorientierte, unabhängige und systematische Beurteilung betrieblicher Tätigkeiten zur Erhöhung der Wirtschaftlichkeit und Unterstützung der Zielerreichung verstanden. Dabei bildet das Finanz- und Rechnungswesen nach wie vor die Grundlage, aber nicht mehr den alleinigen Prüfungsinhalt. Bis auf wenige Nuancen identisch wird der Begriff des Management Auditing verwendet. Als zusätzliche Aspekte können das beratende Element im Hinblick auf die Unterstützung bei der Durchsetzung der Geschäftspolitik, gutachterische Tätigkeiten oder das Zurverfügungstellen von Entscheidungshilfen genannt werden. Nach wie vor bildet aber das Erkennen von Fehlern, Lücken oder Schwachstellen im Kontrollsystem, Inplausibilitäten und Unregelmässigkeiten die Aufgabe der Revision, mit dem Ziel, praktikable Empfehlungen zur Vermeidung bzw. Verbesserung vorzuschlagen.[159]

Im Gegensatz zum ursprünglichen Financial Auditing wird heute für die interne Revision die Zukunftsorientierung hervorgehoben. Der Einsatz der internen Revision dient insofern in erster Linie der Vorbeugung. Die Aufgaben gehen dazu um einiges weiter als diejenigen der Externen Revision, welche bei der Abschlussprüfung nur die gesetzlich vorgeschriebenen Aufgaben als unabhängiger Prüfer wahrzunehmen hat. Die interne Revision steht als integrierte Organisationseinheit des Unternehmens in einem Abhängigkeitsverhältnis und sollte deshalb hierarchisch so hoch wie möglich angesiedelt werden, damit die Abhängigkeit auf ein Minimum reduziert werden kann.[160] Von grosser Bedeutung für die Wirksamkeit der internen Revision ist zudem eine nachhaltige Unterstützung seitens der obersten Geschäftsführung.

7.3.2.4   *Internes Kontrollsystem (IKS)*

Das interne Kontrollsystem (IKS) bildet eine wichtige Komponente des übergeordneten internen Überwachungssystems. Verstanden werden darunter alle Massnahmen, welche arbeitsbegleitend der Kontrolle dienen.[161] Nicht zur internen Kontrolle gehören all jene Massnahmen, auf die die Geschäftsleitung

---

[159] Vgl. Hofmann (1992), S. 173.

[160] Vgl. Helbling (1992), S. 112; Meyer (1996), S. 24.

[161] Vgl. RHB (1992), Bd. 1, S. 576.

keinen oder nur marginalen Einfluss nehmen kann. Ebenso ausgenommen sind der Überwachung dienende Tätigkeiten, die nicht in den Geschäftsablauf integriert sind, wie z. B. Prüfungshandlungen der internen[162] oder Externen Revision. Die Zielsetzungen des internen Kontrollsystems entsprechen zwar den Zielen des internen Überwachungssystems, doch der Wirkungsbereich des internen Kontrollsystems umfasst i. d. R. die obersten Hierachiestufen eines Unternehmens wegen der fehlenden Prozessabhängigkeit der Managementaufgaben nicht oder nur marginal.[163] Mitentscheidend für den Erfolg des IKS ist die innerbetriebliche Organisation.[164] Abbildung 7-11 unterstreicht die Vernetzung des IKS mit der ganzen Organisationsstruktur des Unternehmens.

Abbildung 7-11: Das interne Kontrollsystem als Komponente des übergeordneten Überwachungssystems[165]

Organisatorische Massnahmen		Führungsverantwortung	
Die Wirkung beruht auf Zwangsläufigkeit und/oder Automatik der Tätigkeit.		Die Wirkung beruht auf Fachkenntnissen und/oder Autorität der kontrollierenden Personen.	
Kontrolle durch die gewählte Organisation selbst	Kontrolle durch die Anwendung technischer Hilfsmittel	Kontrolle durch Geschäftsleitung und Kader	Kontrolle durch Beauftragte
Organisatorische Hilfsmittel			
Organisationsplan, Ablauf- und Funktionendiagramm, Handbuch, Formular- und Belegwesen, Kontierungsvorgaben, Nummern- und Abstimmkreise, Zeitstempel, Unterschriftsregelung, Visaordnung etc.		Geschäftsreglemente, Pflichtenhefte, Stellenbeschreibungen, Budgets, Vorschlags- und Antragswesen, Terminliste etc.	

Eine klare, zweckmässige Instanzengliederung ist eine erste organisatorische Gestaltungsmassnahme, welche massgeblich zum Erfolg des internen Kontrollsystems beiträgt. Damit können Kompetenz und Autorität der Führungskräfte

---

162   Hofmann vertritt hier eine andere Ansicht. Für ihn stellt die interne Revision ein integraler Bestandteil des IKS dar. Vgl. Hofmann (1993), S. 52.

163   Vgl. Hofmann (1993), S. 55-57.

164   Vgl. Meyer (1996), S. 27.

165   Vgl. RHB (1992), Bd. 1, S. 578.

gewährleistet werden. Kriterien wie fachliche Anforderungen, zeitliche Belastung, Objektivität sowie Verantwortung sollten bei der Instanzengliederung im Vordergrund stehen. Ebenfalls wichtig ist die personelle Trennung von unvereinbaren Aufgaben und Funktionen. Die Arbeitsabläufe für repetitive Aufgaben sind verbindlich festzulegen, damit Kontrollen überhaupt möglich sind. Auch technische Hilfsmittel wie Stempel, vorgedruckte Formulare, Codes, Alarmanlagen, Lesegeräte und vor allem EDV können systematisch in den Arbeitsablauf einbezogen werden. Diese Instrumente sind i. d. R. sehr effizient und objektiv. Bei der Überwachung durch Personen, sei dies durch Vorgesetzte oder Beauftragte, gilt es der Qualifikation dieses Personenkreises genügend Aufmerksamkeit zu schenken, denn fachliche Qualifikation und persönliche Autorität erhöhen die Wirksamkeit von Kontrollen.

7.3.3   Vernetzung der Komponenten

Abbildung 7-12 zeigt zusammenfassend die Vernetzung der wichtigsten Komponenten des internen Überwachungssystems. Eine allgemeingültige eindeutige Abgrenzung zwischen einzelnen Bereichen ist nicht möglich, da die Grenzen fliessend sind. Im einzelnen Unternehmen ist aber darauf zu achten, dass unter den Komponenten kein Konkurrenzverhältnis besteht, sondern dass eine sinnvolle Ergänzung resultiert. Als Voraussetzung dafür ist seitens der Unternehmensleitung eine klare Aufgaben- und Kompetenzabgrenzung dringend zu empfehlen.

Ein modernes, angemessenes internes Überwachungssystem darf sich nicht primär an der Vergangenheit ausrichten. Speziell auf oberster Unternehmensstufe ist der Zukunftsorientierung der Überwachung besonderes Gewicht zu schenken. Es ist Aufgabe des Verwaltungsrats, die in der Realität vorhandene Vergangenheitsorientierung[166], inbesondere bei der Präsentation und Interpretation von Zahlen des Finanz- und Rechnungswesens, in eine zukunftsorientierte Berichterstattung und vorausschauende Überwachungskultur zu lenken.

---

[166] Vgl. Dubs (1993), S. 131. Seine Untersuchung zeigt, dass der Zeitaufwand während den Verwaltungsratssitzungen für die Berichterstattung sehr hoch ist. Dabei liegt das Schwergewicht, und das ist alarmierend, in der Präsentation und Interpretation von vergangenheitsorientierten Zahlen des Finanz- und Rechnungswesens anstatt in der Gestaltung der Zukunft.

Abbildung 7-12: Vernetzung der einzelnen Komponenten des internen Überwachungssystems

Merkmal	Audit Committee	Strategisches Controlling	Interne Revision	IKS
Auftraggeber	Verwaltungsrat	Geschäftsleitung	Geschäftsleitung	Geschäftsleitung
Abhängigkeit von der Geschäfts-leitung	unabhängig	abhängig	abhängig	abhängig
Funktion	Begleiten und Beurteilen	Koordinieren und Steuern	Vorbeugen	
Hauptziel	Schutz vor Fehl-information	Langfristige Exi-stenzsicherung	Schutz des Ver-mögens	Verlässlichkeit der Systeme und Prozesse
Aufgaben-schwerpunkte	• Geschäfts-führung • Beurteilung IKS • Rechnungs-legung	• Strategie-kontrolle • Planfort-schrittskon-trolle	• Prüfungen im gesamten Unternehmen • Internes Kon-trollsystem	• Schutz vor Unregelmäs-sigkeiten • Kontrolle von Arbeitsab-läufen • Kontrolle von Ergebnissen
Ideeller Zeit-horizont	Gegenwart und Zukunft	Zukunft	Gegenwart und Zukunft	Gegenwart
Art und Weise	prozessunab-hängig und periodisch	prozessabhängig und permanent	prozessunabhän-gig und fallweise	prozessabhängig und permanent

Es empfiehlt sich, dass der Verwaltungsrat aus seiner Mitte ein Audit Committee einsetzt, welches sich prioritär der Überwachungsaufgabe verschreibt. Zudem hat der Verwaltungsrat darauf zu achten, dass im Unternehmen auf oberster Führungsstufe sowohl die zukunftsorientierte Überwachungfunktion des Strategischen Controlling, nämlich die Strategiekontrolle wie auch die Planfortschrittskontrolle, als auch die funktionale, prozessunabhängige Überwachung im Sinn der internen Revision wahrgenommen wird. Ein zentrales Instrument im Rahmen der gesamten Unternehmensüberwachung bildet sodann ein schlankes, aber effizientes IKS, welches die Verlässlichkeit der Führungssysteme und -prozesse sowie die korrekte Ausführung der Unternehmensleistung auf operativer Stufe sicherstellen soll.

Teil III: Umfrage und Schlussfolgerungen

8   Praxis der verwaltungsrätlichen Tätigkeit

In den vorangehenden Kapiteln wurde eine theoretische, aber konkrete Vorstellung dessen entwickelt, wie ein Verwaltungsrat die im Gesetz verankerten undelegierbaren Aufgaben wahrzunehmen hat, um seiner umfassenden Verantwortung gegenüber den Aktionären gerecht zu werden. Im Gegensatz dazu zeigt dieses Kapitel einen Ausschnitt aus der verwaltungsrätlichen Praxis bei mittleren Unternehmen auf, indem eine vom Institut für Rechnungswesen und Controlling der Universität Zürich durchgeführte Studie vorgestellt wird. Zunächst werden Grundlagen zu dieser empirischen Untersuchung erläutert. Danach folgt die Darstellung der Ergebnisse entsprechend der im Fragebogen gewählten Struktur. Im letzten Teil werden die Ergebnisse der Umfrage zusammengefasst und beurteilt.

8.1   Grundlagen der Studie

8.1.1   Zielsetzung

Zielsetzung der vorliegenden Untersuchung war es, ein besseres Verständnis der praktischen verwaltungsrätlichen Tätigkeit in mittleren Aktiengesellschaften zu erhalten, um allenfalls einen Beitrag zu einer qualitativen Verbesserung der Verwaltungsratsarbeit zu leisten. Insbesondere sollten Erkenntnisse über die grundsätzliche Organisationsstruktur, den Führungsrhythmus auf Stufe Verwaltungsrat sowie die subjektive Gewichtung und die funktionale Wahrnehmung der Führungs- und Überwachungsaufgaben des Verwaltungsrats gewonnen werden.

In bisherigen Untersuchungen zum Thema Verwaltungsrat wurde den mittleren Gesellschaften wenig Beachtung geschenkt.[1] Deshalb sind auch kaum empirische Erkenntnisse vorhanden, welche zur Beantwortung obiger Fragen dienen. Um dennoch Aussagen über die verwaltungsrätliche Tätigkeit bei mittleren Unternehmen zu machen, war die Erhebung von Daten im Sinne einer Primärforschung angezeigt.

Zu berücksichtigen ist jedoch, dass sich die Verwaltungsratstätigkeit durch eine hohe Komplexität und Umweltvernetzung auszeichnet. Eine empirische Studie kann eine so komplexe Wirklichkeit der Praxis nie exakt erfassen. Die vorliegende Umfrage erlaubt deshalb keine allgemeingültigen Aussagen im Sinne von Gesetzmässigkeiten. Die Ergebnisse beschränken sich auf eine kleine Stichprobe ohne repräsentativen Charakter. Dennoch ermöglicht die Auswertung und Beurteilung der Umfrage, sich anhand der vorliegenden Fragebogen ein Bild über die Praxis der verwaltungsrätlichen Tätigkeit in mittleren Gesellschaften zu machen.

8.1.2   Vorgehensweise

Entsprechend der in Abbildung 8-1 dargestellten Vorgehensweise war zunächst das Umfrageziel und der Empfängerkreis zu präzisieren. Untersuchungsgegenstand dieser Erhebung waren Verwaltungsräte von schweizerischen Aktiengesellschaften mittlerer Grösse. Einziges Kriterium für die Abgrenzung der Gesellschaften war die Beschäftigtenzahl von 50 bis 499 Mitarbeiter. Um die Um-

---

[1]   Vgl. Kap. 1

frage an möglichst viele, geeignete Verwaltungsräte zu verschicken, erfolgte die Zusammenstellung der Empfänger in Zusammenarbeit mit der Board Services AG, Zürich. Dieses auf Verwaltungsräte spezialisierte Unternehmen stellte für die Studie freundlicherweise die Adressen von Verwaltungsräten mittlerer Unternehmen zur Verfügung.

Abbildung 8-1:   Vorgehensweise

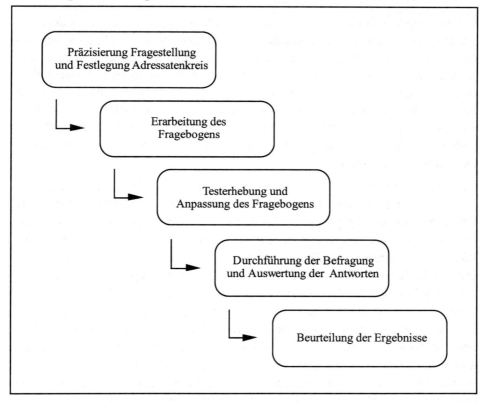

Anschliessend war eine erste Fassung eines standardisierten Fragebogens zu entwerfen. Nach Abwägung der Vor- und Nachteile wurde die schriftliche Befragung mit geschlossenen Fragen als geeignete Erhebungsmethode für das vorliegende Forschungsproblem gewählt. Geschlossene Fragen bieten dem Untersuchten eine Auswahl an möglichen Antworten, von denen eine oder mehrere auszuwählen sind.[2] Solche Fragen sind relativ einfach zu beantworten und auszuwerten, und sie liefern automatisch vergleichbare Informationen. Als Nachteil muss erwähnt werden, dass dem Befragten eine Auswahl von sinnvollen Antworten präsentiert wird, ohne aber sicher zu sein, dass die im Einzelfall zutreffende Antwort aufgeführt ist. Dies kann den Antwortenden dazu verleiten, sich nicht richtig mit der Frage auseinanderzusetzen und einfach das "Vernünftigste" anzukreuzen.

Offene Fragen würden dieser Gefahr entgegentreten. Sie erlauben es dem Befragten, Anworten auf seine eigene Weise zu beschreiben und schränken ihn nicht ein. "The beauty of the open-end question lies in its freedom and spontaneity. The respondent can follow his own logic and chains of association, free from constraints of an imposed scheme."[3] Der Nachteil dieser Freiheit liegt bei der Analyse der Daten, die einiges komplexer ausfällt, da die Antworten eine grosse Vielfalt annehmen können. Die erfragten Daten sind deshalb zuerst in ein für alle gültiges Schema zu transformieren, um vergleichbare Resultate zu erhalten.

Anschliessend wurde der Fragebogen als Test an ausgewählte Verwaltungsräte zur Beurteilung versandt. Diverse Anregungen dieser Testpersonen führte zur Überarbeitung des Fragebogens. Es wurde versucht, möglichst alle sprachlichen Unklarheiten auszuräumen, um so Fehlinterpretationen und Missverständnissen vorzubeugen. Zudem wurde ein Glossar mit den wichtigsten Begriffsdefinitionen erstellt. Die Beurteilung durch die Testpersonen ergab, dass der Fragebogen inhaltlich interessant, aber trotz der geschlossenen Fragen schwierig zu beantworten sei. Insbesondere die Beantwortung des dritten Teils erfordert vom Auszufüllenden konzentriertes Arbeiten. Trotz gewisser Bedenken und der Gefahr, dass viele Verwaltungsräte allenfalls nicht bereit sind, die notwendige Zeit zu investieren, wurde der dritte Teil im Fragebogen belassen. Insbesondere deshalb, weil eine Studie wenig Sinn macht, wenn sie sich von vornherein nur auf einfach zu beantwortende Fragen beschränkt.

Schliesslich wurde der Fragebogen zusammen mit einem persönlich adressierten Begleitschreiben an 347 Verwaltungsratsmitglieder aus der deutschsprachigen Schweiz verschickt. Da Verwaltungsratsmitglieder i. d. R. mit Umfragen aller Art überhäuft werden und zeitlich stark belastet sind, war von

---

2   Vgl. Sudman/Bradburn (1991), S.149-154.

3   Warwick/Lininger (1975), S.134.

vornherein zu erwarten, dass nur wenige Zeit finden, einen so komplexen und zeitintensiven Fragebogen zu beantworten. Einige Verwaltungsratsmitglieder entschuldigten sich auch schriftlich, dass es ihnen aus zeitlichen Gründen nicht möglich sei, an der Umfrage teilzunehmen oder dass ihr Unternehmen aus gewissen Gründen atypisch (z. B. Kleinkonzern, Grössenordnung der Beschäftigtenzahl) und deshalb für die Forschungsarbeit ungeeignet sei. Von den 347 verschickten Fragebogen wurden 33 ausgefüllt zurückgeschickt. Dies entspricht einer Rücklaufquote von immerhin fast 10%. Von den zurückgeschickten Fragebogen mussten allerdings vor der Auswertung nochmals 5 ausgesondert werden, da sie das Kriterium der Beschäftigtenzahl von 50 bis 499 nicht erfüllten. Die Auswertung der Fragebogen erwies sich als sehr arbeitsintensiv. Zudem wurde sie dadurch erschwert, dass z. T. Fragen schlecht und vor allem im dritten Teil unvollständig beantwortet wurden.

Die Analyse und Beurteilung der ausgewerteten Fragebogen und die Berichterstattung erfolgt im Rahmen dieser Dissertation in den nachfolgenden Kapiteln.

8.1.3   Aufbau des Fragebogens

Der Fragebogen ist in drei Teile gegliedert. Der erste Teil beinhaltet Fragen zur Person des Verwaltungsratsmitglieds, zur Charakterisierung des Unternehmens, zu strukturellen Belangen und zu den Verwaltungsratssitzungen.

Im zweiten Teil werden Fragen zur Relevanz und zum zeitlichen Aufwand bezüglich der Aufgaben eines Verwaltungsrats nach OR 716a gestellt. Zudem wird das Thema der im Unternehmen eingesetzten Führungsinstrumente aufgegriffen.

Abbildung 8-2:   *Grundschema der Antwortraster*

Tabelle zur Oberleitung (Beiblatt)

Tätigkeiten:		Häufigkeiten:		Zuständigkeiten:	
P	Planung, Vorbereitung	j	jährlich	VRP	VR-Präsident
B	Beratung der Entscheidungsträger	q	quartalsweise	DL	Delegierter des VR
E	Entscheid, Beschluss, Genehmigung	m	monatlich	AU	Ausschuss oder einzelnes VR-Mitglied
A	Anordnungen treffen, Umsetzen lassen	w	wöchentlich	GL	Geschäftsleitung
U	Überprüfung, Überwachung	p	permanent		
		b	bei Bedarf	WE	weitere Personen:
V	Vorschlagsrecht	s	an jeder Sitzung		
I	Informationsanspruch				
				....	
andere Tätigkeiten:		**andere Häufigkeiten:**			
				Ø	nicht relevant
....		....			
....		....			

Tätigkeiten	Ich, in meiner Funktion		Häufigkeit	Zuständigkeit			
				VRP	DL	AU	GL
Aufgabe	▲	◢	oder				

Drei Regeln:
1. Für jede von Ihnen persönlich wahrgenommene Aufgabe füllen Sie auf der entsprechenden Zeile Ihre konkrete(n) Tätigkeit(en) und die Häufigkeit aus.
2. Bei den Aufgaben, für die Sie nicht zuständig sind, lassen Sie die Felder Tätigkeit und Häufigkeit leer und machen im rechten Teil der Tabelle ein Kreuz.
3. Aufgaben, die überhaupt nicht wahrgenommen werden, markieren Sie bitte in der Spalte der Tätigkeiten mit diesem Zeichen: ●

Im dritten Teil wird versucht, Erkenntnisse über das Aufgabenspektrum und die funktionale Wahrnehmung der Aufgaben innerhalb des Verwaltungsrats zu gewinnen. Die Verwaltungsratsmitglieder mussten vier komplexe Antwortraster, entsprechend dem in Abbildung 8-2 dargestellten Beispiel, beantworten. Dazu waren einzelne Aufgaben aus den vier Gebieten Oberleitung, Überwachung, Organisation/Personal und finanzielle Führung jeweils hinsichtlich der funktionalen Tätigkeit zu beurteilen. Abbildung 8-3 zeigt einen Ausschnitt einer solchen Beurteilung für eine einzelne Aufgabe innerhalb des Aufgabengebiets „Oberleitung".

Abbildung 8-3:   *Beurteilung einzelner Verwaltungsratsaufgaben*

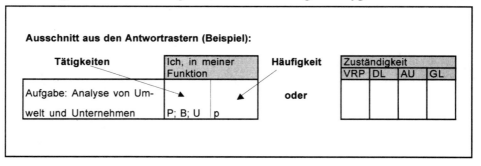

Ausschnitt aus den Antwortrastern (Beispiel):

Tätigkeiten	Ich, in meiner Funktion		Häufigkeit	Zuständigkeit			
				VRP	DL	AU	GL
Aufgabe: Analyse von Umwelt und Unternehmen	▲ P; B; U	p	oder				

8.2 Auswertung der Umfrage

8.2.1 Teil I

8.2.1.1 *Fragen zur Ausbildung und Erfahrung des Verwaltungsrats-mitglieds*

Folgende Fragen wurden gestellt:

- Frage 1: Persönliche Angaben
- Frage 2: Welche Ausbildung bzw. welchen Abschluss haben Sie?
- Frage 3: Falls Sie studiert haben, in welcher Fachrichtung haben Sie Ihren Abschluss gemacht?
- Frage 4: Welche Berufs- (Branche, Funktion) und Auslanderfahrung haben Sie?
- Frage 5: Seit wieviel Jahren sind Sie im Verwaltungsrat dieses Unternehmens tätig?
- Frage 6: Wieviele andere Verwaltungsratsmandate üben Sie aus?

Aus Diskretionsgründen werden die Personalien an dieser Stelle nicht publiziert. Diese Daten haben für die Studie keine materielle Bedeutung.

Die Auswertung von Frage 2 hat gezeigt, dass über die Hälfte, nämlich 17 von 28 Verwaltungsratsmitgliedern, ein Studium abgeschlossen haben. Professoren sind keine vertreten, jedoch verfügen sechs Verwaltungsratsmitglieder über einen Doktortitel. Die anderen Verwaltungsratsmitglieder haben z. T. zwei oder gar drei Ausbildungen auf Stufe Mittelschule, kaufmännische oder technische Lehre abgeschlossen.

Hinsichtlich der Studienrichtung überwiegt, wie Abbildung 8-4 zeigt, die Ökonomie mit neun Zählungen klar. Zwei von insgesamt vier Verwaltungsratsmitgliedern mit einem technischen Studium haben zusätzlich Ökonomie studiert; insgesamt fünf studierten Recht.

Abbildung 8-4:   Ausbildung

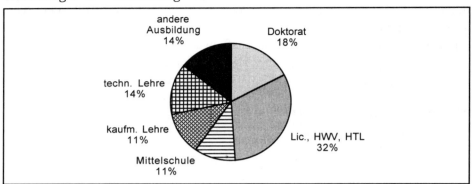

Die antwortenden Verwaltungsratsmitglieder verfügen über eine reiche Berufserfahrung, sowohl was die Branche als auch was die Funktion angeht. Zudem haben sie mehrere Jahre Auslanderfahrung. Wie Abbildung 8-5 zeigt, besitzen die meisten auch in der Funktion „Verwaltungsrat" einige Jahre Erfahrung. Der Durchschnitt liegt bei 16.8 Jahren, wobei der kleinste Wert bei einem halben Jahr und der grösste bei 36 Jahren liegt. Modus[4] und Median[5] liegen bei je 18 Jahren.

Abbildung 8-5:   Anzahl Jahre als Verwaltungsratsmitglied

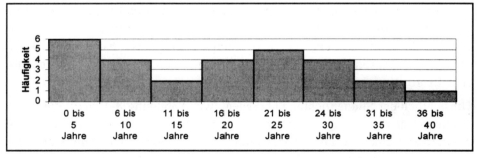

---

4   Der Modus ist der am häufigsten auftretende Wert einer statistischen Variablen.

5   Der Median, auch Zentralwert genannt, ist derjenige Wert einer statistischen Variablen,
     welcher die nach der Grösse geordneten Werte in zwei Hälften trennt.

Wie Abbildung 8-6 zeigt, üben die befragten Verwaltungsratsmitglieder durchschnittlich fünf Mandate aus. Doch auch hier ist die Spannweite sehr gross. Sie variiert zwischen 1 und 21. Am häufigsten übt ein Verwaltungsratsmitglied einer mittleren Aktiengesellschaft zwei Mandate aus. 17 Verwaltungsratsmitglieder üben fünf oder weniger Mandate und nur gerade zwei Verwaltungsratsmitglieder sind in 16 bzw. 21 Unternehmen tätig.

Abbildung 8-6:   *Anzahl Verwaltungsratsmandate*

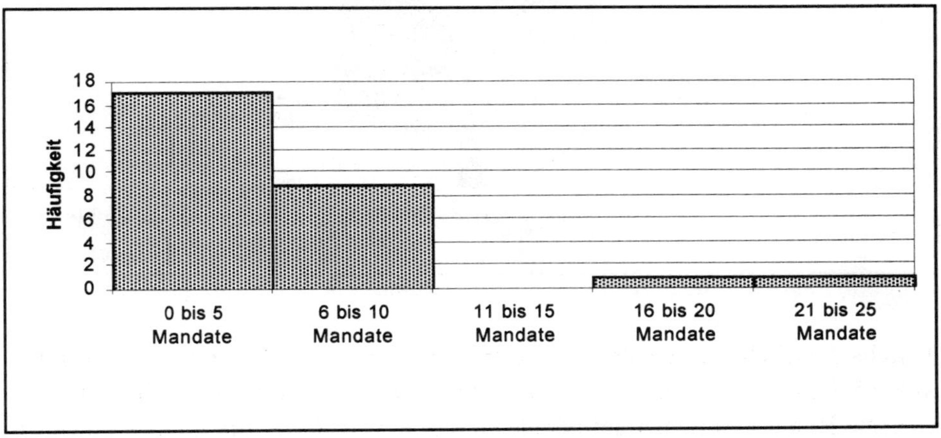

8.2.1.2   *Fragen zum Unternehmen*

Folgende Fragen wurden gestellt:

- Frage 7: In welcher Branche ist das Unternehmen tätig?

- Frage 8: Wie gross war die Bilanzsumme im letzten Geschäftsjahr?

- Frage 9: Wie hoch war der Umsatz im vergangenen Geschäftsjahr?

- Frage 10: Wie viele Mitarbeiter beschäftigte das Unternehmen durchschnittlich im letzten Geschäftsjahr?

Abbildung 8-7 gibt Auskunft über die Branchenverteilung der Umfrage und zeigt, dass ein breites Spektrum abgedeckt wird.

Abbildung 8-7: *Branchenzugehörigkeit der befragten Unternehmen*

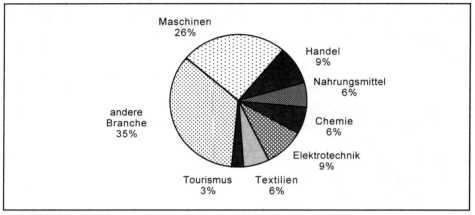

Durchschnittlich weisen die befragten Unternehmen 1997 ein Bilanzsumme von 85.7 Mio. CHF aus, wobei auch hier eine grosse Spannweite besteht. Die kleinste Bilanzsumme beträgt gerade einmal 6 Mio. CHF, die grösste hingegen 1350 Mio. CHF. Auch umsatzmässig bestehen grosse Unterschiede. So erwirtschaften die Unternehmen Umsätze zwischen 7 Mio. CHF. und 500 Mio. CHF. Im Durchschnitt beträgt der Umsatz immerhin 60.1 Mio. CHF, der Modus liegt bei 18 Mio. CHF und der Median bei 35 Mio. CHF. 1997 beträgt die durchschnittliche Beschäftigtenzahl 154 Angestellte, wobei die Werte zwischen 50 und 465 Personen schwanken. Der Modus liegt bei 70, der Median bei 133.

8.2.1.3   Fragen zur Struktur des Verwaltungsrats

Folgende Fragen wurden gestellt:

- Frage 11: Kreuzen Sie die Organisationsform Ihres Verwaltungsrats an.

- Frage 12: Wie viele Mitglieder zählt der Verwaltungsrat?

Zur Auswahl standen die in Abbildung 8-8 dargestellten Organisationsformen.

Abbildung 8-8:   Organisationsform der Verwaltungsräte

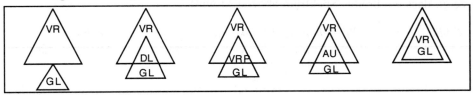

Mit 36% ist die zweite Variante mit einem Delegierten des Verwaltungsrats die beliebteste Organisationsform. Auch die Variante 3, bei der der Verwaltungs-ratspräsident zugleich Delegierter des Verwaltungsrats ist, erfreut sich mit 32% grosser Beliebtheit. Nicht vertreten ist die Variante 4 mit einem geschäftsführenden Verwaltungsratsausschuss. In nur 14% der Unternehmen sind Verwaltungsrat und Geschäftsleitung identisch und in 18% völlig getrennt.

Abbildung 8-9:   Anzahl Verwaltungsratsmitglieder

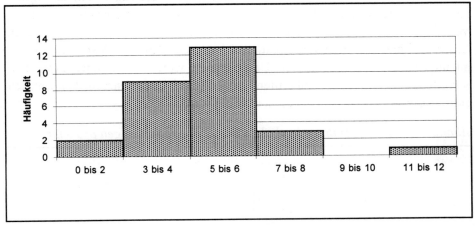

Bezüglich der Grösse des Verwaltungsrats ist in Abbildung 8-9 zu erkennen, dass in mittleren Unternehmen kleine Verwaltungsräte mit 5-6 Mitgliedern bevorzugt werden. Ausreisser, sowohl gegen oben wie auch gegen unten, sind selten.

8.2.1.4   Fragen zu den Verwaltungsratssitzungen

Folgende Fragen wurden gestellt:

- Frage 13: Wieviel ordentliche Verwaltungsratssitzungen finden jährlich statt?

- Frage 14: Wieviel ausserordentliche Verwaltungsratssitzungen fanden letztes Jahr statt?

- Frage 15: Wie lange dauern ordentliche Sitzungen?

- Frage 16: Wieviel Zeit wenden Sie durchschnittlich auf, um sich auf eine Sitzung vorzubereiten?

- Frage 17: Nimmt die Geschäftsleitung an den ordentlichen Sitzungen teil.

Abbildung 8-10 zeigt, dass in den meisten Verwaltungsräten 5-6 ordentliche Sitzungen stattfinden. Im Durchschnitt sind es 5.4 Sitzungen, am häufigsten sechs. Auffallend ist auch bei der Sitzungsanzahl die grosse Spannweite, welche von einer bis zu vierzehn Sitzungen pro Jahr reicht. Neben den ordentlichen Sitzungen fanden 1997 durchschnittlich 1.9 ausserordentliche Verwaltungsratssitzungen statt. In den meisten Unternehmen wurden eine oder zwei ausserordentliche Sitzungen einberufen. Es gab zwei Unternehmen, bei welchen fünf ausserordentliche Sitzungen notwendig waren.

Abbildung 8-10:   Anzahl ordentliche Verwaltungsratssitzungen pro Jahr

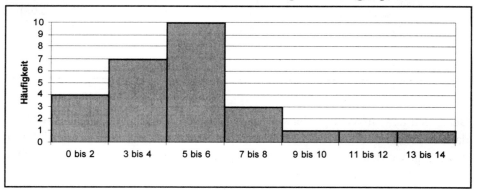

Die ordentlichen Sitzungen dauern im Durchschnitt 3.6 Std., wobei die kürzesten Sitzungen zwei Std. und die längsten Sitzungen sieben Std. beanspruchen. Auch hinsichtlich der Vorbereitungszeit der ordentlichen Sitzungen sind grosse Unterschiede festzustellen. Es gibt Verwaltungsratsmitglieder, welche sich überhaupt nicht auf eine ordentliche Sitzung vorbereiten, andere hingegen investieren 45 Std. in die Vorbereitung einer Sitzung. Durchschnittlich beträgt die Vorbereitungszeit 7.6 Std. Wie Abbildung 8-11 zeigt, kommt die Mehrzahl der Verwaltungsratsmitglieder mit einer Vorbereitungszeit von bis zu 5 Std. aus.

Abbildung 8-11: Vorbereitungszeit für eine Verwaltungsratssitzung

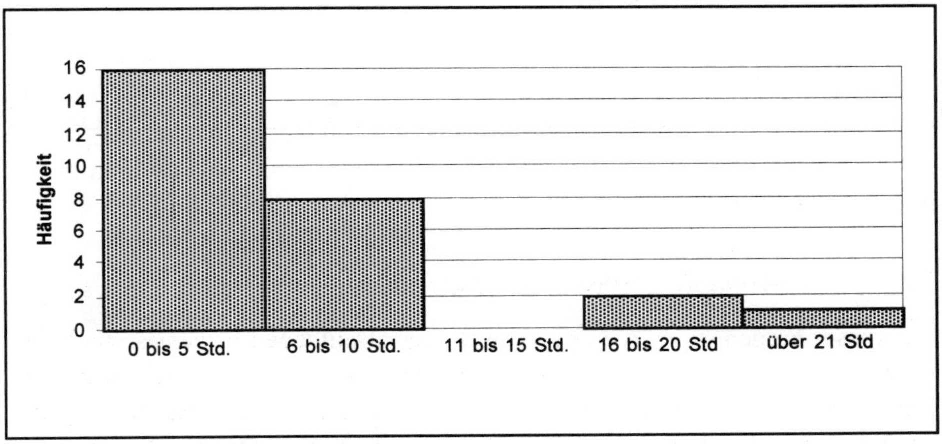

Dass Geschäftsleitung und Verwaltungsrat in mittleren Unternehmen sehr eng zusammenarbeiten, ist in Abbildung 8-12 zu erkennen. In über 50% der befragten Unternehmen nimmt die Geschäftsleitung immer an den Verwaltungsratssitzungen teil. Selbst wenn man davon noch diejenigen 14% der Verwaltungsräte berücksichtigt, die gleichzeitig die Geschäftsleitung bilden, erhält man über einen Drittel. Nur in 18% der Unternehmen nimmt die Geschäftsleitung nie an ordentlichen Verwaltungsratssitzungen teil.

*Abbildung 8-12:   Teilnahme der Geschäftsleitung an ordentlichen
                     Verwaltungsratssitzungen*

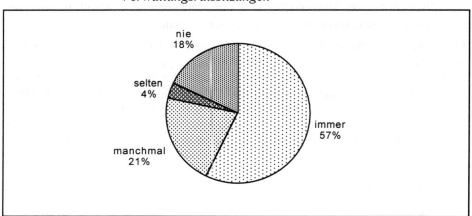

8.2.2   Teil II

8.2.2.1   Relevanz der Verwaltungsratsaufgaben

Ziel dieser Fragen ist es, die den Verwaltungsratsaufgaben beigemessene Relevanz festzustellen. Zu diesem Zweck mussten zunächst die einzelnen zu bewertenden Hauptaufgaben definiert werden. Die klare definitorische Abgrenzung sollte sicherstellen, dass die Umfrage zu vergleichbaren Ergebnissen führt. Folgende Aufgabeninhalte sind den Oberbegriffen zugeordnet:

- Oberleitung: Umweltanalysen (mittel- und langfristige Zukunftsszenarien), Leitbild, Kultur, Strategie (Ziele, Mittel), Positionierung des Unternehmens

- Überwachung: Internes Kontrollsystem (IKS), Überprüfung des Geschäftsganges, Überprüfung der Geschäftsführung, Frühwarnsystem

- Organisation: Festlegen der Spitzenorganisation (evtl. Delegation der Geschäftsführung, Organisationsreglement), Strukturen (Aufbau, Kommunikation, Prozesse)

- Personalführung: Wichtige Personalentscheide, Personalentwicklung, Grundlagen der Salärpolitik

- Finanzielle Führung: Ausgestaltung des Rechnungswesens (finanzielle Führungsinstrumente), Ausgestaltung der Finanzplanung (prospektive Rechnungen), Finanzkontrolle (Cash Management, Controlling, Interne bzw. Externe Revision), Investitionsentscheide.

Zur Feststellung der Relevanz, welche die Verwaltungsratsmitglieder den einzelnen Oberbegriffen beimessen, wurden folgende zwei Fragen gestellt:

- Frage 18: Im folgenden Diagramm ist die Relevanz (für den Gesamtverwaltungsrat) und der zeitliche Aufwand verschiedener Aufgaben während den VR-Sitzungen von Interesse. Zutreffendes bitte ankreuzen und die ungefähr dafür aufgewendete Zeit (in % der Gesamtsitzung) angeben.

- Frage 19: Welche Relevanz messen Sie den folgenden Aufgaben zu und wie gliedert sich die Vorbereitungszeit der VR-Sitzungen während des Geschäftsjahres auf. Zutreffendes bitte ankreuzen und die ungefähr dafür investierte Zeit (in % Ihrer gesamten Vorbereitungszeit) angeben.

Um den Verwaltungsratsmitgliedern die Antwort zu erleichtern, mussten sie in einem vorgegebenen Antwortraster jeweils ankreuzen, ob dem Gesamtverwaltungsrat bzw. ihnen die Aufgabe „sehr wichtig (=1)", „wichtig (=2)", „eher unwichtig (=3) " oder „unwichtig (=4)" erschien.

Gemäss der Auswertung von Frage 18, welche die Relevanz der Aufgaben im Gesamtverwaltungsrat zu eruieren versuchte, wird an den Verwaltungsratssitzungen 30% der Zeit für die Oberleitung verwendet. Abbildung 8-13 zeigt zudem, dass jeweils etwa gleichviel Zeit, nämlich 23%, für die Wahrnehmung der Überwachung und der finanziellen Führung benötigt wird. Deutlich weniger Zeit beanspruchen die Organisation (14%) und die Personalführung (10%).

Abbildung 8-13: Zeitliche Beanspruchung an Verwaltungsratssitzungen

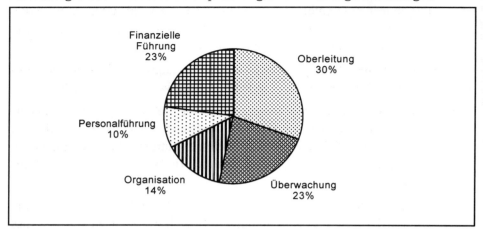

Entsprechend der zeitlichen Beanspruchung in den Sitzungen wird auch die Relevanz der einzelnen Aufgaben aus der Sicht des Gesamtverwaltungsrats beurteilt. Die Oberleitung, durchschnittlich mit 1.29 bewertet, ist die wichtigste Aufgabe. Danach folgt mit 1.75 die finanzielle Führung, welche als geringfügig wichtiger beurteilt wird als die Überwachung (1.82). Auch der Aufgabenbereich Organisation wird, obwohl in der zeitlichen Beanspruchung nicht sehr dominierend, als wichtig beurteilt (2.00). Der Personalführung wird mit einer durchschnittlichen Benotung von 2.46 klar am wenigsten Beachtung geschenkt.

Abbildung 8-14: Relevanz der Verwaltungsratsaufgaben

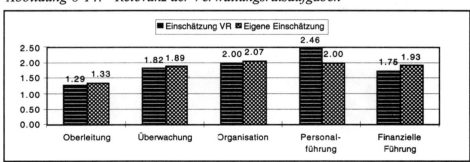

Besonders interessant ist die Gegenüberstellung der Relevanz im Gesamtverwaltungsrat mit der persönlichen Einschätzung der Bedeutung einzelner Aufgaben, wie dies in Abbildung 8-14 erfolgt. Hier ändert die Reihenfolge. Übereinstimmend wird die Oberleitung als die klar wichtigste Aufgabe aufgeführt. Danach folgt aber mit 1.89 die Überwachung, gefolgt von der finanziellen Führung (1.93). Zwar sind diese Verschiebungen nicht drastisch, dennoch zeigen sie eine unterschiedliche Einschätzung. Interessant ist, dass bei der persönlichen Einschätzung die Personalführung mit 2.00 deutlich höher bewertet wird und vor der Organisation rangiert.

Hinsichtlich des persönlichen Vorbereitungsaufwands beansprucht wiederum die Oberleitung mit 31.5% am meisten Zeit. Die Aufgaben Oberaufsicht und Finanzielle Führung folgen mit 21.8% bzw. 20.0%. Für die Personalführung wenden die Verwaltungsratsmitglieder prozentual mehr Zeit auf (14.6%) als dieser später in der Verwaltungsratssitzung (9.8%) beigemessen wird. Der prozentuale Zeitaufwand für die Vorbereitung der Organisationsaufgaben entspricht mit 14.6% ungefähr demjenigen Anteil, der diesem Aufgabenbereich in den Verwaltungsratssitzungen zukommt.

8.2.2.2   Führungsinstrumente

Im Mittelpunkt dieser Fragen standen sowohl die Analysetechniken und Entscheidungshilfen, welche der Verwaltungsrat einsetzt, als auch die Führungsinstrumente, welche in den befragten Unternehmen vorhanden sind und auf welche der Verwaltungsrat für die Wahrnehmung seiner Aufgaben zurückgreifen kann. Um diesen Sachverhalt zu klären, wurden folgende Fragen gestellt:

- Frage 20: In der betriebswirtschaftlichen Literatur werden verschiedene Analyseinstrumente beschrieben, welche dazu dienen, einen Überblick über eine Situation zu geben. Im Folgenden interessiert, mit welchen Analyseinstrumenten Ihr Verwaltungsrat arbeitet. Kreuzen Sie an, ob Sie ein Instrument oft, selten, oder nie gebrauchen. Falls Sie den Sachverhalt bezüglich eines Instruments nicht kennen, setzten Sie in der Kolonne „unbekannt" ein Fragezeichen ein.

- Frage 21: Mit welchen Techniken sucht Ihr Verwaltungsrat kreative Lösungsansätze und wie gestaltet sich die Entscheidungsfindung? Kreuzen Sie an, ob eine Technik bzw. ein Verfahren oft, selten, oder nie verwendet wird. Falls Sie den Sachverhalt nicht kennen, setzen Sie in der hintersten Kolonne ein Fragezeichen ein.

- Frage 22: Verwaltungsrat und Geschäftsleitung sind auf aktuelle Informationen angewiesen; dazu bedarf es eines Führungsinformationssystems (FIS). Hinter einem solchen stehen einzelne Instrumente, welche der Informationsbeschaffung und -aufbereitung dienen. Im Folgenden interessiert, welche Instrumente in Ihrem Unternehmen eingesetzt werden. Falls Sie den Sachverhalt für ein bestimmtes Instrument nicht kennen, markieren Sie dies in der hintersten Kolonne mit einem Fragezeichen. Weitere Instrumente dürfen Sie gerne hinzufügen.

Wie aus der Formulierung der Frage klar wird, musste das Verwaltungsratsmitglied wiederum ankreuzen, ob ein Verfahren „oft", „selten" oder „nie" verwendet wird oder ob ihm der Sachverhalt „unbekannt" ist. Um sicherzustellen, dass alle Verwaltungsratsmitglieder dasselbe unter den einzelnen Verfahren oder Instrumenten verstehen, wurden die weniger geläufigen Ausdrücke in einem Glossar beschrieben. Sie sind mit einem Stern markiert.

Abbildung 8-15: Analyse-Instrumente des Verwaltungsrats

Analyse-Instrumente	oft	selten	nie	unbekannt
Stärken-Schwächen-Analyse	17	9	1	0
Chancen-Risiken-Analyse	15	10	2	0
Portfolioanalyse *	8	12	6	1
Szenariotechnik *	6	11	8	2
Cluster-Analyse *	0	5	17	5
Wettbewerbsanalyse, Branchenanalyse *	15	9	3	0
Soll-Ist-Analyse	21	3	3	0
Produktlebenszyklus *	5	13	8	1
Qualitative Prognosetechniken *	9	8	10	0
Quantitative Prognosetechniken *	5	9	13	0
Delphi-Methode *	0	0	20	7
Weitere Instrumente	2	1	0	0

Die Zusammenstellung in Abbildung 8-15 zeigt, dass den Verwaltungsräten mit Ausnahme der Cluster-Analyse und der Delphi-Methode die ganze Liste an Analyseinstrumenten bekannt ist. Dennoch werden nur ausgewählte Instrumente wie z. B. die Stärken-Schwächen-Analyse, die Chancen-Risiken-Analyse, die Wettbewerbs- und Branchenanalyse oder die Soll-Ist-Analyse oft eingesetzt. Bedeutend weniger zur Anwendung kommen die Szenariotechnik, Portfolioanalysen und quantitative bzw. qualitative Prognosetechniken. Diese

Techniken werden bei zwei Drittel der untersuchten Verwaltungsräte nur selten oder nie eingesetzt.

Abbildung 8-16: Entscheidungsfindung durch den Verwaltungsrat

Techniken / Entscheidungshilfen	oft	selten	nie	unbekannt
Brainstorming *	11	14	1	1
Brainwriting *	0	7	18	2
Synetik *	1	1	19	6
Morphologische Methoden *	0	7	16	4
Entscheidungstabellen *	7	7	10	3
Entscheidungsbäume *	3	7	14	3
Nutzwertanalyse *	6	13	7	1
Weitere Techniken	2	1	0	0

Abbildung 8-16 orientiert über die angewendeten Techniken zur kreativen Lösungs- und Entscheidungsfindung Auskunft. Es ist auffallend, dass fast nur das Brainstorming eingesetzt wird. Bei etwa 25% der Verwaltungsräte kommen zudem Nutzwertanalysen, Entscheidungstabellen oder allenfalls Entscheidungsbäume zur Anwendung. Alle anderen Kreativtechniken und Entscheidungshilfen sind unbekannt oder werden zumindest sehr schlecht genutzt. Dass vor allem Kreativtechniken zur Lösungsfindung wenig zur Anwendung gelangen, legt die Vermutung nahe, dass Verwältungsräte in mittleren Unternehmen i. d. R. wenig systematisch nach Problemlösungen suchen oder sich konsequent nur mit der Entscheidung über die von der Geschäftleitung vorgeschlagenen Lösungsvarianten befassen. Der spärliche Einsatz von Instrumenten zur Entscheidungsfindung deutet aber ebenfalls auf ein wenig analytisches Vorgehen hin.

Frage 22 galt nicht mehr den im Verwaltungsrat eingesetzten Techniken oder Instrumenten, sondern den im Unternehmen vorhandenen Führungsinstrumenten, auf welche der Verwaltungsrat bei Bedarf zur Informationsbeschaffung zurückgreifen kann.

Abbildung 8-17 zeigt, dass alle Unternehmen instrumentell über ein gut ausgebautes finanzielles Rechnungswesen verfügen. Insbesondere sind auch zukunftsorientierte Instrumente wie Planbilanzen und Planerfolgsrechungen sowie in der Mehrzahl eine mittel- und langfristige Finanzplanung vorhanden. Erstaunlich ist, dass jeweils einer allerdings nur geringen Anzahl von Verwaltungsratsmitgliedern der Sachverhalt bezüglich eines finanziellen Führungsinstruments gänzlich unbekannt ist.

Abbildung 8-17:   Führungsinstrumente in mittleren Unternehmen

Führungs-Instrumente	vorhanden	geplant	abgelehnt	unbekannt
Mittel- und langfristiger Finanzplan	19	5	1	2
Planbilanz / Planerfolgsrechnung	22	3	1	1
Mittelflussrechnung	21	2	2	2
Budgetvergleich mit Abweichungsanalyse	25	1	1	0
Zwischenabschluss	25	0	1	1
Zwischenabschluss m. Budget- und Vorperiodenvgl.	25	1	1	0
Kennzahlensystem	20	2	2	3
Profit-Center-Abrechnung	19	3	2	3
Statische Verfahren zur Investitionsrechnung *	13	5	6	3
Dynamische Verfahren zur Investitionsrechnung *	5	5	8	9
Vollkostenrechnung	17	2	4	4
Teilkostenrechnung / Deckungsbeitragsrechnung	23	2	1	1
Prozesskostenrechnung	4	8	6	9
Normalkostenrechnung	11	0	5	11
Standard-/Plankostenrechnung	9	0	7	11
Personal-Portfoliokonzept *	1	2	5	19
Potentialbeurteilung	11	4	2	10
Nachwuchsförderung	12	9	1	5
Mitarbeiterbeteiligung	13	4	6	4
Organisationsreglement (VR-GL)	25	2	0	0
Organisationshandbuch (Unternehmen)	20	4	2	1
Stellenbeschreibung	24	1	2	0
Weitere Instrumente	0	0	0	0

Auch die Kostenrechnung ist in den meisten Unternehmen gut verankert, wobei die Anwendung der Teilkostenrechnung überwiegt. Etwa ein Drittel der Unternehmen setzen eine Standardkostenrechnung ein. Erfreulich ist zudem, dass sich viele Unternehmen mit der Prozesskostenrechnung auseinandergesetzt haben. Sechs Unternehmen haben die Einführung der Prozesskostenrechnung abgelehnt, acht Unternehmen hingegen planen deren Realisierung.

Hinsichtlich der Investitionsrechnung überwiegen die statischen Verfahren. Nur gerade fünf Unternehmen wenden dynamische Investitionsrechnungen an, weitere fünf wollen in Zunkunft mit dynamischen Verfahren rechnen. Acht

Unternehmen beziehen klar Stellung, indem sie die dynamische Investitions-rechnung als Führungsinstrument ablehnen. Bei den personalbezogenen Füh-rungsinstrumenten fällt auf, dass in fast der Hälfte der Unternehmen bereits eine Potentialbeurteilung, eine Nachwuchsförderung und eine Mitarbeiterbe-teiligung vorhanden sind. Zudem planen neun weitere Unternehmen die Ein-führung der Nachwuchsförderung. Gänzlich unbekannt ist den Verwaltungs-ratsmitgliedern der Sachverhalt bezüglich des Personal-Portfoliokonzepts. Es ist deshalb anzunehmen, dass ein solches in der Mehrzahl der Unternehmen nicht vorhanden ist.

Bei den organisatorischen Führungsinstrumenten fällt auf, dass zwei Unter-nehmen noch kein Organisationsreglement haben. Dies ist nicht tragisch, so-lange der Verwaltungsrat die Geschäftführung nicht delegiert hat. Ansonsten sind Instrumente wie das Organisationshandbuch oder Stellenbeschreibungen bei fast allen Unternehmen vorhanden.

8.2.3   Teil III

8.2.3.1   Aufgaben bezüglich der Oberleitung

Abbildung 8-18 zeigt, dass im Zentrum der verwaltungsrätlichen Tätigkeit normative und strategische Aufgaben stehen. So beschäftigen sich die befragten Verwaltungsratsmitglieder vor allem mit der Entwicklung und Festlegung des Unternehmensleitbildes sowie der Bestimmung der Unternehmenspolitik und der langfristigen Planung inklusive der Analyse von Umwelt und Unterneh-men. Funktional betrachtet, nehmen die Verwaltungsratsmitglieder bei den ge-nannten Tätigkeiten Planungsaufgaben wahr, treffen Entscheidungen und über-wachen diese. Zudem sind sie auch stark beratend tätig. Bei der Strategiewahl überwiegt die Entscheidungsfunktion, bei der Durchsetzung der Unterneh-menspolitik steht hingegen eindeutig die Überwachungsfunktion im Vorder-grund.

Eine weitere Aufgabe, mit welcher sich die Verwaltungsratsmitglieder stark beschäftigen, ist die Vorbereitung der Generalversammlung. Insbesondere sind sie hier schon in der Planung stark involviert. Etwas weniger intensiv engagie-ren sich die befragten Mitglieder in der Mittelfristplanung. Hier treffen sie überwiegend Entscheidungen und überwachen diese.

Hinsichtlich der Pflege von öffentlichen und institutionellen Beziehungen übernehmen die Verwaltungsratsmitglieder wiederum alle Führungsfunktionen. Bezüglich der Kontaktpflege zur Geschäftsleitung fällt auf, dass sie den Kontakt vor allem über beratende Tätigkeiten suchen.

Abbildung 8-18:   Auswertung Oberleitung

Oberleitung	P	B	E	A	U	V	I	Ø
Analyse von Umwelt und Unternehmen	14	12	14	6	12	2	1	1
Entwicklung und Festlegung des Unternehmensleitbildes	10	13	13	4	10	1	1	0
Bestimmung der Unternehmenspolitik, der Strategie und der langfristigen Planung	13	13	18	5	11	1	2	0
Durchsetzung der Unternehmenspolitik	2	3	7	6	14	0	0	0
Mittelfristplanung	9	7	14	9	11	1	1	0
Geschäfte bezüglich der Generalversammlung (Geschäftsbericht, Organisation GV)	15	4	14	10	8	0	0	0
Kontaktpflege mit der Geschäftsleitung	5	11	8	9	9	0	1	2
Pflege öffentlicher und institutioneller Beziehungen	8	4	8	7	5	0	0	2
Krisenmanagement	10	10	13	7	9	1	1	4

Legende:

P:	Planung, Vorbereitung	U:	Überprüfung, Überwachung
B:	Beratung der Entscheidungsträger	V:	Vorschlagsrecht
E:	Entscheid, Beschluss, Genehmigung	I:	Informationsanspruch
A:	Anordnungen treffen, Umsetzen lassen	Ø:	nicht relevant

8.2.3.2   Aufgaben bezüglich der Überwachung

In Abbildung 8-19 ist zu erkennen, dass die sachliche Überwachung des Geschäftsgangs, die personelle Überwachung der Geschäftsleitung sowie die Überwachung des Einhaltens der Verwaltungsratsbeschlüsse und Weisungen im Vordergrund steht. Funktional gesehen handelt es sich dabei überwiegend um eine überwachende Tätigkeit, allenfalls sind auch Entscheide zu treffen. Ebenfalls gut wahrgenommen wird die Finanzkontrolle, wobei hier vermehrt Entscheidungen zu fällen sind. Bei der Entwicklung eines Frühwarnsystems nehmen die befragten Mitglieder vor allem eine planerische Funktion wahr. Auffallend ist, dass für sieben Verwaltungsratsmitglieder ein Frühwarnsystem nicht relevant ist. Bei der Entwicklung eines internen Kontrollsystems sind sie neben der Planung auch bei der Entscheidung und der Überwachung involviert. Zudem nehmen sie eine beratende Rolle ein. Weniger stark sind die befragten Verwaltungsratsmitglieder mit der Ausgestaltung der internen Revision beschäftigt.[6] Auch die Überwachung des Verwaltungsratsdelegierten steht für die Verwaltungsratsmitglieder nicht im Vordergrund.[7]

Abbildung 8-19: Auswertung Überwachung

Überwachung	P	B	E	A	U	V	I	Ø
Entwicklung des internen Kontrollsystems	9	10	12	7	12	0	0	1
Sachliche Überwachung des Geschäftsgangs	7	8	10	10	21	0	1	0
Personelle Überwachung der Geschäftsleitung	8	7	9	7	20	0	0	1
Entwicklung eines Frühwarnsystems	10	6	5	7	7	1	0	7
Finanzkontrolle	7	4	12	6	17	1	1	0
Ausgestaltung der internen Revision	5	1	6	6	6	0	1	6
Einhalten der Verwaltungsratsbeschlüsse, Weisungen	4	2	5	4	20	0	1	0
Überwachung des Verwaltungsratsdelegierten	1	1	2	0	5	0	1	23

Legende:

P:	Planung, Vorbereitung	U:	Überprüfung, Überwachung
B:	Beratung der Entscheidungsträger	V:	Vorschlagsrecht
E:	Entscheid, Beschluss, Genehmigung	I:	Informationsanspruch
A:	Anordnungen treffen, Umsetzen lassen	Ø:	nicht relevant

8.2.3.3 *Aufgaben bezüglich Organisation und Personal*

Aufgrund der Auswertung in Abbildung 8-20 ist zu erkennen, dass im Aufgabenbereich Personal die Verwaltungsratsmitglieder primär Entscheidungen zu treffen haben. Sekundär sind sie, insbesondere bei der Rekrutierung von neuen Verwaltungsratsmitgliedern und bei der Wahl und Abberufung der Ge-

---

6   Der Grund dafür dürfte darin liegen, dass nur in wenigen Unternehmen eine Organisationseinheit „Interne Revision" besteht.

7   Da einige der antwortenden Verwaltungsratsmitglieder zugleich Delegierte sind, wurde oft die Beurteilung „nicht relevant" gewählt. Die Aussagekraft ist deshalb stark eingeschränkt.

schäftsleitungsmitglieder, auch in Planungsaufgaben involviert. Hingegen sind
sie im Rahmen der Organisation funktional wieder stärker bzw. umfassender
eingebunden, indem sie ausgewogen sowohl bei der Planung als auch der Entscheidung involviert sind. Bei der Erarbeitung des Organisationsreglements
und bei der Anpassung der Organisation an die laufenden Veränderungen
kommt zudem ein überwachendes Element hinzu. Bei allen Aufgaben, sowohl
personeller wie auch organisatorischer Art, ist wiederum die starke Verankerung der beratenden Rolle zu beobachten.

Abbildung 8-20: Auswertung Organisation und Personal

Organisation / Personal	P	B	E	A	U	V	I	Ø
Festlegung der Spitzenorganisation	11	13	14	7	3	0	0	0
Erarbeitung des Organisationsreglements	9	6	14	10	8	2	0	2
Entwicklung und Festlegung des Informationssystems	6	10	11	8	5	1	0	1
Anpassung der Organisation an die laufenden Veränderungen	7	10	11	9	8	1	0	0
Wahl und Abberufung der Geschäftsleitungsmitglieder	12	12	20	8	1	1	1	0
Rekrutierung von neuen Verwaltungsratsmitgliedern	15	10	19	8	1	2	1	0
Salärpolitik	7	11	18	4	2	0	1	0

Legende:

P:	Planung, Vorbereitung	U:	Überprüfung, Überwachung
B:	Beratung der Entscheidungsträger	V:	Vorschlagsrecht
E:	Entscheid, Beschluss, Genehmigung	I:	Informationsanspruch
A:	Anordnungen treffen, Umsetzen lassen	Ø:	nicht relevant

8.2.3.4 Aufgaben bezüglich der finanziellen Führung

Abbildung 8-21 zeigt, dass im Rahmen der finanziellen Aufgaben funktional
die Entscheidung im Vordergrund steht. Dabei sind insbesondere in der Fi-
nanz- und Dividendenpolitik, bei Investitionsprojekten und Akquisitionen Entscheide des Verwaltungsrats gefragt. Weniger stark entscheidungsorientiert ist
die Aufgabe des Verwaltungsrats bei der Ausgestaltung des Rechnungswesens.
Die beratende Funktion des Verwaltungsrats kommt vor allem in der Unterstützung des Finanzchefs zur Geltung.

Abbildung 8-21: Auswertung finanzielle Führung

Finanzielle Führung	P	B	E	A	U	V	I	Ø
Ausgestaltung des Rechnungswesens	6	10	11	11	8	0	0	0
Festlegen der Finanzpolitik	8	6	20	9	6	0	1	0
Finanzplanung	8	7	17	7	8	0	0	0
Entscheide über Investitionsprojekte	8	10	27	6	7	0	1	0
Entscheide über Akquisitionen	11	13	25	6	6	0	1	1
Unterstützung der Finanzchefs in finanziellen Führungsfragen	3	15	4	8	6	0	0	0
Kontrolle haftungstechnisch wichtiger Finanzpositionen (AHV/MwSt.)	3	5	5	2	9	0	0	0
Dividendenpolitik	12	10	19	5	2	1	0	1

Legende:

P:	Planung, Vorbereitung	U:	Überprüfung, Überwachung
B:	Beratung der Entscheidungsträger	V:	Vorschlagsrecht
E:	Entscheid, Beschluss, Genehmigung	I:	Informationsanspruch
A:	Anordnungen treffen, Umsetzen lassen	Ø:	nicht relevant

8.3   Beurteilung der Ergebnisse

Die Beurteilung der Arbeit der Verwaltungsräte mittlerer Gesellschaften aufgrund der vorliegenden Ergebnisse ist grundsätzlich positiv ausgefallen. Umgekehrt darf die Studie nicht überbewertet werden. Einerseits stellt sie nur eine kleine Stichprobe dar. Andererseits ist anzunehmen, dass tendenziell eher diejenigen Verwaltungsratsmitglieder an einer Studie teilnehmen, die generell an betriebswirtschaftlichen Fragestellungen interessiert und von „ihrem" Unternehmen überzeugt sind. Trotzdem: die Umfrage zur Praxis der Verwaltungsratstätigkeit in mittleren Unternehmen stimmt optimistisch.

Die Auswertung der Studie zeigt, dass die an der Untersuchung beteiligten Verwaltungsratsmitglieder über eine gute Ausbildung verfügen. Zudem besitzen sie eine reiche Berufserfahrung, in den meisten Fällen kombiniert mit Auslanderfahrung. In der Mehrzahl können sie auch einige Jahre Praxis als Verwaltungsrat vorweisen. Im Rahmen der zunehmenden Globalisierung dürfte sich vor allem die vorhandene Auslanderfahrung als wertvoll erweisen. Aber auch die durchwegs gute Ausbildung mit über 50% Akademikern zeigt, dass in den Verwaltungsräten mittlerer Gesellschaften genügend theoretisches Fachwissen vorhanden ist. Hinsichtlich der Anzahl Verwaltungsratsmandate ist als besonders positiv zu vermerken, dass die Mandate nicht gehortet werden. Die zwei Fälle mit 16 bzw. 21 Mandaten stellen eine unrühmliche Ausnahme dar. Wegen der zeitlichen Beanspruchung ist die Beschränkung auf eine vernünftige Anzahl von Verwaltungsratsmandaten Voraussetzung für eine sorgfältige und gewissenhafte Wahrnehmung der Verwaltungsratsaufgabe.

Die Verwaltungsräte der untersuchten Unternehmen bevorzugen eine Strukturvariante, bei der Verwaltungsrat und Geschäftsleitung weitgehend getrennt sind. Die Variante, bei der der Verwaltungsrat und die Geschäftsleitung identisch sind, kommt nur in 14% der Fälle vor. Diese weitgehende Trennung erleichtert die Oberaufsicht, weil dadurch Interessenskonflikte entschärft werden. Mit in der Mehrzahl 4-6 Mitgliedern sind die Verwaltungsräte in mittleren Gesellschaften von der Grösse her ideal besetzt. Die überschaubare Anzahl an Verwaltungsratsmitgliedern hat mehrere Vorteile: Zum einen lassen sich Sitzungstermine besser finden und koordinieren. Zum anderen steigt die persönliche Verantwortung jedes einzelnen. Ein Verwaltungsrat kann sich nicht in der Masse verstecken, sondern muss regelmässig Stellung beziehen. Arbeitsökonomische Gründe sprechen ebenfalls für einen kleinen Verwaltungsrat, was durchwegs auch der Expertenmeinung entspricht. [8]

Durchschnittlich werden 5.4 ordentliche Verwaltungsratssitzungen abgehalten. In den meisten Fällen sind es sechs Sitzungen pro Jahr, dementsprechend tagen die Verwaltungsräte jeden zweiten Monat. Diese Periodisierung erlaubt eine konstante, seriöse Begleitung des Geschäftsgangs, ohne dabei die Gefahr zu laufen, sich wegen häufiger Sitzungen zu stark in das operative Geschäft einzumischen. Bei zu vielen Verwaltungsratssitzungen besteht die Vermutung, dass es sich eigentlich eher um Geschäftsleitungssitzungen handelt. Die Vorbereitungzeit von Verwaltungsratssitzungen beträgt für 16 Mitglieder bis zu fünf Stunden und für acht Mitglieder bis zu zehn Stunden. Für eine seriöse Vorbereitung einer Sitzung, d. h. gründliches Studium der vorgängig zugestellten Unterlagen, Hinterfragen der Sachverhalte, Analyse von Zahlen, etc. können fünf Stunden kaum ausreichen. Eine bessere Vorbereitung würde die Qualität und die Effizienz von Verwaltungsratssitzungen sicherlich positiv beeinflussen.

Grundsätzlich ist zu begrüssen, dass die Geschäftsleitung in die Verwaltungsratssitzungen eingebunden wird. Dies fördert das Vertrauensverhältnis und die konstruktive Zusammenarbeit. Dabei ist es aber nicht notwendig, dass die Geschäftsleitung an der ganzen Sitzung teilnimmt. Es gibt Themen, die (zuerst) nur im Kreise des Verwaltungsrats zu besprechen sind!

Die Verwaltungsratsmitglieder beurteilen die Oberleitung als ihre klar wichtigste Aufgabe, wobei darunter Aufgaben im Rahmen der normativen und strategischen Ausrichtung des Unternehmens verstanden werden. Eindeutig weniger wichtig erscheint ihnen die Überwachungsfunktion, sie wird in etwa gleich gewichtet wie die finanzielle Führung. Obwohl die Verwaltungsratsmitglieder die Personalführung als ebenso wichtig wie die Organisation beurteilen, wird im Rahmen des Gesamtverwaltungsrats der Personalbereich tendenziell vernachlässigt. Der Faktor Mensch spielt im Unternehmen eine immer wichtigere Rolle und auch die Unternehmensführung ist letztendlich stark von persönlichen Qualitäten einzelner Leistungsträger geprägt. Die Verwaltungsräte mittlerer Unternehmen sollten deshalb strategischen Personalbelangen mehr Gewicht beimessen. Insbesondere deshalb, weil mittlere Unternehmen

---

[8] Vgl. Kap. 5.3.2.1.

für gut ausgebildete Arbeitskräfte als Arbeitgeber weniger attraktiv erscheinen könnten als Grossunternehmen.[9]

In den Verwaltungsräten der befragten Unternehmen werden nur wenige Analyseinstrumente wie z. B. Stärken-Schwächen-Analysen, Chancen-Risiken-Analysen, Wettbewerbs- und Branchenanalysen oder Soll-Ist-Analysen regelmässig eingesetzt. Es wäre zu begrüssen, wenn vermehrt weitere Instrumente wie z. B. Szenariotechniken oder Portfolioanalysen zur Anwendung gelangen würden. Sehr bescheiden ist der Einsatz von Kreativtechniken zur Lösungsfindung. Ausser Brainstorming werden in Verwaltungsräten keine weiteren Instrumente genutzt. Entweder müssen in Verwaltungsräten mittlerer Gesellschaften keine Lösungen gefunden werden oder die Lösungsfindung erfolgt stark intuitiv und ohne systematisches Vorgehen. Bezüglich der Instrumente zur Entscheidungsfindung resultiert ein besseres Bild. Bei rund 25% der Verwaltungsräte werden Nutzwertanalysen, Entscheidungstabellen oder allenfalls Entscheidungsbäume eingesetzt. Ein noch stärkerer Einsatz analytischer Methoden zur Entscheidungsfindung wäre zu begrüssen.

Die Auswertung hinsichtlich der im Unternehmen eingesetzten Führungsinstrumente zeigt, dass alle Unternehmen über ein gut ausgebautes finanzielles Rechnungswesen verfügen. Insbesondere sind auch zukunftsorientierte Instrumente wie Planbilanzen und Planerfolgsrechnungen sowie in der Mehrzahl eine mittel- und langfristige Finanzplanung vorhanden. Auch ein betriebliches Rechnungswesen ist in den meisten Unternehmen gut verankert, wobei die Anwendung der Teilkostenrechnung überwiegt. Etwas weniger etabliert sind Investitionsrechnungen. Es überwiegen statische Verfahren, nur wenige wenden dynamische Rechnungen an. Organisationsreglement, Organisationshandbuch und Stellenbeschreibungen sind in fast allen Unternehmen Standard. Im Personalbereich wird vor allem der Nachwuchsförderung und der regelmässigen Potentialbeurteilung Beachtung geschenkt. Zudem besteht in vielen Unternehmen eine Mitarbeiterbeteiligung. Fast nicht zur Anwendung kommen hingegen strategische Personal-Portfoliokonzepte. Dass die befragten Verwaltungsratsmitglieder die Personalverantwortung in ihrer persönlichen Relevanz-Beurteilung als wichtig klassifizieren, aber dennoch oft schlecht über die im Unternehmen eingesetzten Führungsinstrumente im Personalbereich Bescheid wissen, deutet nochmals auf die Vernächlässigung der strategischen Personalfragen hin.

---

9   Vgl. Kap. 2.3.2.

Bei der Wahrnehmung der Verwaltungsratsaufgabe Oberleitung beschränken sich die Verwaltungsräte richtigerweise auf die Festlegung normativer Rahmenbedingungen und die strategische Ausrichtung des Unternehmens. Die Umsetzung der Unternehmenspolitik obliegt gemäss Studie klar der Geschäftsleitung. Dieser stehen die Verwaltungsräte aber beratend zur Seite. Zwar müssten Verwaltungsräte gemäss Gesetzgeber funktional nur Entscheide treffen, dennoch sind die befragten Verwaltungsratmitglieder im Rahmen der Oberleitungsaufgaben auch stark in die Planung und Überwachung involviert. Dies entspricht der in Teil II „Oberleitung und Oberaufsicht" geforderten ständigen Beobachtung von Umwelt und Unternehmen, dem kritischen Hinterfragen der bestehenden Situation und der konsequenten Überwachung der Planungsgrundlagen. Die Oberaufsicht wird von den Verwaltungsräten intensiv wahrgenommen, dies gilt sowohl für die sachliche Überwachung des Geschäftsganges wie auch für die personelle Überwachung der Geschäftsleitung. Bei der Entwicklung von internen Kontroll- oder Frühwarnsystemen sind die Verwaltungsratsmitglieder zudem oft schon in die Planung derselben integriert, was den Vorteil hat, dass die Bedürfnisse des Verwaltungsrats von Anfang an einfliessen und berücksichtigt werden. In Personalbelangen und Organisationsfragen konzentrieren sich die Verwaltungsratsmitglieder mehrheitlich auf die Phase der Entscheidung, wobei sie z. T. auch in die Planung involviert oder beratend tätig sind. Insbesondere in strategischen Personalbelangen wäre ein stärkeres Engagement wünschenswert. Die finanzielle Führung wird intensiv wahrgenommen. Funktional betrachtet steht dabei die Planung und vor allem die Entscheidung im Vordergrund der Verwaltungsratstätigkeit.

Zusammenfassend ist festzuhalten, dass die Verwaltungsräte der befragten Unternehmen aufgrund ihrer Ausbildung und Erfahrung, aber auch aufgrund der überschaubaren Anzahl an Mandaten, die sie ausüben, gute Voraussetzungen haben, ihre Führungs- und Überwachungsfunktion verantwortungsbewusst wahrzunehmen. Zudem erleichtern die Grösse und die gewählten Strukturen der Verwaltungen mit der weitgehenden Trennung von Verwaltungsrat und Geschäftsleitung die konsequente Wahrnehmung der Verwaltungsratsaufgaben. Auch der Sitzungsrhythmus von zwei Monaten deutet auf eine seriöse Ausübung des Mandats hin. Verwaltungsratsmitglieder schätzen die Relevanz der ihnen übertragenen Aufgaben angemessen ein. Bei der Ausführung der Oberleitung beschränken sie sich materiell im Wesentlichen auf die strategische Unternehmensausrichtung. Dabei betätigen sich die Verwaltungsratsmitglieder funktional vor allem in der Planung und treffen Entscheide. In der

Überwachungstätigkeit dominiert die Funktion Kontrolle. Zur Wahrnehmung der Führungs- und Überwachungsaufgaben können die Verwaltungsräte auf ein gut ausgebautes Rechnungswesen und eine grosse Anzahl weiterer Führungsinstrumente zurückgreifen. Die vorliegende Studie erlaubt die Aussage, dass die Verwaltungsräte mittlerer Gesellschaften besser sind als üblicherweise angenommen wird.

9 Schlussbetrachtung

In diesem Kapitel werden zunächst die wichtigsten Erkenntnisse der gesamten Arbeit zusammengefasst. Danach wird ein auf die Bedürfnisse eines mittleren Unternehmens ausgelegtes Informationskonzepts für den Verwaltungsrat dargestellt. Abschliessend werden acht Thesen formuliert und ein kurzer Ausblick gewagt.

9.1   Zusammenfassung der Erkenntnisse

Ziel dieser Arbeit war die Beantwortung der Frage, wie der Verwaltungsrat einer mittleren Aktiengesellschaft die im Aktienrecht festgehaltenen unübertragbaren Hauptaufgaben in der Praxis wahrnehmen soll bzw. kann. Insbesondere sollte gezeigt werden, welche Organisationsformen möglich und zweckmässig erscheinen und welche Führungsinstrumente dem Verwaltungsrat bei der Erfüllung seiner komplexen Aufgabe dienen können.

Zu diesem Zweck wurden zunächst das Umfeld, die charakteristischen Eigenschaften und die wirtschaftlichen Herausforderungen von mittleren Unternehmen dargestellt. Das wichtigste Charakteristikum ist der grosse Einfluss des Unternehmers bzw. allenfalls der Unternehmerfamilie als Kapitalgeber/in und Entscheidungsträger/in. Die Führungsstrukturen sind auf den Inhaber zugeschnitten, Führungsentscheidungen werden durch ihn getroffen oder zumindest massgeblich von ihm beeinflusst. Die zentrale Stellung des Unternehmers dürfte zudem mit ein entscheidender Grund dafür sein, dass relativ wenig Akademiker den Weg in mittlere Unternehmen finden. Improvisation und Intuition haben bei mittleren Unternehmen im Vergleich zu börsenkotierten Unternehmen die grössere Bedeutung als eine umfrangreiche Planung. I. d. R. steht das operative Geschäft im Vordergrund des Handelns.

Mittlere Unternehmen sind oft regional oder allenfalls national verankert und deshalb wirtschaftspolitischen Veränderungen in der Schweiz stärker ausgesetzt als internationale Unternehmen, welche auf negative Entwicklungen standortpolitisch besser reagieren können. Dennoch werden auch mittlere Unternehmen mit globalen wirtschaftlichen und gesellschaftspolitischen Trends wie Globalisierung, Technologieentwicklung, soziodemographische Veränderungen und Wertewandel konfrontiert und müssen Mittel und Wege finden, diesen Herausforderungen zu begegnen. Weshalb gerade bei mittleren Unternehmen warnende Stimmen zur wirtschaftlichen Zukunft überwiegen, ist kaum nachvollziehbar, bieten doch gerade die Veränderungen in der Gesellschaft und die Globalisierung grosse Chancen für mittlere Unternehmen, welche dadurch ihre Stärken wie kurze Entscheidungswege, schlanke Strukturen, Flexibilität und Kundennähe gegenüber Grossunternehmen zur Geltung bringen können.

Anschliessend lag das Augenmerk auf der Rechtsform der Aktiengesellschaft als Kapitalgesellschaft sowie den Rechten der Aktionäre. Es wurde gezeigt, dass der Kapitalherrschaft durch die Vorschriften zum Minderheitenschutz Grenzen gesetzt sind. Gerade in mittleren Unternehmen, bei denen oft ein Grossteil der Aktien auf wenige Leute verteilt ist, muss der Minderheitenschutz für den Verwaltungsrat ein Thema sein. Schliesslich galt die Aufmerksamkeit der grundsätzlichen Organisationsstruktur der Aktiengesellschaft.

Darauf basierend wurde die Corporate Governance-Thematik aus struktureller Sicht behandelt und die Schweizer Lösung diskutiert. Zunächst galt die Aufmerksamkeit der gemäss schweizerischem Recht hohen Machtkonzentration zu Gunsten des Verwaltungsrats, dem sowohl die Aufsicht wie auch die Geschäftsführung obliegt. Es wurde gezeigt, wie der Verwaltungsrat die Geschäftsführung formell korrekt delegieren kann und wo materiell die Grenzen der Delegation sind. Diese korrekte Delegation der operativen Geschäftsführung, materiell begrenzt durch die unübertragbaren und undelegierbaren Aufgaben des Verwaltungsrats, bildet die Grund- und Ausgangslage für die weiteren Kapitel dieser Arbeit.

Im Hauptteil standen die konkrete Interpretation und Umsetzung der Verwaltungsratsaufgabe „Oberleitung und Oberaufsicht" gemäss OR Art. 716 im Zentrum der Betrachtung. Zunächst galt es zu klären, ob und inwiefern der Begriff Oberleitung in der juristisch geprägten Literatur inhaltlich anders ausgelegt wird als in der betriebswirtschaftlichen. Sowohl in der juristischen wie der betriebswirtschaftlichen Literatur steht die strategische Ausrichtung des Unternehmens im Vordergrund. Anhand des Zürcher Ansatzes wurde gezeigt, dass es aus betriebswirtschaftlicher Sicht materiell nicht genügt, wenn der Verwaltungsrat eine in sich zwar schlüssige, aber von anderen Führungs- und Unternehmensdimensionen losgelöste Strategie formuliert. Er muss die Strategie in Einklang mit der Unternehmensorganisation und der -kultur bringen. Zudem hat er dafür zu sorgen, dass die einzelnen Dimensionen Strategie, Struktur und Kultur laufend überprüft und an Umweltveränderungen anpasst werden. Im Folgenden wurden die wichtigsten Instrumente dargestellt, die es dem Verwaltungsrat ermöglichen, eine sinnvolle Unternehmensstrategie unter Berücksichtigung verschiedener Einflussfaktoren zu formulieren und umzusetzen. Im Rahmen der Organisationsverantwortung hat sich der Verwaltungsrat mit der Gestaltung der grundsätzlichen Unternehmensstruktur auseinanderzusetzen. Dazu muss er festlegen, wer im Unternehmen welche Aufgaben wahrzunehmen hat, welche Entscheide treffen kann und in welcher Form Bericht erstatten muss. Als zentrale Instrumente für die Festlegung der grundlegenden Unternehmensorganisation dienen dem Verwaltungsrat das Organisationsreglement und das Funktionendiagramm. Zudem darf auch die verwaltungsratsinterne Arbeitsorganisation nicht vernachlässigt werden.

Obwohl im Aktienrecht die „Kulturverantwortung" nicht existiert, besteht aus betriebswirtschaftlicher Sicht kein Zweifel daran, dass die Schaffung einer strategiekonformen Unternehmenskultur eine Aufgabe der obersten Unternehmensspitze ist. Zur Festlegung der Strategie müssen strukturelle und kulturelle Gegebenheiten beachtet werden. Insofern ist der Verwaltungsrat dafür verantwortlich, dass die Dimensionen Strategie, Struktur und Kultur aufeinander abgestimmt sind und allenfalls die Kultur hinsichtlich einer besseren Unterstützung der Strategie aktiv beeinflusst wird.

Für alle Aufgaben des Verwaltungsrats ist jedoch darauf hinzuweisen, dass der Verwaltungsrat nicht primär für die Vorbereitung oder Ausführung von Aufgaben zuständig ist. Er muss nur die grundsätzlichen Entscheide treffen. Die operative Umsetzung obliegt entsprechend den Weisungen des Verwaltungsrats der Geschäftsleitung, der aber je nach Organisationsstruktur sehr wohl auch Verwaltungsratsmitglieder angehören können.

Eine vom Gesetzgeber besonders hervorgehobene Aufgabe des Verwaltungsrats ist die finanzielle Führung. Obwohl dem Verwaltungsrat im Aktienrecht ganz konkrete finanzielle Verantwortlichkeiten auferlegt werden, besteht seine Hauptaufgabe nicht darin, diese Führungsinstrumente aufzubauen oder zu unterhalten. Vielmehr ist er für die Formulierung von Grundsätzen im Rahmen der finanziellen Führung zuständig und hat Entscheide hinsichtlich der grundsätzlichen Gestaltung des Führungsinstrumentariums zu treffen. Dabei sind selbstverständlich die vom Gesetzgeber geforderten Instrumente angemessen zu berücksichtigen. Er ist verantwortlich, dass diese Instrumente existieren und als integrierter Bestandteil eines Führungsinformationssystems massgeschneidert zum Tragen kommen. Weit wichtiger, als die reine Einführung der für ein mittleres Unternehmen als selbstverständlich erscheinenden gesetzlich geforderten Instrumente, ist im Rahmen der Finanzverantwortung die Berücksichtigung der finanziellen Interessen der Aktionäre. Auch der Verwaltungsrat eines mittleren Unternehmens ist deshalb bei seinen Entscheiden der Schaffung von langfristigen finanziellen Mehrwerten zugunsten der Aktionäre verpflichtet. Diesbezüglich stellt insbesondere die Wahl der richtigen Investitionsprojekte für den Verwaltungsrat immer wieder eine zentrale Herausforderung dar.

Finanzielle Gesamtführung bedeutet für den Verwaltungsrat das Formulieren von Finanzzielen und Rahmenbedingungen unter Berücksichtigung der langfristigen Wertorientierung. Dabei stehen jeweils grundsätzliche Überlegungen zur Formulierung und Interpretation von Finanzzielen im Vordergrund. In diesen Überlegungen sind Rentabilität, Sicherheit und Liquidität die drei zentralen Bestimmungsgrössen, welche es kurz-, mittel- und langfristig zu planen, zu steuern bzw. zu optimieren gilt. Diese Überlegungen lassen sich an der Unternehmensbilanz sowie der Erfolgs- und Mittelflussrechnung nachvollziehen und werden mit der Formulierung der Investitions-, Kapitalstruktur- und Liquiditätspolitik konkretisiert. Dabei zeigt sich, welchen Stellenwert der (Plan-) Bilanz und der Bilanzanalyse als zentrale Führungsinstrumente des Verwaltungsrats einzuräumen ist. Es ist selbstverständlich, dass dem Verwaltungsrat zur Wahrnehmung der finanziellen Gesamtführung betriebswirtschaftlich[1] korrekte Bilanzen, Erfolgs- und Mittelflussrechnungen sowie zukunftsorientierte Planzahlen vorliegen müssen.

Das Rechnungswesen als integriertes System verschiedener finanzieller Instrumente muss dem Verwaltungsrat als Führungsinstrument dienen. Die einzelnen Elemente sind entsprechend den Bedürfnissen und spezifischen Anforderungen des Unternehmens derart auszubauen und optimal aufeinander abzustimmen, dass sie effektiv als Führungsinstrument genutzt werden können.

Ein dritter zentraler Bereich des Hauptteils stellt die Auseinandersetzung mit der Aufsichtsfunktion des Verwaltungsrats dar. Es wurde gezeigt, wie der Verwaltungsrat seiner Überwachungsfunktion gerecht werden kann, obwohl in der schweizerischen Corporate Governance-Struktur automatisch ein Konflikt besteht, da dasselbe Organ sowohl Führungs- wie auch Aufsichtsverantwortung übernehmen muss. Der Begriff Aufsicht umfasst nebst der normativen Überwachung auch die Kontrolle und die Revision. Innerhalb dieser Dimensionen lässt sich die Überwachungsaufgabe des Verwaltungsrats in eine personale und sachliche Überwachung unterteilen. Im personalen Bereich steht die Überwachung der Geschäftsleitung im Vordergrund, aber auch die verwaltungsratsinterne Überwachung ist äusserst wichtig. Bei der sachlichen Überwachung darf keinesfalls die Ex-post Überwachung anhand vergangenheitsorientierter Abschlüsse und Kennzahlen im Vordergrund stehen. Wichtiger ist die Begleitung

---

[1] Analysen, welche auf handels- oder steuerrechtlichen Abschlüssen oder anderweitig, bewusst oder unbewusst, verfälschten Zahlen basieren, generieren ein verzerrtes Bild und führen zu falschen Schlüssen und Entscheidungen.

der Führungstätigkeit der Geschäftsleitung, die zukunftsorientierte Überwachung der strategischen Unternehmensausrichtung und der Finanzplanung sowie die Überwachung der Funktionsfähigkeit des Kontroll- und Frühwarnsystems.

Die Umfrage bei Verwaltungsmitgliedern mittlerer Unternehmen hat gezeigt, dass sie gut ausgebildet und erfahren sind und i. d. R. eine überschaubare Anzahl von Verwaltungsratsmandaten ausüben. Die Verwaltungsratssitzungen finden regelmässig und in sinnvollen Abständen statt. Die persönliche Vorbereitungszeit der befragten Verwaltungsratsmitglieder ist aber eher knapp bemessen. Hinsichtlich der Bedeutung einzelner Aufgaben des Verwaltungsrats steht die Oberleitung, verstanden als die normative und strategische Ausrichtung des Unternehmens, klar im Mittelpunkt. Eher zuwenig Gewicht wird der strategischen Personalplanung beigemessen. Zur Wahrnehmung der Aufgaben stehen den Verwaltungsräten zahlreiche Führungsinstrumente zur Verfügung, insbesondere sind die Instrumente aus dem finanziellen Führungsbereich überall zahlreich vorhanden.

Bei der Behandlung aller Verwaltungsratsaufgaben wurde immer wieder betont, dass der Verwaltungsrat sorgfältige Entscheidungen im Interesse der Gesellschaft bzw. der Aktionäre nur dann treffen kann, wenn er angemessen informiert ist. Für die Beschaffung und Bereitstellung der richtigen Informationen muss der Verwaltungsrat selbst besorgt sein, indem er sich ein umfassendes, zweckmässiges Informations- und Reportingkonzept aufbaut. Dazu wird ihm im Aktienrecht ein erweitertes Informationsrecht zugestanden. Die Beantwortung, welche Informationen und Berichte der Verwaltungsrat zur verantwortungsbewussten Unternehmensführung benötigt, war mitunter ein noch offenes Ziel dieser Arbeit. Deshalb wird an dieser Stelle als Zusammenfassung ein Informationskonzept für den Verwaltungsrat eines mittleren Unternehmens gezeigt.

9.2 Empfehlung zur Gestaltung des Informationskonzepts

Der zukünftige Erfolg eines Unternehmens hängt stark von der Fähigkeit ab, notwendige und relevante Informationen zu erkennen, diese zu beschaffen und für den Entscheidungsprozess zu nutzen. Dabei ist Information als zweckorientiertes Wissen, das zur Erreichung einer möglichst vollkommenen Disposition eingesetzt wird, zu verstehen.[2] Der Verwaltungsrat muss sich daher zunächst bewusst sein, auf welches Wissen er zur Wahrnehmung seiner Führungs- und Überwachungsaufgabe angewiesen ist, damit seine Bedürfnisse im Führungsinformationssystem berücksichtigt werden können.

9.2.1 Anforderungen an ein Führungsinformationssystem

Die Versorgung des Verwaltungsrats mit den von ihm gewünschten Informationen basiert auf dem Führungsinformationssystem des Unternehmens. Ein solches Konzept unterstützt nicht alleine den Verwaltungsrat, sondern alle Führungskräfte bei der Bewältigung ihrer Aufgaben durch Bereitstellung aktueller, konsistenter und führungsrelevanter Information.[3] Wie in Abbildung 9-1 gezeigt wird, sind je nach Managementstufe Informationen aus anderen Quellen zu beschaffen, unterschiedlich aufzubereiten bzw. zu verdichten und stufengerecht zu übermitteln, woraus sich eine bedarfsgerechte Berichtshierarchie ergibt.

Abbildung 9-1: Bedarfsgerechte Berichtshierarchie [4]

	Verwaltungsrat	**Geschäftsleitung**	**Kader**
Quelle	eher extern	extern und intern	eher intern
Verdichtung	eher hoch	mittel	eher niedrig
Zeitbezug	zukunftsorientiert	gegenwartsorientiert	vergangenheits- und gegenwartsorientiert
Aktualisierungsgrad	eher Trends	eher aktuell	eher aktuell
Frequenz	eher niedrig	mittel	eher hoch

---

2   Vgl. Wittmann (1959), S. 14.
3   Vgl. Vogel/Wagner (1993), S. 26.
4   Vgl. Hofstetter (1993), S. 235.

An ein Führungsinformationssystem werden entsprechend der zahlreichen Empfänger und Aufgaben vielfältige Anforderungen gestellt, welche im folgenden kurz erläutert werden:

- Objektivität
  Damit die Informationen vom Empfänger, sei dies der Verwaltungsrat oder die Geschäftsleitung, akzeptiert werden, müssen sie objektiv und überprüfbar sein. Gemeint ist damit die sachliche Richtigkeit und die Überprüfbarkeit der Quellen. Mindestens in den Fällen, wo die Informationen auf den ersten Blick nicht plausibel, widersprüchlich oder wider dem gesunden Menschenverstand sind, sollte auf Quellenangaben nicht verzichtet werden. Dadurch wird eine Kontrolle und die allenfalls notwendige Beschaffung zusätzlicher Informationen erheblich erleichtert. Objektivität verlangt aber auch klar definierte Begriffe, damit die Empfänger nicht an Begriffsunklarheiten scheitern.[5]

- Flexibilität
  Das Führungsinformationssystem bietet eine Auswahl von Berichten an. Es muss aber so flexibel gestaltet sein, dass auf Wunsch des Empfängers, allenfalls kurzfristig angefordert, ohne grossen Aufwand Zusatzberichte generiert werden können.[6] Insbesondere bei Kennzahlensystemen muss die Möglichkeit bestehen, Informationen mit einem höheren Detaillierungsgrad abzurufen.[7]

- Qualitätsorientierung
  Die Qualität der Information ist dann hoch, wenn die richtigen Informationen zum richtigen Zeitpunkt vom richtigen Empfänger wahrgenommen werden und in den Entscheidungsprozess einfliessen können. Die Qualität wird also von diversen Faktoren beeinflusst. Die Unternehmensleitung ist aufgrund der langfristigen Auswirkungen ihrer Entscheide in besonderem Mass auf eine hohe Genauigkeit[8] der Informationen angewiesen.[9] Ebenso besteht das Bedürfnis möglichst vollständiger Information. Eine hohe Vollständigkeit bzw. Dataillierung birgt

---

[5]   Die Information per se kann selbstverständlich unterschiedlich interpretiert werden.

[6]   Vgl. Struckmeier (1997), S. 15.

[7]   Vgl. Hickert/Moritz (1992), S. 103; Fengler/Simon (1993), S. 35.

[8]   Unter Genauigkeit ist wahre und richtige Information zu verstehen.

[9]   Vgl. Hofstetter (1993), S. 270.

aber die Gefahr von Unübersichtlichkeit und kann die Beschaffung hinauszögern. Zwischen Aktualität und Vollständigkeit besteht insofern ein Trade off, welcher unternehmens- und problemspezifisch gelöst bzw. optimiert werden muss.

- Zukunftsorientierung
  Ein Führungsinformationssystem auf oberster Managementstufe muss die zukünftige Entwicklung gebührend berücksichtigen. Dabei spielt die Integration eines sogenannten Frühwarnsystems eine wichtige Rolle. Es dient dem rechtzeitigen Erkennen von Entwicklungen und Risiken, die zwar noch nicht allgemein wahrnehmbar sind, mit deren Eintreten aber dennoch gerechnet werden muss.[10]

- Empfängerorientierung
  Die Empfängerorientierung betrifft sowohl die Verdichtung wie auch die Darstellung. Ein guter Bericht ist so knapp wie möglich und so umfassend wie notwendig. Durch eine gleichbleibende, standardisierte Darstellung wird die Übersichtlichkeit gefördert. Zudem soll durch ein ansprechendes Layout die Motivation des Empfängers zum Verarbeiten der Berichte erhöht werden.[11] Wertvolle Informationen finden von leitenden Personen zum Teil keine oder ungenügende Beachtung, weil sie in unzweckmässiger oder unübersichtlicher Form dargestellt sind.[12]

Zusammenfassend können folgende Regeln zur Informationsgestaltung gemacht werden:[13]

- Ausrichtung der Information auf den bzw. die Empfänger

- Einheitlicher und systematischer Aufbau

- Trennung von zusammenfassender Übersicht und ausführlichem Kommentar bzw. Hintergrundinformationen

- Hervorhebung von aussergewöhnlichen Sachverhalten

---

[10] Vgl. Hieber (1993), S. 254.

[11] Vgl. Ziegenbein (1992), S. 377.

[12] Vgl. Siegwart (1992), S. 30.

[13] Vgl. Welge (1988), S. 391-393; Horvath (1994), S. 614-617.

- Graphische Darstellungen sind langen Tabellen vorzuziehen, da Grafiken leichter zu erfassen sind. Zusatzinformationen sind allenfalls in Tabellen im Anhang beizufügen.

9.2.2   Formen der Berichterstattung

In der Unternehmenspraxis kommen unzählige Berichtsformen vor. Im Hinblick auf die Aufgaben des Verwaltungsrats und des obersten Management sind folgende drei Berichtsformen von Bedeutung:[14]

- Standardberichte

- Abweichungsberichte

- Bedarfsberichte.

Der Standardbericht ist ein regelmässig erscheinender, standardisierter Bericht der einem i. d. R. gleichbleibendem Empfängerkreis dient.[15] Der einzelne Empfänger muss die relevanten Informationen selbst erkennen. Er hat keine Möglichkeit, direkt auf den Informationsrhythmus oder die sachliche Aussagekraft des Berichts modifizierend einzuwirken.[16] Ein Standardbericht stellt sicher, dass ein bestimmter Empfängerkreis offiziell mit den üblicherweise notwendigen Informationen versorgt wird. Bei der Erstellung von Standardberichten ist insbesondere die stufengerechte Verdichtung hinsichtlich des vorgesehenen Empfängerkreises wichtig. Sind zusätzliche Informationen notwendig, werden entweder Abweichungsberichte oder Bedarfsberichte angefordert. Sie decken aussergewöhnliche Informationsbedürfnisse ab.

Um sich vor einer zu grossen Informationsflut zu schützen, kann es für den Verwaltungsrat sinnvoll sein, sich z. T. durch sogenannte Abweichungsberichte informieren zu lassen. Die Standardberichte werden dazu auf ein absolutes Minimum reduziert. Sobald aber gewisse, im Voraus definierte Toleranzwerte überschritten sind, ist ein Abweichungsbericht zu erstellen. Dem Vorteil einer Eindämmung der Informationsüberflutung steht bei dieser auf dem Prinzip des Management by Exception basierenden Berichtskonzeption der Nachteil einer Informationsüberselektion gegenüber.

---

14   Vgl. Horvath (1994), S. 607.

15   Vgl. Ziegenbein (1992), S. 373.

16   Vgl. Horvath (1994), S. 607.

Reichen die Abweichungsberichte nicht aus, um den Informationsbedarf zu decken, sind Bedarfsberichte zu erstellen. Sie werden spezifisch angefragt und dienen der ergänzenden Analyse von Sachverhalten, auf welche z. B. durch einen Abweichungsbericht hingewiesen wurde. Diese Berichte fallen unregelmässig an, da sie ausschliesslich auf ein momentanes, spezifisches Informationsbedürfnis ausgerichtet sind. Die Erstellung von Bedarfsberichten kann sehr aufwendig sein und Personalressourcen binden, insbesondere deshalb, weil die Erstellung des Berichts oft kurzfristig erfolgen muss.

9.2.3   Materielle und formelle Gestaltung der Verwaltungsratsberichte

Es empfiehlt sich, im Organisationsreglement festzuhalten, über welche Gegenstände die Geschäftsleitung dem Verwaltungsrat Bericht zu erstatten hat. Auch der zeitliche Rhythmus der Berichterstattung sollte, zumindest in denen Grundzügen, geregelt werden. Dabei steht die Information über Geschäftsstrategie, Gang der Geschäfte mit Ausblick, geplante Investitionen und Desinvestitionen, Finanzlage, Finanzplanung und -kontrolle sowie Personalpolitik bzw. -planung im Zentrum des Interesses. Der Verwaltungsrat sollte insbesondere beachten, dass er die Geschäftsleitung auch zur Berichterstattung über besondere Ereignisse verpflichtet.[17]

Die ordentliche Berichterstattung lässt sich in einen strategischen und einen operativen Bericht unterteilen. Die strategische Berichterstattung soll dem Verwaltungsrat vor allem dazu dienen, Veränderungen in der Umweltentwicklung wie auch in der Unternehmensentwicklung rechtzeitig zu erkennen und so dem präsituativen Management zu dienen. Insofern stellt sie, zumindest hinsichtlich der Umweltanalyse, ein strategisches Frühwarninstrument dar.[18] Inhaltlich fasst ein solcher Bericht die wichtigsten Entwicklungen oder zu erwartenden Trends der Unternehmensumwelt zusammen und zeigt die langfristige Unternehmensentwicklung und -planung auf.[19] Der strategische Bericht dient der langfristigen Unternehmenssteuerung und der Überwachung der langfristigen Unternehmensplanung. Für den Verwaltungsrat ist er unerläss-

---

[17]   Vgl. Meyer/Erny (1998), S. 99.

[18]   Vgl. Mohr (1992), S. 160-161.

[19]   Zur konkreten Implementation eines Umfeldinformationssystems vgl. Grämiger (1994), S. 334-347.

lich, damit er strategische Ziele kritisch hinterfragen, langfristige Pläne überdenken und allenfalls neu festlegen kann.

In Abbildung 9-2 ist die Gliederung eines strategischen Berichts dargestellt.
Das Management Summary soll die auf den nachfolgenden Seiten detaillierter
dargestellten Entwicklungen kurz in verbaler Form zusammenfassen und die
wichtigsten Auswirkungen und Erkenntnisse für das Unternehmen festhalten.
Die gewählten Berichtspunkte müssen individuell an jedes Unternehmen angepasst werden.[20]

Abbildung 9-2:   Gliederung eines strategischen Berichts

Strategischer Bericht	
Erstellt von: Erstellt am:	Verteiler: Versandt am:
Inhaltsübersicht Seite **Management Summary** 1 **Umweltentwicklung** Allgemeine Umwelt 2 Markt und Branche 3 **Unternehmensentwicklung** Finanzen 4 Personal 5 Forschung und Entwicklung 6 Produktion 7 Marketing 8	

Zur Begleitung der Geschäftsleitung und der Überwachung der laufenden Geschäftsführung benötigt der Verwaltungsrat aber auch regelmässige Lagebe-
richte. Im Gegensatz zur strategischen Berichterstattung werden in den operativen Berichten kurzfristige Entwicklungen dargestellt. Bildlich gesprochen ist
weniger der richtige Kurs des Unternehmens vorrangiges Ziel, sondern die

---

20   Die konkrete Ausgestaltung eines strategischen Berichts wird im Anhang gezeigt. Vgl.
     Kap. 10.2.1.

Entwicklung und Kontrolle der konkreten Umsetzung, damit die geplanten Jahresziele erreicht werden. Dementsprechend spielt im operativen Bericht die Umweltentwicklung eine untergeordnete Rolle. Im Vordergrund steht die aktuelle Unternehmensentwicklung, wie dies in Abbildung 9-3 zu erkennen ist. Ein operativer Bericht sollte deshalb in relativen kurzen Abständen erstellt werden, z. B. quartalsweise oder, allenfalls auszugsweise, monatlich. Er enthält die Ist-Werte zum aktuellen Zeitpunkt, zeigt die Abweichungen zur kurzfristigen Planung und evtl. die Veränderung zum Vorjahr, um saisonale Einflüsse zu gewichten bzw. ins richtige Licht zu rücken. Ebenso empfiehlt sich, zumindest für die wichtigsten Eckwerte, eine Hochrechnung auf Jahreswerte. Besteht aufgrund der vorliegenden Zahlen Grund zur Annahme, dass die geplanten Jahresziele verfehlt werden, sollte im letzten Teil des operativen Berichts die Geschäftsleitung dem Verwaltungsrat evtl. bereits eingeleitete Massnahmen erläutern oder Vorschläge unterbreiten, welche die Zielerreichung dennoch ermöglichen lassen.

Bei der Beurteilung der Unternehmensentwicklung stehen diejenigen Werte im Vordergrund, die konkrete Aussagen über die momentane Situation und die kurzfristige Zielerreichung machen. Trotzdem dürfen operative Berichte dem Verwaltungsrat aber nicht ausschliesslich dazu dienen, Vergangenheitswerte zu beurteilen. Vielmehr muss der Verwaltungsrat dank den operativen Berichten in der Lage sein, zukünftige Auswirkungen der aktuellen Entwicklung zu erkennen, um so sofort allfällige Korrekturmassnahmen anordnen zu können. Zur raschen und übersichtlichen Erfassung der momentanen Situation können insbesondere spezifisch ausgewählte Kennzahlen eine wertvolle Hilfe darstellen.[21] Jedes in der Theorie dargestellte Kennzahlensystem muss für den praktischen Einsatz überprüft und sowohl an die Besonderheiten des Betriebs wie auch an die subjektiven Informationsbedürfnisse jedes einzelnen Verwaltungsrats angepasst werden. Trotz der vorhandenen Vorteile von Kennzahlensystemen, darf man die mit ihrer Anwendung verbunden Gefahren nicht unterschätzen. Kennzahlen sollten nicht isoliert betrachtet werden, insbesondere weil diese oft zeitpunktbezogene Grössen darstellen. Mit Zeit- und allenfalls Branchenvergleichen sowie mit Soll-Ist-Vergleichen kann die Aussagefähigkeit erhöht werden. Da Kennzahlen oft auf finanziellen Zahlen basieren, besteht auch die Gefahr, die quantitativ, finanzwirtschaftliche Betrachtung zu stark in

---

21 Ein ausführlicher operativer Bericht mit Kennzahlensystem ist im Anhang dargestellt. Vgl. Kap. 10.2.2.

den Vordergrund zu rücken. Zu einer umfassenden Leistungs- und
Erfolgsbeurteilung gehören aber weitere, eher qualitative Faktoren wie z. B.
die Kundenzufriedenheit, die Produkt- oder Servicequalität, die Innovationen
oder die Mitarbeiterzufriedenheit.

Abbildung 9-3:   Gliederung eines operativen Berichts

Operativer Bericht	
Erstellt von: Erstellt am:	Verteiler: Versandt am:
Inhaltsübersicht Seite **Management Summary** 1 Kennzahlen Unternehmensentwicklung Ausserordentliche Ereignisse **Unternehmensentwicklung** Märkte 2 Produktion 3 Personal 4 Finanzen 5 **Geschäftsleitung** 6	

In die operativen Berichte, die regelmässig und in relativ kurzen Abständen
erscheinen, lässt sich idealerweise auch ein Frühwarnsystem integrieren. Darunter sind einige besonders aufschlussreiche Indikatoren zu verstehen, welche
die Unternehmensleitung rechtzeitig, nämlich bevor eine Krise eintrifft, für
bestehende Risiken oder Gefahren sensibilisieren. Wie Abbildung 9-4 zeigt,
sind solche Frühwarnindikatoren nicht nur quantitativer, sondern vor allem
auch qualitativer Art. Für sich alleine hat ein Indikator oft nur eine beschränkte Aussagekraft, im Zusammenspiel mit anderen Indikatoren können
aber weitere Schlüsse folgen. So bedeutet z. B. ein weites Auseinanderfallen
von Gesamt- und Eigenkapitalrendite nur, dass ein grosser Leverage-Effekt

besteht.[22] Wird diese Erkenntnis in den Zusammenhang zur Gewinnstabilität gesetzt, kann der Verwaltungsrat abschätzen, ob das Unternehmen das eingegangene Risiko weiterhin tragen kann.

Abbildung 9-4:   Indikatoren eines Frühwarnsystems

Indikatoren quantitativer Art	Indikatoren qualitativer Art[23]

• Verhältnis von Gesamtkapital- zu Eigen-kapitalrendite
• Gewinnstabilität
• Verschuldungsgrad
• Zinsenlast in % des Umsatzes
• Lagerumschlag
• Arbeitsvorrat
• Debitoren- und Kreditorenfristen
• Ergebniskomponenten wie:
  - Verkaufspreis
  - Absatz
  - DB in % Umsatz
  - Kostenentwicklung
• Kundenreklamationen
• Abwesenheitskontrolle
• Personalfluktuation
• etc.
	• Management führt zuwenig weitsichtig; es wird reagiert anstatt agiert
	• Entscheidungen werden vertagt
	• Personal und Organisation:
	  - gereizte Stimmung
	  - Pessimismus
	  - unklare Zuordnung von Kompetenzen
	  - Kompetenzüberschreitungen
	• Schlechte Qualität der Führungs-information
	• Sinkende Qualität der Arbeit
	• Produktionsprobleme
	• Fehlende Innovation
	• Kommunikationsprobleme
	• Verlust von (langjährigen) Kunden
	• Verlust von Lieferanten
	• Terminüberschreitungen
	• etc.

Trotz der unterschiedlichen Ausrichtung von strategischen und operativen Berichten gibt es Beurteilungskriterien und Kennzahlen, die in beiden Berichten vorkommen können. Der wesentliche Unterschied liegt nicht im einzelnen Beurteilungskriterium, sondern in der Gesamtbetrachtung[24] bzw. Beurteilung der Daten. Zusammen müssen die Berichte den Verwaltungsrat befähigen, die langfristige Unternehmensausrichtung zu beurteilen und allenfalls anzupassen sowie die operative Geschäftsführung zu kontrollieren, um eventuell kurzfristig korrigierend einzugreifen.

---

22   Vgl. Kap. 6.2.1.2.

23   Die Schwierigkeit der qualitativen Indikatoren besteht in deren objektiven Messung.

24   Vgl. dazu den Balanced Scorecard-Ansatz, wo ebenfalls die Gesamtbetrachtung im Vordergrund steht. Vgl. dazu Kaplan/Norton (1997); Meyer/Köhle (2000), S. 7 - 18.

9.3   Thesen und Ausblick

Um sich abschliessend einen prägnanten Überblick über die Verwaltungsrat-stätigkeit in mittleren Unternehmen zu machen, seien die wichtigsten Erkenntnisse und Schlussfolgerungen thesenartig zusammengefasst.

- Der Verwaltungsrat ist ursprünglich ein Gremium besonders interessierter Aktionäre. Er hat in erster Linie die Interessen aller Aktionäre möglichst gut zu vertreten. Dabei steht für die Aktionäre zweifelsfrei die Schaffung von langfristigen Mehrwerten im Vordergrund.

- Der Verwaltungsrat hat im Rahmen der Oberleitung und Oberaufsicht grundsätzliche Entscheide zu treffen. Die strategische Ausrichtung des Unternehmens stellt dabei die zentrale Führungsaufgabe dar. Im Rahmen der Verantwortung gegenüber den Aktionären reicht aber die Formulierung von Geschäftsfeldern und Zielen nicht aus. Mit zur Festlegung einer Strategie gehört die Auseinandersetzung und Abstimmung mit der Unternehmensstruktur sowie der im Gesetz nicht erwähnten Unternehmenskultur. Selbst eine in sich überzeugende Strategie ist zum Scheitern verurteilt, wenn die Unternehmenskultur nicht dazu passt. Falls die Unternehmenskultur nicht genügend rasch angepasst werden kann, muss eine andere Strategie verfolgt werden. Deshalb sollten sich Verwaltungsräte vermehrt mit Aspekten der Unternehmenskultur befassen. Viele Probleme bei der Umsetzung von Strategien könnten so vermieden werden.

- Die vage Ausformulierung der Begriffe Oberleitung und Oberaufsicht im Aktienrecht bei gleichzeitiger Verschärfung der Verantwortlichkeit kann bei Verwaltungsratsmitgliedern mittlerer Gesellschaften zu einer Verunsicherung hinsichtlich der konkret wahrzunehmenden Aufgaben führen. Eine solche Verunsicherung bewirkt ein erhöhtes Schutz- und Vorsichtsdenken, das tendenziell zu einer Überbewertung der operativen Tätigkeiten und einer Vernachlässigung der für den Verwaltungsrat viel wichtigeren strategischen Aufgaben führt. Es wäre deshalb wünschenswert, den Verwaltungsrat per Aktienrecht klarer von jeglichen operativen Aufgaben zu entbinden, sofern er die Geschäftsführung korrekt delegiert hat, und den konkreten Inhalt der strategischen Aufgaben besser aufzuzeigen.

- Klare Organisationsstrukturen und eine zweifelsfreie Zuordnung von Kompetenzen und Verantwortung sind Voraussetzung für eine gute Zusammenarbeit zwischen Verwaltungsrat und Geschäftsleitung. Auch innerhalb des Verwaltungsrats drängt sich eine sinnvolle Aufgabenteilung durch Bildung von Ausschüssen auf. Insbesondere ein unabhängiges, fachlich kompetentes Audit-Committee leistet wertvolle Dienste.

- Oberaufsicht bedeutet Verantwortung über die gesamte Unternehmensüberwachung. Die einzelnen Überwachungsaufgaben sind jedoch nicht allein vom Verwaltungsrat wahrzunehmen. Seine Hauptaufgabe ist es, für ein umfassendes, zuverlässiges Überwachungssystem besorgt zu sein.

- Bei der Überwachung aus der Sicht des Verwaltungsrats muss der Zukunftsorientierung mehr Gewicht beigemessen werden. Hauptzweck der Überwachung muss sein, rechtzeitig Massnahmen zu treffen, um in Zukunft keine Überraschungen zu erleben. Dazu sind insbesondere die generellen Planungsgrundlagen und die Unternehmens- und Finanzplanung zu überwachen sowie das Kontroll- und Frühwarnsystem auf seine Funktionsfähigkeit zu überprüfen.

- Jeder Verwaltungsrat ist selbst für seine Information verantwortlich. Der Gesetzgeber gibt ihm die notwendigen Vollmachten. Das Berichtswesen ist im Organisationsreglement zu verankern. Materiell sind Verwaltungsratsberichte zukunftsorientiert zu gestalten. Dabei ist in erster Linie Qualität und nicht Quantität gefordert.

- Um der Verantwortung gegenüber den Aktionären und der Gesellschaft gerecht zu werden, gehören starke, unabhängige und fachlich qualifizierte Persönlichkeiten in den Verwaltungsrat. Dabei können insbesondere bei mittleren Aktiengesellschaften erfahrene, externe Verwaltungsratsmitglieder viel zur Qualität des Verwaltungsrats beitragen.

Obwohl in dieser Arbeit viele Facetten der verwaltungsrätlichen Tätigkeit in mittleren Unternehmen betrachtet wurden, bleiben nach wie vor Fragen zur konkreten Wahrnehmung des Verwaltungsratsmandats offen. Aufgrund der monistischen Ausgestaltung und der offenen Formulierungen im Aktienrecht ist es kaum möglich, präzise, zweifelsfreie Anweisungen zur Ausübung der Verwaltungsratstätigkeit zu geben. Es bleibt letztendlich immer eine Ermessensfrage der Gerichte, ob ein Verwaltungsrat seine Kompetenzen sorgfältig wahrgenommen hat. Zusätzlich erschwert werden konkrete Arbeitsanweisungen durch die grosse organisatorische Flexibilität, welche der Gesetzgeber jedem Unternehmen bei der Gestaltung der Führungsorganisation gewährt. Ein Verwaltungsratsmandat wird insofern auch in Zukunft eine „unsichere" Aufgabe darstellen. Um so wichtiger ist es, dass Verwaltungsräte unternehmensintern klare Verantwortlichkeiten schaffen, zudem den Mut und das Vertrauen aufbringen, sich bei ihrer Führungs- und Überwachungstätigkeit auf strategische Entscheidungen zu beschränken und sich immer ihrer Verantwortung gegenüber jedem einzelnen Aktionär bewusst sind.

10 Anhang

10.1   Anhang: Investitionsrechnungsverfahren

10.1.1   Beurteilung und Einsatz der statischen Verfahren

Statische Verfahren[1]

Kosten- oder Gewinnvergleichsrechnung

Da die Kostenvergleichsrechnung eigentlich nicht die Kosten minimieren, sondern den Gewinn maximieren will, wir bei dieser Rechnung immer unterstellt, dass die Erträge der zu vergleichenden Investitionsprojekte gleich gross sind und möglichst konstant anfallen. Falls diese Prämisse(n) erfüllt ist (sind), dann führt eine Kostenvergleichsrechnung zu einem aussagefähigen Ergebnis. Am ehesten ist dies bei kleineren Ersatz- oder Rationalisierungsinvestitionen der Fall.

Rentabilitätsrechnung

Bei dieser Rechnung wird der Durchschnittsgewinn je rechnerische Zeiteinheit (i. d. R. Gewinn/Jahr) zum durchschnittlich gebundenen Kapital einer Investition gesetzt. Obwohl eine klare, sachgerechte Definition von Gewinn und Durchschnittskapital entscheidend ist, existieren in der Praxis unterschiedliche Definitionen. Oft stellt das Resultat einen Ausweis der zeitlichen Durchschnittsverzinsung einer Investition dar; d. h. der Gewinn ist nicht um Zinsen korrigiert. Will man die Eigenkapitalverzinsung der Investition zeigen, dann ist der Gewinn um die Fremdkapitalzinsen zu verringern. Mit der Rentabilitätsrechnung kann sowohl die absolute wie auch die relative Vorteilhaftigkeit beurteilt werden. Von den statischen Verfahren ist sie das umfassendst einsetzbare Verfahren und eignet sich zur Beurteilung von Rationalisierungs-, Neu- und Erweiterungsinvestitionen.

Amortisationsrechnung

Die Amortisationszeit ist diejenige Zeit, welche benötigt wird, bis die Rückflüsse aus einer Investition der Höhe des investierten Kapitals entsprechen. Da lediglich nach dem Zeitraum zur Rückgewinnung des eingesetzten Kapitals gefragt wird und die zukünftige Entwicklung nicht mehr interessiert, kann keine Aussage über den Erfolg des gesamten Investitionsprojekts gemacht werden. Die Amortisationsdauer ist damit in erster Linie ein Risikomass. Sie eignet sich nur als Zusatzrechnung. Als Durchschnittsrechnung ist sie nur dort zu empfehlen, wo die Rückflüsse über die Jahre ungefähr konstant sind.

Nutzwertanalyse

Die Nutzwertanalyse erlaubt es, verschiedene, u. a. auch qualitative Element zur Beurteilung heranzuziehen. Alternativen werden hinsichtlich eines multidimensionalen Zielsystems eingeordnet. Dabei entscheidet die subjektive Gewichtung eines Zielkriterium sowie die subjektive Bewertung der Zielerreichung je Alternative hinsichtlich eines jeden Zielkriteriums über die Gesamtbeurteilung. Die Nutzwertanalyse ist kein Rechenverfahren, sondern ein systematisches Verfahren zur Lösung von Entscheidungsproblemen. Es eignet sich immer zur Auswahl verschiedener Handlungsalternativen, wenn mehrere Zielkriterien vorhanden sind.

---

[1]   Vgl. Blohm/Lüder (1988), S. 156-194; Rolfes (1992), S. 89-112.

10.1.2 Beurteilung und Einsatz der dynamischen Verfahren

Dynamische Verfahren[2]

Kapitalwertmethode

Der Kapitalwert einer Investition ist der Barwert aller Rückflüsse (inkl. Liquidationserlös) einer Investition abzüglich dem Barwert der Investition bezugnehmend auf den Beginn der Planung. Ökonomisch bedeutet ein positiver Kapitalwert, dass nebst der Verzinsung des im Projekt investierten Kapitals zusätzlich ein Vermögenszuwachs erwirtschaftet wird. Ist der Kapitalwert gleich 0, dann wird das investierte Kapital gerade verzinst und ist er negativ, dann reduziert sich das Vermögen des Unternehmens um diesen Betrag. Die Anwendung setzt voraus, dass die Zahlungsströme eines Projekts isoliert betrachtet und über mehrere Jahre im Voraus prognostiziert werden können. Des Weiteren liegt die Annahme zugrunde, dass ein sog. vollkommener Kapitalmarkt besteht, also Kapital für Investitionen unbeschränkt zu einem einheitlichen Kapitalmarktzinssatz aufgenommen werden kann. Dementsprechend müssten alle Investitionsmöglichkeiten mit positivem Kapitalwert realisiert werden. Da die Annahmen insbesondere für mittlere Unternehmen nicht zutreffen, werden sie (nur) diejenigen Projekte mit dem grössten Kapitalwert auslesen. Die Methode eignet sich gut zur Beurteilung grösser und langfristiger Projekte.

Annuitätenmethode

Die Annuitätenmethode stellt eine Variante der Kapitalwertmethode dar, wo der Kapitalwert einer Investition in eine Reihe von gleich hohen Zahlungen über den Projektzeitraum transformiert wird. Ein Projekt ist dann vorteilig, wenn die Annuität über 0 ist; d. h. wenn nebst der Verzinsung ein gleichbleibender Periodenüberschuss erwirtschaftet wird. Die Aussage der Annuitätenmethode kommt zum gleichen Ergebnis wie bei Kapitalwertmethode, bei dieser ist aber in der Regel die Berechnung weniger umständlich. Die Annuitätenmethode kommt deshalb nur zum Zug, wenn nicht allein die Vorteilhaftigkeit, sondern auch der ausschüttbare Periodenüberschuss interessiert.

Interner Ertragssatz

Der Interne Ertragssatz ist derjenige Kapitalisierungszinssatz, bei dem der Kapitalwert einer Investition genau 0 wird. Er gibt an, wie hoch das im jeweiligen Zeitpunkt gebundene Vermögen verzinst wird. Eine Investition ist dann vorteilhaft, wenn sie über dem geforderten Mindestzinssatz liegt. Bei der Auswahl mehrerer Projekte erhält jenes mit dem höchsten internen Ertragssatz den Vorzug. Die Berechnung des Internen Ertragssatzes eignet sich besonders für Entscheidungen bei knappen Mitteln und für Sensitivitätsüberlegungen. Dort bildet der Interne Ertragssatz ein kritischer Wert für den Kalkulationszinssatz.

Dynamische Pay-back Methode oder Amortisationsrechnung

Die dynamische Pay-back Methode gibt an, nach wieviel Zeit der Kapitalwert des Projekts positiv wird. Eine Investition ist vorteilhaft, wenn die Amortisationszeit kleiner ist als die Projektlaufzeit. Die Pay-back Methode ist in erster Linie ein Risikomass. Dasjenige Projekt ist sicherer, dessen Amortisationszeit geringer ist. Dahinter steht die Überlegung, dass die Prognoseunsicherheit mit wachsendem Abstand von t_0 steigt und deshalb das Risiko zur Wiedergewinnung des eingesetzten Kapitals steigt.

---

2   Vgl. Blohm/Lüder (1988), S. 54-118.

10.2   Anhang: Reporting

10.2.1   Beispiel eines strategischen Berichts

Strategischer Bericht	
Erstellt von:	Verteiler:
Erstellt am:	Versandt am:

Inhaltsübersicht		
	Seite	
Management Summary	1	
Ausserordentliche Ereignisse		
Umwelt	2	
Unternehmen	3	
Unternehmensentwicklung		
Finanzen	4	
Personal	5	
Forschung und Entwicklung	6	
Produktion	7	
Marketing	8	

Management Summary	-1-

Umweltentwicklung

In verbaler Form sind die entscheidenden Entwicklungen, welche auf den nachfolgenden Seiten detailliert kommentiert werden, zusammenzufassen.

Unternehmensentwicklung

In verbaler Form sind die entscheidenden Entwicklungen, welche auf den nachfolgenden Seiten detailliert kommentiert werden, zusammenzufassen.

Umweltentwicklung / Allgemeine Umwelt											-2-	
Kriterien	**Planung**				**Ergebnis**				**Abweichung**			
Planungsjahr	1	2	3	4	1	2	3	4	1	2	3	4
Volkseinkommen												
Bruttosozialprodukt												
Inflationsrate												
Arbeitlosenquote												
Sparneigung												
Investitionsquote												
etc.												

	Festgestellte Entwicklung	Erwartete Entwicklung und Folgen für das Unternehmen
Bevölkerungsstruktur: - Altersklassen - Geschlecht - Ausländeranteil		
Freizeitverhalten		
Politische Verhältnisse		
Gesetzgebung		
Technologie		
Ökologie		
Forschung: - Innovationen - Substitute		
etc.		

Umweltentwicklung / Markt und Branche -3-

Kriterien	Planung				Ergebnis				Abweichung			
Planungsjahr	1	2	3	4	1	2	3	4	1	2	3	4
Marktvolumen												
Marktpotential												
Marktwachstum												
Eigener Marktanteil												
Marktanteile:												
- Konkurrent A												
- Konkurrent B												
Preisentwicklung												
Branchenrentabilität												
etc.												

	Festgestellte Entwicklung	Erwartete Entwicklung und Folgen für das Unternehmen
Organisation der Branche		
Überkapazitäten oder Kapazitätsengpässe		
Innovationstendenzen		
Substituierbarkeit		
Neue Wettbewerber		
Eintrittsbarrieren		
Wettbewerbs-instrumente		
Bedürnisstruktur der Kunden		
Stabilität der Nachfrage		
Produktlebenszyklen		
etc.		

Unternehmungsentwicklung / Finanzen[3]											-4-
Kriterien	**Planung**				**Ergebnis**				**Abweichung**		
Planungsjahr	**1**	**2**	**3**	**4**	**1**	**2**	**3**	**4**	**1**	**2**	**3**	**4**
Unternehmenswert												
Eigenkapital												
Fremdkapital												
Verschuldungsgrad												
Bankkredite												
Fremdkapitlazinsen												
Umlaufvermögen												
Anlagevermögen												
Anlagedeckungsgrad												
Cash flow												
Gewinn/Aktie												
Dividende/Aktie												
Selbstfinanzierungs-grad												
Rentabilität												
Kapitalumschlag												
etc.												

	Festgestellte Entwicklung	Erwartete Entwicklung und Folgen für das Unternehmen
Besitzverhältnisse		
Kapitalstruktur		
Investitionspolitik		
Liquiditätpolitik		
Risikopolitik		
Gewinnverwendung		
etc.		

---

3   Nur aussagekräftige Werte nach der Bilanzbereinigung verwenden.

Unternehmungsentwicklung / Personal											-5-
Kriterien	**Planung**				**Ergebnis**				**Abweichung**		
Planungsjahr	**1**	**2**	**3**	**4**	**1**	**2**	**3**	**4**	**1**	**2**	**3**	**4**
Mitarbeiter:												
- davon Kader												
- davon Azubi												
Personalkosten:												
- davon Sozialkosten												
Kosten/MA												
Arbeitsstunden												
Fehlzeiten												
Fluktuationsrate:												
- Kader												
- Mitarbeiter												
Ausbildungskosten:												
- Kader												
- Mitarbeiter												
- Azubi												
etc.												

	Festgestellte Entwicklung	**Erwartete Entwicklung und Folgen für das Unternehmen**
Pesonalbedarf		
Personalentwicklung		
Kadernachwuchs		
Salärentwicklung		
Betriebsklima		
Arbeitszufriedenheit		
etc.		

Unternehmungsentwicklung / Forschung und Entwicklung -6-												
Kriterien	Planung				Ergebnis				Abweichung			
Planungsjahr	1	2	3	4	1	2	3	4	1	2	3	4
Kosten F&E												
Personalbestand F&E												
Investitionen F&E												
etc.												

	Festgestellte Entwicklung	Erwartete Entwicklung und Folgen für das Unternehmen
Projekte und Partner		
Forschungserfolge		
Neue Verfahren		
Produktver-besserungen		
Patente und Lizenzen		
Kooperationen		
Stand Konkurrenz		
etc.		

Unternehmungsentwicklung / Produktion											-7-
Kriterien	**Planung**				**Ergebnis**				**Abweichung**		
Planungsjahr	1	2	3	4	1	2	3	4	1	2	3	4
Produktion Prod. A												
Produktion Prod. B												
Lagerbestände 1/1												
Lagerbestände 1/2												
Lieferbereitschaft												
Produktionskosten												
MA Produktion												
Ersatz-Investitionen												
Neu-Investitionen												
Abschreib. Anlagen												
Max. Kapazität												
Auslastung Kapazität												
etc.												

	Festgestellte Entwicklung	Erwartete Entwicklung und Folgen für das Unternehmen
Produktionsprogramm		
Technologie		
Durchlaufzeiten		
Abhängigkeiten		
Outsourcing		
etc.		

Unternehmungsentwicklung / Marketing -8-

Kriterien	Planung				Ergebnis				Abweichung			
Planungsjahr	1	2	3	4	1	2	3	4	1	2	3	4
Absatz												
Umsatz												
Preisniveau												
Auftragsbestand												
Werbeaufwand												
etc.												

	Festgestellte Entwicklung	Erwartete Entwicklung und Folgen für das Unternehmen
Kundenzufriedenheit		
Kundenstruktur		
Key-Accounts		
Sortiment/Produkte		
Preisentwicklung		
Qualität		
Vertriebsorganisation		
Public Relations		
etc.		

10.2.2   Beispiel eines operativen Berichts

<table>
<tr><td colspan="2" align="center">Operativer Bericht</td></tr>
<tr><td>Erstellt von:
Erstellt am:</td><td>Verteiler:
Versandt am:</td></tr>
<tr><td>

Inhaltsübersicht

                              Seite

Management Summary   1
Kennzahlen
Unternehmensentwicklung
Ausserordentliche Ereignisse

Unternehmensentwicklung
Märkte   2
Produktion   3
Personal   4
Finanzen   5

Geschäftsleitung   6

</td><td> </td></tr>
</table>

Management Summary												-1-
Kennzahlen												
Kriterien	**laufendes Quartal**				**Kumuliertes Erg.**				**Erw. Jahreserg.**			
	Soll	Ist	Abw %	Vor-jahr	Soll	Ist	Abw %	Vor-jahr	Soll	Ist	Abw %	Vor-jahr
Cash Flow												
Gewinn vor Steuern												
Umsatz												
Umsatzrendite												
Verschuldungsgrad												
Gesamtkapitalrendite												
Eigenkapitalrendite												
Umsatz/MA												
Erlösmind./Umsatz												
Liquiditäten												
Fertiglagerbestände												
Auftragsvolumen												
Auftragsreichweite[4]												
Erfolgsquote/Angebot												
Lieferbereitschaft												
etc.												
Bemerkungen												

Unternehmensentwicklung

In verbaler Form sind die entscheidenden Entwicklungen, welche auf den nachfolgenden Seiten detailliert kommentiert werden, zusammenzufassen.

Ausserordentliche Ereignisse

Umwelt	**Unternehmen**
In verbaler Form sind die wichtigsten Umwelt-ereignisse, welche das Unternehmen tangiert haben, zusammenzufassen.	In verbaler Form sind die wichtigsten inner-betrieblichen Ereignisse, welche das Unter-nehmen tangiert haben, zusammenzufassen.

---

4   Die Auftragsreichweite gibt an, für wieviele Tage das Auftragsvolumen ausreicht. Sie berechnet sich als Quotient von Auftragsbestand*360 Tage und Netto-Umsatz der letzten zwölf Monate

Unternehmensentwicklung / Märkte											-2-
Kriterien	**laufendes Quartal**				**Kumuliertes Erg.**				**Erw. Jahreserg.**		
	Soll	Ist	Abw %	Vor-jahr	Soll	Ist	Abw %	Vor-jahr	Soll	Ist	Abw %	Vor-jahr
Marktgrösse												
Marktanteil												
Umsatz												
Deckungsbeitrag												
Break even-Umsatz[5]												
Umsatz/MA												
Erlösmind./Umsatz												
Fertiglagerbestände												
Auftragsvolumen												
Auftragsreichweite												
Erfolgsquote/Angebot												
Lieferbereitschaft												
etc.												
Bemerkungen												

---

[5]   Unter dem Break even-Umsatz wird derjenige Umsatz verstanden, welcher notwendig ist, um Ende Jahr den Break even zu erreichen. Hier anteilig pro Quartal ausgewiesen.

Unternehmensentwicklung / Produktion												-3-
Kriterien	**laufendes Quartal**				**Kumuliertes Erg.**				**Erw. Jahreserg.**			
	Soll	Ist	Abw %	Vor-jahr	Soll	Ist	Abw %	Vor-jahr	Soll	Ist	Abw %	Vor-jahr
Wirtschaftlichkeit												
Herstellkosten												
Personalkosten												
Materialkosten												
Gesamtproduktivität												
Personalkostenprod.												
Materialkostenprod.												
Produktionskapazität												
Auslastung												
Lager												
Lager 1/2 Produkte												
Lagerumschlag												
etc.												
Bemerkungen												

Unternehmensentwicklung / Personal												-4-
Kriterien	**laufendes Quartal**				**Kumuliertes Erg.**				**Erw. Jahreserg.**			
	Soll	Ist	Abw %	Vor-jahr	Soll	Ist	Abw %	Vor-jahr	Soll	Ist	Abw %	Vor-jahr
Personaleinheiten												
Vollbeschäftigte												
Teilzeitbeschäftigte												
Personalkosten												
Sozialkosten												
Durchschnittslohn												
Fehlzeiten												
Leistungszeit normal												
Leistungszeit Überstd.												
Fluktuation												
etc.												
Bemerkungen												

Unternehmensentwicklung / Finanzierung   -5-

Kriterien	laufendes Quartal				Kumuliertes Erg.				Erw. Jahreserg.			
	Soll	Ist	Abw %	Vor-jahr	Soll	Ist	Abw %	Vor-jahr	Soll	Ist	Abw %	Vor-jahr
Gesamtkapital												
Eigenkapital												
Fremdkapital												
Kreditaufnahme												
Kreditrückzahlung												
Bankähnl. Kredite												
Lieferantenkredite												
Kreditorendauer												
Debitoren												
Debitoren < 30 Tage												
Debitoren > 30 Tage												
Debitorendauer												
Zinsenaufwand												
etc.												
Bemerkungen												

Kommentar der Geschäftsleitung   -6-

Erstellt von:	Erstellt am:

Stellungnahme und Erläuterungen der Geschäftsleitung zu einzelnen Punkten im operativen Bericht (eingeleitete Massnahmen, Vorschläge, etc.)

Abbildungsverzeichnis

Literaturverzeichnis

A

Abt, H. (1994): Im Kreise der „petit cousins" lässt sich ruhig schlafen, in: Die Weltwoche, Nr. 16, 21.4.1994, S. 21.

Ackermann, W.; Schächtele, A. (1998): Herausforderung Altersvorsorge - Ein Beitrag zur Analyse und Entwicklung der Altersvorsorge aus systemischer Sicht, St. Gallen 1998.

Affolter, M. (1994): Die Durchsetzung von Informationspflichten im Zivilprozess, St. Gallen 1994.

Alchian, A. A.; Demsetz, H. (1972): Production, Information Costs and Economic Organisation, in: American Economic Review, Vol. 62, 1972, S. 777-795.

Alkhafaji, A. F. (1989): A stakeholder approach to corporate governance: managing in a dynamic environment, New York 1989.

Allvey, D. (1995): Corporate Governance in the United Kingdom, in: Scheffler, E. (Hrsg.): Corporate Governance, Wiesbaden 1995.

Amann, K. (1995): Unternehmensführung, Stuttgart 1995.

Amshoff, B. (1993): Controlling in deutschen Unternehmungen: Realtypen, Kontext und Effizienz, Wiesbaden 1993.

Arrow, K. J. (1963): Uncertainty and the Welfare Economics of Medical Care, in: American Economic Review, Vol. 53, 1963, S. 941-973.

Aschoff, U. (1995): Nutzung von Weiterbildungsangeboten und Implementierung von Weiterbildungsinhalten für KMU-Führungskräfte im internationalen Vergleich, Bamberg 1995.

B

Bach O. (1996): Abbau von Hierarchien. Mehr Effizienz durch schlanke Strukturen, Heidelberg 1996.

Baetge, J. (1984): Überwachung, in: Baetge, J. (Hrsg.): Vahlens Kompendium der Betriebswirtschaftslehre, Band 2, München 1984, S. 159-200.

Barthelmess, St. (1988): Der Aufsichtsrat im Spiegel des „Monitoring Model" des American Law Institute - Legitimation und Effizienz der Vorstandsüberwachung durch den Aufsichtsrat in Publikumsgesellschaften im

Vergleich mit der Diskussion um das Corporate Governance Projekt des American Law Institute, Erlangen-Nürnberg 1988.

Bartlett, Chr. A.; Ghoshal, S. (1988): Managing across borders. The transnational solution, Boston 1988.

Baumberger, H. U. (1990): Ansätze für einen wirkungsvolleren Verwaltungsratseinsatz in schweizerischen Aktiengesellschaften, in: Bleicher, K.; Schmitz-Dräger, R. (Hrsg.): Unternehmerisches Handeln - Wege, Konzepte und Instrumente, Bern 1990, S. 63-84.

Berle, A. A.; Means, G. C. (1932): The Modern Corporation and Private Property, New York 1932.

Berner Zeitung (1996): Ist die Schweiz Insel oder Oase?, Nr. 125, 31.5.1996, S. 19.

Bernholz, P. (1997): Sind Globalisierung und Umstrukturierung etwas Neues? in: NZZ, Nr. 206, 6./7.9.1997, S. 29.

Bertschinger, P.; Moser, H.; Züger, R. (1996): Aktienrechtliche Rechnungslegung im Einzel- und Konzernabschluss inkl. Kontenrahmen KMU, Zürich 1996.

Betriebswirtschaftlicher Ausschuss des Zentralverbandes Elektrotechnik und Elektronikindustrie (1989): ZVEI-Kennzahlensystem - Ein Instrument zur Unternehmenssteuerung, Frankfurt am Main 1989.

Biethan J.; Huch B. (1994): Informationssysteme für das Controlling, Berlin/Heidelberg 1994.

Biland, S. (1995): Die Ausgestaltung der konsolidierten Jahresrechnung (Gruppen-Rechnungslegung) als nicht delegierbare Aufgabe des Verwaltungsrates, in: Siegwart, H. (Hrsg.): Jahrbuch zum Finanz- und Rechnungswesen, Zürich 1995, S. 115-134.

Biland, Th. A. (1989): Die Rolle des Verwaltungsrates im Prozess der strategischen Unternehmungsführung, Baden 1989.

Bischoff, J. (1995): Das Shareholder Value-Konzept: Darstellung, Probleme, Handlungsmöglichkeiten, Wiesbaden 1995.

Bleicher, K. (1984): Auf dem Weg zu einer Kulturpolitik der Unternehmung, in: Zeitschrift für Führung und Organisation, Jg. 53, Heft 8, 1984, S. 494-500.

Bleicher, K. (1986): Strukturen und Kulturen der Organisation im Umbruch: Herausforderung für den Organisator, in: Zeitschrift für Führung und Organisation, Jg. 55, Heft 2, 1986, S. 97-108.

Bleicher, K. (1991): Das Konzept Integriertes Management, Frankfurt a. M./ New York 1991.

Bleicher, K. (1992): Leitbilder, Stuttgart 1992.

Bleicher, K.; Leberl, D.; Paul, H. (1989): Unternehmungsverfassung und Spitzenorganisation: Führung und Überwachung von Aktiengesellschaften im internationalen Vergleich, Wiesbaden 1989.

Bleicher, K.; Paul, H. (1986): "Corporate Governance Systems in a Multinational Environment: Who Knows What's Best? in: Management International Review, Vol. 26, Nr. 3, 1986, S. 4-15.

Bleicher, K.; Paul, H. (1986a): Das amerikanische Board-Modell im Vergleich zur deutschen Vorstands-/Aufsichtsratsverfassung - Stand und Entwicklungstendenzen, in: Die Betriebswirtschaft, Jg. 46, Heft 3, 1986, S. 263-288.

Blohm, H.; Lüder, K. (1988): Investition, München 1988.

Boardpower (1985): Zusammenfassung der Umfrageergebnisse bei Verwaltungsräten von schweizerischen Industriegesellschaften mit AK von Fr. 100'000.-- bis 10 Mio., Zürich 1985.

Böckli, P. (1989): Insiderstrafrecht und Verantwortung des Verwaltungsrates, Zürich 1989.

Böckli, P. (1992): Das neue Aktienrecht, Zürich 1992.

Böckli, P. (1994): Die unentziehbaren Kernkompetenzen des Verwaltungsrates, Zürich 1994.

Böckli, P. (1994a): Neuerungen im Verantwortlichkeitsrecht für die Revisionsstelle, Zürich 1994.

Boemle, M. (1993): Unternehmensfinanzierung, Zürich 1993.

Bögenhold, D. (1985): Die Selbständigen; zur Soziologie dezentraler Produktion, Frankfurt 1985.

Böhi, D. M. (1995): Wettbewerbsvorteile durch die Berücksichtigung der strategisch relevanten gesellschaftlichen Anspruchsgruppen, Bern 1995.

Borla, A. L. (1995): Globale Wettbewerbsstrategien für die deutsche Schiffbauindustrie, Bamberg 1995.

Boss, W. H. (1997): Ein fiskalischer Schritt in die richtige Richtung, in: NZZ, Nr. 259, 7.11.1997, S. 23.

Botschen, G.; Stoss, K. (1994): Strategische Geschäftseinheiten, Wiesbaden 1994.

Bourqui, C.; Blumer A. (1994): „Internal Control": Problembestand und Entwicklungstendenzen, in: Der Schweizer Treuhänder, Nr. 12, 1994, S. 1069-1080.

Bower, J. L.; Christensen, C. M. (1995): Disruptive Technologies: Catching the Wave, in: Harvard Business Review, Vol. 73, Jan. - Febr. 1995, S. 43-53.

Bradley, St. P. et al. (1993): Globalization, Technology, and Competition. The Fusion of Computers and Telecommunications in the 1990s, Boston 1993.

Brandl, M. (1989): Funktionen der Führung. Ein klassisches Thema aus der Perspektive neuerer sozialwissenschaftlicher Ansätze, München 1989.

Brauchlin, E. (1990): Problemlösungs- und Entscheidungsmethodik: eine Einführung, Bern 1990.

Braun, Th.; von Wyss, G. (1999): Mehrheitlich wenig lukrative Unternehmenshochzeiten, in: NZZ, Nr. 38, 16.2.1999, S. 27.

Brenner, B. (1996): Verzicht Ebners auf Berufung, in: NZZ, Nr. 186, 13.8.1996, S. 17.

Brock, D.; Brock, E.-M. (1992): Krise der Arbeitsgesellschaft oder Entmythologisierung der Arbeit? in: Klages, H.; Hippler, H.-J.; Herbert, W. (Hrsg.): Werte und Wandel, Frankfurt 1992, S. 352-372.

Buchmann, P. (1976): Organisation der Verwaltungsräte in 20 der grössten Aktiengesellschaften in der Schweiz, Zürich 1976.

Bundesamt für Statistik (1998): Betriebszählung 1995, Bern 1998.

Bundesamt für Statistik (1997): Statistisches Jahrbuch der Schweiz 1997, Bern 1997.

Bundesrat (1983): Botschaft des Bundesrates über die Revision des Aktienrechts vom 23. Februar 1983.

Buschor, F. (1996): Baustellen in einer Unternehmung, Bern 1996.

Bussiek, J. (1994): Informationsmanagement im Mittelstand, Wiesbaden 1994.

C

Cadbury Report (1992): Report of the Cadbury Committee on the Financial Aspects of Corporate Governance, The Code of Best Practice, London 1992.

Caflisch, S. (1961): Die Bedeutung und die Grenzen der rechtlichen Selbständigkeit der abhängigen Gesellschaft im Recht der AG, Zürich 1961.

Canepa, A. (1994): Die schweizerische Rechnungslegung im Umbruch, in: Siegwart, H. (Hrsg.): Jahrbuch zum Finanz- und Rechnungswesen, Zürich 1994, S. 41-47.

Casutt, A. (1991): Das Institut der Sonderprüfung, in: Der Schweizer Treuhänder, Nr. 11, 1991, S. 574-577.

Charkham, J. P. (1994): Keeping good company: a study of corporate governance in five countries, New York 1994.

Chini, L. (1986): Aufsichtsratsinformationssystem, Wien 1986.

Coase, R. H. (1937): The Nature of the Firm, in: Economica, N.S. 4, 1937, S. 386-405.

Coenenberg, A. (1993): Kostenrechnung und Kostenanalyse, Landsberg/Lech 1993.

Collins, J.C.; Porras, J.I. (1995): Visionary Companies - Visionen im Management, München 1995.

Conner, D. R. (1998): Managing at the speed of change, Chichester 1998.

COSO Report (1992): The Committee of Sponsoring Organizations of the Treadway Commission: Internal Control - Integrated Framework. Volume Framework, Jersey City 1992.

Courtemanche, G. (1989): Audit Management and Supervision, New York 1989.

D

Dellmann, K. (1992): Bilanzierung nach neuem Aktienrecht, Bern 1992.

Dellmann, K.; Franz, K.-P. (1994): Von der Kostenrechnung zum Kostenmangement, in: Dellmann, K.; Franz, K.-P. (Hrsg.): Neuere Entwicklungen im Kostenmangement, Bern 1994, S. 15-30.

De Pury, D. et al. (1995): Mut zum Aufbruch. Eine wirtschaftspolitische Agenda für die Schweiz, Zürich 1995.

Deyhle A. (1992): Entwicklungsperspektiven des Controlling, in: Risak, J.; Deyhle, A. (Hrsg.): Controlling, Wiesbaden 1992.

Deyhle A.; Steigmeier, B. et al. (1993): Controller und Controlling, Bern 1993.

Diezi, A. (1982): Versicherbarkeit der aktienrechtlichen Verantwortlichkeit, Zürich 1982.

Dörler, K. (1988): Reorganisationen in mittleren Unternehmungen, Bern/Stuttgart 1988.

Drucker, P. F. (1995): Managing in a Time of Great Change, Oxford 1995.

Druey, J. N. (1993): Das Informationsrecht des einzelnen Verwaltungsratsmitglieds, in: Schweizerische Zeitschrift für Wirtschaftsrecht, Jg. 65, 1993, S. 49-53.

Druey, J. N. (1995): Grundzüge des schweizerischen Aktienrechts, Zürich 1995.

Dubs, R. (1993): Verwaltungsratssitzungen - Analyse, Beurteilung, Verbesserungen in: Die Unternehmung, Jg. 47, Nr. 2, 1993, S. 123-147.

E

Edward, M. (1997): Auditing, New York 1997.

Eggers, B.; Eickhoff, M. (1996): Instrumente des strategischen Controlling, Wiesbaden 1996

Eppenberger, M. (1991): Die Solidarhaftung der Revisionsstelle, in: Der Schweizer Treuhänder, Nr. 11, 1991, S. 542-545.

Erny, D.; Wicki, J. (1996): Corporate Governance, in: Mattle H.; Meyer, C. (Hrsg.): Beiträge zum Rechnungswesen und Controlling, Jubiläumsschrift 60 Jahre VEB, Zürich 1996, S. 90-117.

Escher, S. (1999): Keine Lust auf Faulenzen, in: Handelszeitung, Nr. 7, 17. Februar 1999, S. 15.

Ewert, R.; Wagenhofer, A. (1997): Interne Unternehmensrechnung, Berlin 1997.

F

Fama, E.; Jensen, M. (1983): Separation of ownership and control, Journal of Law and Economics, Vol. 26, 1983, 301-325.

Fama, E.; Jensen, M. (1983a): Agency problems and residuals claims, Journal of Law and Economics, Vol. 26, 1983, 327-349.

Fayol, H.: Administration industrielle et générale, Paris 1916 (deutsche Fassung: Allgemeine und industrielle Verwaltung, München 1929).

Fengler, D.; Simon, B. (1993): Strategische Controlling-Auswertungen mit EIS-Software, in: Controlling, 5. Jg., Heft 1, 1993, S. 34-42.

Flach, R. E. (1992): Aktienrechtliche Verantwortlichkeit im Konzern, in: Der Schweizer Treuhänder, Nr. 9, 1992, S. 535-537.

Fluri, E. (1992): Die neuen Vorschriften für die Rechnungslegung, Aktuelle Juristische Praxis, St. Gallen 1992.

Forstmoser, P. (1991): Die Verantwortlichkeit der Organe. Von der Willkür zur Berechenbarkeit?, in: Der Schweizer Treuhänder, Nr. 11, 1991, S. 536-541.

Forstmoser, P. (1994): Die Verantwortlichkeit des Verwaltungsrats, Zürich 1994.

Forstmoser, P. (1996): Shareholder value: die Sicht des Gesetzes, in: NZZ, Nr. 293, 16.12.1996, S. 9.

Forstmoser, P.; Meier-Hayoz, A.; Nobel, P. (1996): Schweizerisches Aktienrecht, Bern 1996.

Frederick, W. C. et al (1988): Business and Society. Corporate Strategy, Public Policy, Ethics, New York 1988.

Frey, B. S. (1981): Theorie demokratischer Wirtschaftspolitik, München 1981.

Furgler, K. (1984): Klein- und Mittelbetriebe: Ein zentraler Faktor unserer Volkswirtschaft, in: Schweizerische Volksbank (Hrsg.): Klein- und Mittelbetriebe, Bern 1984.

G

Gantzel, K.J. (1962): Wesen und Begriff der mittelständischen Unternehmung, Köln 1962.

Gaulhofer, M. (1988): Controlling im Mittelbetrieb, Fankfurt 1988.

Gebert, D. (1995): Gruppengrösse und Führung, in: Kieser, A.; Reber, G.; Wunderer, R. (Hrsg.): Handwörterbuch der Führung, Stuttgart 1995, Sp. 1048-1056.

Geissler, H. (1991): Unternehmenskultur und-vision, Frankfurt a. M. 1991.

Gemperle, R. (1988): Der Euro - Europas Frischzellenkur? in: NZZ, Nr. 303, 31.12.1988, S. 19.

Glaus, B. U. (1990): Unternehmungsüberwachung durch schweizerische Verwaltungsräte, Zürich 1990.

Glaus, B. U. (1992): Ansatzpunkte für eine wirksamere Verwaltungsratspraxis in der Schweiz; die neue Rolle des Verwaltungsrates, in: Zünd, A.; Schultz, G.; Glaus, B. U. (Hrsg.): Bewertung, Prüfung und Beratung in Theorie und Praxis, Zürich 1992, S. 191-205.

Graemiger, A. O. (1994): Umfeldinformationssysteme für mittelständische Unternehmungen, Bamberg 1994.

Grochla, E. et al. (1984): Die Entlastung mittelständischer Unternehmer durch organisatorische Massnahmen, in: Zeitschrift für betriebswirtschaftliche Forschung, Jg. 36, Nr. 5, 1984, S. 395-411.

Grünbichler, A.; Oertmann, P. (1996): Die optimale Grösse des Verwaltungsrats, in: NZZ, Nr. 131, 8./9.6.1996, S. 29.

Gulick, L.; Urwick, L. F. (1937): Papers on the Science of Administration, New York 1937.

Gushurst, K.-P. (1990): Implementierung von Controllingsystemen, Baden-Baden 1990.

H

Haake, K. (1992): Konsequenzen für die Unternehmensführung, in: Haake Schröder Consulting AG; Schweizerische Handelszeitung (Hrsg.): Das neue Aktienrecht - ein neuer Horizont, Treureva 1992, S. 73-90.

Haefliger, P. (1978): Die Durchführung der Generalversammlung bei der Aktiengesellschaft, Bern 1978.

Hagen, R. (1985): Anreizsysteme zur Strategiedurchsetzung, Spardorf 1985.

Hahn, D. (1990): Strategische Unternehmensführung, in: Hahn, D.; Taylor, B. (Hrsg.): Strategische Unternehmungsplanung - Strategische Unternehmungsführung. Stand und Entwicklungstendenzen, Heidelberg 1990.

Hahn, D. (1990b): Strategische Kontrolle, in: Hahn, D.; Taylor, B. (Hrsg.): Strategische Unternehmungsplanung - Strategische Unternehmungsführung. Stand und Entwicklungstendenzen, Heidelberg 1990, S. 31-51.

Hahn, D. (1994): Planung und Kontrolle, Planung- und Kontrollsysteme, Planungs- und Kontrollrechnung, Wiesbaden 1994, S. 651-664.

Hail, L. (1996): Prozesskostenmanagement bei Banken, Zürich 1996.

Hamer, E. (1987): Mittelständische Unternehmen; Gründung, Führung, Chancen, Risiken, Landsberg/Lech 1987.

Hamer, E. (1990): Unternehmensführung, in: Pfohl, H.-Chr. et al.: Betriebswirtschaftslehre der Mittel- und Kleinbetriebe, Berlin 1990, S. 43-73.

Harbert, L. (1982): Controlling-Begriffe und Controlling-Konzeptionen, Bochum 1982.

Hartmann, J. E. (1995): Der herausgeforderte Verwaltungsrat, in: NZZ, Nr. 123, 30.5.1995, S. 30.

Helbling, C. (1992): Revisions- und Bilanzierungspraxis, Bern 1992.

Helbling, C. (1999): Gliederung und Offenlegung in der Jahresrechnung gemäss RRG aus der Sicht der KMU, in: Der Schweizer Treuhänder, Nr. 1-2, 1999, S. 27-36.

Hentze, J.; Brose, P. (1986): Personalführungslehre, Bern 1986.

Henzler, H. (1992): Die Globalisierung von Unternehmen im internationalen Vergleich, in: Albach, H. (Hrsg.): Globalisierung und Wettbewerb, Wiesbaden 1992, S. 83-98.

Hermann, R. (1995): Funktion, Kontrolle und Haftung der Leitungsorgane von Aktiengesellschaften in Deutschland, der Schweiz, Australien und den USA, Hagen 1995.

Hickert, R.; Moritz, M. (1992): Informationen für Manager - Von der Daten-fülle zum praxisnahmen Management-Informationssystem, in: Hickert, R.; Moritz, M. (Hrsg.): Managemetninformationssysteme, Berlin 1992, S.101-115.

Hickl, T. (1995): Managemenst-Systeme für Klein- und Mittelunternehmen am Beispiel der deutschen Möbelindustrie, Bamberg 1995.

Hieber, W. L. (1993): Frühwarnsysteme, in: Horvath, P.; Reichmann, Th. (Hrsg.): Vahlens grosses Controllinglexikon, München 1993, S. 254-257.

Hill, W. (1994): Sind grosse Verwaltungsräte effizient? Eindeutige Antworten aus theoretischer Sicht, in: NZZ, Nr. 82, 9./10.4.1994, S. 33.

Hinterhuber, H. (1989): Neu: Das Visions-Team im Unternehmen, in: io Ma-nagement Zeitschrift, Nr. 6, 1989, S. 27-30.

Hinterhuber, H. (1990): Struktur und Dynamik der strategischen Unterneh-mensführung, in: Hahn, D.; Taylor, B. (Hrsg.): Strategische Unterneh-mungsplanung - Strategische Unternehmungsführung. Stand und Ent-wicklungstendenzen, Heidelberg 1990, S. 66-89.

Hinterhuber, H. (1992): Strategische Unternehmensführung, I Strategisches Denken, Berlin/New York 1992.

Hirzel, H. E. (1984): Management Consulting im schweizerischen Recht, Zü-rich 1984.

Hofmann, R. (1992): Management Auditing als Herausforderung für die In-terne Revision, in: Der Schweizer Treuhänder, Nr. 4, 1992, S. 170-175.

Hofmann, R. (1993): Unternehmensüberwachung, 2. Aufl., Berlin 1993.

Hofstetter, Ph. A. (1993): Das Informationssystem als Element des Control-ling, Zürich 1993.

Homburger, E. (1991): Leitfaden zum neuen Aktienrecht, Zürich 1991.

Homburger, E. (1997): Der Verwaltungsrat, Zürcher Kommentar, Bd. V/b, Art. 707-726 OR, Zürich 1997.

Horvath, P. (1980): Die Koordinationsaufgabe des Controlling, in: Jacob, H. (Hrsg.): Controlling und Finanzplanung als Führungsinstrumente, Wies-baden 1980, S. 3-18.

Horvath, P. (1994): Controlling, München 1994.

Hostettler, St. (1995): Economic Value Added als neues Führungsinstrument, in: Der Schweizer Treuhänder, Nr. 4, 1995, S. 307-315.

Hruschka, E. (1975): Die Besonderheiten der Klein- und Mittelbetriebe, in: Internationales Gewerbearchiv, Jg. 23, Heft 4, 1975, S. 237-249.

Hütte, K. (1995): Haftungsprävention und Versicherung, in: Referatsunterlagen Kammerseminar „Der Verwaltungsrat in der Praxis" vom 29. März 1995, Zürich 1995.

Hummel, T.R. (1995): Betriebswirtschaftslehre, Gründung und Führung kleiner und mittlerer Unternehmen, München/Wien 1995.

Hummel, S.; Männel, W. (1990): Kostenrechnung, Wiesbaden 1990.

IJ

Ihring, H.C. (1986): Einführung in das Controlling für Mittelstandunternehmen, Wien 1986.

IIA (1993): The Institute of Internal Auditors: Improving Audit Committee Performance: What works best - A Reasearch Report prepared by Price Waterhouse, Altamonte Springs/Florida 1993.

Jäggi, M. (1991): Der Einsatz von entscheidungsstützdenden Management-Informationssystemen im Controlling bei mittleren Unternehmungen in der Schweiz, Bern 1991.

Jeanneret, Ph. (1997): Die Stellung der KMU in der Schweizer Wirtschaft, in: La Vie économique - Revue de politique économique Nr. 9, 1997, S. 42-45.

Jensen, M. C.; Meckling W. H. (1976): Theory of the firm: Managerial Behavior, Agency Costs, and Ownership Structure, in: Journal of Financial Economics, Vol. 3, 1976, S. 305-360.

Jeschke,W. (1992): Managementmodelle. Ein kritischer Vergleich, München 1992.

Jud, G. (1996): Die Überwachung der Unternehmen durch deren Organe, Zürich 1996.

K

Kaplan, R. S.; Norton, D. P. (1997): Balanced Scorecard, übersetzt aus dem amerikanischen von Horvath, P., Stuttgart 1997.

Kaufman, A.; Zacharias, L.; Karson, M. (1995): Managers vs. owners. The struggle for Corporate Control in American Democracy, New York 1995.

Keller, A. (1990): Die Rolle der Unternehmenskultur im Rahmen der Differenzierung und Integration der Unternehmung, Bern/Stuttgart 1990.

Kernstock, J. (1995): Beobachter in der Theorie der strategischen Unternehmensführung, München 1995.

Kilgus, E. (1968): Das Rechnungswesen im Dienste der Unternehmensführung, Zürich 1968.

Kilgus, E. (1998): Liquiditätssteuerung als Aufgabengebiet des Finanzverantwortlichen, in: Handelszeitung; Universität Zürich (Hrsg.): Manager's Digest, Zürich 1998, S. 43.

Kippes, St. (1993): Der Leitbilderstellungsprozess: Weichenstellung für Erfolg und Misserfolg von Unternehmensleitbildern, in: Zeitschrift für Führung und Organisation, Jg. 63, Heft 3, 1993, S. 184-188.

Kleinewefers, H. (1996): Wie der volkswirtschaftliche Nutzen maximiert wird, in: NZZ, Nr. 154, 5.7.1996, S. 23.

Klimecki R. G.; Probst, G. J. B. (1990): Entstehung und Entwicklung der Unternehmungskultur, in: Lattmann, Ch. (Hrsg.): Management Forum: Die Unternehmenskultur, Heidelberg 1990, S. 41-65.

Klose, A. (1994): Fortschritt als Leitmotiv des Managements, München 1994.

Kobi, J. M.; Wüthrich H. A. (1986): Unternehmenskultur verstehen, erfassen und gestalten, Landsberg/Lech 1986.

Korndörfer, W. (1995): Unternehmensführungslehre, Wiesbaden 1995.

Korndörfer, W.; Peez, L. (1993): Einführung in das Prüfungs- und Revisionswesen, 3. Aufl., Wiesbaden 1993.

Kösel, M. A. (1992): Technologiekooperation und Verflechtung von kleinen und mittleren Unternehmen, Bamberg 1992.

Kosiol, E. (1976): Organisation der Unternehmung, Wiesbaden 1976.

Krüger, W.; Homp, C. (1997): Kernkompetenz-Management. Steigerung von Flexibilität und Schlagkraft im Wettbewerb, Wiesbaden 1997.

Krugman, P. (1999): Globalisierung ist die Hoffnung für Milliarden Menschen der Dritten Welt, in: Tages-Anzeiger, Nr. 21, 27.1.1999, S. 2-3.

Krulis-Randa, J.S. (1984): Reflexionen über die Unternehmungskultur, in: Die Unternehmung, Jg. 38, Nr. 4, 1984, S. 358-372.

Küpper, H.-U. (1995): Controlling, Stuttgart 1995.

Kunz, B. (1984): Grundriss der Investitionsrechnung, Bern 1984.

Kunz, P. (1997): Die Klage im Schweizer Aktienrecht, Zürich 1997.

Kunz, P. (1997a): Der Minderheiten- bzw. Aktionärsschutz in der Schweiz, in: Der Schweizer Treuhänder, Nr. 5, 1997, S. 415- 432.

L

Lachnit, L. (1989): EDV-gestützte Unternehmungsführung in mittelständischen Betrieben. Controllingsysteme zur integrierten Erfolgs- und Finanzlenkung auf operativer und strategischer Basis, München 1989.

Lanz, R. (1992): Controlling in kleinen und mittleren Unternehmen, Bern/Stuttgart 1992.

Lattmann C. (1987): Personalmanagement und strategische Unternehmensführung, Heidelberg 1987.

Leysinger, M. (1997): Der neue Massstab für den Unternehmenserfolg: Economic Value Added, in: Der Schweizer Treuhänder, Nr. 4, 1997, S. 243-246.

Liessmann, K. (1987): Strategisches Controlling, in: Mayer, E. (Hrsg.): Controlling-Konzepte. Perspektiven für die 90er Jahre, Wiesbaden 1987, S. 85-149.

Linder , W. (1992): Staatshandeln zwischen Akzeptanz und Blockade: Wie prägend ist das „Volk"? in: Abromeit, H.; Pommerehne, W. W. (Hrsg.): Staatstätigkeit in der Schweiz, Bern/Stuttgart 1992, S. 121-155.

Lippuner, H. (1997): Für eine Erneuerung der Schweizer Wirtschaft, in: NZZ, Nr. 200, 30.8.1997, S. 22.

Lohse, D. (1992): Prozesse der Strategiebeeinflussung unter besonderer Berücksichtigung von kognitiven und kommunikativen Problemen im Management, Berlin 1992.

Lück, W. (1983): Überwachung, in: Lück, W. (Hrsg.): Lexikon der Betriebs-wirtschaft, Landsberg a.L. 1983, S. 1104-1105.

Lück, W. (1991): Wirtschaftsprüfung und Treuhandwesen, Stuttgart 1991.

Lüthi, A. (1988): Eine langfristige ökonomische Perspektive unter demogra-phischen, ökologischen und technologischen Randbedingungen, Grüsch 1988.

Lutz, P. (1988): Vinkulierte Namenaktien, Zürich 1988.

Lux, W. (1996): Der Einfluss von Total Quality Management auf die organi-satorische Gestaltung von kleinen und mittleren Unternehmen, Bern 1996.

M

Maak, T.; Thielemann, U. (1996): Gewinnmaximierung als erwünschte Tu-gend?, in: NZZ, Nr. 194, 22.8.1996, S. 27.

Madlener, H. (1997): Kulturbewusste Organisationsentwicklung - Möglichkei-ten und Grenzen des Einsatzes von Organisationsentwicklung in Osteu-ropa, Bamberg 1997.

Marsh, H. L.; Powell, Th. E. (1989): The Audit Committee Charter: Rx for Fraud Prevention, in: Journal of Accountancy Nr. 2, 1989, S. 55-57.

Marti, W. (1990): Für eine konkurrenzfähige Forschungspolitik der neunziger Jahre. Informationsgespräch VSM/Bundeshauspresse, Zürich 1990.

Matenaar, D. (1983): Vorwelt und Organisationskultur, vernachlässigte Fakto-ren in der Organisationstheorie, in: Zeitschrift für Führung und Organi-sation, Jg. 52, Heft 1, 1983, S. 19-27.

Matenaar, D. (1983a): Organisationskultur und organisatorische Gestaltung, Berlin 1983.

Matje, A. (1996): Unternehmensleitbilder als Führungsinstrument. Kompo-nenten einer erfolgreichen Unternehmensidentität, Wiesbaden 1996.

Maute, W. (1993): Die Durchführung der Generalversammlung insbesondere in der Mittelstandsunternehmung, Zürich 1993.

McInnes Report (1993): Auditing into the twenty-first century, A Discussion Document by the Research Committee of the Institute of Chartered Ac-countants of Scotland, Edinburgh 1993.

Meffert, H. (1990): Strategisches Marketing und Umweltschutz, in: Wagner, R. G. (Hrsg.): Unternehmung und ökologische Umwelt, München 1990, S. 73-96.

Meffert, H. (1991): Wettbewerbsstrategien auf globalen Märkten, in: Betriebswirtschaftliche Forschung und Praxis, Jg. 43, Nr. 5, 1991, S. 399-415.

Meier-Hayoz, A.; Forstmoser, P. (1993): Grundriss des schweizerischen Gesellschaftsrechts, 7., überarbeitete Auflage nach neuem Aktienrecht, Bern 1993.

Mengiardi, P. (1999): Leitidee und Grundkonzeption des RRG, in: Der Schweizer Treuhänder, Nr. 1-2, 1999, S. 9-14.

Mestwerdt, Chr. (1998): Management-auf-Zeit in kleinen und mittleren Unternehmen (KMU), Bamberg 1998.

Meyer, C. (1993): Prozesskostenrechnung - eine aktuelle Standortbestimmung, in: Der Schweizer Treuhänder, Nr. 12, 1993, S. 919-928.

Meyer, C. (1996): Die Überwachung der Aktiengesellschaft, Eine Orientierungshilfe, Studie im Auftrag der Treuhandkammer, Zürich 1996.

Meyer, C. (1996a): Controlling - eine aktuelle Standortbestimmung, in: Mattle H.; Meyer, C. (Hrsg.): Beiträge zum Rechnungswesen und Controlling, Jubiläumsschrift 60 Jahre VEB, Zürich 1996, S. 11-33.

Meyer, C. (1996b): Die Bankbilanz als finanzielles Führungsinstrument, 4. vollständig überarbeitete Auflage, Bern 1996.

Meyer, C. (1996c): Betriebswirtschaftliches Rechnungswesen, Zürich 1996.

Meyer, C. (1998): True and fair view, in: Handelszeitung; Universität Zürich (Hrsg.): Manager's Digest, Zürich 1998, S. 77.

Meyer, C. (1999): Strategie-Controlling – aktueller denn je? in: Fickert, R.; Meyer, C. (Hrsg.): Strategie-Controlling, Bern 1999, S. 12-39.

Meyer, C. (2000): Balanced Scorecard - ein Führungsinstrument für Banken? in: Der Schweizer Treuhänder, Nr. 1-2, 2000, S. 7-18.

Meyer, C.; Erny, D. (1998): Konzeption der Oberleitung und Oberaufsicht, in: Biland, S.; Hilber M. L. (Hrsg.): Verwaltungsrat als Gestaltungsrat, Zürich 1998, S. 91-102.

Michel, R. M. (1986): Know-how der Unternehmensplanung, Heidelberg 1986.

Milgrom, P.; Roberts, J. (1988): An Economic Approach to Influence Activities in Organizations, American Journal of Sociology, Vol. 94, 1988, S. 154-179.

Mohr, D. L. (1992): Präsituatives Management der Unternehmungsentwicklung, Bamberg 1992.

Monks, R. A. G.; Minow, N. (1995): Corporate Governance, Cambridge 1995.

Moss, K., R. (1996): Weltklasse. Im globalen Wettbewerb lokal triumphieren, Wien 1996.

Müller, B. (1991): Westeuropäische Integration: Effekte und Optionen für industriell tätige KMU in der Schweiz, Bamberg 1991.

Müller, Chr. A. (1995): Strategische Führung europäischer mittelständischer Unternehmen, Bern 1995.

Müller-Ganz, J. Th. (1992): Kennzahlen zur Bonitätsbeurteilung von Klein- und Mittelunternehmungen im Quervergleich, Bamberg 1992.

Müller, R.; Lipp, L. (1994): Der Verwaltungsrat, Ein Handbuch für die Praxis, Zürich 1994.

N

Näsi, J. (1995): Understanding stakeholder thinking, Helsinki 1995.

Niepelt, D. (1996): Heterogenität innerhalb der Bevölkerung und aggregierter Konsum: Einflüsse der Altersstruktur, in: Arbeitpapiere der Konjunkturforschungsstelle ETH (Hrsg.), Nr. 48, Zürich 1996.

Niggli, A. (1981): Aufsicht über die Verwaltung der Aktiengesellschaft im schweizerischen Recht, Bern 1981.

Nobel, P. (1991): Klare Aufgaben für den Verwaltungsrat, Verwaltungsrat und Geschäftsführung im neuen Aktienrecht, in: Der Schweizer Treuhänder, Nr. 11, 1991, S. 531-534.

Nordmann, J.-L. (1996): Die Bedeutung der Klein und Mittelunternehmen für die schweizerische Volkswirtschaft, in: Der Schweizer Treuhänder, Nr. 11, 1996, S. 867-868.

NZZ (1996): Die Schweiz wirtschaftlich das freieste Land Europas, Nr. 295, 18.12.1996, S. 22.

NZZ (1996a): Unternehmensstandorte im europäischen Vergleich, Nr. 258, 5.11.1996, S. 19.

NZZ (1998a): Offene Fragen am Vorabend der Euro-Geburt, Nr. 289, 12./13.12.1998, S. 22.

NZZ (1998b): Der Euro aus integrationspolitischer Sicht, Nr. 303, 31.12.1998, S. 21.

NZZ (1998c): Teure Restrukturierung der Deutschen Bank, Nr. 23, 29.1.1998, S. 27.

NZZ (1998d): Konjunktur-Delle in Mittel- und Osteuropa, Nr. 41, 19.2.1998, S. 19.

O

Osterloh, M. (1993): Interpretative Organisations- und Mitbestimmungsforschung, Stuttgart 1993.

Ouchi, W. G. (1981): Theory Z. How American Business Can Meet the Japanese Challenge, Reading 1981.

P

Pampel, J. (1994): Entwicklungsstand, bedeutsame Herausforderungen und Perspektiven für die Kostenrechnung, in: Kostenrechnungspraxis, Nr. 1, 1994, S. 84-88.

Pascale, R.T.; Athos, A.G. (1981): The Art of Japanese Management. Applications for American Executives, Reading 1981.

Perridon, L.; Steiner M. (1995): Finanzwirtschaft der Unternehmung, München 1995.

Peters, T.J.; Watermann, R.H. (1984): In Search of Excellence - Lessons from America's Best-Run Companies, New York 1984.

Pfaff, D. (1998): Life Cycle Costing, in: Handelszeitung; Universität Zürich (Hrsg.): Manager's Digest, Zürich 1998, S. 42.

Pfaff, D. (1998a): Wertorientierte Unternehmenssteuerung, Investitionsentscheidungen und Anreizprobleme, Discussion Paper, Zürich 1998.

Pfaff, D.; Weber, J. (1997): In der Kostenrechnung nichts Neues? in: Die Unternehmung, Jg. 51, Nr. 6, 1997, S. 459-472.

Pfaff, D.; Weber, J. (1998): Zweck der Kostenrechnung? in: Die Betriebswirtschaft, Jg. 58, Heft 2, 1998, S. 151-165.

Pfohl, H. C.; Kellerwessel, P. (1990): Abgrenzung der Klein- und Mittelbetriebe von Grossbetrieben, in: Pfohl, H. C. et al.: Betriebswirtschaftlehre der Klein- und Mittelbetriebe, Berlin 1990, S. 1-23.

Pichler, J.H.; Pleitner, H.; Schmidt K.H. (1996): Management in KMU, Bern/ Stuttgart/Wien 1996.

Picot, A. (1982): Transaktionskostenansatz in der Organisationstheorie: Stand der Diskussion und Aussagewert, in: Die Betriebswirtschaft, Jg. 42, Heft 2, 1982, S. 267-284.

Picot, A. (1995): Corporate Governance, Stuttgart 1995.

Plüss, A. (1990): Die Rechtsstellung des Verwaltungsratsmitgliedes, Zürich 1990.

Porter, M. A. (1986): Wettbewerbsvorteile, Frankfurt 1986.

Pratt, J. W; Zeckhauser R. J. (Hrsg.) (1985): Principales and Agents: The Structure of Business, Boston 1985.

Preis, A. (1995): Strategisches Controlling - Mit System Chancen und Risiken frühzeitig erkennen, Wiesbaden 1995.

Preissler, P. (1985): Controlling in der Praxis, Landsberg am Lech 1985.

Prentice, D. D. (1993): Some Aspects of the Corporate Governance Debate, in: Prentice, D. D.; Holland, P.R.J. (Hrsg.): Contemprary Issues in Corporate Governance, Oxford 1993, S. 25-42.

Pümpin, C. (1980): Strategische Führung in der Unternehmungspraxis, in: Schweizerische Volksbank (Hrsg.): Die Orientierung, Nr. 76, Bern 1980.

Pümpin, C; Kobi, J. M.; Wüthrich, H. A. (1985): Unternehmenskultur. Basis strategischer Profilierung erfolgreicher Unternehmen, in: Schweizerische Volksbank (Hrsg.): Die Orientierung, Nr. 85, Bern 1985.

R

Raffée, H.; Wiedmann, K.-P. (1989): Marketingorientierte Unternehmensführung in den neunziger Jahren - einige plakative Thesen, Mannheim 1989.

Rappaport, A. (1981): Selecting strategies that create shareholdervalue, in: Harvard Business Review, Vol. 59, May - June 1981, S. 139-149.

Reichmann, T. (1995): Controlling mit Kennzahlen und Managementberichten - Grundlagen einer systemgestützten Controlling-Konzeption, München 1995.

Reiff, F. (1988): Beiräte als Beratungs- und Führungsgremien bei schweizerischen Aktiengesellschaften, Zürich 1988.

Reiners, H.-P. (1995): Strategische Kontrolle, Bern 1995.

RHB (1992): Treuhand-Kammer (Hrsg): Revisionshandbuch der Schweiz 1992, Zürich 1992.

Rieder, H. P. (1996): Organisation des Zentralbereichs „Finanz & Controlling" in einem Industrie-Konzern, Bern 1996.

Riguzzi, R. (1992): Entwicklung einer Strategie in einem mittleren Unternehmen, in: Der Schweizer Treuhänder, Nr. 4, 1992, S. 176-180.

Rolfes, B. (1992): Moderne Investitionsrechnung, München 1992.

Ross, S. A. (1973): The Theory of Agencies: the Principal's Problem, in: American Economic Review, Vol. 63, 1973, Papers and Proceedings, S. 134-139.

Roth, C. (1994): Prävention und Bekämpfung der Unternehmenskriminialität, Hallstadt 1994.

Rühli, E. (1985): Unternehmungsführung und Unternehmungspolitik, Band 1, 2., veränderte Auflage, Bern/Stuttgart 1985.

Rühli, E. (1988): Unternehmungsführung und Unternehmungspolitik, Band 2, 2., überarbeitete Auflage, Bern/Stuttgart 1988.

Rühli, E. (1991): Strategisches Management in schweizerischen Industrieunternehmen, 2. überarbeitete Auflage, Bern 1991.

Rühli, E. (1993): Unternehmungsführung und Unternehmungspolitik, Band 3, Bern/Stuttgart/Wien 1993.

Rühli, E.; Keller, A. (1989): Unternehmungskultur im Zürcher Ansatz, in: Das Wirtschaftsstudium, Nr. 12, 1989, S. 683-691.

S

Sattes, I. et al. (1995): Erfolg in kleinen und mittleren Unternehmen, Zürich 1995.

Scheffler, E. (1995): Corporate Governance, Wiesbaden 1995.

Schellenberg, A. C. (1992): Durchsetzung der Unternehmungspolitik. Problemanalyse und Lösungsbeiträge aus betriebs- und verhaltenswissenschaftlicher Sicht, Bern 1992.

Schierenbeck, H. (1994): Ertragsorientiertes Bankmanagement - Controlling in Kreditinstituten, Wiesbaden 1994.

Schiltknecht, K. (1996): Prosperität durch Shareholder-Orientierung, in: NZZ, Nr. 158, 10.7.1996, S. 21.

Schmid, M. (1996): Management Accounting der Banken, Zürich 1996.

Schmid, N. (1996a): Zur strafrechtlichen Verantwortung des Revisors, in: Der Schweizer Treuhänder, Nr. 4, 1996a, S. 193-199.

Schmitt, P. (1991): Das Verhältnis zwischen Generalversammlung und Verwaltung in der Aktiengesellschaft, Zürich 1991.

Schönbachler, B. (1993): Analyse der Rechnungslegungsvorschriften: Systematische Darstellung unter Berücksichtigung des neuen Schweizerischen Aktienrechts und der vierten EG-Richtlinie, Zürich 1993.

Schreyögg, G. (1991): Managementrolle: Strategie, in: Staehle, W. (Hrsg.): Handbuch Management. Die 24 Rollen einer exzellenten Führungskraft, Wiesbaden 1991, S. 99-120.

Schreyögg, G. (1996): Organisation. Grundlagen moderner Organisationsgestaltung, Wiesbaden 1996.

Schwarz, G. (1999): Doktor Couchepins ganzheitliche Medizin, in: NZZ, Nr. 151, 3./4. Juli 1999, S. 21.

Schweizer Bank (1995): Internal Control - Das COSO-Modell, in: Schweizer Bank, Nr. 12, 1995, S. 47.

Schweizerische Kreditanstalt (1994): Handbuch für Klein- und Mittelbetriebe, Heft Nr. 74, Zürich 1994.

Schultz, G. (1991): Fachliche Qualifikation und Unabhängigkeit der Revision, in: Der Schweizer Treuhänder, Nr. 11, 1991, S. 546-550.

Shleifer, A.; Vishny, R. W. (1997): A Survey of Corporate Governance, in: The journal of finance, Vol. LII, No. 2, June 1997, S. 737-783.

Siegwart, H. (1991): Das betriebswirtschaftliche Rechnungswesen als Führungsinstrument, Entwicklungstendenzen im Management, Band 4, Zürich 1991.

Siegwart, H. (1992): Kennzahlen für die Unternehmungsführung, Bern/Stuttgart/Wien 1992.

Simmonds, K. (1989): Strategisches Management Accounting, ein Pradigma entsteht, in: Controlling, Nr. 5, 1989, S. 264-269.

Simon, H. A. (1945): Administrativ Behavior, New York 1945 (deutsche Fassung: Entscheidungsverhalten in Organisationen, Landsberg a. Lech 1981).

Spencer Stuart Management Consultants (1983): Verwaltungsräte in der Schweiz - Aufgaben und Anforderungen - Eine Umfrage der Spencer Stuart Management Consultants, Zürich/Genf 1983.

Spencer Stuart Mangement Consultants (1996): Enquête sur les conseils d'administration, Eine Umfrage der Spencer Stuart Mangement Consultants Genf, Genf 1996.

Spremann, K. (1990): Asymmetrische Information, in: Zeitschrift für Betriebswirtschaft, Jg. 60, Heft 5/6, 1990, S. 561-586.

Sprüngli, L.R. (1990): Die neue Rolle des Verwaltungsrates: Veränderte Stellung und Aufgaben sowie mögliche Ausgestaltung des Verwaltungsrates in mittelgrossen schweizerischen Industrieunternehmungen, St. Gallen 1990.

Stadelmann, M. (1996): Informationstechnologie als Hilfsmittel der Führung in Klein- und Mittelunternehmen (KMU), Bern 1996.

Städler, I. (1999): Weniger Umtriebe für Kleinbetriebe, in: Tages-Anzeiger, Nr. 45, 24.2.1999, S. 31.

Staehle, W.H. (1991): Management: eine verhaltenswissenschaftliche Perspektive, München 1991.

Staehlin, E. (1993): Investitionsrechnung. Investitionspolitik und Investitionsrechnung, Chur/Zürich 1993.

Staehlin, Th. (1991): Die Familienaktiengesellschaft im neuen Aktienrecht, Chance zur Anpassung von Unternehmungsverfassungen und Führungsstrukturen, in: Der Schweizer Treuhänder, Nr. 11, 1991, S. 602-606.

Staehlin, Th. (1997): Rechtliche Ausgangslage, in: Referatsunterlagen Zentrum für Unternehmensführung, Seminar für Verwaltungsräte in Feusisberg vom 11. März 1997.

Staudinger, H-J. (1986): Die Überwachung der Geschäftsführung, eine betriebswirtschaftliche Betrachtung, München 1986.

Steiner, F. (1992): Weiter Änderungen des neuen Aktienrechts, Informationen der Dr. Frank Steiner & Partner AG, Zürich, April 1992.

Steiner, J. (1980): Die personelle Führungsstruktur in mittelständischen Betrieben, Beiträge zur Mittelstandsforschung des Institutes für Mittelstandsforschung, Heft 82, Göttingen 1980.

Steiner, J.; Reske, W. (1978): Aufgaben und Bedeutung von Fürhungspersonen in mittelständischen Betrieben - Ergebnisse einer empirischen Analyse, Beiträge zur Mittelstandsfroschung des Institutes für Mittelstandsforschung, Heft 36, Göttingen 1978.

Steinmann, H.; Schreyögg, G. (1991): Management: Grundlagen der Unternehmungsführung: Konzepte, Funktionen, Praxisfälle, Wiesbaden 1991.

Stewart, G.B. (1991): The Quest for Value, New York 1991.

Stoffel, W. A. et al. (1994): Die Verantwortlichkeit des Verwaltungsrates, Zürich 1994.

Struckmeier, H. (1997): Gestaltung von Führungsinformationssystemen, Wiesbaden 1997.

Studer, Chr. D. (1995): Die Einberufung der Generalversammlung der Aktiengesellschaft, Bern 1995.

Sudman, S.; Bradburn, N. M. (1986): Asking Questions, San Francisco 1986.

SVIR (Schweizerischer Verband für Interne Revision) (1988): Grundsätze der Internen Revision, 1988.

T

Tages-Anzeiger (1999): Neue Hilfestellung für KMU, Nr. 45, 24.2.1999, S. 33.

Theisen, M. R. (1987): Überwachung der Unternehmensführung, Stuttgart 1987.

Thiel, H. (1994): Audit Committee - ein Instrument zur Unternehmensüberwachung, in: Der Schweizer Treuhänder, Nr. 10, 1994, S. 815-820.

Thiel, H.; König, A. (1994): Die Ausgestaltung des Rechnungswesens, der Finanzkontrolle und der Finanzplanung als unübertragbare Aufgabe des Verwaltungsrates - die Bedeutung des Audit Committes, in: Siegwart, H. (Hrsg.): Jahrbuch zum Finanz- und Rechnungswesen 1994, Zürich 1994, S. 23-40.

Trechsel, F. (1973): Investitionsplanung und Investitionsrechnung, Bern 1973.

Tricker, R. I. (1984): Corporate Governance - Practices, procedures and powers in British companies and their board of directors, Oxford 1984.

Tricker, R. I. (1994): "The Board's Role in Strategy Formulation - Some cross-cultural comparisons", in: Futures, Vol. 26, No. 4, 1994, S. 403-415.

U

UBS (1997): Preise und Löhne rund um die Welt, Zürich 1997.

Ulrich, H. (1990): Unternehmungspolitik, Bern 1990.

Ulrich, H.; Hill, W.; Kunz, B. (1985): Brevier des Rechnungswesens, Bern 1985.

Ulrich, H.; Krieg, W. (1974): St. Galler Management-Modell, Bern 1974.

V

Van der Wijst, D. (1989): Financial Structure in Small Business: Theory, Tests and Applications, New York 1989.

Vettiger, Th.; Hofacker, M. (1998): Implementierung wertschafender Unternehmensstrategien, in: Biland, S.; Hilber, M. L. (Hrsg.): Verwaltungsrat als Gestaltungsrat, Zürich 1998, S. 134-146.

Villiger, R. (1997): Anforderungprofil des Verwaltungsrates, in: Referatsunterlagen Zentrum für Unternehmensführung, Seminar für Verwaltungsräte in Feusisberg vom 11. März 1997.

Vischer, F. (1984): Die Aktienrechtsreform aus der Sicht des Verwaltungsrates, rechtliche und betriebswirtschaftliche Aspekte der Aktienrechtsreform, Zürich 1984.

Vischer, F. (1991): Würdigung der Reform, in: Der Schweizer Treuhänder, Nr. 11, 1991, S. 525-529.

Vischer, F. (1994): Wenig problematische Umsetzung des neuen Aktienrechts, in: Der Schweizer Treuhänder, Nr. 11, 1994, S. 879-882.

Vogel, Chr.; Wagner, H.-P. (1993): Ergebnisse einer empirischen Untersuchung zur organisatorischen Gestaltung, in: ZfO, Jg. 62, Heft 1, 1993, S. 26-33.

Volkart, R. (1992): Neue Anforderungen an die finanzielle Führung, in: Der Schweizer Treuhänder, Nr. 5, 1992, S. 256-262.

Volkart, R. (1993): Beiträge zur Theorie und Praxis des Finanzmanagements, Zürich 1993.

Volkart, R. (1996): Langfristige Shareholder-Orientierung, in: NZZ, Nr. 154, 5.7.1996, S. 23.

Volkart, R. (1996a): Überlegungen zur finanziellen Führung im Mittelbetrieb, in: Der Schweizer Treuhänder, Nr. 11, 1996, S. 881-890.

Volkart, R. (1997): Strategische Finanzpolitik, Zürich 1997.

Volkart, R. (1997a): Anforderungen an das strategische Finanzmanagement, in: Referatsunterlagen Zentrum für Unternehmensführung, Seminar für Verwaltungsräte in Feusisberg vom 11. März 1997.

Volkart, R.; Suter, R. (1998): Die Shareholder-value-Konzepte sind im Vormarsch, in: Finanz und Wirtschaft, Nr. 80, 17.10.1998, S. 33.

Vonlanthen M. (1998): Denkansätze für Manager, Bern 1998.

von Moos, M. (1998): Expectation Gap - Phantom oder Wirklichkeit? in: Der Schweizer Treuhänder, Nr. 5, 1998, S. 437-446.

Vontobel, H. D. (1996): "Shareholder value" - ein trügerischer Reiz?, in: NZZ, Nr. 140, 19.6.1996, S. 28.

W

Wagner, G. R. (1990): Unternehmung und ökologische Umwelt - Konflikt oder Konsens, in: Wagner, G. R. (Hrsg.): Unternehmung und ökologische Umwelt, München 1990, S. 1-28.

Walser, R. (1996): Förderung kleiner und mittlerer Unternehmen? Besondere Belastung durch bürokratischen Regelungen in: NZZ, Nr. 186, 13.8.1996, S. 19.

Walz, F. (1998): Globalisierung - auch ohne die Schweiz? in: Schweizerischer Bankverein (Hrsg.): Der Monat in Wirtschaft und Finanz, Januar/ Februar 1998, S. 18-22.

Warnecke, H.-J. (1995): Der Produktionsbetrieb 1. Organisation, Produkt, Planung, Berlin 1995.

Warwick, D. P.; Liniger, C. A. (1975): The sample survey: Theory and practice, New York 1975.

Weber, J. (1991): Einführung in das Controlling, Teil 1: Konzeptionelle Grundlagen, Stuttgart 1991.

Weber, J. (1994): Kostenrechnung zwischen Verhaltens- und Entscheidungsorientierung, in: Kostenrechnungspraxis, Nr. 2, 1994, S. 99-104.

Weber, J. (1995): Einführung in das Controlling, Stuttgart 1995.

Weilenmann, P. (1978): Beiträge zum Management Accounting, Zürich 1978.

Weilenmann, P.; Nüsseler, A. (1990): Planungsrechnung in der Unternehmung, Zürich 1990.

Welge, M.K. (1988): Unternehmungsführung, Band 3: Controlling, Stuttgart 1988.

Welge, M.K. (1989): Organisation des Controlling, in: Controlling, Heft 3, Mai 1989.

Wellershoff, K. W. (1998): Weltwirtschaft im Banne Asiens, in: Schweizerischer Bankverein (Hrsg.): Der Monat in Wirtschaft und Finanz, Januar/ Februar 1998, S. 23-25.

Wengerter, A. (1992): Ein Controllingsystem für mittelständische Unternehmen, Frankfurt 1992.

Williamson, O. (1985): The Economic Institutions of Capitalism, New York 1985.

Wilson, I. (1992): Realizing th Power of Strategic Vision, in: Long Range Planning, Nr. 5, 1992, S. 18-28.

Wirth, B. (1995): Strategieberatung von Klein- und Mittelunternehmen. Ein umfassendes Konzept zur Unterstützung von KMU bei der strategischen Führung, Hallstadt 1995.

Wittmann, W. (1959): Unternehmung und unvollkommene Information, Köln/Opladen 1959.

Wolbold, M. (1995): Budgetierung bei kontinuierlichen Verbesserungsprozessen, München 1995.

Wunderer, F. R. (1995): Der Verwaltungsrats-Präsident, Gestaltungsansätze aus juristischer und managementorientierter Sicht, Zürich 1995.

Z

Zenhäusern, M.; Bertschiner, P. (1993): Konzernrechnungslegung, Zürich 1993.

Zenkhauser, R. (1970): Medical Insurance: A Case Study of the Trade-off between Risk Spreading and Appropriate Incentives, in: Journal of Economic Theory, Nr. 2, 1970, S. 10-26.

Ziegenbein, K. (1992): Controlling, Ludwigshafen 1992.

Zindel, G. et al. (1997): Statuten der Aktiengesellschaft, 2. Auflage, Zürich 1997.

Zingales, L. (1997): Corporate Governance, forthcoming in: The New Palgrave Dictionary of Economics and Law, Chigaco 1997.

Zobel, D. (1992): Zur Frage der Einblicknahme in das Aktienbuch in: Schweizerische Zeitschrift für Wirtschaftsrecht, Jg. 64, 1992, S. 49-57.

Zünd, A. (1973): Kontrolle und Revision in der multinationalen Unternehmung - die Überwachung als Führungsmittel internationaler Konzerne, Bern 1973.

Zur Bonsen, M. (1987): Erfolgsfaktor Vision, in: Marketing Jounal, Nr. 6, 1987, S. 570-576.

Zur Bonsen, M. (1994): Führen mit Visionen, Wiesbaden 1994.